新知
文库

13

XINZHI

Color:
A Natural History
of the Palette

Color:
A Natural History of the Palette
Victoria Finlay
2004 Random House Trade Paperback Edition
Copyright © 2002 by Victoria Finlay
All rights reserved under International and Pan-American Copyright Conventions. published in the United States by Random House Trade Paperbacks, a division of Random House, Inc., New York, and simultaneously in Canada by Random House of Canada Limited, Toronto.

颜色的故事

调色板的自然史

［英］维多利亚·芬利 著 姚芸竹 译

生活·讀書·新知 三联书店

Simplified Chinese Copyright © 2008 by SDX Joint Publishing Company
All Rights Reserved.
本作品中文简体版权由生活·读书·新知三联书店所有。
未经许可，不得翻印。

图书在版编目（CIP）数据

颜色的故事：调色板的自然史／（英）芬利著；姚芸竹译．－北京：生活·读书·新知三联书店，2008.9（2018.12重印）
（新知文库）
ISBN 978－7－108－02971－3

Ⅰ．颜… Ⅱ．①芬…②姚… Ⅲ．故事－作品集－英国－现代 Ⅳ．I561.45

中国版本图书馆 CIP 数据核字（2008）第 066903 号

责任编辑	张艳华
封扉设计	陆智昌　鲁明静
责任印刷	徐　方
出版发行	生活·讀書·新知 三联书店
	（北京市东城区美术馆东街 22 号 100010）
网　　址	www.sdxjpc.com
图　　字	01－2016－9745
经　　销	新华书店
印　　刷	北京隆昌伟业印刷有限公司
版　　次	2008 年 9 月北京第 1 版
	2018 年 12 月北京第 9 次印刷
开　　本	635 毫米×965 毫米 1/16 印张 28.75
字　　数	342 千字　图 58 幅
印　　数	41,001－44,000 册
定　　价	38.00 元

（印装查询：01064002715；邮购查询：01084010542）

温莎和牛顿公司的粉状颜料瓶

澳大利亚帕普亚的画家们

19世纪60年代的样品,清晰地展示了有机染料刚刚使用时的情况。

1763年的纹样书,为诺威奇的约翰·凯利而制作,展示了用天然染料染色的羊毛样品。

身穿黄色衣服的印度教神奎师那用笛声来吸引母牛。
这幅画会不会是印度黄传说的起源呢?

米开朗基罗1501年的未完成画《埋葬基督》(*The Entombment*)。右下角的空间几乎可以肯定是为圣母马利亚预留的,或许是画家意欲等待从阿富汗运来合适的群青颜料后,再着手画这个人物。

圣地亚哥·德·拉·克鲁兹,
他的背心沾满了海蜗牛的眼泪。
套在他脖子上的那捆线,
是用墨西哥瓦哈卡海岸的紫贝壳染成的。

仙人掌叶子上的胭脂虫,它们可以制成颜色添加剂E120。

一支菘蓝树枝
18世纪80年代加尔各答的
威廉·罗克斯伯勒（William
Roxburgh）所作植物园绘画的
18世纪复件。

敦煌419窟的菩萨和圣人：它们的脸孔本来不是黑色的，但铅做的颜料天长日久就会变黑。

彩绘玻璃圣母(Notre Dame de la Bella Verrière)是仅有的几幅幸免于1194年大火、存于夏特尔大教堂的20世纪彩绘玻璃画之一。

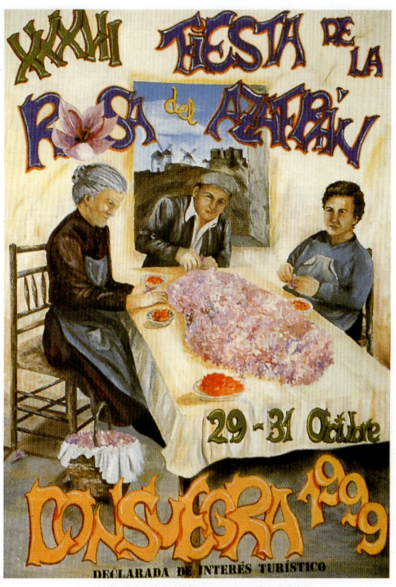

一幅第三十七届康苏埃格拉（Consuegra）藏红花节海报，
画的是妇女们从番红花枝叶上摘取藏红花。

《带姜罐和茄子的静物》 油画 塞尚 73×92 厘米 1890–1894

塞尚开启了西方20世纪的现代艺术和色彩革命,
他的每一幅画都是一个色彩的宇宙。

温莎和牛顿公司的小块印度黄颜料

一只天然的颜料盒,澳大利亚北领地的跳溪。

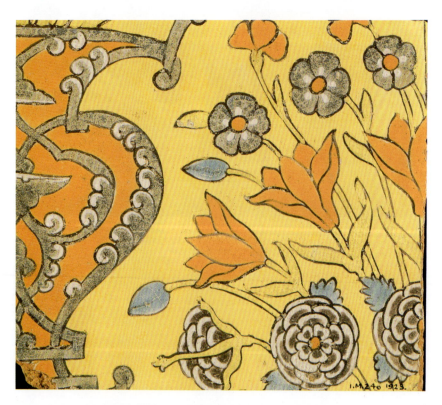

这块明亮的黄色地砖产于17世纪的印度莫卧尔,采用了阿拉伯技术,用油脂线分隔不同颜色的彩色玻璃。

一位来自阿富汗萨尔桑（SareSang）的矿工，展示他的三级青金石的最新样品。

青金石将由温莎和牛顿公司碾成粉末后制成群青颜料

1465年普林尼《自然史》手稿中的一页,一位画家正在画天花板,
另一幅画上,有一位画家正在画婚礼用的柜子,
一位助手正在为他们磨颜料。

当18世纪英国画家约书亚·雷诺兹画这幅《带婴儿的女孩》时
试图摹仿古典大师而使用了调色油。
但杜尔维奇美术馆称这幅画"受损"。
——许多观众喜欢这幅画,因为它很像印象派的作品。

温莎和牛顿工厂里的盛红颜料的盘子

1711年安东尼奥·斯特拉迪瓦利制作的小提琴，上面有他调制的神秘橙色清漆的痕迹。

秘色瓷 越窑青釉海棠式碗 （唐代）

新知文库

出版说明

在今天三联书店的前身——生活书店、读书出版社和新知书店的出版史上，介绍新知识和新观念的图书曾占有很大比重。熟悉三联的读者也都会记得，20世纪80年代后期，我们曾以"新知文库"的名义，出版过一批译介西方现代人文社会科学知识的图书。今年是生活·读书·新知三联书店恢复独立建制20周年，我们再次推出"新知文库"，正是为了接续这一传统。

近半个世纪以来，无论在自然科学方面，还是在人文社会科学方面，知识都在以前所未有的速度更新。涉及自然环境、社会文化等领域的新发现、新探索和新成果层出不穷，并以同样前所未有的深度和广度影响人类的社会和生活。了解这种知识成果的内容，思考其与我们生活的关系，固然是明了社会变迁趋势的必需，但更为重要的，乃是通过知识演进的背景和过程，领悟和体会隐藏其中的理性精神和科学规律。

"新知文库"拟选编一些介绍人文社会科学和自然科学新知识及其如何被发现和传播的图书，陆续出版。希望读者能在愉悦的阅读中获取新知，开阔视野，启迪思维，激发好奇心和想象力。

生活·读书·新知三联书店

2006 年 3 月

献给我的父母珍妮和帕特里克

他们是最早指引我欣赏光线跳舞的人

目 录

Contents

1　导言：亲历色彩启蒙

1　前言　彩虹的开端

11　概述　颜料盒

27　第一章　赭色

74　第二章　黑色和褐色

115　第三章　白色

145　第四章　红色

184　第五章　橙色

221　第六章　黄色

268　第七章　绿色

305　第八章　蓝色

348　第九章　靛蓝

385　第十章　紫色

430　后记　彩虹的末端

434　鸣谢

导言：亲历色彩启蒙

王天兵

乍看之下，《颜色的故事》也许是三联书店继《艺术的故事》和《绘画的故事》之后推出的又一本艺术史入门读物。读者或已明察，贡布里希是如何旁征博引，阐发艺术在不同时代不同地方的不同含义；而温迪嬷嬷又怎样娓娓道来，细数那超群技法之外的动人传奇。本书的作者——维多利亚·芬利女士，也许缺乏前者学术研究的深厚功力，叙事也不如后者的玉润珠圆。但她读千卷书行万里路不辞劳苦搜寻的却正是从上述两部鸿篇巨制之间漏掉的万千精华——颜色的故事与艺术的故事及绘画的故事一样，时而多姿多彩，时而引人入胜，却从不似曾相识。对中国读者来说，正因内容的罕僻和生疏，更别具新意和启示。

顾名思义，《颜色的故事》是一本研究色彩的专著，而且篇幅甚巨，内容庞杂。对这样一个专题，一个历史学家也许会按年代编排人类对色彩认识的历史,罗列每种色彩出现和衰落的时间,然后从文献及古代遗迹的对比中考究色彩和时代的关系,《艺术的故事》和《绘画的故事》也采取了这种编年史的框架;在一本美术史家的色彩专著中,各家各派的调色板也许会被发掘恢复,他们用笔上色的程序也会被还原归真;一本实用的美术技法书则会从颜色产生的物理原理谈到色轮、色谱,互补色的概念以及每种色彩的调配方法及搭配原则。而只有化学或矿物学的专著才会提及某些颜料的出产与制造的专门知识,但著者可能不会对分子式之外的艺术效果多费半点笔墨。

出人意料的是,在艺术家的传记中也很少能见到连篇累牍的色彩研究和色彩理论——艺术家们似乎更热衷于人生感慨和艺术观念,也许,色彩对于他们比素描、结构和主题更近乎本能,也更难于诉诸语言。

芬利对上述各种类型的色彩书籍绝不陌生。她另辟蹊径。实际上,本书的结构始于足下。而迈出第一步的动机可以追溯到八岁的她和父亲在一座教堂中的漫步。当她被父亲告知教堂蓝色玻璃的配方已经失传时,她就不但下定决心要找回那逝去色彩的光影变幻,而且不触摸到每一种古老颜色就绝不善罢甘休。她那一次次追寻的足迹构成了本书斑斓的篇章,每章以一种色彩为主题,而贯穿这个主题的却往往是一次或几次旅行,而几乎每一次,她都要远涉重洋,包括到中国的敦煌探寻白色和到法门寺考察秘色之行……

那一次次旅途的终点往往是颜色的起源。单以红色为例,就可以看出芬利的用心良苦。你也许听说过大红、粉红、朱红或橘红,但你可知道红色的另外一些别名:

洋红或胭脂红(carmine),猩红(crimson),玫瑰茜红(madder),茜素深红(alizarin crimson),原红(绛红,magenta），品红（solferino），朱砂红（vermillion），深红（scarlet），镉红（cadmium red）……

你是否曾亲睹它们的浓淡深浅？你可知道它们为何如此命名？出产何地？源于何物？如何制成？因何而兴起又因何而衰落？只有乏味无趣的人才会反问：了解这些又有什么用？实际上，上述所列是普通绘画用品店就能提供的油画管装颜料的红色系列。你也许为红色品种繁多感到吃惊。

你也许已经熟知这些色彩。可是，即便对美术学院的教授，与上述色彩相关的英文名称看上去也很陌生。油画色彩作为舶来品，其译名对原名所隐含的秘密总是或隐或彰，永远无法完全对应。

比如那"玫瑰茜红"和"茜素深红"，两种颜色都出现了"茜"字，望文生义就可推断：两者可能和茜草有关而且后者是从前者中提取出的色素制成。在英文中，"madder"和"alizarin crimson"却似乎无甚关联。在中文中似不相关的"洋红（或胭脂红）"和"猩红"，其英文名"carmine"和"crimson"却似乎有词源的一致性——不了解油画色彩的英文原名，对色彩的本质不是有所隔膜就是有所误会。

遥忆留美习艺之初，"茜素深红"正是引导笔者在绘画领域登堂入室的色彩。笔者至今清楚地记得，油画老师如何展示"茜素深红"。只见她将那看似凝血般黑沉的红色挤出一点，然后再加入一点群青（是一种深蓝色）与之调配，随着她再加入少许钛白，就像发生了化学反应，调色板上顿现一种崭新的颜色，艳丽得钻心，生动得呼之欲出——老师接着说道：这就是印象派最爱用的紫色……

多少年过去，有关红色的疑问在阅读芬利的《颜色的故事》中竟然逐一浮现并获得解答——

原来，胭脂红是由胭脂虫的血液中提炼出的色素制成。这种寄生在南美红色仙人掌——霸王树上的白色小昆虫曾是印加王朝秘不告人的奇珍异宝，又是后来的征服者西班牙人严防死守的商业机密，无论是法国贵妇的唇膏还是英国大画家特纳的红颜料，都来自这种胭脂红。直到一个年轻的法国冒险家潜入南美大陆的种植园中将胭脂虫窃走，并在法国开始培植，西班牙殖民者垄断胭脂红的国际市场并从中牟取暴利已达数百年之久。

芬利沿着这个冒险家的足迹探古访今，直到带着内疚感亲手杀死了几只胭脂虫后才逐一探明：印欧大陆上的胭脂虫在欧洲的小表亲叫克尔姆斯（kermes），是中世纪前欧洲最贵重的红色染料来源，由此引申出洋红（胭脂红）和猩红。茜草（madder）的根可以研磨成更便宜但更易褪色的红染料。"scarlet"的原意不过是象征身份的贵重而不易褪色的深红。所谓朱砂红则是硫化汞化合物。

整个19世纪是化学大发明的时代。1817年，由镉元素（cadmium）的发现而生出镉红。1859年，原红（绛红）和品红由人工合成。1869年，德国人从茜草中提取出人工茜草素（alizarin），由此制成茜素深红。值得记住的是：1832年，英国画家牛顿和化学家温莎将甘油加入颜料制成了盒装水彩。英国维多利亚女王号召国民外出写生。可是，大不列颠的商人正疯狂地向中国倾销鸦片。鸦片战争即将爆发。

物有本末，事有终始，知所先后，则近道矣。随着芬利不知疲倦地追踪溯源，你不得不认同她的观点："如果并不真正了解这些颜料是什么或者它们是怎样提炼的，从某种程度上讲，就无法真正投入到将颜色转化为艺术的过程中。"而今再用"茜素深红"，心中才更加有数，抽象的名称仿佛终于落到实处。

芬利在追寻各种色彩的旅途中，试图融合各种类型的色彩专著，其中有编年史对色彩兴衰及时代关系的考辨；大师们的调色板顺带也被复原；化学或矿物学的专门知识及分子式不时点缀其间，但因画家及作品从色彩角度得到探察而妙趣横生。各种有关色彩的专门知识被连成一体，尽管尚不够精炼，但可以看出，她努力地在封底和封面之间架起怎样一道彩虹。

芬利就这样跋山涉水逐一查考每一种颜色的来龙去脉。她不迷信书本。她要亲手获取各种颜色的第一手资料。作为一个非专业学者，这就更难能可贵。或许，这就是西方人特有的老老实实的科学精神、尤其是那不厌其烦分门别类地追本求源的实证精神，更不是中国骚人墨客、儒生雅士的天赋和本能。

言至此，聪敏的读者或已觉察本书对中国绘画以及普通中国读者的特殊意义。

自古以来，对大自然雄浑的景观，中国历代大师皆能穷形尽相；对人物飘逸的神采，他们亦能洞烛幽微，意在笔先；更不乏高妙的画论、灵动的玄思；至于那艺术家的逸闻、艺术品的掌故，至今传承有续，甚至对笔墨纸砚装裱修复这些工艺匠巧，大师们也极尽心用力，不敢稍加怠慢。一言以蔽之，中国艺术的故事与绘画的故事，其源远流长与博大精深堪与西洋美术史交相辉映。而唯有色彩，如果不用墨分五色这类说法自欺欺人，不用青绿山水佛堂壁画去遮人耳目，中国人在这方面确实比西方文明略逊数筹。

其实，若要溯本求源，人类文明之树本是同祖同宗，其幼芽本来样样具备，不过在生长的过程中，某些分枝枝繁叶茂，而有些则枝枯叶败，最后迥然不同。

中国人从什么时候起开始在色彩领域输于西方？

没有光就没有色。1666年，牛顿通过两个棱镜撕开了阳光七彩的血管。早在先秦时代，《墨经》中就已经记载了焦点透视的光学实验，可是，在墨家通过光学认知色彩之前，它就被儒家借助皇权剿灭了。

芬利曾引用道家始祖老子的话"五色令人目盲"来解释中国人的色彩观，实际上，对其最沉重的打击来自道家的集大成者——庄子。

庄子在《逍遥游》中说："天之苍苍，其正色耶？其远而无所至极耶？其视下也，亦若是则已矣。"中国庄子研究家张远山对此的解释是：人从地上看天，不能看见天极，仅能看见中天的苍苍云雾，就误以为苍苍是天之正色。庄子于是质疑：你凭什么自信已经看到了天极的颜色？而苍苍云雾不仅是阻挡地面上的人看天的蔽障，也是升到中天的大鹏看地的蔽障。大鹏也会自以为是地把"苍苍"视为地之正色。因此，庄子提倡"无正色"观，取消了人眼所见之色，用黑白来还其本色。

庄子的这种极为早熟的思想、过度透彻的终极质疑，使中国人过早地忽视了复杂的自然表象，以至于分门别类、笨拙执著地研究自然不再是中国知识阶层的文化追求。不知不觉，水墨画主宰了中国艺术，笔墨代替色彩，征服了画面。后来，柔弱的南宗山水又成为水墨画的正宗，以至于现在，品评国画的标准仍是散淡、清奇，不食人间烟火。

明清之际，西洋油画流入中土，但基本上与国画泾渭分明，各取其途。至清末民初，国将不国，亡祖灭种之日似已迫近。康有为游欧后呼吁国画变法维新；陈独秀在 1919 年终于高举起美术革命的文化大旗；徐悲鸿等步其后尘。他们三人共同倡导的就是影响至今的写实主义。

要从哲学和美学上指出这种思想的偏颇也许要多费唇舌——罗丹曾在遗嘱中告诫青年艺术家：感染了人的情感的自然比机械复制的自然更真实。中国古代画论早有明鉴："画胸中丘壑"——而芬利的《颜色的故事》出其不意地使这种写实主义思想不攻自破。

试想，即便是去表现同一种红色，因为所用颜料的来源不同，研磨方法的差别，所加调配媒介的相异，最终结果不可能完全一致。既如此，又何谈写实？实际上，文艺复兴的大师们从来就不曾机械地照搬物体固有的颜色。芬利曾合理地猜想，米开朗基罗之所以在画布上留下一角空白，是因为他在等待昂贵的群青颜料。大师们之所以选取某种色彩，一开始就非为随类赋彩，而是为了色彩的精神意义和整体和谐。

芬利还在不经意间指出一个不可忽视的历史转折点——1841年，美国肖像画家兰德发明的第一种可以挤压的锡管，管装颜料的生产随之成为一门工业，画家们也因此可以走出画室去捕捉即时的光影和色彩——印象派诞生了。没有管装颜料就不可能有毕沙罗、凡·高和塞尚。实际上，颜色在画布上即时的变化和偶发的效果，往往诱发画家去添加新的笔触和色彩，因此，画面最后的模样不是事先能够预计的，而是在绘画过程中逐渐演生出的——这几乎就是真正地道的中国画的笔墨观。塞尚的这种色彩实验使他成为现代艺术之父，也让他不知不觉走向了中国艺术的本质。

历史、文化、政治、战争、经济对近代绘画的影响都比不上颜色本身小小的沿革变迁。

康有为、陈独秀未能参破西画玄奥。他们鼓吹的写实主义不但遗忘了古代中国人的经验教训，也阻碍了现代中国人对色彩的认知和探索。徐悲鸿虽留法学画，但他不喜欢印象派，还攻击了"马奈之庸，勒奴幻（今译雷诺阿）之俗，马蒂斯之劣"，进而全盘否定塞尚，指责他的作品"虚、伪、浮"……这发生在西方现代艺术进入中国的20世纪20年代末期。由于徐悲鸿的影响之大以及诸多历史原因，虽然还有林风眠及决澜社等艺术家和艺术团体，西方现代艺术在中国入土发芽，却未能真正长大。中国艺术家终于和20世纪的色彩革命失之交臂。

阅读芬利的《颜色的故事》就能更深入理解20世纪西方现代艺术为什么会如此丰富多彩，也能理解中国画家为什么至今不习惯色彩实验——西方画家从来没有将颜料当成笔墨纸砚那样现成的、给定的绘画工具。历代画家都在不断尝试新出现的色彩，实验新的调配方式。西方画家仿佛一直是艺术家和油彩专家。每个西方大师终生寻找的不只是自己的风格，还包括属于自己的颜料、媒介和调配方法，最终是自己的色彩。

20世纪80年代，中国人又开始了一个学习西方的全新阶段。可是，热爱色彩的中国艺术家除了要像徐悲鸿那样学习19世纪前的西方古典艺术，还要面对已积累了整整一个世纪的西方现代艺术。同时，色彩暗淡、光怪陆离的西方后现代艺术业已蜂拥而至。他们目不暇给，进退失据，只能同时模仿西方不同时期的各种流派，在懵懂的个人理解和陈旧的教学体系之间，生产出似像非像、不土不洋的中式色彩——改革开放以来影响最大的中国画家吴冠中仍不懂得怎样用黄色。他只用出黄色的明暗（value），而没有展现出黄色的色度（hue），他的黄色在画布上像一块儿亮斑，没有西方现代艺术大师的那种绚烂……

读者或已心灰意冷：色彩也许原非中国人天性所取，像踢足球、打篮球那样，也许永远不能指望中国人达到西方的基准，更别提超越西方大师的高度。念及此，20世纪90年代以来吞噬了整整三代中国人的经济大潮与市场风暴更不令人乐观。观念艺术、装置艺术、行为艺术等等所谓前卫艺术的盛行，摧垮了当代中国艺术家本来就支离破碎的色彩感。目之所及的是冷漠、杂乱、吵闹、生硬、土气的后现代色彩。很多中国油画家的所谓用色只不过是将颜料直接从管子中挤到画布上而已。而中国本土生产的颜料的质量仍没有完全过关——上海马利牌油画颜料的茜素深红尤其苍白，令人难堪。

但是，在动荡不安的 20 世纪，中国仍自有其悟通了塞尚的林风眠、吴大羽，他们因此终生备受冷遇；他们的学生赵无极、朱德群却通过塞尚回到了中国艺术，尤其是赵无极，他早期斑驳沉郁的色彩已能与保罗·克利的相媲美；还有在颠沛流离中默默潜行的女画家丘堤，她率性浅白的油画仿佛在昭示中国人第一次画出了属于自己的色彩。过去 20 年，中国也自有其王玉平。在他于 20 世纪 90 年代中后期创作的一组鱼画中，出现了新中国成立以来最成熟的色彩，分离的色块好像在他手里终能化成某种诗意气象，直指人心、直逼人眼。还有青出于蓝而胜于蓝的夏俊娜，其色彩功力已在诸如霍克尼、基塔伊（Kitaj）这些名不副实的西方画家之上，她的色彩感觉高古醇憨。

或许还有读者担心，这些受到西方艺术启蒙的中国人不能说明中国人的血液里有西方人那样丰富的色彩文化基因。

道家山水的审美观不能涵盖中国文化，色彩不会永远沦为水墨的附庸——中国民间早有其姹紫嫣红的大观园，自有那花落水流红的沁芳溪，自有那绛芸轩里流光浸茜纱，自有那紫茉莉花汁蒸成的胭脂红，还有那桃红撒花袄、不经染的石榴红绫，自有怡红院中那身穿猩红汗巾、爱红、护红的绛洞花王——贾宝玉，自有那惜红、悼红的茜纱公子、色彩大师——曹雪芹，自有其千红一窟（哭）、万艳同杯（悲）的《红楼梦》，其中的红色还包括：

……银红、水红、嫣红、杏子红、海棠红……荔色、藕合色、蜜合色……

上述所列是东西方的绘画用品店闻所未闻的红色系列。你是否再次为红色品种繁多感到吃惊？你是否曾亲睹它们的浓淡深浅？你可知道它们为何如此命名？源于何物？如何制成？它们又怎能翻译成纯正的英文？这是西方油画大师也无缘相见的中国红。

  色彩，本来也流淌在中国文化的血脉里……

  2003年初夏，笔者与一位美国友人在旧金山一家书店浏览。他正在构思一篇涉及色彩的短篇小说。他从门口平摆的一堆书中抄出一本翻阅，突然叫道："这儿有我写作需要的全部背景知识。"他看的就是芬利的《色彩——调色板的自然史》。我接过一看，跳入脑海的想法竟是：这本书特别适合北京三联书店引进到中国大陆出版，如果改名为《颜色的故事》，那和《艺术的故事》和《绘画的故事》不正珠联璧合？随后，我将该书买下带回，推荐于三联书店的汪家明先生并建议出版。

  《颜色的故事》不是《艺术的故事》和《绘画的故事》那种雅俗共赏的艺术史论，也许还有更多同类读物急待进入中国，但三联书店在陈独秀发起的"五四"运动90周年到来之前出版这本色彩启蒙读物自有其深远意义。中国人在21世纪不但要继续学习西方的科学和民主，还要超越"五四"，扬弃传统的美学观念，回到庄子之前，重新认识色彩。

  中国人自己的颜色的故事终能和西方的分庭抗礼。

2008年6月23日星期一
定稿于广州

前言

彩虹的开端

> 镜中影像，彩虹天上，描摹美景，皆成印象。然其本质，却非所见。深观世界，只见虚像，如幻士之梦。
>
> ——七世达赖喇嘛：无瑕之路

那是一个雨后初晴的下午，水珠在阳光下闪着晶光，我第一次走进夏特尔大教堂。我不记得那建筑，我甚至未曾对我所在的空间留有任何固定的概念。但我所牢记的，是蓝光与红光在白石头上跳舞的感觉。我记得父亲牵着我的手，告诉我，那彩色玻璃是在大约八百年前创造出来的，"如今，我们不知道如何配制那种蓝色"。我当时只有八岁，父亲的话打乱了我对世界的理解。在那之前，我总是相信世界会变得越来越进步，人会越来越聪颖。但在那天，我那原本就脆弱的进化理念仿佛蔫掉了，从此——无论是好是坏——这一理论就再也没那么灵验了。不久之后，我幼小然而坚定的心灵就下定决心，我一定要去发现"色彩"。

会的，这一天会来的。

但是后来，我忘记了。我没有走向一条通往彩色玻璃制造或是甚至是通往艺术的道路——我的学校没有提供富有创造性的环境，作为一个缺乏绘画技能的孩子，我也就没能受到艺术的启发。相反，我读了社会人类学之后，在商海中小小地闯荡了一番，自此就干上了报社记者。而我又从新闻记者变成了艺术记者——每次我听到关于色彩的传说——比如，一位人类学家解释明代的中国人是如何依赖波斯蓝去为瓷器"点蓝"；英国艺术家令人震惊地将死人的尸体熏在油画布上；以及河内的艺术家们谈及他们如何受益于越南的开放，不仅有了可资谈论的新事物，而且有了更好更亮的颜料——这时，我的孩提时代的记忆就会再次激荡。

之后有一天，我代表《南华早报》（South China Morning Post）采访墨尔本艺术节。我在一家大学书店的展柜前闲逛了一个小时。我随手拿起一本很重的美术书，随便翻到一页，我读到了以下文字："印度黄：一种在印度制造，通过将喂过芒果叶子的母牛的尿加热而得到的一种优黄原酸（euxanthic acid），呈旧红色。"然后还有这些："翡翠绿：最鲜艳的绿色，因含有剧毒，如今已经普遍禁用……而作为杀虫剂销售。"通常，美术史是关于人们如何作画的历史；但是，那一刻，我意识到，还应该有关于那些制作了构成美术的色彩元素的故事。

我的心跳一下子加快了，我有一种奇怪的预感，好像突然坠入爱河的感觉。这是一种令人不安的感觉，令我难以保持身处书店应有的宁静。甚至连更单调的词条"荷兰粉红：一种从鼠李中提炼的易变的黄红色"，也让我觉得痴迷。当然这一定论仍有争议，但那字里行间的矛盾却让我更加好奇。我整个人像被重拳击中一般，于是我做了任何一位狠心的爱人在举棋不定时可能去做的事情。我转身离开，甚至都没有记下那本书的名字,以及如何再去买到它……然后,我却无休止地连续数月梦见它。一年后,当我拿着澳大利亚政府提供的艺术奖学金再赴墨尔本时,我所做的第一件事,就是奔赴那家书店。而那时,那本书——拉尔夫·迈耶(Ralph Mayer)的经典之作《画家材料与技巧手册》(*The Artist's Handbook of Materials and Techniques*)——恰好正在打折,因为太多人的翻阅将它弄得很旧。我把它看作是一个好兆头,立即买了下来。

在这12个月里,我意识到——又几乎是无意识地——我需要寻找一本能够回答我所有关于颜色和颜料问题的书。胭脂虫长得什么样?怎样在阿富汗地图上找群青矿?为什么天空是蓝色的?——我却没找到这样的书,任何地方都没有,一本也没有。于是,我决定自己写一本。从那以后,不少关于颜色的书出版——西蒙·加菲尔德(Simon Garfield)的《紫红色》(*Mauve*)、罗伯特·切辛纳(Robert Chenciner)的《茜红》(*Madder Red*)、弗朗索瓦·德拉马尔(Francois Delamare)和伯纳德·吉尼欧(Bernard Guineau)的《颜色》(*Colour*)以及最近出版的菲利浦·鲍尔(Philip Ball)的《明亮的地球》(*Bright Earth*)——我还在图书馆里找到了一些不错的著作,特别是约翰·盖奇(John Gage)的《颜色与文化》(*Colour and Culture*)以及珍妮·鲍尔弗-保罗(Jenny Balfour-Paul)的《靛蓝》(*Indigo*),当然除了这些还有更多。我很庆幸以前没看过这些书,否则我无论如何也不敢写一本自己的书,那样我就会错过不少美妙的际遇和旅程,也不可能发现为什么红色能够成为血的颜色,不可能知晓靛蓝工匠们竟曾动摇过整个大英帝国的根基,也不可能了解有一个国家为何用紫色来主导他们的贸易——甚至以此来命名他们的国家。

尽管在旅程之中总有一些小小的理论发现,但这本书并不是一本详细讨论配色或是颜色科学的书。相反地，这是一本充满故事、逸闻、历史和冒险的书，被人们对颜色的追求所激发——这种追求大量地存在于艺术中，存在于时尚、室内设计、音乐和瓷器中，甚至有时，它就存在于我们日常所见的邮筒中。书中的大部分故事发生于19世纪之前；这可不是因为20世纪缺乏趣味，而是因为19世纪50年代之后，那些在艺术、音乐、科学、卫生、心理、时尚等各行各业中用颜色来述说的故事层出不穷，完全可以各自独立成书。

撰写颜色故事的第一个挑战，是颜色本身并不真正存在。或者不妨这样说，如果颜色确实存在的话，也只是因为人类在主观上创造了它们，把存在于我们周围的光波的振动解释为颜色。宇宙中的每一件事物——无论它被归于"固体"、"液体"、"气体"或是"真空"——都在不停地闪烁振动，随时改变着自身。但如果我们真的这样理解世界，那就无法有效地把握世界的本质了。于是，人们将所经历的事物转换成诸如"物质"、"气味"、"声音"或"颜色"之类的概念，这些概念使我们更容易地理解世界。

宇宙携着能量律动着，我们称之为电磁波。电磁波的频率范围很大——从可以达到超过10公里波长的无线电波到微小的只有一毫米的十亿分之一的宇宙射线——X射线、紫外线、红外线、电视以及伽马射线则介于中间。但是人眼能感知到的平均波长，只是这偌大范围中的一小部分——事实上，也就只是波长在0.00038毫米到0.00075毫米之间的那一部分。相比之下，这个部分似乎很小，但仅仅这一部分，已经足够为我们的视觉和思维提供一幅奇幻的空间。我们知道，这个部分属于可见光，我们可以辨别出可见光谱中的一千万种区别。当我们看见了全部范围的可见光，眼睛就会读出"白色"。当某些光波消失时，眼睛就会读出"彩色"。

于是当我们看见"红色",我们正在看到的实际上是在其他波长缺失的情况下,电磁光谱中波长为 0.0007 毫米的那一部分。我们的大脑(以及我们的语言)提示我们这是"红色",还同时赋予了它以文化含义,比如称之为强有力的颜色,或者是爱情的颜色,或者简单些,就是我们必须为之止步的交通灯的颜色。

1983 年,美国科学家库尔特·纳索(Kurt Nassau)找到了 15 种可使某种物体被赋予色彩的方式。如果你充满灵气,可以用一首可笑的音乐厅歌谣来一一列举:"颤动、激发、石灰光白热/转化折射,白光的扩散……"所有的方式都十分复杂。但是,用简单的语句来表达,着色可以分为两个主要类别:化学的和物理的。化学色彩包括本书(英文版)封面那种鲜亮的绿色和黄色,花瓣上或温柔或粗糙的颜色,青金石的蓝色以及你我的皮肤颜色。

这些化学色彩的出现是因为它们吸收了一些白光并反射了其他光线。因此,本书(英文版)封面上的绿玻璃仅仅是吸收了它周围白色中的红色和橙色的光波并拒绝绿色而形成的——这就是我们所"看见"的。但是一个更深奥的问题牵引出来,那就是为什么会这样?为什么一些物质吸收红色光线,而另一些却吸收蓝光?以及为什么其他物质——比如"白色"的物质——几乎不吸引任何光?

如果你像我一样,不是一个科学家,你很可能倾向于跳过这个问题。但是,不妨与我一起来探索吧,因为这确实是一个令人惊奇的故事。关于"化学"色彩,最需要记住的,就是光线事实上影响着物质。当光照在一片树叶、一张画纸或是一块黄油上,它事实上引发了电子的重新排列,这个过程叫做"转化"。这个过程中,电子静静地漂浮在原子核里的悬浮液中,突然一束光照耀进来。想象一个女高音唱到高音 C 的时候可将酒瓶震碎,因为她正好达到了酒瓶玻璃自然震动的频率。如果一部分光恰好等同于电子的自然震动频率,那么,某种相似的现象也将发生在电子身上。电子将被推向另一个能量层次，而那束频率等同的光，那个震碎玻璃的音符，则被耗尽了能量，吸收进了电子里，其余的光就被反射出来。于是我们的大脑就读出了它的"颜色"。

不妨设想一下，一些非可见光，比如 X 射线的作用，也许这样一想，电磁波改变所触物质的理念就更加容易理解了。确实，这很难令人相信，光——可爱的、友好的白光——不仅会改变任何含有叶绿素并等待合适的光线进行光合作用的物质，而且会改变几乎是任何一种它所触及的物质。

6　　我发现，理解这一理念的最好办法，就是不要去想某种东西正在"成为"光线，而是想着某种东西正在"制造"光线。一个成熟西红柿里的原子不断地颤动——或者说不断地跳舞和歌唱；这种比喻显得与颜色本身一样有趣——用这种方式使白光落在上面，它们吸收大部分的蓝光和黄光而拒绝红光——这意味着红色的西红柿实际上包含除了红光以外的所有光元素，真有点像个悖论。

我只看见过一次我所理解的转换中的光线，我正在泰国进行着我的十日斋戒之旅。我感觉非常之好（尽管我从未意识到我竟能在 20 米之外闻出巧克力冰淇淋的味道），第九天时，我穿越一座花园，无比的惊讶使我停住了脚步。在我面前，出现了一丛覆盖着粉红色花蕾的九重葛花。花本身并不是粉红色的，只因为它们在闪动，才呈现出这样一种颜色。就如同心跳被视觉捕捉到一般，刹那之间，我不仅用思维也用我的眼睛顿悟：颜色现象的本质正是振动和能量的释放。我在花丛前站了足足五分钟，一个声音打断了我的注意力。可当我回头再看这九重葛时，它却回复到了花的本来状态，大自然重新展示了它的本来面目：这是更自然也更容易的状态。在我开斋之后，这一奇遇就再也没有发生过。

OPTICKS:
OR, A TREATISE
OF THE
REFLEXIONS, REFRACTIONS, INFLEXIONS and COLOURS
OF
LIGHT.
ALSO
Two TREATISES
OF THE
SPECIES and MAGNITUDE
OF
Curvilinear Figures.

LONDON,
Printed for SAM. SMITH, and BENJ. WALFORD,
Printers to the Royal Society, at the *Prince's Arms* in
St. *Paul*'s Church-yard. MDCCIV.

Preface for early edition of Newton's Opticks

光学或光
反射、折射、弯曲和颜色的论文

以及曲线图的种类和大小的
两篇论文

伦敦

为山姆·史密斯及本杰明·沃尔福德印制

圣保罗教堂王子徽章皇家协会印制,1704年,

牛顿《光学》早期版本的序言

还有几种制造颜色的"物理"方式[1],我们最熟悉的还是彩虹。当光线在雨滴周围弹射进落并被分解——也就是被"折射"成各自的波长的时候,彩虹就在天空中形成了。这个理论是1666年一位年轻人坐在暗房里发现的。他面前放着两个玻璃做的小金字塔,也就是两个多棱镜。在窗户上他挖出一个大约一厘米见方的小孔,允许一小束阳光照进屋来。一天,这位剑桥的年轻学子——他的名字叫做艾萨克·牛顿——举起多棱镜并且看到了光在对面墙上制造出的一幅彩虹美景,他事后形容为"太阳的彩色影像"。虽然在他之前也有人看到过同样的景象,但他的与众不同之处在于放置第二只多棱镜。他将第二只多棱镜倒置,使得多种光线得以通过。结果,彩虹消失了,白光复原了。这使科学家首次认识到白光是由光谱中的各种光线组合而

---

[1] 孔雀尾羽、蝴蝶和珍珠都通过物理方式获得各自的色泽。它们不含颜料,但是表面覆盖许多不平整的沟槽,得以折射和分解光线。

成的。这一发现产生了轰动，这一天成为一种传奇。当牛顿最终出版他的发现时——这中间经历了38年时间[1]——这是第一次对每一种色彩的光线如何在经过多棱镜时在某个固定的角度弯折所做出的真正的解释。红色弯折最少，紫色弯折最多。在同一本书里，牛顿为介于红紫之间的五种其他颜色做出命名。后来我在对菘蓝的研究中发现，他的其中一种选择确实十分伟大。

实验得出的证据：

实验三：在一个漆黑的房间，我在关闭的窗户上开了一个三分之一英寸的圆孔。在这个圆孔上，我放上一个三棱镜（Glafs Prifm），通过小孔射进来的太阳光被这个三棱镜向上折射至屋子对面的墙上，这样就形成一个太阳的彩色影像。

牛顿《光学》早期版本的序言

数年之后，浪漫主义诗人约翰·济慈（John Keats）抱怨说，那一天是个转折点，牛顿"通过把彩虹还原成初始的白色，粉碎了所有关于彩虹的美妙诗句"。但是，颜色——正如声音和气味——确实只是人类脑海中的臆造，是对宇宙中以特殊方式运动的光波和粒子的一种反应——彩虹的美丽，归功于诗人的视觉与灵感，而不是大自然。

当我写这本书时，有一天晚上，我去参加一个聚会，一位嘉宾严肃地看着我，说："你必须有一个贯穿全书的主角。所有的非小说类书籍都是这么写的。"他说得很肯定，然后他问我："谁是你书中的主

---

[1] 牛顿出版《光学》是在1704年。他在前言中解释说，此书延迟出版，是"为了避免在这些问题上陷入纠纷"。

角?"但是,我并没有设计主人公,所以我当时只好吞吞吐吐地对他承认这一点。之后,我就去思考这个问题。我意识到,虽然我并没有设计"一个"主角,但是,我的书中有"众多"丰富多彩的人物。正如棱镜显示的波长不同——我们的头脑因而产生颜色的区别——每一种颜色的特点也很多元。本书不乏经年累月对颜色痴迷的人。那个傲慢的法国植物学家蒂里·德·梅农维拉(Thierry de Menonville),那个在他的漆黑的屋子里界定彩虹的艾萨克·牛顿,那个在墨西哥的大山里靠衬衫绣花维持生计的圣地亚哥·德·拉·克鲁兹(Santiago de la Cruz),正做着出人头地的梦,那个在加利福尼亚州奋力击败阻止她进行菘蓝贸易的邪恶计划的伊丽莎·卢卡斯(Eliza Lucas),那个慷慨的杰弗里·巴登(Geoffrey Bardon),为土著居民提供颜料,使那些同样慷慨的土著居民得以开创一项彻底改变他们生活的绘画运动。这些人互不相识,但我乐于在旅程中结识他们。我希望,您也会因结识他们而感到快乐。

概述

颜料盒

> 从前，艺术家是拥有秘密的人；而现在，艺术家则是对所使用的一切最一无所知的人。
> ——威廉·霍尔曼·亨特(William Holman Hunt)，在伦敦艺术协会的讲话

> 我在艺术学校学到了什么？我学到了艺术永无止境，永远没有成品。
> ——哈维·费尔斯泰恩（Harvey Fierstein），引自2001年4月布鲁克林艺术博物馆举办的"家庭相册：布鲁克林珍藏"展览

这个监狱被称作"臭气熏天的地方"，欠债的人通常会在这儿毫无声息地呆上几年，好像从人间蒸发一般。中世纪的这座佛罗伦萨监狱本可以流芳千古，因为它曾经度过一个特别值得纪念的夏天。那是15世纪中叶一个散发着臭气和各种异味的夏天，有一个人坐在监狱的木桌前。他的左手

边,是一卷手写文稿;他的右手边,则是文稿的最后一页。作为一个梵蒂冈的囚犯,他必定有许多不能做的事情。也许他犹豫过,因为这件事可能会被禁止:但他还是抓起手中的鹅毛笔,毅然地标上了日期——1437 年 7 月 31 日——以及 "ex Stincharum, ecc" 几个字。就因为这仅仅几个字的附记提到了这座监狱的名字,让后世的学者们迷惑了好多年:它是在提醒读者,整本文稿都写就于监狱之中吗?

这本书就是切尼诺·德安德雷·切尼尼(Cennino d'Andrea Cennini)的《艺术札记》(Il Libro dell'Arte),尽管这书花了 400 年才找到一个出版商,但它却成了中世纪晚期写就的最有影响的一本美术书。此前早有不少具体指导绘画的书:切尼诺的书绝非第一本。9 世纪的《图例之钥》(Mappae Clavicula),是一本名副其实的大杂烩,主要告诉人们如何为说明性文稿配制颜料和墨水。12 世纪,精通金属冶炼的神秘僧人西奥菲勒斯(Theophilus)写了一本《关于各种艺术》(De Arte Diversibus),这本书向人们叙述如何制造彩色玻璃、金属制品以及如何绘画。然而,切尼尼的书是独一无二的。他本人是位画家,与 13 世纪晚期乔托以来的作画传统[1]一脉相承,而他的《艺术札记》却是历史上第一本披露职业画家秘密的书,而且披露得全面而坦诚,几乎毫无保留。19 世纪初晚期人们从梵蒂冈图书馆的架子

---

[1] 切尼诺师从于佛罗伦萨艺术家阿格诺罗·加迪(Agnolo Gaddi),而阿格诺罗的技艺传承于他的父亲达迪奥·加迪(Taddeo Gaddi),达迪奥是达多·加迪(Gaddo Gaddi)的儿子,与乔托曾有过密切合作。乔托被许多人认为是文艺复兴中意大利艺术传统的奠基人。他运用从老师契马布埃(Cimabue)那里学来的古希腊圣像画法,又将古希腊元素打散,与绘画中混色、描述等较为激进的手法糅合在一起。我们对切尼尼本人知之甚少。目前仅知道他出生于 14 世纪 50 年代,1398 年之前,他和帕多瓦(Padua)一个委员会合作,他的一些画作在托斯卡纳区(Tuscany)的圣吉米纳诺(San Gimignano)发现。他的《艺术札记》可能写于 14 世纪 90 年代。

上找到该书，将它擦去灰尘付诸出版[1]，一时间轰动了整个欧洲艺术界。那时起，人们开始意识到，美术界过去一味追求艺术效果，可是往往忽略了最基本的技巧。

一开始，当美术史家们读到那份提及"监狱"的附记时一致认为，这份手稿——后来的英文译本译为《艺术家的手册》——应是一位犯人所写。他们热衷于将切尼诺描绘成一位老人，身处极度恶劣的监禁环境，却仍然书写传记不辍，由于沉浸在美好的精神世界之中，他的书中竟没有一句话抱怨这个恶劣的环境。当年马可·波罗提笔写下深入亚洲腹地旅行的游记，不也是在多年以后，身处监狱时拥有充足时间而写就！人们于是想当然地认为，马可·波罗的这位托斯卡纳（Tuscany）同乡，或许也只有同样处于被监禁的状态下，才能想起来要写一本绘画技巧的书。然而不幸的是，这些想象全都错了；不过，幸运的是，切尼诺本人的历史因为纠错而得到了澄清。后来的研究人员发现，手稿的其他抄本均没有提及任何监狱。他们因此不得不宣布，切尼诺其实一直是个自由人，到死也是自由的，而那份提及监狱的附记，则是由一位被罚为教皇抄书的囚犯在抄录这本手稿时自己加上的。

每当我打开切尼诺的书——在本书的许多游历中，他都是我的出色的"向导"——我常常想起那位抄录者。他会是一个什么样的人呢？他肯定受过教育：但本质上是个坏蛋——欠了别人的钱，或者犯了白领人士常犯的罪。（不过，中世纪时是以天鹅绒黑领为高尚，恐怕应称为黑领犯罪呢！）他在这座监狱可能已有好多年，被委派以抄写誊清之职，每日用清晰的字体抄下各种虔诚的祈祷文和宗教条约。

---

[1]《艺术札记》首次印刷是在1821年，1844年由玛丽·玛丽菲尔德（Mary Merrifield）首次翻译成英文，1858年翻译成法文，1861年翻译成德文。本书所有引用来自于1933年汤普森（Thompson）翻译的版本，其标题为《艺术家的手册》。

突然有一天，在监狱图书员派给他的众多祈祷文和圣经的中间，夹着一本特殊的论文：这是一本蕴藏着各种精彩秘密的论文，一本他做梦也不会想到会落到自己手上的论文——至少，也是一本不应在他被罚做监狱劳役的时候能够一睹芳容的论文。

他开始抄写了，对书中被切尼诺批评，出于"营利"目的选择艺术道路的人，我们的抄写员也许反倒会感到亲切——而对于其他"出于对美术的热情或是为了提高技艺"而进入这一行业的人，他难以理解，却又十分好奇。然后，他抄了几页，这时他可能已经产生一种技艺大增的自得情绪。但如果他对美术界的情况略有所知的话，他就该了解，画家们为了保住本行业的秘密，是怎样地想方设法遮遮掩掩的！许多学徒为了学一点师傅的技巧，不得不在师傅们的画室里年复一年地重复劳动，磨制颜料，准备画布，最终才被允许画一些背景和不太重要的人物。又过了许多年，通常只有当他们自己成为画师之时，才能拥有属于自己的画室，才能在由其他学徒们为他准备的画布上勾勒主要人物和描画脸部。

切尼诺在他的书中解释了许多东西，比如说：如何用较廉价的颜料配制较为昂贵的蓝色；如何使用摹图纸（通过刮擦小羊皮直到"它薄得快要散了架"，再以亚麻籽油浸透的方法制成）来临摹名家画作；哪几种画板是十三四世纪的大师们的最爱（无花果木做的就很好），以及如何将古旧的羊皮纸粘在一起。切尼诺很诚恳地声称，他的《札记》是为世界各地的画家做好事，也许他确实是这样想的。然而，如果人们想写一本《伪造中世纪艺术自学手册》的话，只需将这本《札记》换个题目就可胜任。而我们这位身处监狱的抄写员却恰好拥有这部《札记》所有的内容。

我们无法确切知道，这位抄写员是否曾用书里学到的知识牟利。我乐于想象他的确这样做了。我想，他会在服刑期满离开监狱后，立即设法进入古董行或者是其他类似的行当里去。他会用切尼诺推荐的方式，小心翼翼地用镀过金的锡，在一幅上百年历史的画上修饰出仿真的斑点，或者拿石灰和奶酪制成胶水用来固定画板，乔托当年就用此方法，两者如出一辙，可以乱真。

我想，无论他是否真的借此牟利，他一定会在他的监狱岁月中浮想联翩，幻想着用上好的酒醋与绿颜料一起炒，幻想着亲手设计金色的服饰。他无疑还想过，有朝一日获得自由，能够坐在教堂里，用阉割过的羊的大腿骨进行素描。他可以让光从左手边照进来，以免右手作画时在纸面上形成阴影。切尼诺的书中有一段警告：画家的手可能会不稳定，甚至于"抖个不停，来回摆动得比风中的叶子还厉害，这其实就是纵欲过度的不良后果"。我们的抄写员读到这样的片断，或许也会停下来，若有所思。

这本书当然会启发后世的造假者。埃里克·赫伯恩（Eric Hebborn）是20世纪英国最著名的赝品画专家，他还因此成了某种意义上的名人。他写了好几本书，而他的最后一本书《艺术造假者手册》（*The Art Forger's Handbook*），公开地教导业余人士如何在厨房里制造精良的赝品。他大量引用并运用了切尼诺书里的内容——如何准备画板，如何染出不同的颜色，如何使新作品看上去就好像曾经消失过很久的老画（通过使用搅拌后的蛋清，静置隔夜后用画刷涂在画布上），这些都与切尼诺所述完全一样。

但是，自从切尼诺的书（以及其他早期如何进行绘画和染色的手稿）的价值被重新发现以来，除了激发造假风潮以外，还激发了人们的怀旧情绪。对于维多利亚时代的人而言，中世纪晚期仿佛是个理想化时期，那个时期的人既创造出了完美的艺术，又保持着最尊贵的骑士风度。今天，如果我想买画，我可以走进美术商店，找到长长短短的画卷，每一卷都标上名字、数目和色彩标志，于是我便知道里面的内容是什么。一些颜料有着描述性的名字，比如"祖母绿"；其他的有一些历史性的名字，比如"朱砂红"（vermilion），还有难以名状的化学物质，比如"苯二甲蓝"（phthalo blue），"二氧化锌紫"（dioxazine purple）。其他的名字，如"燃烧的锡耶纳"（burnt sienna）或是"灯黑"（lamp black），提示了颜料的来源地及烧制过程，当然，"燃烧的锡耶纳"不可能仍然仅仅来源于托斯卡纳的小镇锡耶纳（Siena），那种特殊的"灯黑"也不可能真的来自于各种各样的灯。在浏览艺术商店那些满满当当的货架时，当我感到有些无所适从的时候，售货员几乎无一例外地会向我提供一份列表，上面列出我将要选择的颜料的渗透性、透明度或者毒性，还会指点我找到一个装满颜料使用说明的架子。但是，尽管有了这些帮助，初学者仍会感到有些迷失。这一方面应归罪于那些名词——比如说，正镉红色（cadmium red hue）和镉红（cadmium red）有什么区别呢？[1]尽管从另一个角度说，这些方法增加了人们可选择的范围。然而话说回来，如果并不真正了解这些颜料是什么或者它们是怎样提炼的，从某种程度上讲，就无法真正投入到将颜色转化为艺术的过程之中。

并非只有业余爱好者才会产生无法把握材料的困惑感，也并非今天的人们才会拥有这种困惑感。早在十八九世纪，欧洲的画家们就已经开始感到急需了解有关绘画材料的知识——因为一旦画布上出现裂痕，画作就会岌岌可危。1880 年 4 月，前拉斐尔派画家威廉·霍尔曼·亨特（William Holman Hunt）在为伦敦皇家艺术学会（Royal Society of Art）做的演讲中总结说，此前一个多世纪以来的画家们，已经丧失了对绘画技巧的基本知识的掌握，他为此深感失望。

---

〔1〕 正镉红色是从石油中提炼出的颜料；它与镉红是同一种颜色，唯一的不同是，它不含镉。根据温莎和牛顿（Winsor&Newton）的说法，正镉红色更亮、更便宜、更透明一点；镉红则更厚实、更贵、覆盖性更好一些。镉红更少一点橙色。

他告诉听众，问题在于，画家们从来没有学习过他们中世纪的先辈们在最初的学徒期间所获得的那些技巧。如果油画上的那些配料都会在以后几年内发生化学反应而导致画面黑漆漆，那还有谁能欣赏所谓不朽名作？17世纪早期的画家安东尼·凡·戴克（Anthony Van Dyck）尚且知道怎样去涂抹清漆，以防止颜料发生化学反应，防止画作毁损。然而维多利亚时期的画家们反而不知道这一点，因此，霍尔曼·亨特预言，这正是当时画家们的致命弱点。

部分的事实是，这些画家——以及他的老师们，他的老师们的老师们——很少自己拿着原材料去调和颜料。他们从来没有研磨石头，从来没有将树根碾成粉末，也没有烧过一小节树枝，压制一小段虫干。更不用说去观察颜料制作过程中的化学反应，或是去观察颜料如何随着时间的变化而改变的。他们的时代，与还没发明颜料盒的切尼诺时代截然不同，所有的画家的供应都来自于专业的颜料商们的货存。就在亨特演讲的当天，或者至少是他准备演讲的那天，他特别情绪化，因为他自己的颜料商刚刚给他送来一批极差的混合颜料，导致他好几幅画作的失败。

亨特告诉听众，解决之道不在于自己去做每一件事。亨特首先承认：一些画家花在准备阶段的时间比真正的作画的时间长出许多倍——比如莱奥纳多·达·芬奇，似乎总是忙着稀释或是混合颜料，总是难以真正开始作画，他的赞助人甚至对此表示过绝望。然而，即使是古代的画家，往往也要委托别人制作颜料——比如在对庞贝城的发掘中，人们发现了一间工作室，里面存放着一些供画家们取用的颜料罐；就连切尼诺自己也要去买调好的朱砂红。

解决之道也不在于铲除那些颜料商。霍尔曼·亨特说，某些颜料商的工作卓越——他回忆起荷兰一位传奇剂师的故事，说此人能够制出比其他人的颜料"亮三倍"的朱砂红。他还讲到，与米开朗基罗同时代的安东尼奥·柯勒乔（Antonio da Coreggio），为了感谢一位能够出色地调制油料和清漆的剂师，特意为他画了一幅肖像，这幅肖像画至今"仍存放于德累斯顿"。但是，他又说，真正急需的，是画家们需要花点时间学习本行业的基本技巧。这样，当他们与颜料商们合作时，至少能够知道谈些什么。[1]

颜料制作商的首次出现是在17世纪中叶，他们准备画布，提供颜料，制作画笔。在法国，他们中的一些人原先是些奢侈品零售商，贩卖像巧克力、香草之类的洋玩意儿，有时也卖胭脂红。但他们中的大多数都迅速转成全职美术供应商。在美术行业中出现这批专业人士，是一个标志性事件——正如切尼诺的书是更早时候的一个标志性事件一样——意味着绘画艺术正式从一门手工艺职业转变为一项高尚的艺术职业。对于"工匠"，管理自己的材料很重要；对于画家，那些个混合、研磨的脏活却十分耗时耗力，是进行艺术创作的障碍。当然，也不乏耸人听闻的故事，有些专门制售假颜料的骗子，逼得有些画家不得不长期自己调制颜料。但是渐渐地，也是不可逆转的，画家们把他们的石杵和石臼弃置不用，堆到了画室的角落里。转而由专业的颜料商（或者在某些情形下，是颜料商的马）来做研磨的工作。

将颜料制作交给少数商业中间人之后，画家们便不再知晓颜料的制作过程，但他们却为美术界带来大量的技术创新，推动着美术界的前进。当切尼诺写他的《札记》时，画家们正在经历一个十分重要的阶段，从蛋彩画（使用鸡蛋）向油画（亚麻、核桃或罂粟的油最常用）过渡。后来，乔治·瓦萨里（Giorgio Vasari）称，油画是约翰内斯·范艾

---

[1] 霍尔曼·亨特将这个问题归结于无知，这只说对了一部分。正如颜色化学专家马克西米利安·拓奇（Maximilian Toch）在1911年所解释的那样，19世纪艺术家的另一个问题是，大城市里大量烧煤，环境被酸性气体污染。拓奇，《永久性绘画的材料》（*Materials for Permanent Painting*），第7页。

克（Johannes van Eyck）和休伯特·范艾克（Hubert van Eyck）的发明。毫无疑问，这对佛兰德兄弟出色地调制出半透明的15世纪绘画用油，是油料介质的最伟大的早期提倡人，但是毕竟油料在此前好几年就已使用。举个例子来说，在14世纪晚期，切尼诺已经在绘制一幅天鹅绒服饰时，用油料进行最后一层覆盖，[1]甚至在6世纪时，一位叫做阿埃丘斯（Aetius）的医学作家已经提到画家如何使用一种很可能是亚麻籽油的"干油"。[2]但是，自18世纪以来，发明和创新是如此迅速，难怪一些画家会感到迷惑。不仅是上百种新颜料相继诞生，而且颜料介质也层出不穷——颜料可以悬浮在聚丙烯、速凝醇酸树脂中，也可以悬浮于一系列的橡胶和特种油中[3]——颜料包装上的变化也有不少。

18世纪的一位年轻人威廉·里夫斯（William Reeves）做出了一项改变整个美术界的发现。他是个雇工，为颜料商米德尔顿（Middleton）干活，但他将自己的大量业余时间花在做试验上。在那个时代，水彩——本质上是一种混着水溶性胶的颜料——仍然是块状出售的，使用时需要磨成粉。但里夫斯发现裹上蜂蜜的阿拉伯胶不仅能防止蛋

---

[1] 切尼尼建议那些想创造出天鹅绒织物真实效果的画家们，用蛋黄混着颜料来绘制衣饰的垂纹，然后用银鼠毛的刷子混着油和颜料去画那些剪齐的线头。

[2] 在他的《油画历史上的材料》（Materials for the History of Oil Painting）中，查尔斯·伊斯特莱克（Charles Eastlake）引用阿埃丘斯（Aetius）的话，描述了亚麻籽油和核桃油。"除了医用价值外，这些油还有其他作用，可供镀金匠或釉彩画师使用，因为它干了之后能使金色和釉彩保持很长时间。"马克西米利安·拓奇（Maximilian Toch）曾引用据称是13世纪的爱德华一世国王（King Edward I）的档案（也可能为国王的一个房间作壁画），档案中提到订购若干加仑的油、颜料、黄金和清漆。

[3] 帕勃罗·毕加索（Pablo Picasso）的颜料代理人是塞内利耶（Sennelier，他的店镶着木框，开在巴黎伏尔泰沿河街3号，必定是世界上最时尚的艺术材料供应场所），两人的关系激发了20世纪40年代油粉笔的发明。普通的粉笔——颜料粉化之后做成粉块或粉笔，再加上足够的树脂和橡胶黏合而成——早在18世纪就已在法国流行（1780年更是风靡一时）。但它们很容易碎裂；新的油粉笔更加坚固，能够在不同的表面上使用。

糕风化，还能使蛋糕松软到能够装进任何较为规则的模子里。于是，他找铁匠制了模子，于 1766 年在圣保罗大教堂的附近开了一家里夫斯公司（Reeves & Sons），向军队和东印度公司供应最早的盒装水彩颜料。到了 1832 年，画家亨利·牛顿（Henry Newton）和化学家威廉·温莎（William Winsor）合作，将甘油加入颜料。这样，水彩无需经过磨擦就能直接使用了。有了这些发明，仿佛一夜之间，当画家竟变得如此轻松——至少在材料方面确实如此。许多热情的业余画家都响应维多利亚女王的号召，带着新式的颜料盒，到户外进行风景写生。

油画自然而然地成为下一个大的变革领域。多个世纪以来，画家们都把他们的颜料储藏在猪尿泡里。这是一个很累人的活：画家，或是他们的助手，必须仔细地将猪尿泡的薄皮切成四方块。然后，将一小勺湿颜料放入每一小方块里，再用细绳把每一小块缚牢。当他们想作画时，就用大头针将猪尿泡捅破，将颜料挤在调色板上，然后再设法把那块破的地方补上。这种方法十分落后，特别是猪尿泡有时会胀破，常常搞得一团糟。而且此方法极其浪费，颜料挤出来很容易干

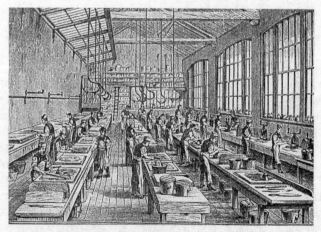

19 世纪中期温莎及牛顿工厂里的水彩制作室

掉。直到1841年，一位时尚的美国肖像画家约翰·歌弗·兰德（John Goffe Rand）设计了世界上第一个易挤压的颜料管——他用锡做管子，用钳子封上口。后来他又做了些改进，并申请了专利，于是欧美画家们便开始享受到可携带的油画颜料盒的好处。让·雷诺阿（Jean Renoir）曾经对他的儿子说，如果没有管装的油画颜料，"就不会有塞尚（Cézanne）、莫奈（Monet）、西斯莱（Sisley）和毕加索（Picasso）；不会有任何被后世的记者们称之为印象主义的东西了"。印象主义运动的本质就是依赖于用最自然的方式记录自然现象。如果没有在户外使用色彩的能力，要让像莫奈这样的画家去记录光的运动在他脑海中留下的印象，再根据这种印象去创造他的艺术氛围，那几乎是不可能的。

茹里安·唐吉（Julien Tanguy）是19世纪末巴黎一位最受欢迎的颜料商，人们亲切地叫他"老爹"（père）。可这位看上去快快乐乐的美术代理人兼供应商却曾是一名罪犯，因叛乱罪被罚在一艘囚船上服过苦役。——但这一经历却明显地使某些后印象主义派别的画家对他产生了好感。保罗·塞尚（Paul Cèzanne）和爱弥尔·伯纳德（Emile Bernard）也从他那里买颜料。爱弥尔还形容说，去克罗塞勒街（Rue Clauzel）14号的唐吉的店里，就像是在"参观一个博物馆"。另一位著名（尽管身无分文）的顾客，名叫文森特·凡·高（Vincent Van Gogh），他画了三幅唐吉老爹的肖像。第一幅是在1886年，画面是棕色调的——唐吉老爹看上去更像个工匠，只在他嘴唇上抹点红色，围裙上点缀些绿色。[1] 而到了1887年春，凡·高改变了

---

[1] 在他事业的开始，凡·高受到戈蒂埃（Gautier）的一句评论的强烈影响，这句评论说，米勒（Jean-Francois Millet）笔下的农民就像从土里长出来的一样。凡·高就试图用灰色材料体现同一主题，并成就了他后来十分著名的农民画：《吃土豆的人》（*The Potato Eaters*），现在保存在阿姆斯特丹的凡·高美术馆。选自"阿尔勒时期（The Arles Period）"，《凡·高面对面》（*Van Gogh Face to Face*）一书，第145页。

他的色调——大胆地尝试红与绿、蓝与橙的对比色——他的作品也与过去大相径庭。其他两幅唐吉老爹的肖像（一幅是 1887 年，另一幅是 1888 年），都好像是在为这位颜料商人丰富多彩的货架做推销。这两幅画中，唐吉的背景都是挂在墙上的日本浮世绘，浓艳的日本艺伎与用柔焦手法处理过的樱花争奇斗艳。大块的蓝色色块上嵌着突兀的黄条，唐吉的帽子上方画了一座富士山，这赋予唐吉一种稻农般的锥形脸庞，而不像是一位法国商人的喜剧脸庞。两幅画都是凡·高的试验作品，他尝试着如何在画作中紧密地布满色彩，而不是使用和谐单一的灰色，他称这种试验为"体操"。

凡·高与唐吉的关系其实并不那么和谐——唐吉的夫人就经常抱怨凡·高欠了太多账（指责夫人别太斤斤计较，往往是画商所施的一种小伎俩，这样他就可以既准时收账，又与画家朋友们保持友好），而凡·高则常常反过来抱怨一些颜料太淡。他也许是对的：有些人确实曾给他提供过假颜料，他的画作中的一些色彩后来消失了。其中一幅珍藏于华盛顿国立艺术馆的凡·高著名画作很多年来一直被

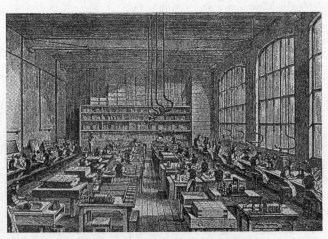

早期温莎 & 牛顿工厂的油画颜料管装车间

称为《白玫瑰》。直到20世纪90年代末期，人们才发现这幅画里可能含有十分妖艳的红色痕迹，而玫瑰本身曾是粉红色的。当我在2001年参观艺术馆商店时，出售的明信片上的这幅画所标示的画名已经仅仅剩下《玫瑰》二字了，而前一批印出的大幅海报仍在提醒着人们，凡·高当年选择了一种易褪色的颜料。

自18世纪末以来，我们已经见证了许多新的色彩的问世。新颜色大多不在本书的叙述范围之内——但其中有一些比较重要的，如铬（chromium）[1797年由尼古拉斯·沃奎林（Nicolas Vauquelin）在一种橙红色的稀有铬铅矿中分离出来]、镉（cadmium），1817年被一位德国化学家斯特罗姆艾尔（Stromeyer）博士意外发现。"苯胺"颜料则由一位不到20岁的化学家威廉·珀金（William Perkin）于1856年从煤焦中首次分离出来。我还将在"紫色"一章中提及他。

伴随着新发现的热潮，对旧颜料的再认识水平也水涨船高。位于埃文河畔斯特拉特福（Stratford-upon-Avon）的莎士比亚故居是英国最著名的旅游胜地之一。2000年，它被重新装饰——所有20世纪70年代的白墙和帘子，都要成为模拟16世纪莎士比亚成长时的场景，而且必须用当时的原材料。于是，这件"画出的衣服"——看上去就像一位买不起挂毯的中产手套织匠，自己动手织出的一幅廉价替代品——做在干净的亚麻布上，然后用赭红、赭黄以及灰白和烟黑画出赤裸的小天使和半人半兽的神，全部模仿那个时代斯特拉特福的"画匠"和"粉刷匠"们曾经做的式样。与此同时，莎士比亚那张著名的"第二好的床"[1]铺上了极其亮丽的绿色和橙色交织的床帷和床

---

[1] "第二好的床"指的是16世纪已婚夫妇使用的床，而"最好的床"是为客人们准备的。这个词很出名，因为莎士比亚在遗嘱中将"第二好的床"留给妻子安妮（Anne）。历史学家对于莎士比亚此举究竟是无爱的馈赠，还是为纪念其共度之夜的性爱暗示，一直在争论不休。在莎士比亚出生地的那张床已经不是原先的那张了。

罩，正符合当时的风尚。这些床上用品是用多尼克斯（dornix）——一种羊毛与亚麻的混合物织成的，染上了天然植物的提取液。这种混合织物直到 1630 年还在英格兰使用。

这种仿古的趋势被世界各地的历史性建筑所效仿——从美国弗吉尼亚殖民地时期的威廉斯堡（Williamburg），到英国北威尔士小城康维（Conwy）的普拉斯茅威（Plas Mawr）都铎式的乡村房屋，都成了 18 世纪绘画技巧的展示地。在普拉斯茅威，最初的外墙装饰已经改变——丰满而且近乎全裸的女像柱极富挑逗意味地从炉台上向下俯视——装饰中使用的原始的生物色和矿物色闪亮刺目（如果人们认定都铎时代全都钟爱白墙和浅色装饰的话，这样的效果无疑是一种震撼），以至于当我在那儿遇见颜色顾问彼得·韦尔福德（Peter Welford）时，他笑着提醒我，别忘了戴太阳镜。

这股重新审视颜料史的怀旧潮流，中间混杂着对那些我们已然忘却的事物的失落感，绝非我们这个时代的人独有的感情。罗马人曾经细致地照搬希腊人的彩色装饰技巧，中国人总是不断地更新和完善前朝的工艺和色彩，而切尼诺的书本身就是一种复制传承从前的绘画技巧以防失传的尝试。19 世纪 80 年代，霍尔曼·亨特的朋友，设计师威廉·莫里斯（William Morris），大力推广使用旧颜料。当旧颜料被苯胺染料所取代时，莫里斯愤怒地把后者称作"丑陋的"新颜料。他鼓励人们亲自去使用一下旧颜料，看看这些旧颜料有多么"神奇"。我们时代的人们，几乎都会不由自主地将前辈的时代看作黑白色的，经过一番了解后又会幡然顿悟，其实前辈们与我们一样热爱色彩！

颜色历史上最为特殊的时刻是在 8 世纪的拜占庭，由于高级神职人员认为制作神像违背神的旨意，彩色圣像几乎全被捣毁了。激烈的辩论在正反两方之间进行着，最终，双方还是达成妥协，一致认为，圣像应被看作对神的天性的赞美。因此，不仅在描绘圣像的颜料上，而且在塑造圣像的材质上——都必须使用天然的植物、石头、昆虫和卵，神的木匠就能够在这些天然物的艺术形式中得以美化[1]。这就是为什么甚至在今天，在拥有如此多的颜料选择的时代里，东正教圣像画家仍然凭着一股职业本能，执著地尽可能地使用天然颜料。

* * *

"找到去沼泽的标志，"我手中的指南告诉我，"走另外的那条路。"我正在寻找艾丹·哈特（Aidan Hart），一名新西兰圣像画家的画室小屋。他从前做过16年东正教初级教徒，被称为"艾丹师兄"，后来脱了教，结了婚，现在住在威尔士边境的一个非常遥远的山脚下：这里似乎是一个非常适合天然颜料画家的作画场所。他信奉天然颜料，但绝非拘泥——他的架子上也有小罐的锌白和一些其他人工颜料。架子上摆满了从塞尔维亚的河边、从土耳其的树上，还有从意大利的山里采集来的各种有趣的彩色石块和粉末——多年以来，他发现天然颜料不仅符合他的美学灵感，还符合他的信仰。

"天然颜料不是完美的颜料……但正是这一点，使之与众不同。"他说。在后来的旅程中，我又从其他颜料或染料工作者那里多次听到类似的话。他说完之后在手掌里倒了一点法国产群青粉末（发明于19世纪）以证明他的观点。"这些群青的所有晶体大小相等，因而它们折射出的光线过于均匀单一，远没有从石头中提取的天然群青所折射出的光线那么充满意趣。"

尽管画家们有许多种白色的颜料来源，包括白垩和雪花石，但艾

---

[1] 在7世纪，大马士革的圣约翰说："我向造物主膜拜，他为了我的缘故成了有形之物，以有形之物存在，通过有形之物拯救我。"

丹每次进行圣像绘画时，却总是选择最传统的方式。他先将石膏粉涂在灰或橡木制作的画板上。石膏粉是个意大利词，指的其实就是巴黎卖的石膏或熟石膏，他会先涂几层兔皮胶（这种胶在加水之前看着就像德梅拉拉蔗糖，闻着就像宠物店的气味），再在上面贴一层尼龙布，这样如果木头裂开，也能及时更换而不会损坏画作，然后涂上好几层白垩和胶，仔细地打磨光亮，看上去与白色福米加塑料贴面极为相像。东正教传统强调人体内在的光线：因此，圣像画也从光开始，光就仿佛从颜料和贴金的底下透射出来一般。

24　　圣像画不仅是画上的故事，哈特解释说。"其目的是将你带入现实，而不是模仿自然。是向你展示什么是真实，而不是你眼力所及的一切。"因此，画上的圣像经常超越画框，好像并不存在任何画的边界，画上的建筑也总是用一个奇特的视角——你能同时看见左边和右边，上边和下边，这样画的目的是为了展示神是如何一眼"看见"整个世界的。东正教教义告诉我们，人类——与上帝创造的所有生命一样——纯洁却不完美，恰如圣像画使用的天然颜料。人类诞生之义，在于逐步达至真实的潜能。而天然颜料，从磨一块顽石开始，天长日久，使之成为圣像颊边的红晕，正与人类的成长转化相映成趣，异曲同工啊！

　　所以，当你打开颜料盒的时候，看见的绝不仅仅是颜料，还有无数个类似这样的隐藏着精彩绝伦的故事。故事中既有敬神之信，又有渎神之毁，既有怀乡之思，又有改革之创；既有神秘荒诞，又有奢侈豪华；既有财源滚滚，又有家破人亡；既有幻象与毒药，又有残忍与贪婪，更主要的，故事中贯穿着一股子义无反顾寻求真美的不灭信念。不必着急，在我接下来穿越颜料盒的旅行中，我会从头叙述，娓娓道来：从最初的彩色颜料开始，从某一天一群画家早晨醒来后，发现他们的色彩被夺走的故事开始。

第一章

赭　色

> 艺术……必须不仅使人愉悦：还应与我们自己的生活息息相关，用以提升我们的精神能量。
> ——肯尼斯·克拉克爵士《看画》

卡莫尼卡山谷（Valle Camonica）位于意大利湖区，谷内有一万幅摩崖石刻。这里的岩画是新石器时代人类曾经生存于此的佐证，它用生动的画面讲述着那时候人们的故事。其中一些画着奇异的长角的野兽，看上去瘦得皮包骨头，似乎不是祭祀牲品；还有一些画着持棍的人群挥舞着手中武器追猎野兽。另一块岩石上刻着一只蝴蝶——我去拜访时恰好遇上一群德国小学生，他们排着队观摩它，我无法隔着成堆的素描纸和蜡笔去细看那只五千年前的蝴蝶，真让人觉得有点儿遗憾。

然而，在一个安静而远离旅游团队的地方，我发现了一块扁平的黑色岩石，上面至少画了 50 个甚至更多的尖顶两层楼房。我站着端详这些画，画上的建筑并不那么威严，在我看来，或许这里曾经是古代的房产代理办公室，抑或是一位建筑师的工作间，又或许，仅仅是那些山谷里自在休闲的人们，在共话桑麻聊天之余，随手画下的梦想中的家居样式。这些粗犷的刻画现在已经失去原先的颜色：阿尔卑斯的豪雨，冲刷掉了所有远古的色彩。但是，当我坐在那里冥想远古的时候，却突然发现地上似乎有块小石头样子的东西，它有颜色，而且有着不同于周围山石的颜色——即使那些山石多么五彩缤纷，这一块仍旧卓尔不群。

我捡起来端详它，更加意识到它不同凡响的价值。它的外观其实并不起眼：黏土状残片，脏兮兮的浅棕色，大小和形状恰似鸡心。它的正面是平的，它的背面却有三棱，活像一座微圆的迷你三棱金字塔。当我用右手的拇指、食指与中指分别触摸这三个背面时，我惊讶地发现，它的设计居然非常适宜被人手拿住。刹那间，我断定这块黏土就是赭石，一块从古人的颜料盘中跌落出来的赭石。我用唾液润湿它的表层，这块泥便呈现出干草堆一般的黑黄色。拿起它，我试着模仿那些岩画，在石头上画了一幢两层楼的房子。我笔下的赭色线条平滑而流畅，一笔下来，毫无顿挫：一块相当好的颜料！难以想象，那位最后拿住它的人——那个用他的手指握出了赭石上的沟槽棱线的人——竟然真的生卒于五千多年前?！他，或者是她，在手中的赭石磨得太小，以至于不方便作画之后，便随意一扔。而最近的一场暴雨，鬼使神差将这块埋在地下的赭石冲至表面，恰好落入我的眼帘。

赭石——又名氧化铁——是世界上第一种颜料。自从绘画技艺被发明以来，每一块有人居住的土地上，就必然有被人使用着的赭石。而且自那之后，赭色就成为历史上几乎每一位画家的调色板里必不可少的颜料。古希腊和古罗马时期，最好的赭石来自于黑海城市锡诺普（Sinope），位于现在的土耳其境内。这里出产的赭石如此珍贵，以至于所有来自锡诺普的产品都刻上了特殊印记，被人们称为"印记锡诺普"。再后来，"锡诺普亚"（sinopia）或是"锡诺普尔"（sinoper）还成了红赭的代名词。最早来到北美的白人殖民者称土著居民为"红印第安人"，正是因为他们用赭色涂画身体（祛邪护身，红赭色代表着人世间善良的力量，还有冬天防寒，夏天祛虫的作用），考古学家还在斯瓦士兰（Swaziland）的红峰（Bomvu Ridge，Bomvu 在祖鲁语中的意思就是"红色"）发现了好几处至少是四千多年前人们使用过的矿，人们在矿里采掘红色和黄色的颜料用来涂抹身体。"赭色"这个词来源于希腊语的"灰黄"一词，但如今多少演变成了某种更加鲜艳些的颜色——某种更红或更棕或是更接近黏土色的颜色。到了现代，它还可大致指代任何一种天然存在的黏土颜料，然而最准确地说，它仅能指代一些含有一定分量的赤铁矿或铁矿的黏土罢了。

  法国南部的吕贝龙（Luberon）虽有几座大的赭石矿，但最著名的还数托斯卡纳的锡耶纳（Siena）：念及此，我便情不自禁，浮想联翩，设若我手中的那一小块赭石，或许就是由新石器时代的商人从锡耶纳捎来的，当时这些石头颜料很值钱，没准还能换到山里的毛皮呢！切尼诺·切尼尼提到他还是个小男孩的时候，有一次和父亲在托斯卡纳散步时发现了赭石。他写道："（我们）到达了一个小山谷，一个非常险峻陡峭的地方，我用铲子刮下陡壁上的泥土，带回许多种色块。"他还发现黄色、红色、蓝色和白色的黏土。"这些色彩之于地球的含义，恰如皱纹在男人或女人脸上的含义一样。"

  我知道在许多其他的赭石产地——从锡耶纳到新大陆再到日本，一定会有很多故事。但我搜索第一种颜料的旅行，仍然选择澳大利亚作为开端——这是因为我想发掘世界上最悠久且从未中断过的绘画传统。既然我曾被五千年前的赭石所吸引,那么澳大利亚所拥有的四万年前穴居人类使用过的同一种颜料,不是会更加魅力无穷吗?当然我也深信,在澳大利亚的中部,我将会了解到一些故事,这些故事将告诉我,一项近几年来最激动人心的新绘画运动,是如何从古代的绘画传统转化而来的。

动身赴澳之前,我给一位住在悉尼的人类学家朋友打了电话,他曾在土著社区考察过许多年。在我们的谈话快要结束时,我瞥了一眼我匆忙记下的要点,有以下的三条:

- 费时。很费时。
- 赭石仍有买卖,就在现在。
- 红色是男人的专利。小心。

我无意中在最后一条下面划了好几道杠。也许,世上最普通的颜料有时就是世上最大的秘密。发现赭石确实比我预期的要更复杂一些。

悉 尼

赫蒂·珀金斯(Hetty Perkins)是新南威尔士州艺术馆馆长,她专门研究土著居民。我们一起参加她主办的土著居民艺术大型回顾展[1]的开幕式,之后又一起坐在艺术馆花园喝咖啡,她向我生动地描述了土著居民的传统。"这是一片空白,"她说,并将她的手放在我的笔记本上的一页白纸上。"而这是澳大利亚,"她继续说着,手转而放在木桌上。"你拿起白纸的时候,发现它就在下面……许多

---

[1] 帕普亚图拉:起源与大师(Papunya Tula: Genesis and Genius),新南威尔士州艺术馆,2000年8月至10月。这是自20世纪70年代中部沙漠地区绘画运动兴起以来首次举行的回顾展,也是2000年悉尼奥运会相关活动的一部分。

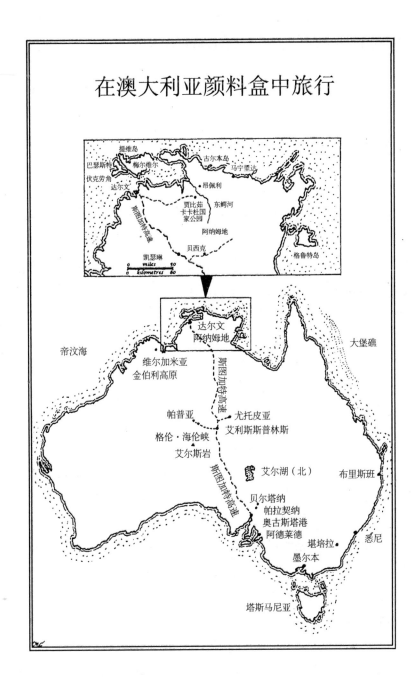

第一章 赭色

绘画就像这张白纸……我们可能并没看懂它所有的含义，但我们知道它代表着这个国家和这片土地。"我被她的谈话深深地吸引，并且很想知道她是否了解那些"就在下面"的艺术——比如说，那张桌子。"我没有这份特权，"她说，"因此我非常小心。处在我的位置上，我不会去问任何人关于某种事物的含义。那些含义以后自会显现。"

确实如此——那天晚上，我做了个自我规划——我要去寻找一种颜料，可这种颜料的外化形式是不允许我去看的，它所绘制出的东西则是不允许我知晓的秘密。我当然尊重这些秘密。可是，在所有严格的限制条件下，我还能够在澳大利亚中北部发现些什么？这些发现又将如何帮助我探寻赭石的魔力呢？

达 尔 文

我所发现的正是赭色本身。我一进入澳大利亚就发现了它，而且沿路绵延于窗外，到处都是赭石。澳大利亚北领地的顶端地区已经开发成了大型的赭石采石场，我对此并不赞同——这块土地上有太多赭石，以至于人们用之于商业，居然拿它来做彩色水泥。来到达尔文的第一个早晨，我起了个大早，沿着当地以色彩著称的伊斯特波因特海岸（East Point beach）散步。一块块石头就像一只只覆盆子纹络的冰淇淋，仿佛某位懒惰的祖先奉命将黄色、白色、橙色和红色配料调进适当的褐色崖壁中，却被一只跳跃的负鼠转移了注意力，手里的活半途而废，各种颜色便自成一体打着卷嵌在岩石上。猩红色的赤铁石在灰白底子的岩石上简直就像泼溅的血。当我在石臼里加一点海水研磨松散的碎石子时，我发现我可以用它们作画——或者在我的皮肤上，或者在岩石的浅色部分。但与我的平滑的意大利赭石不同，这些澳大利亚颜料是粗糙的，打磨得不均匀。我事先没有料到，我竟会一大早为追寻这小小的颜色，不知不觉徒步走上数英里。然而我竟确确实实走了这么多路。

位于东方的阿纳姆地，慢慢地在阳光下展现出了轮廓。这里是土著居民的故乡，外人只能在被邀请时才能参观。在某些地图上，这里几乎是一片空白；这样一个地方，除非你拥有一张真正的地图，你会觉得根本无从知晓，也无须知晓。当我坐在石板上，注视着太阳将天空染成粉红色的时候，我多么想知道，阿纳姆地的这许多色彩，究竟来源于何方，又将去往何处？

赭石贸易

曾几何时，整个澳大利亚就是一张贸易网。从北边的阿纳姆地到南澳的最南端，从西海岸到昆士兰的海滨，商人们一群群聚拢过来，彼此交换一些珍贵物品。从某种程度上讲，这是获取精致工具和实用物品的重要途径；同时也是一种以（或者说主要是以）和平手段编织人际网络的方式。可以想象，如果在每一个湿季，你都十分习惯于与邻居们公平交易，那么双方缔结或续签和平条约就不是什么难事，敌对情绪也就能得以化解。那个时代，人们也许会用一只飞去来器（那个时候的飞去来器无法自行飞回来）交换一只梭标或用一把斧子换一块磨刀石——最后再以一场合作仪式来庆贺交换成功。在所有的交换种类里，赭石——真正的不含杂质的赭石——是各类货品中最有价值的一种。

西澳坎贝尔山区（Campbell Ranges）的维尔加米亚矿是澳洲大陆最神圣的赭石矿之一。1985 年，尼古拉斯·彼得森（Nicolas Peterson）和罗纳德·兰珀特（Ronald Lampert）描述过与几个从瓦尔皮里

（Warlpiri）部落的传统商人一起去矿里的情形。他们必须申请进入许可——不仅是向矿主申请，还必须向那些住在远古的房子下面看不见的神灵们申请。"不要对我们发怒。"那些部落商人念完祈祷，才去取火炬和斧头。还有一次，他们向矿里的神灵欢呼并与之对话，向神灵保证他们自己只会索取一小点儿。在20世纪40年代之前，赭石可以在南方的部落里换到梭镖，在北方的部落里换到盾牌和飞去来器。此后，——至少在20世纪80年代——赭石仍有开采和交易，尽管盛放赭石的器皿从树皮筐换成了20世纪末期的塑料筐。

另一个著名的矿藏位于澳大利亚南部的弗林德斯岭（Flinders Ranges）。很可能在数千年前，就有土著居民从艾尔湖（Lake Eyre）地区南下来此探险。在《来自另一国的货物》（Goods From Another Country）一书中，伊莎贝尔·麦克布赖德（Isabel McBryde）写道，迪亚里（Diyari）人花了两个月的时间来回，为的是到位于帕拉契纳（Parachilna）的布卡图矿（Bookartoo mine）采掘他们的红色黄金。他们把赭石做成圆饼状，装在用负鼠或袋鼠的皮做的口袋里，每个人要背20公斤，头上还顶着一大块从附近采石场采来的重重的磨石。一般是七八十人结队成行：这一景象非常壮观。

1860年，白人农民来到澳大利亚，带来了羊群以及他们的土地登记制度——一系列的冲突随之发生。其中一场剧烈的冲突，被阿德莱德（Adelaide）当局称之为赭石战争。其实冲突的起源并不是为了争夺圣矿里的赭石，而更主要地是为了在去往圣矿的路上发生的事情。原来，土著居民们对欧洲人带来的土地所有制概念没有一点儿兴趣，但他们对那些新奇的咩咩叫着的食草动物很感兴趣。当他们每年去布卡图时，便顺手牵羊，在路上杀了吃肉。于是白人群体很快就进行报复［所谓"睚眦必报""细故杀人"（Hanging for a sheep or a lamb theory）］，这反过来又招致了土著居民的新一轮反报复。据菲力浦·琼斯（Philip Jones）于1983年收录于南澳大利亚博物馆的一篇论文说，罗伯特·布鲁斯（Robert Bruce），一位19世纪的殖民者，曾经写道："就是在过去的好年景里，弗林德斯山区里孤独的牧羊人也一点儿也不比蒂珀雷里（Tiperary，爱尔兰地名）这个被人憎恨的地方的掮客们更安全。"

在1863年11月，赭石战争变成了一场赭石屠杀。琼斯写道，一百多年后，当地的土著居民仍然清晰地记得，就在阿德莱德以北540公里的贝尔塔纳，大批土著被愤怒的殖民者杀害。整个19世纪60年代，双方多次发生了激烈的冲突，最终南澳当局提出了一个解决的方案。既然无法阻止土著前往矿山，也许可以把山带给土著。何不移矿就人？黑土著绝不会搞懂其中差异。这真是令人难以置信，于1874年居然殖民者们切实地履行了这个方案。只不过，"愚公"们移的是另一座矿山而已。

由于阿德莱德的管理者找不到一家愿意从帕拉契拉的布卡图矿全程搬运红石块的运输公司（那个时代的牛车根本无法在崎岖的山路上通行），于是他们就找到海边的考莱（Kaura）部落的矿山并从那里挖了四吨的赭石，装车后运往艾尔湖——这就花了几个星期的时间，但至少这条路是牛车可以通行的。赭石运到之后，他们又说服德国传教士们协助分发。这下子，他们以为赭石定会供过于求，艾尔湖的土著们也定会放弃长途跋涉了。

然而事与愿违。即使搬来所有的考莱红赭，也无法阻止艾尔湖土著们的年度探险——三个理由决定了这一结果。首先，这是一次朝圣之旅。你也许能在伦敦买到卢尔德（Lourdes）圣水，但你真正的心灵升华来自于取水的旅途。土著们辛苦地将赭石取回后，都要举办美轮美奂的仪式予以庆祝。试想，若是只走几步路去传教士的小屋，取回一小袋免费的赭石，何谈辛苦？更谈不上庆祝了，整个过程就显得全不对味。所以说，正如故事需要口口相传一样，旅途也必须是由人一步一步地踩出来。

其次，赭石是物物交易的重要手段。只有甲物与乙物价值等同时，交易才能进行。免费的颜料值多少钱呢？它既不能换回金伯利海滩（Kimberley Coast）一大堆珍贵的珍珠贝，也换不到迪亚里部落十分需要的富含尼古丁的皮特尤里（pituri）烟草。将皮特尤里树叶制成麻醉剂的秘密配方，是部落里的十分珍贵的高级秘密，只有特定部落的几位长者有权知晓。迪亚里人若是拿着珍贵的赭石去交换皮特尤里，相当于用一种秘密去交换另一种秘密，这自然是合理的。可要是艾尔湖畔的居民们被剥夺了亲自采集圣矿赭石的权利，那就意味着，他们的赭石不再珍贵，那么，在整个土著居民十分依赖的复杂交易网络中，他们也就相应丧失了扮演特定角色的功能。

第三，赭色一向用来绘制仪式装饰。考莱红赭既没有圣矿的好，也没有圣矿的赭石那么神圣：它缺少布卡图赭石中的汞元素。1882年，一位名叫马西（T. A. Masey）的记者写道："当地人才不会使用（考莱赭色）呢！它抹出来的颜色不怎么闪亮，不是他们追求的那种颜色，更不是那种能够带来欢乐感和崇敬感的颜色，不是那种使他们冥想高贵自我的颜色，也绝不是那种令他们的仇敌忌恨的颜色。"马西认为这是一种原始的对于光泽器物的崇拜使然，其实，这里面还有其他原因。神灵的光辉往往是以光为载体的——圣者光中显现——这是每一种信仰的共性。也许只有用闪亮的色彩涂画自身，土著居民自己才能够不仅仅在仪式上装扮神灵，而且真的能够使神灵在人世间化身出现。

"啊，是的，皮特尤里。"罗克·李说："此味道狗屎不如，却比十杯咖啡还管用。"我遇见达尔文土著艺术馆的罗克［他把自己的名字读成"洛基"(Rocky)]:他曾经在卡卡杜国家公园做过护林员,但最近五年他的大部分时间用来演示迪吉里杜管(didgeridoos,一种土著居民的管状乐器,用白蚁蛀通中心的木条制成,清洁之后再用蜂蜡或树脂涂盖咬嘴部分,吹法与其他管乐器相似。迪吉里杜管长度由1—1.5米不等,而咬嘴的直径则由30—50毫米不等,管子长度不同,声音各有差异。——译注)。他的父亲是位华裔澳大利亚人,母亲是土著居民。"我被赋予三种文化,"他欢快地说:"你能从我的烹饪中看出来。我做叉烧蛇肉,塞姜长颈龟和爆炒鹊鹅。"他平时住在达尔文,但喜欢在周末打猎。"打野鹅的季节马上就要到了,"他说:"我们在沼泽的边缘建了一排栅栏,再将梭镖捆在一起。野鹅一过来,我们只需把一捆梭镖扔过去,连瞄准都不需要。"他打猎的时候,经常用白色的高岭土混着海鸥蛋在脸上抹出条纹。"这是为了让大自然妈妈(Mother Nature)知道我们来了。"尽管不用为了猎鹊鹅而涂白,那些"野鹅胖乎乎地,猎鹊鹅一点儿也不需要运气"。但猎手们总是将梭镖的两端涂白。还是运气?"不是。"他露齿一笑:"这样我们就能更容易地找到猎物。"

他带我参观艺术馆。就像许多达尔文的艺术商店一样,馆里的美术作品分为两大类——一类是来自中部沙漠区用丙烯颜料画的大幅抽象画,这些颜料用塑胶而不是油做黏合剂[1];另一类是来自北领地(Northern Territory)的画。前者我知道可以在更南一些的地方找到,而且我希望,还能在找画的同时发掘出关于鲜艳色彩的故事。后者的画则大部分仍沿用天然赭色,一如1912年探险者兼人种学家鲍

---

[1] 有个关于丙烯颜料的故事称,这种颜料最早可能就发源于澳大利亚。澳大利亚艺术家罗伯茨·安斯利(Roberts Ainslie)对松节油和亚麻籽油过敏,因此他的朋友悉尼·诺兰(Sidney Nolan)就建议他试用PVA胶,他照着做了。后来这就演变成了丙烯颜料,这是房屋粉刷和艺术颜料的一项革命。

尔温·斯宾塞爵士（Sir Baldwin Spencer）刚开始收集这些画时所见到的那样。当然，如今黑色、白色、红色和黄色的黏土也更频繁地与合成胶混合，以便制作颜料。新的黏合剂更容易买到，黏合效果也比过去的兰花汁或海鸥蛋更加持久。

北部的土著绘画起初是画在切下来的桉树皮上［这种树皮更像纸而不像绳子，（桉树的英文 stringybark 有"绳子一样的树皮"的含义，所以作者有此调侃。——译注）］，现在则画在了油画布上——部分是为了环保，也是为了购买者的方便，许多当代的绘画都在创作时考虑到了购买者的需要。画上充斥了各种斜纹和剖面线组成的形状。剖面线技巧显然是几百年前在白人殖民者到来之前，由马佳善（Macassan）商人们［从今天的印度尼西亚的苏拉威西岛（the island of Sulawesi）］带到澳洲大陆的。这也说明土著文明从来没有与世界割裂过，相反，它受到来自于印尼、波利尼西亚、中国以及其他地方文明的影响，还可能影响了其他文明。这些绘画还有特殊的视觉效果，那些精致地绘出来的平行线条构成一种微闪现象，与英国 20 世纪画家布里奇特·瑞利（Bridget Reilly）的作品效果异曲同工。霍华德·墨菲（Howard Morphy）在他的《土著艺术》(Aboriginal Art)一书中称这种现象叫"颤动"——看上去就好像一只颤抖的手在作画一样——是为达到微闪和移动等视觉效果的精心之举。

北领地的绘画则更具有高度的象征意义——比如，有一幅画，画的是一个闪电神拉马孔（Namarrkon），全身带着电一般的光晕，手上拿着斧头（就像一个人拿着斧头准备伐木一般），似乎随时准备劈向那些不守规矩的人类；还有画鲁玛鲁玛神（LumaLuma）的故事的，他老是爱摸女人，结果被愤怒的男人们杀死了（可他还没把自己最精彩的故事说出来呢）。其他的画有动物图腾——鱼或是沙袋鼠或是鳄鱼——环绕在人和祖先的故事画周围，成为故事的一部分。有一次我看见一幅海龟的图画，周围有一些斜纹，我还以为仅仅是装饰。但后来，我为了完成北领地大学的一项研究计划，花了一整夜在距达尔文不远的一个沙岛上观察大海龟产蛋，我亲眼目睹一只大约四十年龟龄的绿背母龟在海滩上产完蛋后慢慢地挪回海里，龟鳍在海滩上留下了一串串斜纹印迹。这时我才意识到，画上的那些斜纹实际上正是对现实景象的准确而忠实的描绘啊。

当土著人的祖先第一次从最初的泥淖或海洋或是天空中现身，并带来第一缕阳光的时候，传统的土著生活才有了意义。翻译成英文，这一产生意义的时刻被称为"梦幻"或是"梦幻时代"——过去从来没有过，但曾经平行存在于另一个时空的故事，因而称之为"梦幻"，就像我们曾经在睡梦中不知不觉地做过些什么事，但醒来却并不知晓一样。在土著的歌谣中，"梦幻"是一切事物曾经存在以及将要存在的理由。"梦幻"的故事一层一层地在述说着，你所听到的那一层故事，取决于你是否准备好去理解，或者是否有权去理解它们。据说个人的"梦幻"体验取决于母亲怀上你的那一刹那所在的位置。生活在那个位置的祖先们会赋予你一种"灵魂"——使你整个人鲜活起来的"灵魂"——当你长大后，他们的故事和歌会传给你保管，而你也会将自己整个儿地交给他们来保管。

"梦幻时代"的传说一点儿也不温柔；事实上许多传说都十分血腥。故事中常常讲述动物祖先或人的祖先被杀害或被惩罚，讲述他们沿着圣迹之路穿越土地发现食物、同盟和敌人的细节。这有点像包含着举世公认真理的英雄史诗（这是所有其他伟大史诗的共性）。"梦幻时代"的故事讲述土地的法则，同时也代表了土地本身。只有经过特许的人才有权知晓这些故事。因此，一个故事或关于这个故事的歌谣往往会产生不同层次的许多含义。比如，瓦维拉克（Wawilak）姐妹的故事就是这样——姐妹俩在梦幻时代开始之时出发旅行，因为将血滴进彩虹蛇的水洼里而被彩虹蛇吞吃。这个故事既可能是一种神灵现象的提示，也可能是一种要求遵守某种社会规则的警告，还可能是一种地图。如果你有权解释它，它可能在暗示你，向山的东面走，你能发现水源，在水源地停下，能找到食物。这个故事就像探索整片大陆的一把钥匙，即使你从没来过这里也能找到安全的路。同样道理，赭色——作为一种介质——作为一种用来在仪式上或是岩壁上描绘梦幻时代故事的颜色，它就不仅仅只是来源于土地。赭色，就是土地本身。

红赭是"梦幻时代"的标志——有多少部落，可能就有多少关于红赭的神话。在某些故事中，帕拉契拉就是古代鸸鹋的血；而另一些故事则把它说成是马林迪野狗（Marindi dog），被一只缠在它脖子上的蜥蜴愚弄并杀死后流出的血。根据瓦勒皮里（Warlpiri）传说，维尔加米亚是被人从一堆凝固的血里偷出来的。另一个流传在加尔古里（Calgoorlie）地区的红赭石传说称，一个叫做科尔金（Kirkin）的人有着与太阳一样闪耀的头发，他美得让人眼花缭乱——连他自己也被冲昏了头脑。

每天日出之际，这位古代的剧场偶像科尔金就会站在高高的露台上，梳理他的金色头发，享受四面八方的艳羡和瞩目。但有一个人却一点儿也不崇拜他。巫医维鸠（Wyju）看穿了科尔金的内心，嘲笑他很虚荣。天长日久，科尔金就十分忌恨维鸠，私下里开始着手设计复仇计划。他对维鸠说，想与他一起外出打猎，他还骗维鸠说，有一种特殊的鸟十分好吃，但是为了捕到它，猎手必须跳到鸟头才能捉住它。这真像一场闹剧，维鸠没捕到鸟却跳进了科尔金事先准备好的插满锋利尖刀的陷阱上。邪恶的科尔金哈哈大笑，任凭维鸠在山谷中挣扎哀号，刀尖刺破了他柔软的脚底，地上满是他流出的鲜血。自那以后，这个故事就被一代代地传承下来。土著们纷纷去那个山谷寻找赭石。采集之前，他们把象征那年轻巫医的鲜血的赭色抹在了孩子们的身上，以此教导他们要做善良的人。

赭石的神圣与危险有多种理由，这只是其中之一。红赭还是男孩成人仪式的一个不可或缺的部分。比如说，在阿纳姆地东北，男孩们的胸脯上要用赭色涂抹神圣的部落纹样，脸上用白黏土画上面具。颜料是成人仪式的重大秘密的一部分——其实也许可以说，赭色正是秘密本身。人们不停地猜测着这种红色黏土的重要性——人类学家倾向于认为红色代表人血的颜色，因此具有象征意义（意味着死亡），或者是女人的经血（也许揭示着生命诞生的潜能）。但也有另一种更有意思的理论：红赭中的铁元素多少带有某种磁力，从而为人类的祖先和土著居民们展示了通往圣迹之路[1]。当我第一次听到这种理论时，我完全不相信，认为这显然是一种新旧概念的混淆，但之后我又听说了一些关于红赭的新的见闻——虽然仍未改变我的观念，但至少使我开始对各种理论持开放的态度。

我听说意大利的科学家发明了一种新的鉴定壁画年代的技术，它能够精确到具体的年份，方法就是通过鉴定壁画中含有的红色颜料。"红赭石含铁，铁分子具有类似指南针的性质。"都灵大学矿学与岩石学系教授贾科莫·基亚里（Giacomo Chiari）这样告诉我。他说，在湿黏土墙上涂上红赭色，没几分钟，等它干了，铁分子就会自动排列，指向磁北极。"如果你不挪动墙壁，那么铁分子就仍会保持

---

[1]《南华早报》2001年1月13日，引用土著居民西澳大利亚政府土著传统处首席执行官诺埃尔·南纳普（Noel Nannup）的话称，如果不时地常走一走"梦幻"轨迹，它就会冬眠去了。为了重温轨迹，必须先由那些对地球磁场敏感的石头来唤醒轨迹，让轨迹自行显现出来。他说，一场电闪雷鸣的暴风雨被认为是"感受"轨迹的最佳条件。

涂上去时的这种排列。"基亚里教授说。磁北极每年都会改变——在一个 18 度左右的范围内徘徊,这样就能通过了解红赭所指的方向确定作画的年份。这又引发了另一项很有意思的艺术发现:比如在梵蒂冈图书馆有三幅壁画被认为分别画于 1585 年、1621 年和 1660 年。都灵的科学家们用他们的理论做了检测。"我们被结果所迷惑。所有的红赭都指向同一个方向,而且不是我们预估的方向。"基亚里教授说。然后,他们做了更多的测试,得出了以下结论:壁画确是真品,但所有的边框都于 1870 年被重新描画过。当然,磁北极本身也会有些难以捉摸,基亚里教授加了一句,"因此我们进行双向鉴定:有时还会使用壁画——用我们已经确知创作年代的壁画——来告诉我们那一年的磁北极的方向。"

在澳大利亚以及非洲、美洲和欧洲,给尸体涂抹红赭是一种延续了几千年的葬礼习俗,但基亚里教授对于能否将新技术用于鉴定涂过红赭色的尸体年代还没有把握。这部分是因为没有人能够确信红赭颜料干后尸体是否被搬动过,部分是因为葬礼的年代实在太久了。"没有人能了解几千年以前的磁北极的确切方向。"

罗克认为我永远不可能探知到仪式中的红赭用途:"这些仪式禁止任何人谈论。"他告诉我,要想在 21 世纪了解土著传统,简直比 20 世纪 30 年代还难好多倍——这不仅仅是因为很少有人记得这些仪式,更主要是因为有一种隐藏仪式内容从而保存仪式文化的趋势。他的姐姐正致力于一个项目,将土著仪式的人类学研究成果放于图书馆的特殊位置,让通过申请程序的特许读者能够阅读它们。不过,他又说,仍然有许多红赭的其他用途是我能够接触和了解的。如果我想知道红赭在文化中的运用,我应去卡卡杜,阿纳姆地的边缘。"那是世界上最大的艺术馆。"

赭色的乱伦禁忌

提维岛（Tiwi Islands）距离达尔文只有 20 分钟的飞机航程，只需飞越阿普斯利海峡即可，但当你第一次步入巴瑟斯特机场的跑道时，却感觉仿佛来到另一个国度。这一点儿也不像澳大利亚，语言是提维语，孩子们几乎不说英文。16 位议员代表全岛居民在提维白屋（Tiwi White House）开会管理全岛事务。尽管他们乐于将自己区别于澳大利亚人，几年以前，提维议会还是投票同意每天接纳最多 12 名游客，以便让外界了解他们的文化。

表面上看，提维居民有着田园诗一般的岛国生活。充足的阳光、闪亮的衬衣，环以棕榈画满装饰的精巧房子，许多画家在明亮而宽敞的艺术中心工作，全岛都躺在无边的大海的怀抱里。但从另一个层面看，岛民们不仅必须与困扰许多土著部落的醉酒问题做斗争，他们的社会组织结构也是我所见到过的最严格的一种。

问题源于人口统计。在梅尔维尔（Melville）和巴瑟斯特（Bathurst）两个岛上只有 1400 人，很多年以来，他们曾一直认为自己是世界上唯一的人种。因此他们非常严格地禁止近亲结婚。这些禁令今天仍然保存着。岛上没有实行男女混校。不是出于对某种教育理论的遵守，而是因为兄弟姐妹之间不允许见面，更不允许说话。我们的向导，理查德·通加图伦（Richard Tungatulum）——提维岛上的 16 位议员代表之一——提及一件逸闻，据说，有一天一个男人十分痛苦地来到岛上那座小而简陋的医院。医生恰好不在，护士却跑出去喝茶而不去帮助这位病人。"她必须这么做，"理查德解释说，"因为她是他的姐姐。"

每一个人都是四大族群中某一族的成员。你可以是太阳族、石头族、梭鱼族或是露兜树棕榈族。如果你是一个太阳族，那你就既不能与太阳族也不能与石头族的人通婚：你的丈夫或妻子必须来自于梭鱼族或是棕榈族[1]。提维人的世界由四种象征性的赭色组成——每一种颜色代表一族：红赭是太阳族，黑赭是石头族，白赭是棕榈族，黄赭是梭鱼族。红黑只能与黄白通婚：'强'色只能与'弱'色般配。

有几个蹩脚的传教士尽了最大的努力来传播基督教[2]，可是，提维的信仰仍然在基督教世界之外顽强地生存着。提维的"梦幻时代"故事讲的是一位怀里抱着三个孩子的盲妇人，她的身躯裂成碎片，那些碎片漂向地球各处，穿越黑暗和无主之地，塑造了今天的地理。她的女儿长大后成了太阳，并且嫁给了月亮。每天早晨，太阳都要用红赭涂遍自己的身体以取悦她的丈夫。而到了一天结束的时候，她又到达西边的地平线，用黄颜色浸染自己，这样她就能够穿越地下世界，在整个夜晚的旅程中显示出她的美丽。

过去，提维岛与澳洲大陆没有贸易往来，所有的赭石都来自于本岛或附近的岛屿。最好的白色原料来自于一棵树尖岛（One Tree Point），黄赭色来自于伏克劳角（Cape Fourcray），运回这些颜料的过程——在那个还没有四轮工具的时代——可以称得上一项全方位的探险之旅。自然界有一些红色，但它们很稀少，大部分较为普遍的红颜料是通过将黄颜料炒熟后制成的。这得益于氧化铁颜料的一项卓越特性：利用煅烧过程加热黄赭可以使之变红。这种红并不是很适合用在较为神圣的仪式上（因为它的亮度不够），但对于日常用色，这

---

[1] 提维血缘名称演化成一条法规，你能与之通婚的唯一表亲是你父亲的姐妹的孩子——所有其他直系表亲都不允许。
[2] 19世纪的一位传教士来到提维岛明目张胆地试图禁止传统葬礼仪式，但当他在从巴瑟斯特岛到梅尔维尔岛的路上准备抗议葬礼时，他从船上掉到了水里。这是天意。于是提维居民们做出决定，他们必须遵守祖先的意志。

种红已经足够了。在欧洲，煅烧也是很普遍的方法。有时，同一种颜色却有两个名字，就是因为煅烧的缘故。比如说，锡耶纳有一种相对更红一些的相类似色"燃烧的锡耶纳"，就是因为18世纪荷兰的颜料制作商们曾经买来法国的黄赭，通过加热的方式使之变红，并拿它充当"英国红"来贩卖。

我被介绍给四位妇女，由她们来讲解提维文化中更加独特的一面。原来，提维岛上有22种不同的舞蹈，每一个人都要学会其中的一种。比如说，有一种鳄鱼舞和一种蚊子舞；甚至还有一种战前舞蹈。我问一位叫做多莉·提皮露拉的妇女，她跳的是哪一种？"我的大叔祖有一次看见了火车，是在大陆上，"她说，"因此我跳的是火车舞。"

除了舞蹈，每一个人根据自己所属的"梦幻"，拥有自己的面绘。她们一边在脸上画，一边向我展示面绘纹样。我很好奇地问，能用赭色在我的脸上画吗？于是鲁思·克林瑙依阿就戏谑地将她的大羊、小羊图腾画在了我的面颊和前额上——在我的眼睛上和下巴上画了糖果条纹，然后沿着我的颧骨画上细一点的小条纹。后来——当我看见自己的照片时——我才意识到，她为我画的完全是她自己脸部图案的反色画。她脸上用白色的地方，在我的脸上就涂黑：她用黄色亮彩映衬黑色皮肤，而我用红色亮彩。似乎一些线条的变化和色度的对比在设计中特别重要，需要小心着色使得色彩得以突出。无巧不成书，高加索人种恰好在提维语中被称为"红"人，而不是"白"人。我是一个莫里塔尼（moretani）：一个"热红脸"，尽管他们并没有当着我的面这样称呼我。

赭色也用在"波克曼尼"（pokemani）柱子上。一位提维人去世后，他会被人悼念很长时间。当家中直系亲属去世后的第一个月，不得举起手臂，而必须由其他人像喂小孩一样给他喂饭。死者的姓名在一个特定时间内不得提起——有时这个时间是好几年——只有当埋葬死者遗物的仪式举行之后，并且死者家属在埋葬地竖起了一根细长的"波克曼尼"柱子以后，才能重提死者的名字。通常，旅行者是看不到这些柱子的，但我们被领到森林的一个僻静角落：理查德的一个朋友的遗物被埋在那里。他在踢足球时死于心脏病突发，他的家属认为他一定会喜欢陌生人见他的墓地，因为这能让人们更多地了解他为之骄傲的文化。

如果你能阅读柱子上的文字，可以看出它的功能犹如一个讣告。理查德的朋友是一个太阳族的人，因此柱子上设计有大量的红色。每一个式样显示了死者生前生活的一部分。"那些点代表人，线代表路。"理查德解释说，"那这些奇怪的形状是什么？"有人问道，指着一根柱子上画的大大的黄色的椭圆形，"那些？噢，那是澳式足球。"

阿纳姆地的边缘

罗克告诉我，如果我想去看看古代艺术中的赭色，我应当去阿纳姆地（Arnhemland）。两天后，我就来到了阿纳姆地的边缘。卡卡杜位于西阿纳姆地，如今已经作为国家公园的一部分对游人开放。其余部分——所有东鳄河以东的部分——仍然只对居民和许可证持有人开放。然而我是幸运的。我去卡卡杜的第一个晚上，有一场临时演出——昂佩利（Oenpelli）的土著居民和从珀斯过来的一家公司（Stalker Stilt Company）合作进行露天演出。这是我出席的唯一一场要视河水是否涨潮，才能观摩的演出。过河的时候，还要不时地担心掉到河里会被活生生地吃掉——但不是被短吻鳄吃掉：这河的名字有些误导（东鳄河的英文是 East-Alligator River，alligator 指短吻鳄，是鳄鱼的一种，因此作者有此幽默。——译注），在这条湍急的河流里游动的虽然是一种鳄鱼,凶残度也不逊色于短吻鳄,却绝对不是短吻鳄。一位白人同行者称我们的剧院目的地是"禁地"。"去年就有人被吃掉了。"护林员在我们准备渡河进入"禁地"时,故意笑着对我们说。

  剧本是两个故事混合而成。一个故事讲述说书人汤普逊·尤利迪吉里(Thompson Yulidjirri)的个人经历,他全家被传教士从家乡带到古尔本岛(Goulburn Island)。另一个故事讲述"梦幻时代"传说中的"哭泣小孩"。"哭泣小孩"的父母因为不愿意抚养孩子而招致彩虹蛇的报复。剧本凸显不少澳大利亚土著领地里的共同问题。比如说,很严重的酗酒问题,还有儿童常被抛弃的问题。观众中坐着老比尔·内德杰(Old Bill Neidje)——他是昂佩利受人尊敬的长者——他坐在轮椅中观看整场演出。在他小时候,有一次,一位传教士给了他和他的家人一点白面粉。他们不知道这是什么,就拿它当作白颜料涂在身上。"你们在浪费食物。"传教士哈哈大笑着告诉他们,然后向他们介绍了神奇的凝固剂——一种胶剂加在面粉和水里最终在火上烤成面包。不过,也许土著居民还是把面粉当成涂料比较好一些,因为他们改换小麦和糖为主的新食谱后,糖尿病患者和要求洗肾的人就开始逐渐增多。

  在演出末尾,我去找汤普逊以及和他一起的几位长者聊天。他们涂着白赭,表示很高兴聊一聊他们对颜色的使用。他们说,我可以现在和他们聊,也可以下次再去昂佩利找他们聊。现在聊确实不可能了——东鳄河的潮汐正在转向,再迟一点我们恐怕就无法返回卡卡杜了——可是,直到第二天我才知道,不管你有没有邀请,至少要花10天才能得到一张书面的进入许可。我想我可以等,我这样说着,把表格填好。"是10个工作日。"那位白人管理员一边说着,一边极不情愿地从我手里接过表格。

  我于是就花去一些本该进行采访的时间去浏览了这个世界上最大

的艺术品收藏地的一部分。高原上有成千上万的洞穴画和岩画。其中一些讲述着神奇的故事——关于彩虹蛇和闪电神,关于水洼和小山丘以及十分危险的所在,只有经历成人仪式的人才能去那儿。这儿还有"咪咪"画(Mimi),据说是由居住在岩缝中的害羞的棍状神灵"咪咪"创作的。你能看见洞穴的最高处有咪咪的神迹,那显然只能是个子很高的生物所为,或者是有人爬上脚手架画上去的。这里还有一些喷绘画,似乎是有人将湿的颜料含在嘴里,然后喷在画上人的手上(或是小孩的手)或是脚上。这里还有一些被称为"垃圾"绘画的东西——它们有一大堆的主题,有些十分粗鲁,有些是关于历史的——包括有300年历史的画着坐船到达的马佳善商人的画——还有一些经过挑选的专门讲给孩子们听的"梦幻时代"故事。

尽管这些神圣的绘画不仅描绘了祖先,也描述了他们自己,但许多岩画并没考虑过要长久保存。它们就像一些画出来的课程,其重要性大约就相当于一所宗教学校的黑板。画上表达的意思是非常珍贵的,但画本身却不是。但是,今天,当土著传统快要销声匿迹之时,所有的以土著的名义进行的创作都变得珍贵起来,它们对于后代而言,不仅是艺术品,而且是一种来自远古的信息。

乔治·恰鲁普卡(George Chaloupka)在他关于阿纳姆地绘画的书《在时间中旅行》(Journey in Time)中写道,有八种主要的颜色名词:黑色、黄色、深黄色、煅烧黄色得来的红色、浅粉色和一种带点紫斑的亮铁红色、20世纪的一种颜色"布鲁色"(blu)或称雷基特蓝(Reckitt's Blue),20年代的传教士们曾拿它染衣服。最后还有"德雷克"(delek),既可专门指代"白色",又可指代"颜色"整体——这可能是一种语言学上的同源现象。红色在这里很神圣,不过,纯白色也十分珍贵的。很可能是因为白色在洞穴和人体上都能十分醒目,涂在长矛和棺材上也很有用处的缘故〔比如,有一天晚上,在卡卡杜中部贾比茹（Jabiru）的一个土著村落，我被带到一位刚刚去世的人的家中，他的亲属当时正用白色涂料涂抹汽车］。但白色的珍贵也最有可能是因为——制作白色颜料的这种含镁和碳酸钙成分的白色黏土——被认作彩虹蛇遗留在地面上的粪便。

彩虹就像蛇一样，能在空中和地面上摆动，还会在尾巴后面带上一道白色的眩光，留下一道粪便。当我第一次听说这个比喻时，我一下子就被吸引住了。事实的本质相当平凡。"你见过爬行动物的粪便吗？"阿列克斯·达德利问我。他是一位护林员，有一天晚上，他和我一起讨论神话与传说。说老实话，我从来没见过，我承认从没见过。于是，他就拿着笔式手电筒，带我出去寻找壁虎的粪便，很快我们就在澳洲电信电话亭的玻璃尖顶上发现了一小堆，看上去就像一些白色的小鼻涕虫。蟒蛇的粪便会更大一些，阿列克斯告诉我，他用手比划了一个网球大小的形状来讲解蟒蛇粪。"现在可以想象一下，彩虹蛇在饱餐一顿之后能留下多少粪便了吧！"

几天后的一个早晨，我等得不耐烦了——我又跑到许可办公室询问办理进入许可的进展。"汤普逊邀请我去的。"我说。"我们怎么知道他是否邀请？"这就是答案。我手头除了艺术中心的电话以外，没有任何昂佩利的电话。于是我一遍遍地询问艺术中心，问那位接电话的女士能否再试一次。除此以外，我只能一个人漫无目标地走啊走，以便思考一下，除了等待以外，我还能做哪些事情，能够对我搞清楚这些难懂的颜色问题有帮助。恰好在我走的路途上，我遇见了一位导游，他专门介绍与动物有关的景点。"啊，你最好去水牛农场。"他说，"帕齐（Patsy）会告诉你颜色的奥妙。"于是，第二天早晨，我决定立即去拜访。我开车沿着一条小路小心地走，路的两边布满了"擅闯者将被起诉"和"小心：护栏带电"的牌子，走到路的尽头，看见一个仿佛是被遗弃的园子。这个地方真的挺奇怪：到处都有巨大的铁块——红色和未经打磨的铁块，好像一艘集装箱轮船锈在了沙漠中。我下了车，四处转转。这天早晨像往常一样寂静而炎热，预示这一天的高温。地上有一只锯得很整齐的水牛角露出血和骨髓，苍蝇绕着它嗡嗡地飞，但锯口处很整齐，到处弥漫着一股屠宰场血腥的甜丝丝的味儿。

眼前的景象让我以为没人在屋里，可是帕齐和她的丈夫戴夫（Dave）却从一个棚子里钻出来。帕齐生在阿纳姆地，长在传统社区；戴夫是澳大利亚白种人，曾经当过多年的护林员，现在为当地的土著管理农场兼管生鲜食品储藏库。当土著人想要吃肉时，他们就会来找他要。帕齐曾经与另一个男人结婚，他来自阿纳姆地中心的一个海岸领地曼宁里达（Maningrida）。但那人死了以后，另一个她很讨厌的人就一直缠着她。"我的叔叔说嫁给戴夫，我就按着他说的做。"

帕齐一开始很沉默，但她逐渐热络起来。后来她告诉我她这几天很悲伤：她的弟弟在上个星期天去世了。后来我听镇上的人说，她的弟弟只有31岁，是仅存的几位真正的丛林人类之一。他也从不喝酒。就在星期六晚上，他在黑暗中看见了一只猫，星期天早晨，他就突然去世了；帕齐说，一年前，他曾经与一个近亲吵了一架。她说着说着耸耸肩。于是我俩都不约而同停下来，用各自的方式冥想勾勒一个世界，一个能够摆脱巫术和报复轮回的世界。她最终同意带我到小树林去，让我看看她如何采集染筐子的颜料。在戴夫保证他会关掉护栏电源之后，我们沿着小路开车往前走，大约开了几公里，在一个离电网很近的灌木丛边上，帕齐拿着斧头跳出车，使劲地在地上挖了起来。我则在一旁使劲祈祷，戴夫可千万别忘了关电源啊！"这是黄色，"她解释说，"还有红色。"我不懂她的意思，想再问她，但她回答说，一会儿给我看就知道了。她还给我看怎样从木棉树的绿色果实中找到灰色，原来木棉的果实中含有灰色的羽状纤维，以前，人们还拿它来填充床垫。

我们的早餐是沙棕榈（a sand palm）的白色果肉——多汁，甜中微苦——果肉里夹的"馅"，是野生苹果和绿尾红蚂蚁，据说富含维生素C，但吃起来却像一根根小针。我的职责是站岗瞭望，警戒水牛（它们是十分危险的），帕齐则砍下一棵树的一半做了一只木耙，用它耙下一棵露兜树（pandanus tree）的叶子。露兜树是一种长着长而尖的叶子的棕榈，那些叶子就好像又浓又密的头发从树干上爆裂出来。她说这就是做筐子的原材料，当我们回到农场时，我们一起坐在一块凹凸不平的铁块做成的垫子上，她教我如何撕开叶片，将柔软的下半片与坚硬的上半片分开。我们像伙伴一样，一起坐了一个小时左右，她已经撕到第五十片叶子了，我才完成了仅有的一片。她的小狗裹在叶片堆里。帕齐拍拍它，又抱抱它，然后再拍拍它。突然，一只恐龙状的怪物穿过小路向我们靠近。"别怕，那是小胖，"她看到我惊恐的神情哈哈大笑。小胖是一只巨型蜥蜴——足有一米长，长着与它的总体外貌一样丑陋的脸，没有尾巴，看它那样子，一定是打架打输了。

帕齐拿着黄色灌木的根部——她称这种灌木为安菊顿（anjundum）——剥去外面的一层皮。她将这些根分放在两只锅里，与剥好后的露兜树叶一起煮。所有那些我没能剥开或剥了一半的叶片都收集起来放在铁垫子上点燃，烧成灰。她将一些灰撒进一只锅里，指着锅里的东西说，"这就是红色。"她又指着另一只罐子，补充说，"这就是黄色。"我意识到安菊顿有着与赭石类似的性质，黄色加热后能够转化成红色，但需要加一点类似碱的东西，也就是那种草木灰，而不仅仅是因为遇热。她给我看了一本书：彭尼·特威迪（Penny Tweedie）写的《阿纳姆地的神灵》（*Spirit of Arnhemland*）——里面有一幅照片，是一个叫做贾斯明（Jazmin）的小孩正为一仪式而装扮，一个男人嘴里含着颜料，在他的脸上喷有白赭，很像我在洞穴中看到的喷绘技巧，而他的小小的胸膛上画满了黄、白、红赭组成的条纹，就像穿了一件彩色衬衣。

另一幅画画了一位长者，背上背着一只仪式用的精美的袋子。这是一只圆柱状的袋子，硬得有点像个筐，上面嵌着白色、红色和黄色的宝石。我突然意识到，自然界的色调与赭石的各种颜色是多么的相似——红、白、黄和黑。"很危险。"帕齐扫了一眼书页，漫不经心地评论说。"女人不能看这些。"她指着其他照片说。我问她，我们看这些照片是否危险。"没事。我们可以看这些照片，只是在现实生活中女人不能看那些东西。"她解释说，在照相这一行为发生时，这些物件的神圣性暂时因为相机而被中止了。她的危险感被其他妇女的故事所强化，确有妇女因为看了仪式后被杀死了。"此事发生在白佬们来之前。"她说："但直到现在，也会是这样。"她随之又忧伤地加一句，"也许会是这样。"

三天之后，我的进入许可又被拒绝了：我意识到这次采访已不可能。我小心地围绕着赭色这个主题沿着阿纳姆地转悠了好多天。我已经与那些在打猎中使用赭色的人们聊过天，看见了赭色如何用于葬礼。我还看见了女人们用来模仿神圣图纹的颜色。但现在我需要找一些画家。我在贾比茹社交俱乐部认识的一个人告诉我，"沿着巴鲁卡大道（Barunga way）有一大群这样的家伙呢：他们画画。"于是我给这群人打了电话。我问到艺术顾问戴维·莱恩（David Lane），听说贝西克（Beswick）和巴鲁卡地区位于卡卡杜东南一个受保护的地区内。我能来吗？我怎样申请进入许可呢？"你已经拥有许可了，"他大方地说："你想什么时候来就什么时候来。""真的吗？""是的，"他确定地说，他们确实使用天然赭色，"只要你愿意，我们会带你去发现赭色。"

我雇了当地唯一一辆四轮车——一辆巨大的日产途乐（Nissan Patrol），坐在上面，我的感觉好极了，就像个公路女王。车沿着一条布满红色尘土的路行驶，尽头就是贝西克。这是个令人愉悦的乡村小镇，也就五百人左右。柳条编成的栅栏围着一个维护得很好的操场。操场上有社区中心，一座路边被草地和旧垫子包裹的大房子。我乘着这辆巨大的越野车，却突然看到一个精致的小镇扑面而来，心里产生刹那的错位感。贝西克建于20世纪40年代，由于日本人的轰炸，这里建了一座土著居民的战时定居点，不少土著居民从海岸边搬迁来此。有些后来回到了阿纳姆地，但大多数最终留了下来，尽管有些人仍然梦想着回家——汤姆·凯利就是其中之一。

汤姆——一位六十多岁的老人，脸上刻满了风霜——坐在贝西克他的大办公室的门厅里。他曾经多年为人放牛，但现已退休并专门制作和演奏迪吉里杜管——或者就叫"竹子"，当地人（来自于七种不同语言的群落）都这样称呼迪吉里杜管。"汤姆是最棒的。"戴维·莱恩告诉我："他带着他的迪吉周游世界。"汤姆点头认可，喃喃地说："到处跑。"他带着他的团队"白鹦鹉"，已经参加过世界很多地方的国际音乐节，尽管他现在的梦想很简单，只是想趁他的妻子病得还不是太严重的时候，回到曼宁里达——他出生的那个阿纳姆地社区。他说，在所有他去过的地方中，最喜欢美国，特别是遇见"那些印第安人"。"他们，"他说："也和我们一样用赭石绘画。"

他和戴维先让我细细地看迪吉里杜管。这个像棍子一样的乐器上面用各种不同的赭色画着玫瑰花、蛇和乌龟的故事和图画。有一个是黑色的背景上一连串红色的同心圆，每个圆又穿插着许多白色喷溅纹。这代表水，汤姆说，喷溅是叶子落在水洼上的效果。"这不代表乡土，"他说："我们不会在竹子上画出故乡的土地。这些只是图画而已。"

他和他的两个亲戚——亚伯拉罕·凯利,还有唐戈·莱恩·比勒尔——将会带我去附近的跳溪(Jumped Up Creek),一个大型的赭石来源地去寻找赭色。他们一上车,我这日产途乐就一点儿也不显得空荡,也一点儿不像个形态张扬的巨无霸了。出镇十分钟,我开车下了主路,进入一条他们称为"轨迹"的小路,我真怀疑这究竟算不算路。我们跑了一公里,在"路"上颠得七上八下。这时,汤姆忽然大喊停车,于是我们的车停在了一片大旷野之中。钻出车来,疑惑间,我突然意识到我们其实已经站在一只巨大的颜料盒里头啊!那条干涸的小溪河床里,纷呈的颜色何止几种!它有十几种!都是由四种最基本的赭色混杂出的颜色——深铁锈红色、橘黄色、黏土白色和锰黑色,这些颜色就这样不经意地待在那里,好像是被恐龙嚼了几口就吐掉的口香糖,天长日久而成为化石。那么多!彩色的岩石和石子随处都是。无论捡起哪一块,手中都拥有了一块颜料。

亚伯拉罕在河床外发现了一块大而扁平的白色石头。好,这就是我们的调色板和画布,唐戈——随身带了一瓶水——在我面前演示着如何将水倒在这白板上,然后拿一块彩石,蘸着水起劲地与白板磨擦,直到打磨成颜料。彩石中含有恰到好处的黏土和颜色,使得绘画变得容易;它们甚至比我的意大利小赭石还要光滑。"这就是他们在迪吉里杜管上画画用的颜料吗?"我问。"是啊。"亚伯拉罕说。"我们过去就用它,"唐戈补充说,"现在我们用丙烯涂料。赭石太远,走着可不行,得有一辆车。我以前有一辆车,可现在发动机坏了。"

贝西克是阿纳姆地南部地区最后一块被认为仍然具有"完整"文化的土著领地。它的居民们仍然举办成人仪式,男孩需要先到丛林中待上四到五个月,然后才能参加这项仪式。"我们那里,能教育年轻人的长者就只剩五六个了。"唐戈说。在所有的领地上都存在这样那样的问题,他说:"吸大麻,嗅汽油,所有都是问题。"但对于文化生活最具威胁的问题,还是老人们一个个地去世,文化因之消亡。"我呢?我现在48岁。如果我不找人教我,我也不会去开自己的文化,整个文化都会消失的。"跳溪这多彩的石头既用于艺术,也用于仪式,汤姆说。"但我不会告诉你仪式的事。"他又坚定地加上一句:"那是秘密。"

"秘密"在今天的土著人社区里是一个脆弱的玩意儿。一代代地把故事传承下来非常困难。尽管它们可能从来没有如此重要——不仅在宗教意义上,而且在身份认同上。那些关于土地和家乡的故事和绘画,对于整天坐在镇里,从没回去亲见故乡的人,能有什么意义呢?今天,能够让汤姆·凯利传给下一代的故事已经很少了,人们应当重视这些留存的故事,尊重那些能够流传的尽管只隔着一层纸的秘密。60年前其实远没有现在这样神秘,那时有更多的故事,而且几乎是免费地复制给人类学家们听的。

艾利斯斯普林斯

西奥多·施特雷洛是一位传教士的儿子;他和阿兰达部落(Aranda)的土著伙伴们一起长大,流利地说着当地的语言。他记日记,记录他目睹的仪式和传统。他的论文和画作被位于艾利斯斯普林斯市中心边缘的中澳大利亚博物馆保存,从贝西克过来正好一夜的汽车路程。为了找到这些论文和画作,我避开许多黑漆漆的装着负鼠标本和奇形怪状岩石样品的展柜,穿过一扇毫无标记的门,进入到一间三角形的屋子。这屋子小到只能放下四张椅子、一部电话和一面看上去好像是个双面镜的东西。置身其间,我感觉自己好像在拍一部间谍电影,或者至少是进入了某种宗教仪式的秘密场所。

我在一张椅子上坐下，盯着电话想了好一会，犹豫着我是不是应该继续下去，是否该拨打 11-111 去申请查询文件目录以便更多地了解赫色。然而——几个月之后当我写下这段经历时，我很惊讶于自己的行为——我当时居然站了起来，义无反顾地离开了房间，甚至碰都没碰那个查询电话。这些都是些秘密档案，它们确实是高度机密。1992 年，它们被当局从施特雷洛的遗孀家里没收充公，并且为了安全目的存放在博物馆，只供土著长老或土著学者们咨询时参考。因此，我坚定了我的决心，我确实是没有权利看到它们的，甚至连企图看一下都不应当。我所搜集的赫色资料，应当是人们在得知我的写作目的后回答我的问题时告诉我的，或者是我去公共图书馆那些开放的资料中查找的。即使这样意味着我少了些资料，却也意味着我写书的方式是正大光明的。不过，那天下午却让我有一份意外收获，我在艾利斯斯普林斯公共图书馆参考资料柜里，找到了一些我一直渴望得到的资料。这是一份节选——选自施特雷洛在《中部澳大利亚之歌》（*Song of Central Australia*）中的详细描述——写的正是土著居民的这项神圣仪式，它十分有助于我理解赫色的神圣性。

在 1933 年炎热的夏天，施特雷洛被洛里特加（Loritja）部落的四位长者邀请去观看在马掌弯（Horse-shoe Bend）举行的祭祀雨祖先的仪式，这地方离艾利斯斯普林斯不远。他描述了仪式的程序——先是一边接近洞穴，一边敲击盾牌和飞去来器，以提醒祖先他们来了——然后从洞的深处拖出三根"雨棍"（rain sticks），或者叫丘林加（tjurunga）。其中两根细一些，也就是迪吉里杜管的大小和形状，代表在时间之初穿越中部沙漠地区的两位雨兄弟。第三根较小一些，象征着两兄弟的两个孙子：渴血的贪婪婴儿。

那天下午，连最嗜血的崇拜对象都会得到满足的。为了纪念雨祖先，四位献血者欢快地绑上他们的手臂，割开前臂上的静脉，施特雷洛这样写道。他们都不太懂得如何使血均匀流出，因此头五分钟都花在切割和削尖玻璃碎片上，然后割开血管并挤血出来。但当血流喷涌而出时，速度非常快，洒满了丘林加，喷到了洞穴入口处的顶上、地下和四周。这位传教士的儿子总结说，这是他所见过的为仪式而献出的最大量的血。

这份记录以冷静纪实的方式写就，但施特雷洛在脚注中补充说，他不得不灌下好多白兰地，以使自己在整个"血染的仪式"中支撑下来。特别是，他还必须站在较近的地点，用他的格莱（Graflex）相机镜头去记录整个仪式，只有酒能使他不觉得恶心。这是一个炎热的日子，有一点气闷，他发现血的味道弥漫着袭来。他被告知，这三个丘林加在洛里特加部落是十分独特的，因为人们从来不用红赭去涂抹它们，而是一定时期就要用人血使之焕然一新。之后，他揣测，通常将丘林加与红赭混合的习俗，可能就是一种人血的替代品。尽管，他又强调，这也仅仅是一种猜测。

当仪式结束后，人们纷纷踩踏被血浸透的沙，直到所有的迹象都被抹去；每个人都必须将臂上的痕迹刮掉，要先冲洗自己才能回到营地。很重要的一点是，女人不能闻到血的味道，施特雷洛解释道。这使我想起几个星期前我听到的一个故事，那是一个住在北领地的人喝着啤酒告诉我的。他说，他认识一个人，曾经在20世纪90年代中期参加过成人仪式，无意中将仪式上用的红赭留在了手臂上，亮闪闪地让女人都看见了。对部落而言，他正在将一种为世所不容的危险带到人间，对这种罪行的惩罚就是死亡。"他们用长矛结果了他。"那人低声地说，从他的肩膀上意味深长地看我一眼。

在同一个图书馆，还有一本书是关于艾利斯斯普林斯的"梦幻"地点——这本书指引我来到托德河（Todd River）边一条通往赌场的路（这条河太干了，每年的赛舟会上，人们实际上是抬着船赛跑）。地图上这条路叫作巴雷特道（Barrett Drive）；土著们则称之为背信弃义道（Broken Promises Drive）。修路计划提出来时，土著长老们批准了这一计划——前提是路必须转一个弯，绕开一个众所周知的"蝴蝶梦幻地"，这是一个小土丘，被认为是蝴蝶祖先栖息于下的地方。但筑路者们太贪婪；路打弯就要花更多的钱。他们先把路封了几个月，之后解封时——毫无歉意地，已经将蝴蝶的尾巴割去了好几米。小土丘还在那儿。从路上看，我仍能看见一个三米高，五米宽的长型的山丘向远处延伸，山丘上种着合欢树和草，还有个示意游人不要走近的标牌。小山丘在路的这一端突然中止了，就像被砍断了一样，在砍断的废墟中，有一点什么东西在闪闪发亮。事实上，我看见一大堆亮晶晶的东西。原来，这只"蝴蝶"，这块在通往赌场之路的边上矗立着的岩石，竟是一整块嵌着无数闪亮的硅晶碎片的岩石，它绝对不是普通的石头，它是能够随着你的移动而改变色彩的石头。又一次，我目睹了"神圣"的含义，它以充满闪亮色彩的天然物体为载体。

在艾利斯斯普林斯的每一个地方，你都能发现土著人的艺术设计。他们制作标志、草席，T恤和迪吉里杜管，当然，还有壁画——数十个艺术商店沿着镇中心的街道逶迤排开。这里有一些我在旅行之初看到的北领地赭石画，还有代表某种逐渐自成体系的过渡风格的画——作者是来自于从金伯利（Kimberleys）到艾利斯斯普林斯西北部地区的画家们，他们仍然用赭石作画，但是作画方式已有拓展，不限于使用点和线条。其中最震撼人心的一幅，是罗弗·托马斯（Rover Thomas）的作品。他生于1926年，死于1998年，曾住在特基克里克（Turkey Creek）的沃尔马姆（Warmum），位于达尔文－艾利斯路（Darwin-Alice Road）以西，大约沿达尔文－艾利斯路走一半就能看到。他的画作就好像是用许多白色的大头针钉住一片片破烂的袋鼠皮。整个作品不像是对这片土地的描绘,而更像是一幅用来包裹土地的画。——就像克里斯托(Christo,美国艺术家,1994年用布将帝国大厦包裹起来。——译注)在柏林对帝国大厦(Reichstag)所做的那样。罗弗用的是深栗褐色,在他的画作里,天空都是黑巧克力的颜色。他总是使用天然颜料,通常混着树胶配上绀青板。

实际上大部分现存于艾利斯斯普林斯的作品来自于中部沙漠,这是可以理解的。这些作品看上去不过是在光亮的聚丙烯画布上,加了些点、卷、喷溅和同心圆式样而已。如果他们来自于欧洲或美洲,可能会被冠以"抽象派表现主义画家"或是"新点彩画家"的美名,此类画家如米罗、毕加索被人们津津乐道。然而这些画来自于澳大利亚,有独特的艺术传承。因此,尽管有上述类比,这些画却仍然仅仅是以自身的价值而存在。画作的名字包括《两条蛇梦幻》或《野狗梦幻》,有些包含对圣像符号的解释——比如,一个同心圆表示一个水洼,一个椭圆形表示一个盾牌,或者小折线表示人们坐在火旁。这些画构成了不少故事,布鲁斯·查特文就曾被这样的故事所打动。他依据旅途见闻写成了《歌行》(Songlines)一书,书中描绘了传统的土著文化将澳大利亚这片土地分解简化成一个又一个可以传唱的故事。因此,在土著们眼中,澳大利亚既是乡土,又是纵横交错的故事和歌。

只要你多看几分钟这些土著的故事画,就会依稀感觉进入一项视觉效果的练习——仿佛在做魔法眼游戏一般。眼前明明放着一幅画,可一旦起劲盯住纸面,就总觉得还有画"藏"在后面。就像那些我从没见过但在阿纳姆地和南澳大利亚听说过的闪亮赭色一样,这些来自于中部沙漠的绘画,仿佛在以一种另类方式表达律动着的现实。这种另类方式,就是将现实点化成虚幻。

我逐渐开始认识一些与众不同的画家——特别是一些稍有名气的画家。罗尼·特加皮特金帕（Ronnie Tjampitjinpa）的画是由突兀的方块构成，要么是方块相互套叠，或是几何形上升，堆砌成一个中心点。当然，还有罗弗·托马斯，还有贝蒂阿瑞（Petyarre）姐妹——阿达·伯德（Ada Bird）和格罗丽亚（Gloria）以及其他几个人，这些作品大多由短小轻快的对比色块喷溅而成，有绿色、紫色等，给人以垂柳在风中飘拂的效果。我在几家美术馆转悠，打听到标有"格罗丽亚"签名的作品越来越贵了，而"两幅罗尼"如今已经与一辆车等值。"尽管罗尼的好作品今天已经很难求得，"我偶尔听见一个艺术品交易商悲观地评论说："他家里出了点事。"

尤托皮亚

贝蒂阿瑞家庭来自于一个叫做尤托皮亚（Utopia，含义为乌托邦。——译注）的地方。我决定去尤托皮亚，是因为自己既被这个地名的幻想含义所打动，又被中部沙漠地区色彩强烈的粗犷艺术所吸引。我很幸运地收到西蒙·特纳的邀请。他是当地艺术总监，又充当着中间商和联系人的角色，有的时候，他还自己当回画家过过瘾。从艾利斯斯普林斯出发，往东北方向驱车100公里，就是尤托皮亚。车先开上达尔文高速路，往东转入一条尘土飞扬的便道，再往北转入一条更加肮脏的路，车子一公里一公里地开下去，路面平坦，景色单一，全是毫无变化的橡胶树。然后，有一个小土坡，大约也就10米的高度，也可能更矮一点。然后，上了坡，这时，却突然发现，眼前简直就是另一个世界。我用一个陌生人的眼光打量着眼前这个世界，一个强烈的感觉是，我所在的土地陡然变了，变得更绿也更茂盛了。这方天地真可谓深藏不露，仿佛被层层石阵围裹住的一个自成体系的石头城,又仿佛是去往另一个国度的入口处。它突然呈现在我的眼前,真让我有时空错位之叹。土著们提及这个小土坡,都会很自然地称呼它为"蜥蜴山梦幻"或是"梅林梦幻",他们一层层地描述这"梦幻"故事,他们用无数彩色的点来绘画这一故事。

再走几公里,我真的从入口进入到这个地方。尤托皮亚这个名字很早就有,甚至在有人定居之前就有。也许那时被称为"乌托邦"还是有些道理,只不过现在那么多人聚居在此,这名字才显得有点儿好笑。这绝对是个奇怪的,跟哪儿也不搭界的地方。几处零散的毫无规划的房子或"营地",被树、马路或是几个"堆子"分割开。在温暖一些的夜晚,这些用破床垫子和脏衣服的碎片围裹些凹凸不平的铁块堆出来的"堆子"上面,有许多人露天而睡,躺着过夜。这里有一家便利店——里面的东西千奇百怪,既有像电视机这样的昂贵商品,又有像白面包和油炸品之类极便宜的食品。这里还有个破损器材广场。有一只秋千放在里面,顶部打了卷,都快锈住了。我在两个半裸的孩子的帮助下,用棍子戳了半天,直到它又能来回荡高。两个孩子做个鬼脸,立即跳上去玩起来。这活只花了大约十分钟,可之前没有人去做。

尤托皮亚被称作分散型社区,包括 16 个聚居点。我被邀请到其中一个叫作云恩杜蒙(Yuendumu)的聚居点。这是我所见到的第一个远离酒精的土著社区(这使它更安全,尤其对于妇女和儿童而言),不过这地方有其他的问题,主要是烦闷和无聊引发的问题。这是因为,土地(在传统土著文化中)不仅具有实际意义,还具有神灵的象征,失去土地真是世界上最倒霉的事,根本不可能找到土地的替代品。游牧生涯的存在价值就在于"游":如果没必要继续游走,那游牧的意义何在?在我到达的第一个早晨,我四处走了走,一些妇女在她们的"营地"前向我致意,我被她们吸引过去。从外表看,这"营地"看上去就像个带走廊的房子，但走进去，则会感觉它就像我童年时曾经闯入过的防空洞：阴暗、潮湿，到处是涂鸦，散发着脏兮兮的味道。一个女人眼圈黑黑的，像被人打过。其他女人邀请我是因为她们想知道，我是否拥有对艺术总监的影响力，更重要的是，我是否能利用我的影响力，为她们弄点新的画布。"这幅已经完成，"其中一个说，指着一幅用明亮的绿白细点式样展示她的"故乡"的画。"没有画布，下一幅就画不成了。"

后来，我和西蒙一起去艺术中心——尽管是最近才建的，都已经快倒塌了。这里的很多东西好像都比别的地方更容易老化。富美（Formica）碗柜门悬在铰链上，垃圾都快堵满柜门了；上面有个告示［以阿拉普提加（Arapuntja）画业公司的名义］提示，狗不得进入演播间。这个只有一个房间的建筑并不是为了零售目的而建的——几乎没有单个的艺术品购买者到尤托皮亚来——但这却是一个可以制造艺术品的地方，尽管现在它更像一个发放画布和进行现金交换的场所。

尤托皮亚是已故的艾米丽·凯姆·恩瓦利耶的故乡，她有个绰号叫"老太太"，她是澳大利亚最著名的女画家之一（她的关于家乡的画作还曾用作法庭土地听证会的证据），从前老在这儿的牧场里骑马。许多尤托皮亚的画家都是女性，似乎这天早晨这些人中的大多数又恰好都在艺术中心集合，交来她们的作品，并争着要新画布。她们的孩子，有的蹒跚学步，有的只能爬行，都在中心那肮脏的地板上玩耍。画作基本上用的都是点彩，效果大同小异，我感觉好像面前出现一大片满是花朵的春日草坪——但必须稍微眯点眼睛，视角也得稍微高一点，才能看得出来。"你有什么想说的吗？"西蒙问每一位递上画作的妇女。"白色是花朵，"波利·恩加尔亚说。"什么花？""山药花。黄色的是花籽。""什么种籽？""山药籽。"她十分耐心地说。有些画的题目变来变去，有一幅画，从《鸸鹋的食物》（*Emu Tucker*）换成《梅林梦幻》（*Bush Plum Dreaming*），过一会儿又换回来，折腾了一个上午。但似乎没人关心价格，定了就是定了，讨价还价总是围绕画布，而不是价钱。

艾米·纳尔逊·纳帕加尔第上次没有得到画布，所以这次她急切地要得到一块。她画了《巫医梦幻》（*Witchdoctor Dreaming*），讲述如何找到草药。"就像那一幅。"她说，指着有个人画的《梅林梦幻》——用粉红色和黄色层叠打出的点阵色块。"但我的颜色不是粉红。"她特别补充一句。她还解释说，《巫医梦幻》只用了四种颜色——黄色、红色、白色和褐色。那天早晨，我很失望地发现，根本没办法更好地理解绘画——既没搞清楚这些画为什么代表"家乡"或象征一个"梦幻"故事，也没能超越仅仅从（通常是很壮观的）纯色彩对比的角度来欣赏画的层次。我曾经希望知道一些作画规则，从而了解什么是不允许的，或至少了解哪些是不恰当的，这样我才能够更好地理解这种绘画。而当我问"为什么不用粉红色"时，她的回答是，"因为白佬们不喜欢粉红。"

这项卓越的绘画运动的谜团正在于此。购买者们似乎总想追求一种"原创性"，然而没有人真正清楚原创的含义是什么，或者原创究竟应当意味着什么。绘画必须由土著居民创作，这一点似乎十分重要——但在1977年，人们曾经发现，自称"土著"艺术家的艾迪·巴拉普实际上是一位名叫伊丽莎白·杜拉克的82岁白人老太太。当时这事引发了举国公愤——人们普遍认为，土著居民会多少拥有些对大自然的真知灼见，因此他们画的画就"更有价值"。那些"白佬买家"坚持购买用天然颜料画出的画（比如赭色，即使是加入了聚丙烯成分的赭色）说明，他们追求着一种越来越遥远的原创性——在艺术馆或是拍卖行的作品的画布上寻找一个家园和一份历史的感觉。在艾利斯斯普林斯，我参观了一个美术馆，里面正展出一位号称"来自沙漠"的画家的作品。他本人因为还过着游牧生活，作品就多少被认为更具有完整性——你买了它，或是拥有它，就意味着你占有了一种正在消失的世界的一部分。但事实上，我后来从筹办展览的人那里听说，所谓中部沙漠绘画运动实际上就是土著纹样、色彩与白人艺术总监的视角相结合的产物。两者如今已经不可能分得清清楚楚。

格罗丽亚·贝蒂阿瑞和阿达·贝蒂阿瑞姐妹俩刚好不在尤托皮亚——她们受美术馆的邀请外出宣传画作了。但她们的姐姐，玛格丽特·特纳·贝蒂阿瑞（Margaret Turner Petyarre）正在艺术中心。于是我坐在她旁边的地板上——吃力地试图去理解画一个"梦幻"是怎么一回事，为什么区别于叙述一个普通的故事——我问了她关于画作含义的几个问题。她突然和蔼地看着我："你有一个花园，对不？你的花园里必定开着美丽的花、可爱的花，对不？"我点点头，我并不想离题太远，扯到我在香港的那个小空间。"好吧，你知道，那就是这画的含义。"她说。"花，"我刹那间感觉自己无比愚蠢，就好像我站在欧洲的画廊里指着一幅风景画询问它的含义，却被告知它们不过就是树、水和山，我难道视而不见吗？

当然，我的问题并没有被完全误解。这种艺术，就像那最早涂抹在上面的闪亮的赭色一样，确实是深奥的。是的，它是关于质地、色调、对比和技巧的，但更是关于另外一些东西的，另外一些我无法把握的东西。有时，在我穿越澳大利亚腹地与艺术家、中间商和染色匠的旅程中，我常会有一种强烈的感觉，我们谈的是艺术吗？似乎一点也不是，而是某种人类灵魂中共性的东西。然后，这种感觉又会突然消失，谈话会转向美元或是四轮车。

在离开尤托皮亚的路上，我走了大约十公里，经过一个横贯炎热土地的浅浅的湖，到邦德瑞波尔（Boundary Bore）去看望格林尼·普威斯和凯瑟琳·普威斯（Greenie and Kathleen Purvis）。格林尼这个名字叫得很响，但真正出名的是他的夫人凯瑟琳。我去时凯瑟琳正坐在阳光地里修改着她的画作，旁边是一条昏昏欲睡的狗，她的丈夫则裹在他的"驼峰"风衣里打瞌睡。两位老人有一座房子——很大的房子——但凯瑟琳解释说，他们不太住那房子，"里面有太多狗"，除非天气太冷，他们都喜欢睡在外面，在月光下睡在旅行床垫上：我想，我要有这条件，一定也会这么做！澳大利亚内地最令人啧啧称奇的，就是这夜空。他们看上去很穷，但他们的作品卖得很好。他们买了一辆丰田车，明天就运到，他们还计划买一台卫星电视。四轮汽车是对沙漠土著艺术品的最佳报偿——早期的人们从艾利斯斯普林斯的中间商那里购买二手的霍尔登（Holdens），现在他们使用丰田——这自然更适合他们开。过去，绘画（无论是身体绘画还是沙画）主要是一种传承智慧和地图的方式，这样其他人就能认识这块土地并且知道土地下面蕴藏的事物。如今，绘画依旧能够帮助土著居民确认他们的土地所有权。即使现在的他们坐在机动车的方向盘后面。

到此为止，我已经亲眼目睹了中部沙漠绘画运动如何既改变了人们的生活，又提供了一种多少能够使外界理解一点儿土著文化的交流语言，还帮助保存了一些传统的传说和"梦幻"，使它们在人们的记忆中保持鲜活。在这个过程中，人们反复地提到一个故事，那就是这项运动是如何借助颜料的力量崛起于20世纪70年代的。这个故事十分动人。

当颜色被夺走时

杰弗里·巴登是一位有理想有抱负的年轻人，他1971年以美术教师的身份来到土著领地帕普亚（Papunya），后来成了社会研究学教师。"一个开着蓝色大众康比大货车的梦想家",他曾经这样形容自己。当他 18 个月后离开那儿时,他是一个梦想破裂的人,我下面就会展开他的故事。就在这短短的 18 个月时间里,他已经帮着创立了一项绘画运动,而且也许是 20 世纪最震撼人心的绘画运动之一。

我联系到了他,然后飞到了悉尼北部他和夫人以及两个儿子生活的小镇去找他。他开着他的大众康比来接我——只要把旅行床垫往车后一扔,这种车让你跳进去就能周游世界。我询问他,为什么这么多年还开着同一个牌子的车。这是件珍宝,他告诉我:是对从前岁月的一种回忆。

当我们来到他的家,我们一起坐在露台上俯瞰长满橡胶树和鲜花的花园,聊了好几个小时——尽管他有时发现一些问题很难回答,那我们就会停下来,谈点儿别的。当然,我想了解更多颜料的故事。但起先,他却向我讲述起帕普亚。这地方是人世间的地狱,他说。一个令人感到羞耻的地方,仅在一年之内,就有一半的人口死于疾病,一个说至少五种语言的五个部落团体,却被禁止去做一切他们所能做的事情。他们试图在一个所谓的人造新"社区"中共存共处,也试图发现一个生命中的新目标。正像他们的土地被夺走一样,如今他们生命中的所有色彩也被全部夺走,剩下的只有无聊与失望。他们受"穿着白袜子"的傲慢的白人官员统治着——根据巴登的说法,这些官员中的大部分根本毫不负责。"一些人十年都没跟那些'黑佬'说上一句话,"他说。对于帕普亚大约一千四百位土著居民而言,"他们正在被迫隐没、被迫退却,并在数量上被湮没,"他回忆说,"他们没有那种别人能够理解的领袖,因此他们很难合适地选派民意代表。"但作为一个教师,他充满挑战这一制度的理想和愿望。尽管他知道很多孩子去他那儿上学,只是为了能得到热乎乎的午餐,但他仍然尽其所能地教导他们。

起初，孩子们在课上的绘画是稚嫩的，内容是些牛仔和印第安人——帕普亚有时会放露天电影，孩子们喜欢摹仿其中激动人心的镜头。但巴登注意到，当他们离开学校，或是在操场玩耍时，他们不会画这些内容，而是画一些形状——包括点、半圆和曲线——用他们的手或是小棍子在沙上画出来。巴登费了半天劲，才最终说服孩子们把这些图形画在纸上。

当巴登进行教学的同时，品突皮（Pintupi）部落的老人们一直在颇有兴趣地关注着。由于巴登坚持简洁而又缜密的表达，孩子们开始叫他"图形先生"——同时，他又说，很难估量他的这种早期引导（包括他和许多步他后尘的艺术经纪人的引导）在多大程度上影响了今天我们所见的这种艺术风格。部落里的长老有着丰富的作画经验，延续着远古流传下来的作画传统，他们的画大多在人的身体上或是在沙地上，也有一些更持久的，画在洞穴的岩壁上或是外围的石头上。他们非常努力地要振兴这一传统。但他们几乎没有任何现代颜料，也没有外界的鼓励，巴登把这两样都给了他们。他确实做了一件十分了不起的事。他问他们想要什么。"这是一个绝对震撼的问题：我看见他们脸上的表情。过去从来没有人问过他们想要什么，他们总是被人教训要做这做那。人们常喊口号，帮助了一个就帮助了全体……这样反而没有人去帮助任何一个。"当巴登问他们时，发现品突皮的长者们都十分迫切地需要一样东西：颜料。他们拿什么来交换颜料呢——有一个晚上，一队土著男人来到巴登的住处，提出他们的交换——那就是在学校的灰蒙蒙的水泥外墙上画一幅他们心爱的神圣的"梦幻"图。这是一项对于"黑土著"们有着极其重要意义的艺术承诺，比之今日我在尤托皮亚所见为白人购买者需要而设计的画显然贵重许多。

学校墙上的《甜蚂蚁梦幻》（Honey Ant Dreaming）（讲述一个故

事,或许是一首歌,它能贯穿帕普亚从西到东的土地,它被认为是这片多灾多难的领地里所有人的心声),它有三个现实版本,所有的版本都用赭色画出,包括红赭、黄赭和黑赭,都是所有颜色连成一条线,线上距离不等,画着大大小小各式各样的同心圆,看上去就像一个打了无数结的绳子。第一个版本包括细小的半圆线,就好像双层香蕉放在"绳结"旁边,代表着甜蚂蚁祖先。当它完成时,一些部落老人害怕它展示了太多的部落秘密,还特意为此召开了一次紧急会议。第二天,那些有争议的曲线被擦掉了,代之以非常现实的绘制蚂蚁的小线条。但这次巴登表示反对,他不喜欢这些新加的线:它们太像"白佬"们画的画了。于是,第三次尝试开始了,大家决定用所有人都同意的象征符号来取代那些"甜蚂蚁"。巴登回忆说,结果这些线条就像小小的快餐汉堡,两片红色的汉堡面包片,中间夹一块黄色夹馅,但这一共识,却是这项绘画运动的一个极其重要的时刻,很可能是有史以来,"梦幻"符号第一次被有意识地予以交易。它达到了双重目的,既展示了这块(下面藏有秘密的)"白纸",又保住了蕴藏其下的秘密。在某种程度上,这项共识还意味着,被遗弃的土著人类第一次找到一种新的方式,公开表现深奥的主题——也就是说,用适当外化的形式展示必须隐藏的事物。

  这是一种多么令人惊叹的慷慨大度啊!他们画出了他们的"梦幻"——画出了他们层层包裹的知识系统的核心——而且,现在,就画在一个"白佬"盖的房子的外墙上!巴登激动地评论着:"但没几个人真正赞赏这一举动。没人关心他们正在做的事情。"当时,他曾经开玩笑说,真感谢工业的巨大进步,有了他带来的胶调制的颜料,这幅《甜蚂蚁梦幻》将可以保存 1000 年。然而,它却根本没能保存那么长。1974 年,根据上级指示,一位装修工用丙烯涂料把学校外墙重新粉刷了一遍,就这样愚蠢而简单地结束了那幅画的寿命。假如这画真能保存到现在的话，它一定会成为澳大利亚有史以来最伟大的艺术作品之一。

"甜蚂蚁"只是这项伟大旅程的开端。有一些人——像老米克·提加卡马拉（Old Mick Tjakamarra），克利福德·波萨·特加帕提加里（Clifford Possum Tjapaltjarri），还有卡帕·特加皮特津帕（Kaapa Tjampitjinpa），现在都已经是闻名于土著艺术界的巨匠——就是从那时开始，尝试绘制美术作品的。他们起初窝在一个由储藏间改造成的房间里作画，那间画室太小，不像个居室，更像个洞穴。巴登将他们的作品带到艾利斯斯普林斯（大约在帕普亚以东250公里远），回来的时候带回一大笔钱，让每一个人大为惊叹。一夜之间，人们开始疯狂地索要绘画材料。学校休息时盛橘子的箱子，一打开就立即解体，为什么？人们要拆卸下来做画板；巴登说，"人们在火柴盒上画画，在小木板上画画，在一切东西上画画。"他记得有一天甚至只能用牙膏给木板刷底漆，因为他实在是什么都没有了。他用光了学校里大量的宣传画颜料，又去订购更多。"他们特别喜欢明亮的橙色，"他说："他们认为这是来自于土地的颜色——是赭石碎片的颜色。"

他的第一个想法是继续使用传统的赭色或类似赭色的颜料作画。有一天，他被几位安马提吉拉部落（Anmatjirra）的画家带到帕普亚北部麦康奈尔山脉里的格兰·海伦矿，在那里的河岸峭岩上，到处都是70亿年历史的黄白色石头，而且全都可以做颜料。"我当时兴奋地想，要是将成堆的这种石头，放在盛满调色胶的大锅里一起煮，我们一定能把整个镇子全染红了。"但是，土著画家们，虽然比他了解这里丰富的颜料蕴藏，却反倒钟爱非传统颜料。也许，这是因为非传统颜料涂在画板上的色泽更亮一些，使用起来更平滑一些，同时也是更加容易买到的缘故。但也许还另有原因，似乎对土著画家而言，外来的颜料就好比是天然赭色的镜中影像，也许能够勉强映射神圣的赭色——却永远不具备赭色本身所具有的神圣性。因此，用外来的颜料来向外人描绘"梦幻"，比起用他们自己的传统而神圣的赭色，会少一些繁杂的程序，会更方便一点。即使绘画内容依然神秘，一旦用上了非传统的颜色替代品，过去那种使之危险而强大的力量便骤然消失了。与此同时，使用非传统颜料的实践也十分切实可行：正如我在邦德瑞波尔见到凯瑟琳·普威斯和格林尼·普威斯所做的那样，大部分的绘画是在室外完成的。现代的丙烯颜料比较容易干，而混着亚麻籽油的赭色则会在它风干之前被红沙所侵蚀。

浮光掠影地看，帕普亚的故事［这项绘画运动此后即被冠以帕普亚图拉（Papunya Tula）之名，"图拉"的意思是兄弟姐妹们聚会的地方］似乎是一连串的成功故事，其中虽不乏波折，整个过程却是简单感人：赭色，从当局威逼之下释放出来，从旧有的使用禁忌中释放出来，最终成了这些"一无所有"的土著人类在新环境中生存的新工具，也成了他们以自己的名义创作极其动人艺术作品的新方式。但是，巴登的故事——在他1991出版的书《帕普亚图拉：西部沙漠艺术》（*Papunya Tula: Art of the Western Desert*）中他透露了一部分——则有许多内幕。在闪亮的外表之下，是更黑暗更艰难的内核。

起初，一切都令人兴奋；他到艾利斯斯普林斯卖画，把卖画的钱带回来——后来，还带回车——给画的作者们。但不到几个月，他说，事情就开始不对劲了，事态居然恶化到极其恶劣的地步。巴登很难忘记那个晚上，以至于到现在都不愿提起它。"一无所有"的土著人居然开始拥有自己的财产，他们的作品突然之间居然身价百倍了，白人当局对此非常憎恨。正如巴登说的那样："他们要剥夺土著居民手中任何有价值或可能拥有价值的东西。灾难就这样发生。"一个最常见的威胁就是，当局要把社区里的一位成名画家、受人爱戴的卡帕·特加皮特津帕驱逐出帕普亚。"他们实际上是在排挤我，我太遭人恨了。"但巴登仍然坚持卖画,把越来越多的现金带回给作者。他还在简易跑道上给土著们上驾驶课——尽管,如他所说,警察们不喜欢土著人拥有驾照,至少他在那儿的时候没有一个土著人得到过驾照。

紧接着,越来越多的威胁降临了,主管当局警告巴登,那些画是由"政府的土著人"画的,因此画就属于"政府财产"。一天,当巴登离开领地时,一位当局派来的人士前去拜访土著居民——暗地里传播谣言,说巴登每到艾利斯斯普林斯正出售一批大约七百澳元的画,分到他们手上的只有21元钱,其他的都被巴登用作私人开销了。于是,当巴登返回时,谣言四起,不论是白人社区,还是黑人社区,全都躲着他,他自己却对此一无所知:"即使一个人孤身闯荡南极,也不会比我那时更加孤立无援。甚至没有一只企鹅来和我做伴。"

他将帕普亚的最后岁月描述为一场噩梦——他生病了,土著们开始不相信他,还用土著方言在学校外面冲他高喊"钱!钱!钱!"来羞辱和抗议他的贪婪。他后来都把这些写入书中,他好像正与土著画家们渐行渐远,在某种意义上,他与他的自我也越来越远。"从我的窗户望出去,我看见黑色面孔的奇怪而智慧的队伍在土路上来来往往。我看见一位我以前熟识的画家,想打招呼,可那人却扭头走开。"他知道,一切都完了,但事情直到那一个夜晚,才是最后的终结。那天晚上,有人或者是有几个人,敲他的门来拜访他,说是要和他谈些事情。

那晚在南克洛斯的灌木丛里发生的事,使巴登受到了巨大的惊吓,他匆忙而失望地离开帕普亚,没几天就因精神崩溃被送入医院。30年后,那场风波已然平息,但他的伤痕仍清晰可见。"有些事情根本不可能再提起,我也不会再提它。"巴登说此话时,正与我一起坐在他的露台上俯瞰花园。"现在我要打住了，"他说。于是我们的聊天结束了；偷窥"白纸"下面的秘密确实是不恰当的。

  从悉尼国际机场起飞，乘坐波音 747 需要近五个小时才能离开澳大利亚地界，我利用这段时间凝望着下面的大片灌木。从上往下看，整个沙漠呈现出一种奇特、朦胧、鲜艳，仿佛正在燃烧着的橙红色。我有一个朋友，每次别人问他最喜爱的颜色时，他都会说：红色，而且必须是清晨飞临澳大利亚心脏地带时俯瞰到的那种红色。从空中鸟瞰，三齿稃和其他灌木仿佛大地上的无数小点，正像我所见到的中部沙漠绘画的点彩艺术。干涸的溪床和岩石的曲线变成一个又一个螺旋纹和波纹，刹那间，让我觉得须有整段史诗般的合唱交响之声回荡其中，才能配此美景。虽然我以前也见过，但这次我的色彩旅行之后，我带回了一些额外的、更加复杂的东西。

  某种程度上讲，这是一种远古的感觉——从意大利的那块小小黄色石头开始，远古的魅力就强烈地诱惑着我——这也称得上是一种土地意识的自我觉醒。尽管所有的美丽之外，都有无数的丑陋与悲凉——我的旅程中就见证了各式各样的酗酒、种族歧视、恶待女人的现象，以及更为可怕的因无聊和无意义而造成的烦躁感觉——在赭色的表面下，确实存在一个截然不同的世界。这里是一方洞天，将世界上最好的红颜料和也许是最好的艺术相结合，我虽有幸走访，却也仅仅是惊鸿一瞥。昂佩利的老比尔·内德杰曾经极其认真地要将那个世界的神秘性解释给大众听。我不知道那是什么，他在他的那本《卡卡杜人》（*Kakadu Man*）一书中这样写道："但它是一种潜藏的现实，在地下。"

  我的寻赭之旅结束后八个月，克里斯蒂拍卖行（Christie）在墨尔本举办了一次土著艺术拍卖会。几天后，艺术经纪人尼娜·博韦写信给我说，"多好的夜晚"，"气氛真是好极了"。那晚有几笔大买卖——包括艾米莉的、克利福德·波萨的,以及罗尼的——但最大的卖点是罗弗·托马斯 1991 年用赭石与树胶混合画出的作品《从顶上落下所有的大雨》(All That Big Rain Coming From Topside)。这是一幅无与伦比的富有震撼力的作品,描绘的是一种强有力的永恒:那些白点如雨点般洒在红褐色的画布上,好像是为了山脊而稍作停留,然而转瞬间又如洪水般倾泻在山脚。尼娜的话确是对那晚拍卖会的恰当描述:这次拍卖只是一场简朴的序幕,后来,这项运动以强大的力量向前发展,逐渐达至史无前例的高潮。

有几个外国大买家抬高了价格,但每次他们抬价时,一位电话买家就会随之攀高,直到价格上升至 786625 澳元,拍卖的小锤才终于定音。每个人都在猜测那位神秘的买家是谁,这时,澳大利亚国家美术馆的沃利·卡努阿纳(Wally Caruana)悄悄地溜回他预留的座位区。他一定也为自己刚才的行为而震惊,他从楼下酒吧打电话过来,出了个比此前所有土著绘画价格都更高的价格,因为他想让赭色绘画留在澳大利亚〔当地媒体因此给这幅画起了个别名,叫做《从顶上落下所有的大钞》(All That Big Dough Coming from Topside)〕。

现代美术运动的起源地是帕普亚,一个不受人青睐的地方;现代美术运动的先驱是澳大利亚土著,一群不受人尊重的人。他们从帕普亚的早期艺术中走来,走过漫长的路并一步步发扬光大。购买土著作品的人们,购买的不仅是作品本身,还找到了许多附加于其上的东西:包括这项运动,还有质地、色调、光晕和故事。同时,我相信,他们还在追寻其他的东西(这些画不仅仅是颜料、画布和纹样的集合,它们的作者,是一群虽然身处简陋的沙漠棚屋,被狗和四轮车环绕,却始终保持着头脑中的光荣与梦想的土著鸿儒)。他们追寻的,是故乡,是乡土,是彩虹蛇源起的那方土地。不过,你大可不必走得太近太仔细,欣赏它的闪亮已足够,何必去细究它为何闪亮呢?

第二章

黑色和褐色

> 人们都这么说,从素描开始吧!
> ——切尼诺·切尼尼

> 给我一点儿城里十字路口的泥巴,一点儿采石坑里的碎赭石,外加一点儿增白剂和一点儿黑煤灰,然后给我一点时间,来区分泥巴的颜色,来柔化煤灰的颜色。只消如此,我就能为您奉献一幅无与伦比的画作。
> ——约翰·罗斯金(John Ruskin)

起初我想,在这本题为《颜色》的书中加入黑色或褐色,真有点别扭。毕竟,颜色从一开始就强烈地吸引着我的正是它的鲜艳;出于对亮丽色彩的不厌其烦的追求,后来我许多不可思议的旅行才得以激发成行。我还认为,要是去写人们如何烧一大堆木头来做炭素笔,或者去写人们如何收集黑泥巴来做染料的事,真是乏善可陈。然而我错了。我读得越多,就越认识到,其实"非颜色"的故事极富趣味。我读到了黑色染料如何由金盆洗手的加勒比海盗贩运；我读到了珍贵的"铅黑"矿，竟有全副武装的安全部队把守在英格兰北部的矿口，搜查那些被剥光的每一个工作了一整天从洞里爬出来的矿工以防止偷运；还有，有一种白色颜料竟会是毒药（其口感却十分香甜诱人）；我还读到关于褐色和黑色如何从死人尸体上提炼出来的故事。

因为读到了上述的故事，于是，在我出发赴阿富汗寻找用来绘制圣母头巾的蓝色矿石之前，在我享受到富丽堂皇的深红色落日之前，在我找到失踪的青瓷的秘密之前，我决定先去考察一下阴影的世界。生命的每一个部分都会有阴影，而艺术中对阴影的运用则比其他任何地方都要多。这就是阴影，也正是衬托得光亮部分更加可信的那一部分。"炭灰和还原"，在我展开色彩研究计划之前，我就是这样毫不生气地对我的一位美术馆工作的朋友描述这些"非颜色"。"一点儿不错，"她肯定地回答："你这话完美地总结了许多画家的画作……你看过画家们是怎样开始画一幅画的吗？"当然！我以为她小瞧我，说："那再看一遍。"于是我真的跑去看一遍。在什罗普郡（Shropshire）的郊区，我观察了圣像画家艾丹·哈特将他的一幅基督头像的铅笔底稿转化到石膏画板上的过程——他要先将底稿拓印在用褐色赭石打磨过的纸的背面；在印度尼西亚，我看见画家们在给印度教故事画上色之前先用炭素笔打底稿；在中国，我看见一位书法家，先要拿出松墨费力地在祖父留下的砚台上磨上半天，然后才开始选一张合适的纸写字；在伦敦国家美术馆，我长时间站在黑漆漆的阴影中，正面观察莱奥纳多·达·芬奇那真人大小的《圣母、圣子、圣安妮以及施洗者圣约翰》(the Virgin and Child with St. Anne and St. John the Baptist)的草图，他使用炭素笔以及黑白色粉笔——这些柔软的材料，能够使基督肩膀上光线较强的地方变得柔和，也能使圣母的脸庞显得更加慈祥亲切。

每一次我都很惊讶，如此多的绘画，竟都是从刮擦和使用泥土——黏土、泥巴、尘土、煤灰或是石头——开始的，而且做得十分小心，十分专注，底稿一般打在布上、纸上、木头上或是墙上。打完底稿后，才允许明亮和轻盈的色彩出场，而且，越是画到最亮的部位，越需要昏暗的光线和纯阴影来使之真实。有时，打底稿的线条要比画作本身还好。乔治·瓦萨里描述素描底稿的语句十分生动鲜活："诞生于一个艺术之火的时刻"，素描底稿往往具有最终成品里不具备的某种质素。这可能是由于素描底稿是画家自发创作的产物，但也要归功于黑色、灰色和白色的作用，正是这些"非颜色"使素描画面显得完整。白色实质上包含所有的颜色，而且——正如我在墨黑的世界里旅行时发现的那样——黑色也能够包揽所有的颜色光谱。

理论上是这样的——"黑色"发生于某物吸收所有的光线波长之时——这使得许多印象主义画家拒绝使用黑色颜料，而常用红、黄、蓝色的混合物来代替。"自然界没有黑色"是这些19世纪艺术家们拒绝的理由，他们的目标是在绘画中把握住光线飞驰的效果。在克劳德·莫奈的《圣拉扎尔车站》(Gare Saint-Lazare)中，举了一个例子，忙碌的车站上漆黑的火车头，事实上是由极端鲜艳的色彩构成的——包括明亮的猩红色，法国群青色和祖母绿色。伦敦国家美术馆的馆员们研究称，在这幅画里，莫奈根本没有使用黑色。

第一幅画

根据一个西方经典神话，第一幅画是黑色的，第一位画家是个女人。这在古罗马作家普林尼撰写的《自然史》中有所印证——该书囊括了所有能在罗马市场上买得到的物品，还写了大量罗马市场上买不到的物品——他的故事是在史诗般的爱情中寻找艺术起源。确实，还有什么比伟大的爱情更能激发艺术灵感呢？根据普林尼的故事，最早的画家是一位住在希腊科林斯镇上的年轻女人。一天晚上，她哭泣着告别他那即将远行的恋人。突然，在激情的拥吻间歇，她注意到，烛光的映照下，他的影子映在墙上，摇曳生姿。于是，自发地，也是充满惊喜地，她在炉火中摸出一支黑炭，照着那个影子描画下来。她的恋人到了遥远的地中海边，可我却能想象得出，她时常地吻那画影，仿佛把恋人的身体紧紧地拉在身边。

作为一种起源说法，这个带着神秘色彩的墙上影像故事，数百年来不断出现在绘画和素描中。它对乔治时代和维多利亚时代的画家特别有吸引力，因为他们喜欢制作剪影人像，喜欢描述悲壮的爱情故事。1775年，苏格兰肖像画家戴维·艾伦（David Allan）画了一幅《绘画起源》(The Origin of Painting)，画上一位极富挑逗性的女士正坐在她那电影明星般的男友膝盖上，一只手在墙上画出他的轮廓。她那富有坠感的长袍滑落下来，露出右乳，这么做明摆着是让那位男友垂涎愣神，这样她好继续专注于完成她的世界上第一幅肖像画的"重任"。画中人物穿的是罗马长袍，可展示的效果却不是罗马式的。这幅画用已经燃烧得快要"着火"的情欲景象来展示持久的爱，虽然画面令人愉悦，但它却与原先含蓄优雅的故事情节有所冲突。

其他早期绘画

普林尼并没有接触过现代绘画理论。现代绘画理论对于激发人类早期绘画的理由的解释是众说纷纭的：有人认为，是漫长的冬季里被无聊逼得没了法子才去作画；有人认为，是被狩猎故事的技巧激发而画的；也有人认为是被神圣的仪式程序激发；还有人认为，仅仅是由于用图画形式讲解故事能带来纯粹的愉悦而已。证据其实很明显，普林尼或者其他任何人,只要有心,都应当能发现——举个例子,在比利牛斯山里的法国诺克斯(Niaux)洞穴中,一个罗马百夫长的拖鞋印证明,至少有一位古典时期的人类浏览过洞穴岩壁上的绘画。但是很明显,学术界对于普林尼这种混合着逸闻和神话的起源故事如此习惯,都不太情愿去接受新的版本。欧洲最大的史前洞穴岩画艺术馆,就这样沉睡了两千年才被学术界发现。

然而,我想,如果普林尼有机会在时光隧道中穿梭一次,比如说,能够亲眼目睹西班牙北部阿尔塔米拉(Altamira)洞的发现过程,他恐怕会感到颇为失落。这个洞里的狩猎场景要比爱情场景多得多,他的故事似乎无法解释早期西班牙绘画起源。不过,有趣的是,稍晚时代的瑞典早期岩画中,画了许多描绘巨型阴茎勃起的图画,当纪录片摄影师卡尔·乔治·布隆纽斯(Carl Georg Brunius)看到这些画,他满腹狐疑地问他的同事,19世纪的公众是否有欣赏这些瑞典早期人类色情图的心理承受力,而他的同事们的观点也很分歧。但是,普林尼的故事至少在绘画材料上并没有说错。尽管赭色也许毫无疑问是世界上第一种用于绘画的颜料,但即使是最原始的画家,通常也很喜欢先用炭笔打个框架稿……有时只是为了确保他们在涂色之前把形状搞对,有时是为了给予整幅画一个更清晰有力的轮廓。虽然我们无法证明世界上第一幅画就一定是位女性就着木屑燃灯的光匆匆画出的(尽管我们并没有任何证据证明相反),但我们却能够确定,阿尔塔米拉洞却是阴性的,而且是位女孩首先发现的。

1868年的一天,在西班牙北部山区和大西洋之间的邻近桑坦德(Santander)的地区,猎人莫德斯托·佩雷斯正在追踪鸟群或是鹿群,他在一个洞穴的入口处被绊倒了,就将此事报告他的主人,他的主人立即率领几位业余探险者——带着许多轻便大衣和高烛台——进入一个20米长的洞天福地,洞顶呈坡状倾斜,洞里地面坑洼不平。在这儿，他们发现了熊骨和火焰灰形状的标记，以及一些似乎可以证明人类（或是动物）聚居的有意思的废弃物。然而，这个长方形洞穴里真正的艺术宝藏仍然要再等 11 年后的 1879 年才会被人发现：那时距公元 79 年夏天，普林尼与他的故乡庞贝一起，埋在了维苏威火山喷发后的熔岩之中窒息而亡，已整整 1800 年。

1879 年的发现也是一次巧合。如果那天德·桑图拉为他八岁的女儿马利亚找好了保姆的话，或者不是下午带着她出去晒太阳，还走入一间奇特的颇具危险性的洞穴"游戏室"的话，即使再过几十年，恐怕也不会有人发现这些宝藏。后来，在他受到诬蔑的岁月里，必定曾经后悔过，要是从来无人注意到那个地方，要是当初他女儿别那么兴奋地大声呼唤，该有多么好。

桑图拉是一位贵族兼猎手兼土地主，但更多的时候他是一位喜欢发现新事物的探险家。他的眼睛总是盯在地上，寻找不符常规的蛛丝马迹，探索人为加入而非自然天成的细微迹象，期望找到任何能够从新的角度解释世界历史的事物。当他的佃户找到了洞穴入口时，他一定极度兴奋。简直是天赐良机啊！他早就与其他的欧洲知识分子一样，参与到进化论和人类起源理论的大讨论之中，这个发现正好用以检验进化论是否正确。

于是他出外寻找那个洞。仅仅几分钟，这位 48 岁的探险家的命运因此改变。他坐在洞穴的地上，兴奋而忙碌，寻找着旧石器时代的熊粪和人类午饭后的遗粪，还有其他原始人聚居的证据。他的女儿——从阿尔塔米拉博物馆保存的照片上看，当时是一位留着黑短发的可爱女孩，要不是戴着耳环，看上去还颇具男孩气——就在洞室里到处跑，在手电光中设计着各种游戏。根据后来广为流传的一个版本，突然，小女孩停下来，惊奇地大声呼唤："Mira，Papa，bueyes"（看，爸爸，牛）。桑图拉站起来，他也必定发出惊呼——比女儿的

第二章 黑色和褐色

惊奇有过之而无不及。因为在那里,在他俩头顶的岩壁上,画满了巨型的红色和黑色的野牛,它们正狂奔着穿越岩石大地。

阿尔塔米拉洞顶上,黑炭大篇幅地自由挥洒——简单而粗犷的线条,双重加粗的阴影和轮廓——用刷子或是用柔软的羚羊皮刷出来的大块的红赭和黄赭。洞顶有12只完整的野牛,两只无头的(但也十分震撼,它们的头好像在被斩首的刹那间消失而进了另一个空间),三只野猪、三只面容困惑的红鹿和一匹野马。这个大厅给人以强烈的速度与力量感,画仿佛是一挥而就,毫无犹豫,毫不拖沓。特别是野牛——每一只都有两米或者更长——浑身都是肌肉与力量。如若瓦萨里在世,必定会对这些素描的力度赞不绝口。

桑图拉和他的同伴在洞里走了几十回,竟都没有抬头一望。一万五千年了,这些画都逃开了人的眼睛,一直等到发现它们的这个下午。这天下午,人们所看见的洞顶画风格迥异,不知是出于男人还是女人之手,但想必是借着火炬作画的,不仅是借助其光亮,也为了取暖。那时欧洲还处于冰河时代晚期,智人们必定是在一个较冷的世界中生活和狩猎——当然,偶尔也画画。

我想象着,在1879年那个温暖的下午,桑图拉正因见证了古代艺术领域最伟大的发现而激动得浑身发抖,但我也怀疑他是否也有点预感,想到自己也会因此而倒霉一生?仅仅九年之后,桑图拉在57岁的年纪去世时,他备受指责,穷困潦倒,人们指责他说谎和伪造,因为当时的人们无法相信,这么多用黑炭和红赭绘制的美丽图画,怎么可能是由"野人"创作呢?

历史常常是种嘲弄。某种理论成熟出炉,就会有不少"人造"文物"恰好"被人"发现"。1859年,查尔斯·达尔文的《物种起源》出版以来,进化论主宰了西方思想界。人们相信,人类的历史比《圣经》中所说的4000年还要长。如同今天的小学生们痴迷恐龙一般,当时学者们的时尚，就是疯狂地寻找化石，研究史前历史，企图寻找证据来证明进化论。不幸的是，桑图拉关于阿尔塔米拉的发现的非专业论文簿页出版之时，恰逢这股风潮盛行之际，碳测年代法发明之前，而且恰恰与进化论不符。于是，就像我手中的英文阿尔塔米拉导游手册上说的那样，他不得不与"倾盆而落的误解"，随之而来的嘲弄和指责做斗争。一些谣言说，那画是由桑图拉的房客哑巴画师雷梯尔（Retier）所伪造。雷梯尔确有其人，他对此谣言非常恼怒，却苦于无法口头表示否认，这令桑图拉无比烦恼。20年后，学术界不得不摘下考古学的高帽，承认这些画并非赝品。而这时，他的女儿马利亚已是一位成年女性，她毫无疑问感到欣慰，但由于曾目睹父亲死前所承受的巨大痛苦，她对整个事件肯定百感交集。

20世纪，法国人发现了其他洞穴——最著名的有1940年在多尔多涅（Dordogne）发现的拉斯科（Lascaux）洞穴，当时是几个小孩被暴风雨困住后偶然地撞见了这些古代壁画。在整个冷战中不甘落后的俄国人，也终于在1959年在乌拉尔山里发现了他们自己的壁画洞——洞里的一幅图，画的是一万四千年前存在但现已绝迹的猛犸象，有獠牙，有长鼻，脑袋上好像还戴了顶球员帽。所有这些壁画用的都是黑炭和赭石，尽管偶尔也能见些更稀罕的颜料——保加利亚马古拉洞（Magura Cave）里用的就是明显的深褐色，上面盖着厚厚的蝙蝠粪。

1994年，三位洞穴探险者有了惊人的发现。他们在法国南部阿尔代什山谷（Ardeche Valley）发现的洞穴画，比上述所有的画，比诺克斯、阿尔塔米拉，比任何欧洲其他地方的洞穴画都要至少古老一倍。这是现代科技条件下已探知的最古老的欧洲洞穴画，其中的一幅《群马图》展示了史前时代艺术对黑炭的极佳运用。在《肖维岩洞：世界上最古老的绘画》（Chauvet Cave: The Discovery of the World's Oldest Paintings）一书中，让·玛丽·肖维（Jean-Marie-Chauvet）——

后来这个洞就以他的名字命名——描述了那个令人激动的发现时刻：沿着一道陡峭的石坡往前走，突然之间眼前出现一个纪念碑一般的门楣，门楣下整整十米的岩壁上都是画。"我们立即欢声爆发，眼泪刹那间流了下来。我们几乎要疯狂和眩晕了。那上面的动物数不胜数，一大堆的公狮和母狮、河马、野牛、猛犸，还有一只麋鹿。"他写道。然后，在一处凸悬的石块上面，他们看见一个长着野牛头的人形——看上去就像一位监管着画上所有动物的魔术师。

即使从照片上，你也能对这些探险者的兴奋感同身受。石头看上去更加神奇，因为满墙的天然黄色创造了一种旋转的焦糖效果。肖维岩洞的其他绘画中也有赭色，但《群马图》中的所有动物都是用黑炭画成的。有一处是四匹马暴跳起来，准备飞奔；它们的头技巧性地打上黑炭阴影，而它们的身体只是粗犷地勾勒出轮廓。这种聚焦于动物头部的趋势给予观者的不仅是运动感，简直就是奔腾感。在马群不远的一面墙上，肖维看见他称为"动物和模式化的阴囊浮雕"（其中一只似乎与阴茎画在一起）的画。他或是他的出版商决定不把这幅旧石器时代的性含义作品图样放进书里，但这也许证明，普林尼归根结底是对的，只不过，他的笔触较为含蓄羞涩，把古希腊的那面墙上画着的东西，描述为情人的脸庞。

褪色的画

当她的心上人乘船远去之际，不知普林尼的那位女主角会不会一日三顾，见画如见人呢？如果真是这样，我很替她担心，因为据我估计，这画等不到她的爱人回来就会消失。如果没有观画人的呼吸去影响画质，这类黑炭洞穴作品——特别是混着胶、脂肪、血或是蛋黄的作品——能够持续很久。即使经历一整个冰河期的寒冷，再加上一万年的夏季暴雨，仍然能够保存下来。然而，一旦被人们发现和关注，这些绘画便开始褪色，就好像眼光的堆积会使画变老一般。对所有的画家而言，如何使画作持久鲜艳是个亘古不变的问题。但几乎没人敢于期望他们的画作真能历经 1.5 万年而存在。这些过去的绘画，并未涂抹清漆保护层，只是得益于周边稳定不变的环境才能长期存在。因此，一旦环境改变，它们的适应力十分脆弱。这些画本身就是用炭灰画成的，如今，它们又开始还原成灰。

人类学家德斯蒙德·莫里斯（Desmond Morris）说，当诺克斯洞穴被发现几年后，他首次入洞，第一眼就感受到强烈的震撼。然而，40 年之后，他却觉得满眼失望。一开始，他还怀疑自己的记忆，但后来，他从一份报告上得知，并非他的记忆出了问题，而是由于太多的人进洞参观，使得画作本身不断褪色。20 世纪 90 年代中期，也就是那份报告发布不久，管理部门决定关闭诺克斯洞穴，并且花了数百万法郎建了一个复制洞室，既让游客对洞穴画有个直观概念，也能保护真正的壁画不受游客呼吸湿气的侵蚀。问题是，存在于这些洞里的真正的奇迹，并不在于如何准确地勾画野牛的黑炭形状，也不在于赭石的颜色。而只在于画本身。一万五千年前——或者是像肖维洞那样，在三万年之前——有一个白天，或许是在一个夜晚，借着火把的光，画家们的手触碰过这里的岩石。这些画家，嘴里说的是我们今日根本无法理解的语言，脑中想的是我们今日根本无法猜测的形象、仪式和规则。然而，他们的信息却能够通过绘画，从遥远的冰河期的另一端传递过来。这种超越空间的远古信息，这种穿越时间的交流魔法，即使用最高级的水泥和最高科技的黑炭，即使复制出一个完美的洞，也是永远无法复制的——况且，原作时刻提示着我们：无论何时何地，有人就有绘画。这一点，复制品能做到吗？

黑　炭

连科林斯的恋人都知道，几乎任何燃烧过的地方，都能找到黑炭。不过，我早已下定决心，既然要对黑色加以研究，就要了解得比一般知识更深刻。在各种优质的炭材料中，柳条炭是其中作画效果较好的一种。切尼诺·切尼尼就曾向他的14世纪意大利读者们推荐这种炭，"再也没有比这更好的炭了。"确实如此，我所见的伦敦国家美术馆的达·芬奇素描底稿就说明，最优质的黑炭是多么的柔软自如，游刃有余，而在创造壁画线条时，又是多么的精确无误。（那幅素描稿碰巧没成为壁画——假如它曾用于壁画，上面就应布满"小孔"，因为画家必须在纸上"猛击"或是"戳刺"出小孔，然而摩擦黑炭，使其粉末渗过小孔，才能将画面转化到墙壁上。）今天，达·芬奇使用过的炭材料的产地已经找到，有许多地方都出产这种木材，其中一处是苹果汁的故乡——英格兰西南部的平原。在那里，我发现了一个关于饼干筒、柳条炭以及一个重病之人不畏艰难与贫穷做斗争的动人故事。

柳条炭所使用的柳树不是中国古代绘画中的垂杨柳，也不是古犹太人在巴比伦河边挂着竖琴又坐在下面悲歌故乡的那种柳树，巴比伦的柳树其实也是18世纪欧美的舶来品，那个时候，东方的事物都很时髦。而柳条炭所用的柳树，是维尔京（Viking）妇女用来编织器皿的一种古老的植物，当维尔京男人们外出探险和跋涉时，妇女们就摘下柳条编织实用的柳条篮子。她们称之为"viker"，古英语把这种名词直接搬来，音译为"wican"，意思是弯曲，现代英语中则演变成了"weak"一词（意为"软弱的"、"弱小的"。——译注），其实那柳条篮子相当结实，一点儿也不脆弱。当这种柳树在野地里初长时，它看上去不太像树，倒更像田里的麦子；第一次割下柳条后，它看上去像厚实的金黄色谷堆，比一个人高，但宽度却只像一棵小树。这种树春天种下，后来的成长速度取决于牛群是否在此地放牧。如果没有牛群，新生的柳叶会被霜冻摧毁，柳枝就会弯曲不能使用。

黑炭作为绘画材料古已有之，但英国的主要供应商——科特公司——却只有四十年的制炭经验。而且，人们更为想不到的是，若非四十年前一次偶然的发现，公司的起点还要往后顺延。或者也可以说，是四十年前的两次偶然。第一次是20世纪50年代的一个秋日，已故的珀西·科特不小心摔了一跤，导致腰椎间盘突出。此后两个月，他躺在地板上，就像他卖的柳木一样细小虚弱，还得为钱整日发愁。曾几何时，柳木是个好生意——几乎每个从利物浦或是伦敦出发的商人都必须将他们的贵重物品稳妥地放置于柳条筐内。柳条筐就是那个时代的气泡塑胶包装。但后来，在两次大战之间，柳条筐过时了。旧式的筐在塑料时代几乎毫无地位。公司濒临倒闭，却很难转到别的行业。科特家族的土地种植柳树无与伦比——特别是萨默塞特（Somerset）的这部分地区在海平线以下，而柳树喜水——种植其他植物则效果不彰。

一天早晨，珀西照旧皱着眉头绝望躺在火炉前，他偶然注意到了炉中的炭灰，竟改变他一生的命运。有一段燃烧后的柳木，它细长、完美。家里几代人都习惯于点火时用它做引火材料。通常柳木会在炉灰中分解熔化，与炉灰混在一起。"但不知什么原因，这一小片却保存下来，鬼使神差翻滚出炉。"他的夫人安·科特告诉我。

珀西捡起它，随手涂涂画画，突然之间，一项新事业展现雏形。他将烧制黑炭，作为谋生的事业。他把余下的康复期都用来做试验，他在饼干盒里放上小块的柳木，然后放在火上烧。切尼诺·切尼尼在《艺术札记》一书中，建议 14 世纪的黑炭制造工人将柳条棍绑成小捆，放在新的密封的砂锅里烧。"然后傍晚时去烘烤师那里，在他下班后，将砂锅交给他放在炉膛里；一直待到第二天早晨，看看这些炭烤得如何，是不是足够黑，足够好。"

600 年后，珀西·科特的最初实验也是相似的：他把柳条捆在一起，放在一只旧炉子里，烧制于不同的时间段，然后检查结果的异同，判断哪个时间段是最适合烧制绘画用炭。这可并不像听起来那么容易，有时一次实验失败了，这些小的饼干盒子往往从房间里被愤怒地抛进院子，并在院子里永久地结束了它们的使命。画家们使用的黑炭很有意思；它的烧制程度必须完全一致，这样才能保证画作上的黑度连续而一致。但最终，珀西实验成功了，如今，几乎每一间英国的教室都配有一盒科特公司生产的炭素笔。[1]

充满诱惑的睫毛油

历史——至少普林尼的《历史》——并没有提及，爱人离开后，那位科林斯少女做了些什么。毕竟，她在罗马神话中的作用，便是创造第一幅画，除此之外，她的所为不再重要。但是，有一天，当我也同样地思念我遥远的爱人时，我忽然十分好奇地想知道，那位少女，或是少妇，她之后究竟做了些什么呢？在一阵情思翻涌中，她创造了世界上第一幅画，一种全新的人类表达方式，转瞬之间，她又孤身一人。她无疑是位富有创造力的人，我愿意想象她在恋人离去后，会拥有更多进行其他艺术创作和艺

---

[1] 科特家族拥有 85 英亩土地，每年出产柳树 150 万株。其中一半用于炭素笔制作，其他用于柳条筐、野餐篮以及一些（仿古风格）传统的龙虾篓。

术实验的时间。我猜测，她也许会在画完墙上恋人的肖像后，又马不停蹄地画下去，直到所有的墙都容不下，又画到地板上，画到天花板上。然后，当时间日复一日，年复一年地流逝，她可能逐渐习惯了没有他的日子，习惯了自我拓展视野。也许她还把自己的肖像也加了进去，或者也陪着她的小侄子或是小侄女玩，画下他们的手印或脚印逗他们开心（正如我在澳大利亚土著洞穴中看见的手足印）。她也许还试图画些小树、小狗和小马，也许还有两层楼的小房子，代表她对未来的梦想。

但如果她对仅仅使用黑炭这种绘画颜色感到厌倦了呢？也许，我想，她会尝试其他不同的黑色和各种褐色。如果有机会试一试黑炭笔的其他替代品，她会不会更喜欢铅笔或是印度墨水？她会不会把她的衣裳染得深黑，或是穿着最浅色的古典袍子示人？如果她的恋人在旅行间歇会返回希腊，那时她会不会将她所有的颜色技巧挪用来进行一些脸部的化妆，以迎接那欢聚的场合？

我想象着我们的女主角漫不经心地使用着睫毛油和眉线笔。首先，她会用她自己的绘画颜料：黑炭色，但她立即就会发现这颜色未免有些太刺目，尤其是放在敏感的眼部周围。于是她就会以一些炼金所用的金属涂料锑或是"眼影"。这是很多中东化妆师画眼线的传统材料，今天也被不少化妆品公司所采用。"kohl"（眼影）一词就来自于阿拉伯语 *kahala*，意思是"给眼睛染色"。今天，眼影在欧洲通常被视为一种装饰品，但在亚洲，它则不仅是一种灵魂上的保护符，还是一项健康疗法。在塔利班统治的喀布尔，你总是能够很容易分辨出信奉原教旨主义的士兵，因为他们的眼睛都用黑色描画。这使他们就像女孩子一样漂亮，但其实这是一种外在的宗教表征，表明真主安拉正在保佑他们。我有一次看见一位阿富汗父亲用眼影为他的儿子涂眼睛。他说这样做是为了保护儿子不得结膜炎。但他又告诉我，他具有现代思维才会这样想，而其他的父母亲，涂上眼影恐怕有时只是为了将魔鬼赶跑。巧合的是，真主安拉恐怕不会赞同欧洲人后来对"kohl"一词的僭用。1926年，弗朗西斯·培根在《自然史》一书中说："土耳其人有一种黑色粉末，用一种叫做'Alcohole'的矿物质做成；他们用特制的细长笔将这眼影描在眼皮下面。"由于欧洲人认为，这种黑色粉末十分纯净，就自作主张把它与另一种经提炼后的纯净物质联系起来，于是英文中的"酒精"便借用"alcohol"一词，而酒精却是伊斯兰的大忌！

如果我想象中的女主角对于制造黑色颜料的兴趣不亚于他对黑炭绘画的兴趣的话，她也许私下里会想尝试一下她自己的黑色爱情魔法。印度性爱教科书《爱经》中列出一大堆的爱情建议，其中一条就是使用极具挑逗性的眼影配方。这本书推荐说，用骆驼的骨头，混着鳢肠草（Eclipta prostrata）的汁水（这种草也被称文身草，因为它那蓝黑色的汁液特别适合文身染色），再将这种混合液放在火上烧。制作化妆品的工匠们然后会将制成品存放在专用的骆驼骨制成的盒子里，使用时要用一支骆驼骨制成的专用笔涂画在眼睛上。理查德·伯顿（Richard Burton）于1883年将《爱经》原原本本毫无删节地翻译成英文，他的译本称，这种眼影的效果非常好，不仅那颜色"纯净无瑕，卫生无害，不会对眼睛造成损伤"，而且它确实拥有魔力，可以"使涂眼影的人征服周围所有人"。不过，我们还是期望，科林斯少女的那位远行爱人从未读过这些章节，因为书中的同一部分也推荐男人们将某种树的嫩芽与红色砒霜混合提取粉末，再掺以猴粪。如果一位热恋中的男子将这种粉末"撒向一位少女，她就必定为其所属，不能与其他人成婚"。书中的珍闻比比皆是，想必具有一定的真实性。

铅　　笔

那位少女无疑是位画家，她必定乐于尝试黑炭的替代品。有一桩逸闻，讲的是美国航空航天局20世纪60年代花了数百万美元研发能够在零重力条件下使用的书写工具。他们求教于俄罗斯同行，"你们用什么书写工具呢？"对方则掩不住满脸的迷惑，答曰："我们俄国人，就用普通的铅笔。"

如今，我们能够把铅笔视为一种"普通"的物品，但曾几何时，这玩意儿价值甚高，以至于人们会冒着生命危险去偷铅笔。科林斯的少女恐怕得苦苦等待，直等到16世纪来临，她才能在欧洲大陆上见到一支真正的铅芯笔——16世纪之前，画家们倾向于用他们所称的"银尖笔"（silverpoint）来进行素描——这是一种用银线制成的尖头笔，在布满白垩和骨粉的表面上能够画出黑色的印迹。不过，如果她是科帕卡瓦纳（Copacabana）或者哥伦比亚的一位贵族少女，就有机会在几千年前在小范围的贵族圈子里使用铅笔。当埃尔南多·科特斯（Hernando Cortés）1519年来到墨西哥的时候，他记录了阿兹特克人用一种灰色矿物质做成蜡笔，不过，他没提到这种蜡笔是做什么用的。

最初的有趣发现——对我而言——就是所谓的"铅笔"其实不含一点儿铅。我从孩提时代记得的规则之一就是别去咬铅笔，这规矩没错（铅笔又不是什么健康小吃），但它却无法挽救生命。在历史上的一些场合，确实曾用铅来作画——普林尼提到，铅被用来在纸草上打出界线，也许是为了防止年轻的抄写员抄不整齐。14世纪的意大利，早期绘画用铅笔有时是用铅和锡的混合物做的，画出来的笔画可以用面包屑轻松擦掉，这一点与黑炭类似。但自从16世纪中叶以来，所谓"铅笔"材料就已经是由另一种截然不同的，甚至都不能算作金属的物质做成。

藏在英国湖区山间的珍宝，不是钻石，而是黑炭的同位素石墨。仿佛曾有一只巨大神圣的压榨机，大量的石墨倾泻于此。它很难切割，又毫无光泽，但它拥有自身的特殊价值。一开始，它并非作为绘画颜料而开采，16世纪时，石墨［当时又称石墨粉，黑铅或是锰土（wad）］赚了大钱，主要是在军火上。在加农炮的内膛涂上一层薄薄的石墨，效果大不一样。出膛的炮弹就跟从抹了油的盒子里滑出的烤蛋糕一样，不会阻塞。只是到后来——在18世纪晚期——这种滑膛的石头才因其能够在纸上留下痕迹的另一性质，而被重新命名为"石墨"（graphite）（英文 graphite 的字根的意思，就是书写。——译注）。

凯斯维克（Keswick）有一家铅笔博物馆，就位于湖区的中心地带，建这座博物馆是为纪念这一地区的享有盛名的石墨蕴藏量和高品质蜡笔。博物馆里有一个仿制的矿道，里面有真人大小的矿工，做着正在用斧头凿出石墨的动作，还有个300年历史的加利福尼亚雪松的大树根，上面布满年轮（大量这样的雪松被砍伐以达到每年60亿支铅笔的生产量），甚至还有英国在"二战"期间唯一生产的一批彩色铅笔中的样品。这批铅笔是绿色的（由于是战争期间，其他所有铅笔均未涂色），里面藏着丝质地图，甚至在橡皮擦头里藏了一只微型指南针，这是供飞行员们飞临敌区时使用的。这是由查尔斯·弗雷泽－史密斯（Charles Fraser-Smith）发明的，这人正是詹姆斯·邦德（James Bond）片子里面Q角色的原型。博物馆里信息量大极了，却没有该矿的具体位置。我的全国地形测绘地图上也没有，没人能够帮助我。"去那儿一点儿意义也没有。"馆里咨询台后面坐着的女士友好地劝诫我："你至多只能看见地面上的一个洞。"我解释说，我要看的就是那个大洞。她说她也不清楚那个洞在何处，于是我决定自己驾车前往石墨首次被发现的地区——一个叫做赛斯威特（Seathwaite）

的小村庄——然后我就沿着陡壁峭岩搜寻，期待着能发现点什么。

起初，很难看清地理状况：整个上午雪都下个不停，地面就像一幅铅笔画——一小段细黑线铺在大面积的白纸上。这是英格兰最潮湿的人类居住地，每年的降雨量有 3.5 米，一个国民托管组织（National Trust，英国私人捐款保护名胜古迹的民间组织。——译注）的统计数字板伫立着告诉人们，这里的雨量足够把这块板淹没三次。我敲了一家茶室的门，这茶室只在夏天开放，冬天是关闭的，因此我一敲门，差点把女主人惊得从梯子上掉下来。矿井就在上边，她明白了怎么一回事以后告诉我，指着一处陡峭的山顶，位于通往另一座小村庄赛托勒（Seataller）的路上。"你能看见那些起伏的小山吗？"我看得见：在雪地里有几处白色的山丘，就像是一只巨大的田鼠掘洞后留下的土包——但颇令人气馁的是，这土包看上去可真远。"小心啊！"她提醒说，"你可能会一跤跌入深谷。"

在我前往土包的路上，有一棵被连根拔起的树——我小心地看着它的根部，想勘测一下会不会有石墨在雪地里闪闪发光。有一个关于博罗代尔（Borrowdale）石墨的传说，讲的是 1565 年间，一位旅行者无意中发现，在一棵被雷电摧毁的枯树根部似乎有些东西在闪闪发光，这片山谷里的石墨宝藏就这样被开发出来。尽管我在这棵树下什么也没发现，但先前那位旅行者的发现却在伦敦掀起一阵狂潮。女王伊丽莎白一世对于湖区新发现的一切十分感兴趣，她下令在凯斯维克建立一家皇家矿业公司，雇佣（较为熟悉巴伐利亚石墨矿工作的）德国矿工进入这座火山挖隧道采矿。

还有一个博罗代尔的传说很吸引我。它提到早在 1565 年以前就有人使用石墨，但那时既不是用于绘画，也不是用于润滑加农炮膛，而是用来给羊群作标记。不过我怀疑杜撰这传说的人是否来过赛斯威特村。当我到达这个遥远的山谷时，真的禁不住哈哈大笑。所有的羊看上去都是石墨色的,那种带点灰白的石墨色羊毛很自然地覆盖在它们身上,夹杂些石墨色的乱蓬蓬的错落标记,好像上帝曾在此漫不经心地剪过羊毛。像栗色这样质量上乘的颜色都已经发明出来了,人们何必仍用石墨来标记自己的羊呢?选用任何一种色彩都比抓住一只咩咩叫的羊,再拿些沉重的闪着光的石头,用力往羊身上摩擦直到擦出颜色要容易得多。更重要的是,人们何必在已经布满灰毛的羊身上再用石墨标记?很明显,这是一个专门讲给那些易于轻信的游客听的小笑话,但讲得多了,居然成了事实。那天后半夜,我试图用我从博物馆买来的一小块滑溜溜的石墨涂抹我那双羊皮拖鞋,确实是有可能画上的,但它花了我好多时间,而且我的拖鞋不会扭来扭去,可比羊乖多了。

"我对羊的趣闻很感兴趣,"当在路上见到经过的一位当地农民时,我就告诉他,并且解释说:"羊身上的颜色很奇怪呀!"他则立即纠正我:"有什么奇怪的?它们很美丽。"他继续说:"这就是这些墙的颜色。"他继续说道,指着他的土地的边缘,一圈长满苔藓的干石头。这些石头被称为牧羊砖(Herdwicks),与牧羊砖一个颜色的羊,自古代维京人的时代就已存在。他说,可悲的是,市场却认为这种颜色很古怪:农夫们卖这些灰色羊毛所赚的钱,还不够剪羊毛的成本。

要到达那个石墨矿所在的小山,我得穿越许多覆着积雪的小河流。等我到达的时候,右边靴子里早就不停地滴着冰水,左边靴子则沾满棕色的泥块。不过,这一切都很值得:因为地面上有一个我预想中的洞——自从这里的石墨被开采殆尽后,估计有一百年甚至更长没人使用了。洞口并没有被封住,但我也没有进去。这个洞看上去很浅——不超过一米深,但它却很潮湿,底端通向一个接近水平的隧道。当我试着扔一块石头进去时,它发出的声音好像击着一个地下湖。洞的两边各有一个坍塌的石头房子,我站到其中一个房子里面,试着去想象这个地方在250年前所发生过的一切。17和18世纪,石墨不仅能为英国财政部大量创收——而且能使英国保持较大的国防优势。这个石墨矿的所有运作都处于绝密状态，待遇与一个军事基地差不多。在这个荒郊野外的地方曾一度有许多神秘人群出入。它一年只开放七周左右（在 17 世纪末它还关闭过几十年），就是为了抬高石墨的国际价格。当年，武装警卫就站在两座石头房子里，强迫人们在每一次换班的时候脱光了衣服，严格搜查人和衣服，防止任何夹带。用于国防的石墨每吨值 1300 英镑，有些人为了这个价钱，宁愿冒着挨鞭子的危险去偷。

小偷的故事演绎成那个时代的神话——有一个妇人，就是后来众所周知的黑萨尔，据说是湖区小偷中最有效率的一个。不过，她的神话却以被矿主的狼狗追咬至死而结束。有个叫威廉·希斯林顿的男子，脑子很活，他于 1749 年在同一座山开发了一座铜矿，其中特别开掘了一条通往这个石墨矿的秘密通道[1]。他还算幸运——被抓时恰好在 1751 年之前，所以免于流放之苦。到了 1751 年，矿场卫兵与当地最著名的偷矿集团干了一仗，想要打掉这个每年偷出相当于今天 15 万英镑石墨的集团。第二年，议会通过法案，规定任何被现场抓获的偷盗者，都将面临一年的苦役，或者被流放到殖民地当奴隶。

尽管战争工业利润很高，仍有不少石墨用于绘画。凯斯维克博物馆里展示了 1580 年博罗代尔石墨如何被运往"意大利米开朗基罗艺

---

[1] 偷石墨贼的大本营是凯斯维克的乔治酒店。这家小酒馆至今仍在：你仍可以坐在火炉边上，古老的炉架上刻着 1737 的字样——我就是这样坐着，身上逐渐暖和起来——我想象着那些大盗们正在这里盘算着如何把偷来的大堆赃物转运到弗兰德斯地区，而此时，国王的红衫锦衣卫正四处搜索他们的踪迹，想抓个人赃俱获。乔治酒店对于这些大盗们确实是个不错的地方：它除了前门之外还有三个出口。其中一个出口在穿过詹姆斯一世门廊后进入酒店厨房，而厨房里还有两个不同的出口，可以通向后面的马厩，大盗们也就可以逃之夭夭了。

术学校"（米开朗基罗死于 1564 年，但他的死并未影响这座学校开张时用了他的名字）。画家们会将石墨裹在线或羊毛里：它十分脆弱易折，不易握在手里，但在 17 世纪之前，没人想到能将石墨夹在空心的木头卷里使用。到了拿破仑战争时期，英国军队开始使用干沙磨具来铸造子弹，石墨对于战争工业就不那么重要了。不过，很有意思的是，就在石墨更多地用于美术用途时，它反倒成了英法战争之源。这场英法冲突不是很有名，但我宁愿称其为"铅笔战争"。

可以这样说，1794 年，战争已经埋下了引子。一个叫做尼古拉斯·康德（Nicolas Conté）的法国人得到一项任务，必须找到英国铅笔的替代品。数年来，多少发明家都试图找到英国铅笔的替代品以打破英国的垄断地位，却都无一例外失败了。而康德却似乎不费吹灰之力在八天之内找到了解决方案。他找来低品质的石墨——这在法国境内就能找到——并且发现了一种将其粉化并与黏土混合的方法。他的铅笔不仅供给像肖像画家雅克－路易·大卫（Jacques-Louis David）这样最负盛名的法国画家们，使他们尽情发挥，而且还能制成各种不同的硬度。很有意思的是，虽然康德也是军用热气球的发明人，但他的名字为后人所知，却完全是因为这不起眼的铅笔。也许他本人会很满意这种偶然，因为他在 1789 年法国大革命之前的第一份工作，就是画家。

铅笔的分级体系后来才出现。由于康德的发明，我们今天在判断铅笔硬度的时代采用的标准，就是根据配方里添加了多少黏土。在英国，分级体系用大写的 H 和 B 来标记。H 表示铅笔的硬度，B 指的铅笔的"黑度"，H 越多，最高可以达到 9H，表明铅笔的痕迹越淡，越容易被擦掉，而 9B 则表明掺的黏土很少，最适合用作粗线条的快速写生，HB 则是传统上的中间级别。

康德发明之后30年，铅笔工厂[1]已经遍布欧洲。英格兰最早的铅笔工厂大约建于1792年，建在坎布里亚（Cumbria）。当时，石墨矿主们坚持把所有的产品运往他们在伦敦的仓库，坚持所有的交易必须在伦敦进行，而且必须等到每个月的第一个星期一才能公开叫卖，这真让铅笔工厂的老总们怒火中烧。

对于世界铅笔垄断权的第二大挑战也来自一位法国人：它源于1847年西伯利亚的一条结满冰的河边。让－皮埃尔·阿利贝那天早晨外出淘金，这位27岁的商人可能已对这一趟遥远而疯狂的探险放弃希望，只想尽快找到些值钱的东西打道回府。我不知是否这就是他最后努力一次的动力——那天早晨，他手中的淘金盘又一次空着，从河床里什么也没捞上来，网眼里连个蝶蛹都没有——他再看一眼河底光滑的黑石子。难道他当时真的知道这是一种稀有的碳元素吗？也许他残剩的地理课知识突然浮现脑海？不过，我倾向于认为，在那个特殊的早晨，由于明亮的西伯利亚阳光照在石墨的边缘，使得这个法国人误以为眼前闪亮着的，必定是某种贵金属。

当然，无可否认，阿利贝的这项探险十分伟大。他毅然离开自己的小分队，沿着小河连续走了430公里山路。最终，他的意志力终于得到了回报，在距离中国边境只有几步之遥的博托戈尔峰（Botogol Peak），阿利贝发现了世界上最富有的石墨蕴藏。博罗代尔的石墨此时快要开采完了，英国科学家们尽管非常不情愿，却不得不承认这里的石墨品质堪与博罗代尔石墨媲美。而法国科学家们则毫无掩饰地骄

---

[1] 美国的铅笔工业始于1821年，亨利·戴维·梭罗（Henry David Thoreau）的妹夫查尔斯·邓巴（Charles Dunbar）在新英格兰找了一处石墨矿。德国人至少从18世纪初期就开始拥有小型的石墨工业，位于纽伦堡附近的施泰因（Stein）。1726年有一位教堂执事曾提及两位"黑铅笔制造商"的联姻，但直到1816年德国人才引进康德的法式制作法，并在巴伐利亚建起了一座皇家铅笔制造厂。

傲宣称，这里的石墨要比博罗代尔更好。美国同行们同意法国人的意见。

一夜之间，每个人都想要"中国"铅笔。在发现西伯利亚石墨的几十年后，美国人推出一项成功的市场推广计划。他们大规模生产明黄色的铅笔，宣传说明黄色是满族皇袍的颜色，象征东方的浪漫。这句广告似乎在暗示，所有铅笔原料都源自临近中国的阿利贝矿。事实却全然不是如此。西伯利亚石墨早就停用好多年了，可是，这并不妨碍大部分美国产的铅笔仍然涂着明黄色。当年阿利贝找到的矿物，尽管不是他日思夜想的黄金，但其价值与意义却丝毫不亚于黄金。

墨　水

铅笔非常好用，不过，我们那位科林斯的姑娘，即使有铅笔可用，她也会拒绝的。这不难理解，她不是为盈利而作画，那种易变的碳素和可擦的铅笔不是她之所爱，她要寻找的，是优质稳定的墨水，是能够更好地代言永恒爱情，而且特别适宜给远航的心上人写信的墨水。

没有人知道墨水是什么时候发明的，但学者们倾向于认为，4000年前的古代中国和古代埃及（以及古中国与古埃及之间的一些地域），墨水已经广泛使用。《圣经》里的约瑟——穿着五彩的衣服——在公元前1700年左右当过埃及的总督。他能带领这个国家渡过所有的饥荒和其他农业危机的难关，就是由于拥有为数众多的书记官去记录发生的事情并传递信件——用的是草体或是"僧侣体"象形文字——由一队队的送信人跑步传递。每一位埃及书记官有两种墨水——红色和黑色——装在便携式桌子中的瓶子里。黑色是用煤灰做成，加入树胶使之能够附着在纸草上。

中国墨汁——它还有个令人迷惑的名称，叫做印度墨水——也是用煤灰做成。最好的一种是用松木或油或漆树脂（Lacquer resin），或者就是用酒糟（lees of wine）燃烧做成。一份中国古代的描述十分生动：几百只小的陶制油灯封入一只竹帘内以防止微风进入。每隔半个小时左右，工人们就会用羽毛从灯筒里刮出松墨。当我第一次读到"羽毛"这个词时，觉得整个工作愉悦清爽，其实不然。这的确是一项脏兮兮的活。作坊里烟雾腾腾的，每一个工人的肺部都会吸附大量的炭粉。

当这种墨汁沾到湿润的吸墨纸上，它不会像我们现代用的钢笔墨水[1]那样渗漏成好多层颜色的"蜘蛛网"——事实上墨汁不允许有渗漏，因为中国画正是一种"水墨"，是将潮湿的墨迹延伸到卷轴上。而且，一千多年前的中国画家都有一种信念，他们认为黑色的墨汁包含了所有的色彩，正如禅宗哲学认为一粒米包含了整个世界。道教经典《道德经》警告人们，将世界分成五种颜色（黑、白、黄、红、蓝）将使人们对真实概念"迷了眼"，它传递的信息是，如果我们根本不去划分这个世界，反而会思考得更清晰。

当然，道教徒是在回应严格划分等级的儒教徒。儒教徒用杯子的形状来定义一只杯子，道教徒则用杯中的空间来定义一只杯子，如果没有那个空间，就不成其为杯子。因此，用颜色的术语来讲，最伟大的画家应能在不使用任何彩色颜料的前提下，使一只孔雀看上去多彩，使一只桃子看上去粉红，使事物能够更接近于人们能够理解的天

---

[1] 这种钢笔墨水（fountain-pen ink）是用深色石油化学染料制成——它并不是真正的黑色。相反，这种墨水是通过加入"对立的"颜色形成一种黑色假象。于是深苯胺绿色就需要与红色搭配，深苯胺紫需要与黄色搭配。这给人一种黑色的假象，但问题揭示出来，当你将这种"黑色"的墨水滴入潮湿的吸水纸上，会看见它自动分解成它所包含的颜色。

然本质。在唐朝时,这正是那些业余画家们一心一意追求的境界。颜色是专业画匠们的专利——称他们为画匠,因为他们被精英阶层所不齿,他们创作的东西,被认为是实用而粗俗。而黑色,在另一方面,则是士大夫们专用的颜色,他们将诗与画的技巧运用其中,他们试图创作头脑中的风景,超越视觉所见。不幸的是,没有一幅唐代的单色作品得以留存——但在13世纪的南宋时期,这就是美术界推崇的主流理论,这个时代的作品有不少留存下来。其中最珍贵的作品之一就是现存于台北故宫博物院,13世纪夏圭的单色卷轴[1]《溪山远景图》(Remote View of Streams and Hills),我十分喜爱它,因为就像其他许多所谓的"士人画"(Scholar's paintings)一样,它不仅仅是风景:它是心的一趟旅程。你无法试图假装真的从一个很远的角度去看山和小溪。因为你的眼睛随着八米长的卷轴移动时,观察风景的角度在不断变幻,有时你发现自己在山野之上,有时却又发现在其下,好像你驾鹤翱翔,在仙鹤的翅膀上尽情饱览山川之秀。颜色一点儿也不重要:天使(或者仙鹤)都不会用颜色来划分世界。

这种单色哲学能够用苏东坡的一则逸闻来概括。苏东坡是中国11世纪的大文豪兼大画家。他创作了绝妙的诗和绘画,但他的时运不济也为人们留下了许多佳话,有些智趣故事读来如顽童般天真无邪。比如说,有一次,苏东坡被批评用红色墨汁来画竹子和竹叶。"不写实",他的批评者们幸灾乐祸地评论他。"那我应当用什么颜色?"苏问。"黑色,当然是黑色。"这就是答案。

据说苏东坡"日啖荔枝三百颗",据说还有一次,他宣布"但寻牛矢觅归路,家在牛栏西复西"。还有一个传说是这样说的,有一天,苏东坡正尝试制作墨汁,他对墨汁制作是如此着迷(几乎与饮酒

---

[1] 夏圭的另一种英文拼法是"Hsia Kuei";有关这幅画的注解,出自台湾故宫博物院。

一样着迷），差点把房子给烧了。这虽然是一次事故，然而，焚诗人之家以制墨，听起来就好像是在探索墨汁新配方，亦不乏浪漫色彩。我猜想，苏东坡本人劫后余生之际，恐怕也是啼笑皆非吧!（苏东坡《海南作墨记》，"巳卯腊月二十三日，墨灶火发，几焚屋；救灭，遂罢作墨。"——译注）

　　从很早的时候起，古波斯人和古代中国人就认为，若能让墨汁既在纸上舒展自如，又能发出芬芳的气味，岂不是一举两得! 于是他们就在墨水里加香料，使得书写成为一种更为感性的体验，士子文人趋之若鹜。有时，墨水的配方念起来好像一首爱情诗中的一些随性片段：丁香、蜂蜜、蝗虫、橄榄初榨油、珍珠粉、麝香、犀牛角、白玉、墨玉，当然还有——味最冲也最必须的——秋天松树燃烧后的松烟。在所有贵重的配料中，麝香恐怕是最重要的：有时，黏墨的胶也来自于犀牛角或牦牛皮，但有时也来自于鱼肠，至今也是如此。这几样原始材料的气味估计都是超难闻的。

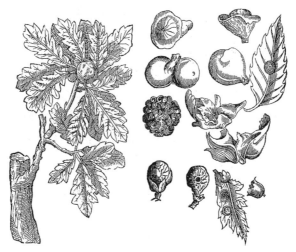

栎树和栎五倍子（1640）

另一种中世纪墨水的原料是生长于春季的一种黄蜂。这种学名"瘿蜂"（Cynips quercus folii）的母黄蜂筑巢方式非常特殊——它会选择栎树干上较软的嫩枝子，在上面刺一个洞，用来产卵。栎树出于天性，当然要反抗这种入侵，于是在小洞旁边便形成一圈坚果一样的瘤状物，又称虫瘿（oak galls），这种虫瘿必须在黄蜂卵孵化之前采集，是浓黑颜料的基本材料。至少从中世纪以来，虫瘿就在整个欧洲广泛采用。制作黑色的过程可能是从阿拉伯人那里学来的，因为阿拉伯人广泛使用虫瘿中的鞣酸制作墨水、服装染色剂和睫毛膏。鞣酸是高效的收敛剂，许多植物中都含有鞣酸，但除了茶叶，都比不上虫瘿中的鞣酸含量高。马德里的普拉多博物馆有两幅戈雅的小型钢笔素描，正好显示了鞣酸铁墨水和松墨之间的区别。《很遗憾你对其他事物不感兴趣》（And a Pity You aren't Interested in Something Else）画的是一个握着水罐的女人，停下来与画框外的一个什么人打情骂俏。《卖鸡蛋的小贩》（The Egg Vendor）画的是一位坚强的年轻妇女，提着鸡蛋篮子，迈开大步穿越田地，好像没有什么能使她留下，即使有盗匪，或是有人调情。这后一幅用的是印度墨水，线条显得很明朗，有棱有角——几乎就像炭素画一样，有一种干燥的感觉在里面。而前一幅则用的鞣酸铁墨水（iron gall ink）：它显得软多了，好像曾经在画上女子手持的水罐里浸泡过。

在《艺术造假者手册》中，埃里克·赫伯恩抱怨说，20世纪八九十年代，很难在美术用品商店买到鞣酸铁墨水，然后他就描述如何复制这种墨水的仿真墨渍，有的像天长日久的暗黄色，有的是深黑色（中间夹着锈棕色和绿色）——他自称是按照古代的一份配方制成，用水或者酒配出。他建议，最好用水混着阿拉伯胶、虫瘿和椰子壳，将这混合物放在温暖的阳光下晒几天。他还补充说，如果无法找到虫瘿，可以用腐烂的橡实代替，效果几乎一样好。至于酒嘛，他建议不要用在配方里,还是入腹为妙,物有所值。

永 久 性

科林斯的那位画家肯定不会料到,她追求永恒的不懈努力——将一瞬即逝的影像或意念转化为永恒的想法——贯穿了整个千年,至今,人类仍有同样的追求,只是结果各不相同。就在20世纪早期,美国的特雷尔(Traill)教授曾十分醉心于发明一种永久留存的墨水。根据墨迹专家戴维·卡瓦罗(David Carvalho)的说法,特雷尔确信他已找到了某种能够万古长存的物质,他用各种酸和碱做实验,这种物质都不会改变,于是他就把发明结果送到银行和学校试用检验,大部分反馈都很好。"但是,啊哈,一位参与实验的书记官,不知是无意识行为还是有其他想法,用了一种教授从来没想过的简单方法,他拿了一块湿海绵轻轻一擦,就把这'不可磨灭的'墨迹完全擦掉了,一下子便结束了这位教授的业余墨水制作人生涯。"

今天的黑色墨水是由苯胺颜色中的蓝、红、黄和紫四色混合而成,这样就能吸收大部分射在上面的颜色,给人一种黑色的印象。但是,有一种配方是与这种正统配方迥异的,我曾在我弟弟的婚礼上偶然见到。我妈妈是两名证婚人之一,婚礼上她从手袋里拿出她自己携带的钢笔准备签名。"等等,"登记员突然大喊起来,止住了她拿笔的手:"你得用这支笔。"她后来解释说,这种笔含有专用于法律文书的特殊墨水:字迹可以持续多个世代,还有随着岁月流逝,颜色不断加深的优良品质。这种墨水由中央登记办公室(Central Registry Office)提供,以专用的墨水瓶盛装,而且不能装入普通钢笔。"其实我们都有点恨它:它太浓,普通的钢笔无法使用,要是衣服上沾上一点儿,就像烧了个点,再也无法清除。"

以利物浦为基地的墨水制造商多米（Dormy）有限公司，每年向英格兰和威尔士的中央登记办公室提供半吨这种特殊登记用墨水：出生、死亡和婚姻都需要大量的登记用墨水。彼得·特法尔（Peter Thelfall）是多米公司的一位化学师，他解释这种墨水的特殊之处时说，今天大部分人们使用的钢笔水，是用多种有色染料和水混合制成的，如果你将沾着墨水的纸放在洒满阳光的玻璃窗上放一会儿，上面的字迹就会很会消失。登记用墨水中也含有染料，这部分成分也会消失。但那也无碍，因为墨水中还含有一系列化学元素能够与纸的表面发生反应并且氧化，转化成一种在阳光下不会褪色的黑色而且能够防水。"你可以选择紫色或是红色的墨水——这都一样，不管你用什么样的染料，最终它总会在纸上变成黑色。"他解释说。这种登记用墨水中含有的能够在纸上进行氧化反应自我"燃烧"的成分，其实就是在鞣酸和虫瘿酸（今天多米公司用一种合成材料代替天然的虫瘿）中加入硫酸铁，人们俗称作硫酸（vitriol）。英格兰和威尔士的男士女士们，他们每一次的法定结合，都必须用这样一支含有上述大量成分的笔来记录，耐人寻味的是，这种成分恰恰代表着高酸性和高分解性[1]。

　　今天，当你从大英图书馆借阅一本300年历史的书时，你完全没有必要担心上面的墨迹会褪色而无法辨认。但是，这显然并非300年前印刷出来的那批书，当约翰尼斯·古登堡（Johannes Gutenberg）于15世纪50年代发明了活字排版印刷术以来，他就意识到一个严重的

---

[1] 现代普通墨水中含有另一个有趣而鲜为人知的成分，但就像登记用墨水中起氧化作用的化学原料一样，有其存在的法律理由。每年，一种不同的跟踪剂被放入商用墨水原料。这是一种供犯罪刑侦学家追寻墨水生产日期的辅助工具。一份号称诞生于1998年的文件，如果其签名用的是2002年生产的墨水，那么这文件的真实性就值得怀疑了。

问题：他的第一批实验品字迹模糊，发褐色，即使他使用了当时最好的墨水，仍无改观。如果字迹如此模糊，那么大规模印刷还有什么意义呢？古登堡意识到，要想改变世界，就必须发明一种优质墨水。他很幸运，就在几年前，佛兰德画家范·艾克已帮他实现了用油作画，取代过去用蛋黄酱作画的历史。后来的印刷匠们都发现，范·艾克的技巧同样可以搬入印刷业来创造油墨——将松节油、亚麻籽油、核桃油、沥青、灯黑（lampblack）和树脂不断地混合调试，直到调出正确的比例。古登堡版本的《圣经》42 行用此方式印刷，据说其黑度和清晰度令时人震惊和景仰，只可惜，古登堡去世之后，配方却没能留存。

  亚麻籽油是一种近乎完美的胶合介质，但它需要在使用前加以处理。1961 年出版的《印墨手册》(*The Printing Ink Manual*)给出一幅 17 世纪印刷匠及其佣工们的极佳肖像，详细地描述了他们花一天的时间准备原料的过程。他们会远离城市，来到城墙外的开阔空间，他们会支起大锅将油加热。当油滚沸时，胶液分离出来，学徒们就将面包丢进染缸把油吸走：染缸的味道一定很像油得发腻的巨型油炸品。整个过程要花费数小时，因此印刷匠照例会给工人们发几瓶烈酒，工人们会就着炸面包把这些酒喝个底朝天，等到第二天"油凉下来了，酒也醒过来"，再添加灯黑以及其他原料。

黑色染料

  在西方文化中，黑色常常代表死亡。毕竟，黑色是对所有的光都被吸引而没有光线反射回来的某种状态的描述，因此，如果你相信死亡是一条不可折返之路，那么黑色确乎是个绝妙的比喻。在西方，黑色还是象征严肃态度的符号。举个例子，当 16 世纪的威尼斯人被普遍认为过分轻浮而缺乏庄重时，他们就通过了一项法律，要求所有的刚朵拉小船涂成黑色，象征着聚会结束。出于同样的理由，黑色也被17世纪在欧洲兴起的清教徒们热情地接受。如果说，像清教徒这样在历史上以驯顺著称的群体，还能热情地去追求某样事物的话，这事物必定就是黑色。

真正能体现新教精神的教义符号，非真正的新教黑袍莫属——你可能想象不到，对于染匠而言，这真是件难以置信的复杂任务。以前从来没有这么多的黑衣订单，技术上还没成熟到大规模制作的程度。很多黑衣服是用虫瘿混着明矾（一种非常重要的染色成分，我会在《红色》一章中提及）染出来的，但那种颜色既会褪色，还很容易吃进纤维里去，从而损伤布质。其他配方包括使用植物和坚果壳——桤木和黑莓，核桃和绣线菊，还有其他植物——但这些颜色更趋向于灰色，而不是黑色。

问题是，根本没有真正的黑色染料，只有黑色颜料——焦炭是其中之一，松烟是另一种——但颜料不能溶解于水，因此很难使它们附着在织物纤维上。大部分人做的，就是用好几个染缸来染衣服——蓝、红、黄各一个——直到染出的布料看上去像某种黑色。但是，那代价可真是太高了。另一种选择也不是不存在，只不过是特别具有讽刺意味。清教徒们身上穿着的最具清教徒特征的黑衣，通常是用从粗鲁的"退休"海盗们手上换来的染料染成的。为此，需要付出大量的朗姆酒和现金。后者用来维持加勒比海沿岸妓院的正常运转。

从新世界归来的最早的船只归来后，西班牙人带来了洋苏木，又称"剑桃木"（campeachy wood）。这种木料证明很适合去做红色和黑色染料的配方。不过，1575年之前，洋苏木很少在英格兰使用，而1575年之后，它刚刚使用不久又被禁止了。议会声称"用洋苏木制造的染料性质易变，水性杨花，不能长久"，并且假装十分关心使用者的利益，但事实上，是怕使用洋苏木将给西班牙带来大笔收入。禁令颁布于1581年，而七年后的1588年，英国人击败了西班牙的无敌舰队。

终于在1673年，洋苏木禁令取消了。议会现在的理由是"现代工业已然教会了英格兰的染匠们如何弥补洋苏木染料不足的灵活技术"。但好事者肯定会问，这项法律的取消会不会与英国突然拥有了中美洲大片的天然洋苏木种植园有点关系呢？是不是英国当局想为他们的新资源找到一个理想的国内市场呢？英国和西班牙已于1667年签署和平条约——西班牙出让贸易权换取英国人在海上打击海盗。这项条约使得加勒比更加安全一些，但它的副作用则是使大量的海盗无业可就。他们既没有存款，也没有养老保险计划——绝非每个人都拥有一张以十字标记的藏宝图——这些个新近"失业"的冒险家们走投无路，四处谋生。那个时代的致富捷径之一就是搜罗洋苏木——最新潮的黑色染料，在欧洲有大量的销路。

1675年，威廉·丹皮尔（William Dampier）与几位"退休"海盗共处数月，他后来成为英格兰大名鼎鼎的海军元帅［也正是他的船队，曾将亚历山大·塞尔刻克（Alexander Selkirk）流放小岛，五年后又把他带回来，使之成为《鲁宾逊漂流记》(Robinson Crusoe)的创作原型］。如今，我们要感谢丹皮尔曾与海盗们一起生活，这段经历使他在描述染料行业恐怖野蛮的内幕时，生动鲜活，入木三分。

丹皮尔第一次萌生去加勒比的念头时，只有22岁，却已是一位久经考验的旅行家。在17世纪晚期，加勒比是冒险家的乐园，而丹皮尔无疑是位冒险青年。他的日记后来整理成书，书名就叫《丹皮尔的旅行》(Dampier's Voyages)。在书中，他用男孩般的兴奋写道，很多岛屿上仍居住着"凶猛的加勒比人，他们为了一个好价钱，会去谋杀亲兄弟"。而他将与之打交道的洋苏木贩子，估计也属凶猛之类。1675年8月,丹皮尔离开皇家港口。几个星期之后,他就在红树沼泽地带受到一次生平绝无仅有的教育——使他拥有了对染料行业罕见的洞察力,同时也使他膝盖的病痛有所加深。

大约二百六十个英国人生活在这个珊瑚礁区,今天这里是墨西哥和伯利兹的交界。丹皮尔加入他们中的五个——三个粗鲁但热爱生活的苏格兰人,两个年轻的急着想回家的中产商人。他们有100吨已经砍好的木材——但还都放在红树林里,得用大砍刀劈出一条运木头的特殊通道,将木头运到岸边。人们很着急,因为一只从新英格兰来的船将在一两个月内到达,因此他们雇了年轻的水手丹皮尔帮忙,第一个月的工资是一吨木头——他到时可以用这吨木头跟新英格兰的船长换来15个先令的报酬。

伐木工人都住在小溪边,这样就可借助海风的力量,每天乘独木舟进入沼泽。他们住的木头架子高出地面约一米,晚上就睡在美其名曰的"凉亭"下面。洋苏木树在红树林里枝繁叶茂,但人在这树林里却艰苦异常。雨季的树林最糟糕,而丹皮尔整个雨季都在里头。洪水如此泛滥,伐木工人"每天从他们睡的床上一脚踩入两英尺深的水里,然后在水里头站一整天,直到晚上干完活再回到床上"。

这个泥泞的陆地和海的边界后来被人称作"蚊子海岸",这个名字恰如其分。"我躺在草地上,离树林有好大一段距离,为在是能让海风直接吹到我身上赶走蚊子,"丹皮尔在一篇日志中用了这样一段典型的开头。"但是一点儿用也没有,"他继续写道:"在不到一个小时的时间里,我备受折磨,尽管我已经尝试了各种方法,包括用大树枝往身体上扇,换了三到四次身体的位置,可它们仍然凶狠地叮咬我,弄得我一点儿也无法入睡。"当毒虫又出现时,好像就是来报复的。在一个刻骨铭心的日子,丹皮尔发现他的右腿出现一块水泡。根据一些老人的建议,他赶紧摘下白色百合花敷在伤口,直到两块斑点出现。当他挤压斑点时,两只硕大的白色的虫从里面爬出来,每一只身上都有三排黑毛绕身。"我从来没有看见过这种钻进人肉里面吸血的虫,"他评论道,字里行间透着令人难以置信的镇定。

最好的树是最老的树,因为它们的树液比较少,也很容易砍伐。"树液是白色的,树心是红的。树心大多用来染色;因为我们榨出所有的白色汁液直到接近树心……树心在汁液被榨出之后就会转成黑色,如果把它放倒在水里,它就会像墨水一样把水染黑了,有时人们也用它写字。"他说,有些树将近两米粗,无法砍成人们能够抬运的木头带出,"〔我们〕因此只能被迫将它炸掉。"

船一个月后到了——丹皮尔十分吃惊地看着那些砍伐洋苏木的工人"大手大脚地挥霍他们的时间和金钱,忙着酗酒和大声嚷嚷"。他们仍然没有忘记当海盗贩私酒时的酗酒欢聚,老是愿意花上30至40先令(这可不是小数目,丹皮尔干了一个月的苦活才赚了15先令)去坐一坐,去买醉,再去粗着嗓子闹几句。

他也很惊异于海盗之间的荣誉法则。慷慨的船长们会受到奖励;吝啬的则会受到海盗的惩罚。"如果船上的指挥官们很大方,并且能够用潘趣酒(punch)招待所有第一天到场的人,他们就会受到尊重,而且每一个海盗事后都会支付酒钱;但如果他十分吝啬,海盗们就会给他最差的木头。他们可有老多这样的木头储备着,专门为了报复的目的。"事实上,越吝啬的船长得到的货色越差——那帮"退休"海盗把灰泥塞入中空的木头,两头封好,"再用锯子把两头锯得整整齐齐,天衣无缝,很难有人能看出其中奥妙"。他们把这种木头卖给"小气鬼"。可怜那位"小气鬼"船长直到旅途终点,到了西班牙的加的斯(Cadiz)或是荷兰的市场上,才会发现运回的染料木材全被造了假,一钱不值。

事实上，洋苏木在各个阶段都很容易被造假。即使伐木工人确实送来了最好的木料树心，依然也有一些爱使坏的欧洲染匠，会偷工减料，只把重点放在衣服的边角上。为了能够使染好的黑色持续经受阳光直射不褪色，织物纤维上必须先染一层靛蓝或菘蓝，再用碾碎的洋苏木套染。要证明使用了这种染法，通常是在黑布上留一个蓝色的小三角，以显示下面的底色确实是靛蓝。但有时那些偷懒的染匠们只把布的边角染上靛蓝色，以次充好。穷苦的清教徒们，本以为买上了染得纯黑的布，却发现黑色几个星期内就褪成了橙色，这时他们才大呼上当。

这个故事还有个有趣的后续。英国和西班牙一直为红树林争斗不休，1798年，英国人赢了圣乔治沟战役——才夺回了这块土地，后来这里被英国人称为英属洪都拉斯，今天它的名字叫做伯利兹。150年来，英国人下决心将其占为己有，为的就是这里的洋苏木。许多今天的伯利兹人，就是那个时代被强迫砍伐洋苏木的奴隶们的后代。而这些洋苏木，以及关于洋苏木的故事，只是为了让欧洲变得更"黑"！

死　尸

黑颜料可以从松烟、虫瘿、桃核和葡萄藤或者是象牙里提取——雷诺阿（Auguste Renoir）虽极少使用黑色，但一旦使用，则最爱象牙黑。17世纪最臭名昭著的配料是骨黑，据有些说法，这种颜料来自于人类的尸体。我想象着，那些画室学徒们必定互相传播着关于骨黑的玄妙鬼故事，不过这些大多基于食尸鬼的谣言故事，没有任何事实证据支撑。真实的情况是，骨黑是一种较深的深蓝黑色颜料，其原料通常源于牛的大腿骨或是羊腿骨：用的是屠宰房里的毫无争议的剩余料,将其燃烧粉化后使用。[1]当然,画室学徒们也会从更有学问的同行那里了解到,骨黑确实有时也从死人身上提取,骨黑不能算是一种黑色,它其实是一种褐色。

褐色真是一种被滥用的颜色名称[2]。"黄褐色"(drab)如今含有垂头丧气的意思,但它曾经是一种介于橄榄色和紫褐色之间的颜色名词;"紫褐色"(puce)——也有跳蚤的颜色之义——也曾经是个相当美好的词,还曾是玛丽·安多内(Marie Antoinette)最喜欢的颜色呢!或者"caca du dauphin"这种颜色呢?翻译过来的大致意思是"王子粪"(princely crap)。可在20世纪30年代,它还是国民托管组织粉刷房子时最喜欢用的颜色,但甚至像"伊莎贝拉"(isabella)这种富有美感的颜色名称,其实也来源于腐烂和恶臭之处。拉迪亚德·吉普林(Rudyard Kipling)十分喜欢这个名称,在他的书中两次提及。这个名称源自伊莎贝拉女王,就是传说中抵押私人珠宝供哥伦布完成1492年旅行的那位女王。她做过一项耐人寻味的决定。当她的家乡卡斯蒂尔(Castile)遭到围攻时,当时绝大多数贵族妇女都为城内被围的士兵祈祷,她却背道而驰,对攻城者给予道义上的支持。不仅如此,伊莎贝拉女王是个明显不愿步人后尘的人,至少在我所了解的故

---

[1] 最有争议的黑色颜料——至少从我们现代人的思维角度来看——可能是象牙黑。很难确证多少颜料确实源于象牙,还是源于普通的动物骨头。

[2] 当社会人类学家布兰特·柏林(Brent Berlin)和保罗·凯(Paul Kay)研究各种不同文化中的颜色术语时(他们于1969年这项有争议的研究一向是每一本色彩著作引用的对象),他们发现每一种人类社会都明确区分光和黑暗,但有一些文化(他们举了巴布亚新几内亚和澳大利亚各一个例子)却没有形成任何意义上的"颜色"这个单词。然后他们发现了一种很有意思的一致性。那些拥有三种颜色词汇的语言无一例外都是黑、白和红这三种;第四和第五种颜色分别是绿色和黄色,顺序可能会有不同;第六种颜色总是蓝色,人们可能会推断,褐色应成为第七种颜色。但根据他们的报告,直到那时为止,即使在那些把土地的颜色看得比蓝天的颜色更加重要的农业社会中,都还没有出现任何语言上对褐色的认可。

事中，她从未重复过他人的举动。她发下誓言，卡斯蒂尔一日不解放，她就一日不换内衣。结果，她过高估计反对派军队的攻城技能。假如她或是她那被迫长期忍受她身上恶味的丈夫斐迪南（Ferdinand），能够提前知晓此城还需六个月才能攻下的话，也许她就不会发下这样的誓言了。

褐色在整个颜色体系中极富趣味，因为不知把它往哪儿放。它当然是一种颜色——比黑色更像一种颜色，甚至比白色也更像——但就像粉红色一样，它在光谱中没有地位。不过，正是出于鉴别各种褐色程度的需要，世界上才诞生了第一支色度计。英国人约瑟夫·拉维邦德（Joseph Lovibond）有两件事值得后世纪念：一是他在颜色领域的开创性工作，另一件则是一桩带点感伤的趣闻。他十几岁时跑到南澳大利亚淘金，小有成功时准备返乡，在离别的船上，他动情地与朋友挥别，激动地摘下帽子向码头上的朋友挥舞，然而他忘记了自己把钱都藏在帽子里，于是他的钱从帽中撒落，全部沉下了悉尼港。回到家乡，他却仍然一无所有，只好与父母和两个兄弟一起干起了酿酒生意。在酿酒的过程中，他意识到，酒的色泽差别是其好坏的一种表征，但是，他发现，世界上竟还没有任何品质鉴定系统——因此，他需要找到一套通过刻度区分颜色从而鉴定啤酒品质的办法。一开始，他尝试将不同的颜色画在卡片上，再拿着卡片与啤酒颜色对照。可这方法不管用，颜色很容易褪去，更难的是，无法将液体的颜色与固体的颜料相比较。有一天，他去索尔兹伯里大教堂（Salisbury Catherdral）做礼拜，却在教堂的彩绘玻璃中找到了灵感，浓淡不一的褐色彩玻璃不正可以作为稳定的色度吗？所有泛着琥珀光泽的啤酒，只需与之比较，便品质立鉴。一年后的 1885 年，他制出世界上第一只色度计，上面刻了很多刻度，代表不同的褐色层次，后来经过改进，成了现在的拉维邦德色度计（Lovibond Color Scale），用来测量红蓝黄三原色，成为颜色测量领域划时代的创举。

18世纪之后，褐色墨水大多取自于乌贼，当乌贼害怕时就会分泌出黑色液体，但大多数褐色颜料照例还是来自于陆地。未加工棕土（Umber，以及更红一些的焙烧棕土）是一种赭色，人们有时会误认为，它是以意大利的翁布里亚省（Umbria）来命名的。但它更可能是因涂画阴影的卓越品质而得名，因为拉丁语词根"影子"就是"Umbrella"。棕土与"燃烧的锡耶纳"（burned sienna）[得名于托斯坎纳（Tuscan）城市锡耶纳]，都是文艺复兴时期画家创造景深感以及光线与黑暗的柔和过渡的关键色。英国赝品画专家埃里克·赫伯恩说，他的第一个老师曾经倡导使用泥土的颜色。根据赫伯恩的理论，并不是因为这种颜色更精、更好或更强有力，而是因为，他的老师是个苏格兰人，而且这些颜料更便宜。

在欧洲艺术史上，两种最具争议的褐色，是沥青色（asphaltum）和木乃伊色（mommia）。沥青色取自死海里的油性物质，最早用于16世纪，当作有光泽的褐色使用。1880年，画家霍尔曼·亨特在他充满感情的演说中，告诉皇家艺术协会的听众，画家不再注意颜料的使用方法。18世纪90年代，当约书亚·雷诺兹（Joshua Reynolds）决定使用沥青色作画时，这种颜色尚缺乏"几代人的实验努力来证明它的安全性。结果，正因如此，嗨，他的许多画现在被视作废品"。

当用在其他颜料下面时，沥青色的作用就像一层正在溶解的糖浆，使得所有颜色都沿着画布往下淌，纸面还会打起皱褶。"沥青色总不会干，整个画都会被它搞糟。"华盛顿国家美术馆藏品主任迈克尔·斯卡尔卡（Michael Skalka）在评论波希米亚风格的美国画家艾伯特·平卡姆·赖德（Albert Pinkham Ryder）19世纪80年代的作品时说。赖德是一个风格类似于杰克逊·波洛克（Jackson Pollock）的实力派画家，但他的画的创作初衷其实并不像完成后那样呈泼溅效果。"沥青色确实很麻烦,"斯卡尔卡说:"但它确实是种美丽的半透明的褐色:所以我很理解画家们为什么想要它。"

但世界上最特殊的褐色,其实是"木乃伊色",它确实像它的名字所揭示的那样,是从死去的古代埃及人的尸体上提炼出来的。罗斯蒙德·哈利(Rosamund Harley)在《画家的颜料,1600—1835》(Artists's Pigment 1600 to 1835)一书中,引用1856年一位英国旅行者赴埃及的旅行日志,这位旅行者进入埃及一个群葬墓:别人用绳索将他带入一个坑道,他走在尸体中间,尸体被火把的光照亮。这人真是一位冷静的客户,他"扭断尸体的各个部分……把各种各样的头、手、胳膊和脚带回家"。木乃伊色是一种厚厚的沥青状的物质,显然十分适合画阴影,尽管并不适合做水彩。英国颜料专家乔治·菲尔德(George Field)记录说,1809年威廉·比奇爵士(Sir William Beechey)给他寄送一批"木乃伊色"。货到手时,"量很大,装着肋骨以及其他的什么东西,弥漫着的味道——嗯,很强烈,很像蒜味和氨水的味道——容易磨成粉——用起来挺黏的——不受潮湿和污浊的空气影响"。在那之前,木乃伊色已经是一种信誉不错的颜料了:早在1712年一家巴黎的美术用品商店就戏谑地把店名叫做"木乃伊"(A la Momie),专卖颜料和清漆,也卖——其实是最合适不过了——丧葬用品包括熏香和没药。

埃及人将他们的尸体做成干尸,过程很复杂,要用铁钩把脑浆从鼻部通道钩出来,要用熏香洗净身体。在后来的几个王朝中,还要用沥青和亚麻布裹满身体。他们这样做,是因为相信某一天他们的灵魂卡(Ka)会返回来。有些灵魂恐怕会是忙碌却茫然地寻找载体,可能还会悲伤地绕着世界各地的博物馆和美术馆疾走徘徊,因为它的人世间的躯体现在幻化成另一种存在,涂画成18和19世纪的画作了!

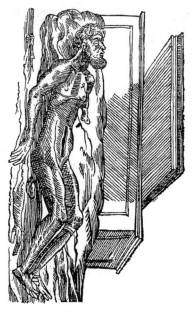

木乃伊。画自 1640 年标本

如果颜料供应商手头的埃及褐色缺货，他们还会自己制作。1691 年，一位在上霍尔本（High Holborn）工作的"物理教授"威廉·萨蒙（William Salmon），写下了人造木乃伊色的配方。下面就是这个配方："拿一付青年人的骨架（有些人说得要红头发的），这人不能是死于疾病的，须是被人谋害的；让他在清水和洁净的空气下放置 24 小时；把上面的肉切成小片，加入没药粉和一点儿芦荟，放在酒精和松节油的溶液里再浸泡 24 小时……"他还说，这确是一项溶解凝血和把"内脏和血液中的"气体排除干净的绝好办法。

关于木乃伊褐色，我还有一个十分珍爱的故事要讲。它来自于艾丹·多德森（Aidan Dodson）和萨利玛·伊克兰姆（Salima Ikram）的书《古代埃及的木乃伊》（*The Mummy in Ancient Egypt*）。书中写道，有一位 19 世纪的画家，在得知自己使用的颜料居然来自于真人的尸体后，觉得大为震惊与不安，他拿出了他的所有管装颜料，带到花园，"为它们举行了一次体面的葬礼"。当我联系到伊克兰姆，想了解更多时，她说，她的电脑硬盘似乎道德感很强，拒绝探索更多的鬼故事，最近擅自罢了工，以至于她的关于这项逸闻的资料相应丢失。但我仍乐于想象，确实有过这么个花园，也确实有过这么一项仪式，确实有悼念者，有蜡烛，还有人们心中的觉醒。我还甚至假想，这位无名的画家会不会是个英国人呢？这确实是一件英国人应该做的事啊！

旅　　途

还是从埃及再回转到我们出发时的科林斯吧，那位远航的水手怎么样了呢？他会想她呢，还是会在每个港口都撇下一个女人，让她与她们一起，为他相思为他狂呢？他会知道她的艺术兴趣与突发奇想之举吗？如果知道，他是不是会给她寄去旅途中的小玩意儿呢？如果会真的寄的话，想必他一开始会寄点赭石或是白垩，在看到了整个世界，或者至少是整个地中海地区之后，想必他会寄些更珍奇的玩意儿：装在小玻璃瓶里的珍贵矿石，异域的服装染料等等。如果真是如此，那么，她的门前定会时常送来意想不到的物品：裹头发的小块纱巾，点缀眼睛的孔雀石绿，还有不知名的香水和宝石，如果真的是这样，那么，她的家难道不是成了最早的艺术品陈列室吗？如果再往下想，几年下来，她会不会已经收集齐了黎凡特（Levant）的紫巾，土耳其的红裙，还有波斯的绿毯呢？

我倾向于这样连环画一般地想下去；但不止这些，我想，也许有一天——作为一位有着独立灵魂的女性，当她有一点厌倦了每日里的黑色与褐色生活的时候——她还会拿起她那古代的护照，带上她那古代的信用卡和驾照，义无反顾地去寻找生活中多姿多彩的颜色。

第三章

白 色

> 要想找到你认为美好的颜色,首先准备好纯净的白色底子。
>
> ——莱奥纳多·达·芬奇

故事是这样的:一天早晨,美国画家詹姆斯·艾博特·麦克尼尔·惠斯勒(James Abbott McNeill Whistler)觉得有些索然无味。当然啰,他的一个朋友嗓门很大,一点儿不带同情:"他画那个白衣女孩已经好几天了。"按照西方文化,女性经常身着白色,因为白色象征女性的纯洁,它的声誉干净完整无可指责。但在中国和日本,白色却总体上代表死亡和病态,尤其与葬礼有关——确实,有些场合将两者相联系还是挺合适的。比如,惠斯勒的不适,恐怕正与他用在模特的长袍和背景的帘子上的白色有关(当然,也许模特红艳的头发和她撅起的嘴唇,也使这位年轻画家鬼迷心窍)。

白色颜料可以从许多物质中提取,比如白垩或是锌、钡,或是米,或是小的海洋生物在他们的石灰"坟墓"中的化石。荷兰画家维米尔（Jan Vermeer）甚至用一种加了雪花石和石英的配方来制作发光的白色——这样画出的画会有小凸起，使得光线在画作表面四处折射，好像在跳舞一样。1670 年，他画了一幅画，画的是一位年轻女子站起来弹奏一只小小的大键琴或是维金纳琴。她的思绪似乎很遥远，而不在琴上，如果我们隐约觉得这女子似乎正在怀春的话（维金纳琴的英文"virginal"还有纯洁的，处女的含义。——译注），画家在她的脑袋上方画了个丘比特，则是证明我们怀疑的线索。最使人着迷的是，画上那四面白墙的屋子里充满了不可思议的光线，好像从窗户里游走进来。那白颜料中的粗糙颗粒（以及画家的绝妙技艺），使得寒冷的北地之光看上去在移转，它变得令观者很容易地跳脱出这个普通儿童般的小屋，而去相信和构造另一个不同的空间，去追随这位年轻的音乐家脑海中的梦想，到达那个截然不同的地方。

　　白色中最伟大也是最残酷的一种，是铅白。几百年来，铅白都是欧洲画家调色板中最为重要的颜色之一——作画之前通常先用铅白涂画板和画布，再用铅白去调和其他颜料形成各种层次的色彩，画完还用它勾勒人物的眼睛和画中的其他高潮。如果你观赏荷兰静物画，画上的每个地方几乎都有铅白：你能在银罐的反光点上看到它，在狗吠叫的尖齿上看到它，在鹿肠里黏糊糊的闪光上看到它，或是在石榴子的晃动中看到它。管它是新鲜的还是腐烂的，只要是闪光的，就能看到它。

　　白颜色之所以是白色，因为它反射了绝大多数光线。白色毫无疑问给人以纯洁的印象，制造这一印象的代价，是它自身几乎不吸收任何光线——至少对铅白而言——它的"内心"是一处没有光线的"黑"洞。在铅白流行的时代，这种颜料不知毒害了多少画家和工人，多少追求美丽的妇女，甚至是玩滑板的孩子都可能被它奇怪的甜味所吸引。这种可爱颜料中的毒性其实早在罗马时代就为人所知并记录在册,但似乎没人对此予以关注。

普林尼将铅白写入了他的《自然史》。他说这种东西吞下去是有毒的,但他对铅白渗入皮肤后造成的瘫痪以及在铅白磨粉过程中吸入粉尘形成的残疾均未提及。在他的时代,最好的铅白来自罗德岛,他描绘了铅白的制造过程:工人们将成捆的细铅放在盛满醋的碗里。酸在细铅表面发生化学反应,形成一层碳化铅沉淀。然后,罗德岛的制铅工人将沉淀物打成粉,捏成扁扁的饼状,放在夏天的阳光下晒干。今天,小规模铅白制作的配方与普林尼的做法差不了多少,仍然是酸加金属等于颜料。事实上,最大的配方改变发生于伦勃朗时代的荷兰。那时加入一种新的很难闻的配料,这种配料的加入,使得所有画坊的学徒都很害怕去取铅白。

搭好铅白反应架

铅白的荷兰制法又叫"堆肥"(stack),先使用陶罐划分两个部分——一个装铅,另一个装醋。学徒们把几十个这样的陶罐排列起来,然后他们加入秘密配料——从农场直接运来的整桶整桶的新鲜粪肥,并把粪肥堆在每一只陶罐周围,这可以提供足够的热能帮助酸升发,且有利于形成二氧化碳去促使铅的酸化,形成基本的碳酸铅。然后这个房间一直被密封 90 天。之后,学徒们会拿着稻草抽签看谁去做不讨好的解封取铅白的工作。对于那个抽了签的倒霉鬼而言,他必定——至少他第一次做时必定——会有一个震惊时刻!三个月后,闷热的高温,四溢的粪便,发酸的酒,有毒的金属,一切肮脏和恶臭,全都隐去,就像被炼金术士的魔法之手摆弄过一般,居然变成了一片一片,一层一层[1],附着在灰色的金属上的最纯洁、最干净的白色。这正是数不胜数的颜料小魔法之一,由粪变成糖并不是神话。

"别吃,别去呼吸那些尘埃。"拉尔夫·迈耶(Ralph Mayer)在《画家材料和技巧手册》(*The Artist's Handbook of Materials and Techniques*)一书的铅白部分提醒人们。1994 年以来,这种颜料已在欧盟范围内禁售,而有些特殊情况除外。温莎和牛顿公司警告人们,铅白仅能在"以特定尺寸,在特定国家,用儿童无法打开的听罐包装,且须存放在上锁的展示台或放在柜台下面"。公司又推荐画家们使用一种钛白作为替代品——钛白是一种不透明颜料,用于修正液。不是所有人都喜欢替代品:2001 年 3 月我在斯波德(Spode)的陶瓷工厂遇见一位手绘画家,那时禁用铅类颜料的禁令刚刚颁布三个月。他们就抱怨说,那些替代品都是"垃圾:不亮,一点儿也不鲜明。"克莱尔·比斯顿(Clare Beeston)这样说,

---

〔1〕 荷兰人称这种颜料叫层白(scheel white);英语中称之为铅白。

危险只存在于生产过程，对购买人并没有危险，她在斯波德从事镀金和绘画已有16个年头了。"我们常去做血项检测，我们总是很小心。"她告诉我她的一位同事在这里干了52年，每周画五天，前一阵刚刚退休，健康好得很。对她以及许多画家而言，为了得到合适的颜色，值得去冒点小风险。

致命的白

铅白最阴暗的一面，莫过于用在化妆品上。19世纪70年代，乔治·W·莱尔德（George W. Laird）的化妆品公司在纽约时尚杂志上推出一系列卡通广告。其中一幅上面，有位戴着独柄眼镜穿着紧身的打猎裤的老家伙，一个年轻人向他打听，叔叔，那位"年轻可爱的尤物"是谁？"屋里所有的大个子都跑过去找她跳舞。"画面然后切换到这位女士身上，她正被一位蓄着连鬓胡的男士得意洋洋地拥在怀中。她看上去挺痛苦——也许这只是胸衣太紧的缘故。然后，叔叔对年轻人的判断表示赞同，"确实可爱，"他又加了一句："但是不是年轻，我就不敢说喽！"据他所知，那妇女已经45岁啦，他又小声说，她征服年龄的秘密全在于她的脸上用了莱尔德（Laird）生产的年轻之花（Bloom of Youth）做粉底。"不过，这可是个秘密（entre nous）。"叔叔警告年轻人。唉，如果他足够仁慈的话，他该去警告那位妇女呀！她将为脸上暂时的年轻付出多么昂贵的代价！

玛吉·安杰洛格卢（Maggie Angeloglou）在《化妆的历史》一书中，记录了圣路易斯一位家庭主妇的著名研究个案。这位主妇买了好多瓶年轻之花。她每天频繁地使用它，直至1877年死于铅中毒。她绝不是第一例。自古埃及以来，铅白就一向被大量用于脸霜和化妆品之中：罗马的贵妇们涂抹它；日本艺伎（geisha）使用它——它多么明显地与她们的牙齿形成色彩对比，那时的流行时尚是用虫瘿和醋洗牙使之变黑。但甚至在19世纪，当人们更多地了解其危险性后，妇女们仍然用铅白化妆。

今天，同样地，女人们为美付出死亡的代价：她们拼命节食，为了让自己更瘦，或是去做手术让皮肤变得更紧。铅白之毒比之这些，谁更可怕？我真难以下判断。问题一开始就存在——随着用量的增加——毒性逐渐引起危害，却反会使受害人显得更加迷人。铅超标的环境使女人看上去就像非人间的透明生灵，几乎像个天使——这也是铅白的罪过之一。直到真相被发现的时候，也许已经太晚了。

我查询了一本关于毒药的书[1]，想象着自己成为19世纪的一位时尚受害者。如果我坚持每天将年轻之花敷在脸上，我会首先体会到一种疲倦感：我会怪罪于那些可怜的胸衣。然后我会无法睡眠，这样，我的双颊呈现一种病态的空洞与苍白。我那些维多利亚时代的追求者们却反而认为，这才是世界上最迷人的一种神态，正符合社会对女人的流行看法。女人就该看上去"苍白如纸"，但脸庞可爱，犹如丁尼生笔下的夏洛特女郎。然后我的双腿感觉有些蹒跚踉跄，于是我会时不时地躺卧于床上，颇像普契尼（Puccini）歌剧中逐渐消瘦的女主角。真的十分浪漫啊，我还会与女友们调侃几句。

此时我会拉下衣服袖子，去掩盖蓝色小细纹——极小的铅线——这些线开始在我的手腕上聚集。至少还没人注意到我脚踝上

---

〔1〕具有讽刺意味的是，根据英国颜料专家乔治·菲尔德的说法，铅白曝于光线之中时更有可能受硫影响，因此洞穴画特别脆弱。

的细纹。然后——这更是一种秘密——以前放在卧室的夜壶我也不需要了。便秘迅速降临,小便也很少了——但放个壶还是有必要的,因为我开始呕吐,吐得胆汁都出来,而且吐得十分频繁。那听上去真可怕,但还只是更大痛苦的引子,铅中毒将导致肾衰竭和一种被礼貌地称之为"行为紊乱"的症状。即使是对短暂的独占花魁的滋味的沉醉,也无法令这种痛苦的感觉略有减轻。无辜的女人们,只是将一小块铅白均匀地抹在面颊上,却遭受如此痛苦。我真想知道,究竟在哪个环节上,她还能够醒悟过来并中断这一过程。

这种疾病有两个名称。既可称为"铅中毒",因为其含铅量;又可称为"土星症"——因为铅传统上与土星相联系,这个名字无疑给任何在土星影响下诞生的人增添一重阴影。一项受欢迎的疗法是一升牛奶。早在20世纪初,法国毒物学家乔治·珀蒂(George Petit)到法国的一家铅白工厂待了一天,详细报告了该厂正在采取的安全措施。他见证了三次免费的牛奶发放。第一次是在早晨六点,第二次在早晨九点,第三次在下午三点,每个工人都停下手中的活喝牛奶。用一种健康的白色食品——牛奶——来制止另一种非健康白色物质的侵害——铅粉——初看上去好像是种带同情心的奇怪的想法。但事实上,牛奶含有一种非常好的天然抗生素——钙,可以对抗铅中毒。在保护性面具被发明出来之前,钙恐怕是工人们能做的最好的自我保护的事情了。其他的有效措施还包括,在一个旺盛的火堆旁边手磨铅粉,这样上升的气流能够将粉尘带走。

骷髅般的黑色

铅不仅有毒;当遇到水媒性介质时,它还不太稳定。切尼诺在他的《手册》中描绘这种特别"亮丽的"颜料时,没忘记加一句警告。"只要能不使用……"就尽量别使用这种颜料,"因为随着时间流逝,它会变黑。"有不少画家,就是因为没有预先注意到这一点,导致碳化铅在失去氧气后转成黑色的硫化铅。这方面最令人震惊的例子,是在切尼诺给出上述建议之前600年,发生在中国西部的敦煌,在一些神圣的洞窟里。

敦煌今天是甘肃省的一个偏远小镇,从丝绸之路的起点西安出发,大约一个小时的飞行时间;如果驼队行走,路程大约一千八百公里。要不是有这些著名的洞窟画,这个小镇可能早就被人遗忘。但在8世纪的时候,这里是戈壁沙漠中的绿洲,是中国最繁忙的城市之一,城内熙熙攘攘,全是商人、僧侣和托钵僧。就是在这里,东方和北方的丝绸之路分道扬镳;就是在这里,有当时著名的食品和著名的市场。更重要的是,这里给予人们以机会,信佛的人可以通过捐资一幅壁画赞助一位画家来乞求来生。

莫高窟(Mogao caves)离敦煌大约二十公里,要穿越一片全是坟墓的沙漠。今天,中国政府为它们建立了美术馆,巨大的展馆伫立在沙漠中,里面全是彩绘宝藏。然而,1300年前的莫高窟,是一座神圣的神龛之城。曾几何时,这里有超过1000个洞窟,洞壁上满是5世纪到11世纪的人们画的画。大部分洞窟的投资都是与神谈判的结果。他们与神签的条约大多这样写就:"如果我骑着骆驼去喀什/如果我能得子/如果我能继承遗产……那我将出钱资助一个新洞。"当然,有些洞是因为虔诚的信仰而画。这些洞对精神上的超越表示赞美,用的不是世间的语言和条件,这些洞窟可能是最优雅的。

直到20世纪70年代,只有极其幸运的少数游客才能游览那余下的492个洞窟。彼得·霍普柯克(Peter Hopkirk)1979年出版了一本书,叫做《丝绸之路上的洋鬼子》(*Foreign Devils along the Silk*

Road），写的是这古老的中国城市遭受的袭击与掠夺。旅游团和学者虽然不常到访，他们却毫无顾忌地闪着手电，在摇摇晃晃的脚手架旁肆意走动，企图发现新的从洞底热情俯视人群的神奇蓝色飞天，或者是古代的太子舍身饲虎图。

今天，莫高窟却有点像个文化旅馆。外观上弄平了，覆盖了碎石状的表面，每一个窟都装上一个金属的旅馆式样的门，上面写着房间号。年轻的女导游穿着松绿色短裙，拿着手电筒，在水泥建成的平台通道上穿梭，每次她都带一批不同的人参观十个左右同样的洞。每年，官方都象征性地改变游览日程，以便保护壁画和佛龛。夏天的时候，每个洞里都有大量的人群和大量的呼吸废气聚集，若是洞小一点，感觉与桑拿无异。

我所在的旅行团的那位导游，显然无聊之极。每当我们从一个窟转到下一个窟时，在等待大家聚拢来的间隙，她都要把头倚在门边，打个小盹。但她的厌烦并没有传染到团里的其他人，一旦打开那扇肮脏的大门，进了洞窟里面，真如同闯入一座视觉的宝藏。古代的佛像用明亮的孔雀绿画成，他们的光环用的是蓝色，也有用真正的金叶做成的，这些金叶很幸运地没有被20世纪20年代匆忙逃走的"白俄"用铅笔刀刮尽。我们必须高度警觉，聆听那几分钟的讲解，跟随手电光快速扫过大约半个洞窟。还没过瘾，整个团队又被引入刺目的大漠阳光中。

在好几个洞里，我都很不情愿被叫出来。我实在不愿离开那些壁画，磨磨蹭蹭成了落在最后的人。但是，另外一些洞里的东西让人失望。这些洞窟画本应是中国最为珍贵的佛教艺术，因为其中一些是6世纪北周时代流传下来的。但它们的画面用粗糙的黑色线条勾勒，看上去有点像滑稽的幼儿漫画。在428号洞里，画有士子文人，看上去却感觉好像是些反着画的骨架子。那些胡乱涂抹的黑色

第三章 白色

的骨头、四肢和肚皮，与精致描绘的头饰和衣褶形成鲜明的对比——看上去好像是美术学院的高材生在帮助一位小学生。而419号洞遍布的圣人和佛教仙女，脸上都是令人惊讶的黑色。更奇怪的是，在455号洞外，有一些用极精简的笔触完成的壁画，用的海军蓝、黑色和白色，看上去更像尼日利亚的菘蓝纹，而不像是中国的佛教绘画。是什么地方搞错了吗？还是它们被修复者们重画了吗？或者这也是北周的风格？

切尼诺警告画家们千万别在壁画中使用铅白。但那时他也警告画家们别使用雌黄（yellow orpiment）、朱砂（red vermillion）、蓝铜（blue azurite）和红铅（red lead，白铅加热后就能生成红铅），也别使用铜绿。而敦煌的壁画家们——他们用了上述所有禁忌的颜色——似乎在运用颜色方面十分偏爱明亮的色彩。大部分壁画也几乎和1400年前一样明亮。但最坏的损失是涂有白铅或红铅[1]的画，上面的白铅和红铅成分与二硫化氢接触，并且开始氧化。[2]我在428洞内见到的那些奇怪的画像曾经是带点浅灰阴影的粉红色，铅白涂抹上去只是为了使得皮肤更真实。[3]经年累月，皮肤上的粉色变成了骷髅般的黑色：1400年的岁月使得艺术与生活的步调产生了错位。

---

[1] 中国的炼金术士兼作家葛洪（Ko Hung）于公元320年写道，无知的人们无法相信红铅和铅白是铅转化后形成的化合物，正如他们无法相信一头骡子是驴和马的杂交种一样。（可能是《抱朴子·黄白》中所讲"铅性白也，而赤之以为丹。丹性赤也，而白之而为铅。"——译注）

[2] 奇怪的是，根据英国颜料制作人乔治·菲尔德所述，如果铅白不曝于光线下，就更有可能受硫腐蚀，从这个角度看，洞穴画十分脆弱。

[3] 敦煌洞窟里的红铅和铅白都变了颜色。格滕斯（Gettens），写道，使红铅变成巧克力色的方式很多，其中一种主要的方式就是使其暴露于光线中。在室外，它也可能转化成粉色或白色，因为形成了白色的硫化铅。大英博物馆馆员们描述说，铅白在与氧化硫这种空气污染物发生反应时变黑。这种黑色是可以去除的，只要使它与过氧化氢与乙醚的混合物发生反应。

五色女孩的牺牲

敦煌当地居民有他们自己关于颜色的传说。它包含着民间故事所应有的全部精华：一次危机、一个梦中启示的神、一项危险的解决方案、一位愿意为了信仰牺牲一切的少女。20世纪80年代，一位中国人类学家陈宇（Chen Yu，音译。——译注）记录下了这个8世纪的传说故事。那时，莫高窟吸引着成千上万的人，他们前来寻宝淘金。他们中间有一位姓张的鳏夫和他十多岁的女儿。张是那个时候中国最有才能的艺术家，全中国都知道他笔下精美的飞天。飞天们穿着绿松石色的长裙，在天空中飘来飘去，好像被佛祖的呼吸托起和指引着一般。这个地区最有权力的曹姓军阀，听说了这对父女组合的名气，就雇了他们来画一个新洞。但有一个条件：必须在观音菩萨的诞辰日之前完成。也就是说，4月8日之前。很容易啊，张这样想着，就答应了这个条件。他们花了几天支起脚手架，画上了最精美的图像。其中最美丽的人像是他们的神观音，在他们的设计中，观音浑身散发出的热力照耀着整个洞窟。

然而，灾难袭来了。颜料用完了。要画菩萨的身体，他们必须使用白色，要画菩萨的丝带，必须使用绿色。可是这两种颜色都没有。除此以外，菩萨脸上的红色，突出菩萨光环的阴影部分的黑色以及菩萨侍从所穿袍子的蓝色，都已告罄。这本来不成问题的：敦煌是丝绸之路上主要的停靠点。在平常的年份，这里都有成群的商人在市场上贩卖各种各样的朱砂、雌黄、孔雀石绿以及其他所有画家们需要的珍贵的颜料。但这不是一个平常的年份：上百位画家蜂拥而至一个个洞窟和洞窟旁由一座座简易帐篷构成的城市中。大家都在为了同一个工期拼命干活。仅有的颜料都切割成小块以使之便于运输到更远的地方,但这些颜料都变得无法使用。

　　张和他的女儿对于不能按时完成任务的处罚心知肚明。曹大人绝非以仁慈和耐心而闻名。他们夙夜忧虑,日久生病。然后有一天晚上,女儿梦见自己站在三危山(San Wei Mountain)的高岗上,离敦煌不远。在她的梦中,她被颜料粉末裹住了,那颜料可真丰富,每一种她能想象出来的颜色里面都有。但每当她试图将颜料粉末带回来时,它们却从她的指缝间溜走了。然后,他们画好的洞中观音出现了。观音说,这座高岗上有无数的颜料,唯有勇敢的女孩,才能找到它们。她回答说她很勇敢。于是她就得到神示,要下到一口井的末端,一口特殊的井,埋在白沙下面,掩在黑色崖壁后面。观音说,只有一个小女孩可以下到井里,因为只有纯洁的人才能发现这些纯净的颜料。

　　第二天,女孩和她的父亲,还有两名助手,就出发去找这片充满颜料的高岗。他们用一根绳子绑住女孩,慢慢地将她降入深井。当她下到只有井深的一半时,绳结滑落了,刹那间她坠入井底。她能感觉到的最后一刻,就是碰到了井底那块极薄的石头,她的身体的冲力撞碎了石头。当悲伤的父亲还在井口寻觅女儿之际,一股五色的喷泉突然从井底喷薄而出,五股泉水正是他曾经祈祷上苍赐予的五种颜色。黑、红、绿、蓝,当然还有珍贵而纯净的白色,那喷出的,真是魔幻般的颜料瀑布!

　　当然,这个传说极好地传达了儒教道德。个人牺牲生命,换取社会福利。但它也展示出,当地的居民一直在问着与后世的艺校学生们相同的问题:世界上各种奇妙的颜色究竟来自何处?

兰登·沃纳的探险

　　我在敦煌的导游在第十六洞的讲解最为生动,这个洞里有一些

20世纪初期的修复作品,然而修复得十分拙劣。有些佛像看上去就像天线宝宝,眼睛,尤其是眼珠画得一点儿没有技巧。但并不是这一部分令她显得激动。"其中一尊雕像不在这里。"她悲伤地说,指着一位唐代佛像,佛像周围应有四位侍者,这才符合对称原理,现在却只有三位。"美国人偷走了我们的宝贝。"

"美国人"指的就是兰登·沃纳(Langdon Warner),一位探险者兼考古学家,他由哈佛大学资助,于1925年赴敦煌。沃纳走了许多路,花了很长的时间,冒着生命危险,来到中国。哈佛大学赞助他的主要理由,就是十分渴望了解颜料的奥秘。那些颜料是当地生产的,还是从很远的地方运来的?颜色改变了吗,还是在画家们活跃于敦煌的那600年间仍然保持鲜亮?颜色的故事正是古代贸易通道上的故事。沃纳在哈佛的赞助人于是做出了决定。他们想知道这些问题的答案。

哈佛的顶尖学者当然希望他们赞助的美元能够换回一些真正有价值的东西。他们想在欧洲人对敦煌的掠夺中分一杯羹,弄个驴车运些考古学的研究材料出来。早在1907年,匈牙利籍的英国考古学家马克·奥里尔·斯坦因(Marc Aurel Stein)在中国时已开始了掠夺。几年前,一位和尚偶尔撞开一扇神秘的门,打开门,里面是一座神秘的图书馆,全是古代典籍。斯坦因拿走了其中的8000册——应有尽有,从佛教经典到早期基督教在东方的文献,还有古今皆宜的向主人解释前一夜宿醉的信件范本。继斯坦因之后,又来了一位通晓多种语言的法国人保罗·佩利奥(Paul Pelliot),几个俄国人,还有不少似乎在为某种神秘宗教服务的日本探险家,他们都顺手牵羊拿了些纪念品回去,这些如今都成为各大国家博物馆的馆藏珍品,但他们都没把敦煌洞窟内的画撬走。

兰登·沃纳却撬走了画。他切割了几幅画。部分是因为他很震惊，几年前，一小撮白俄士兵在壁画上乱涂乱画，他为了防止毁画的行为发生，结果自己做了一回毁画人。但最主要的原因是，他认为带上壁画，才不至于枉费此行，他已经"拖泥带水地赶着沉重的车艰难地走了几个月"，他可不想再来一回，重新收集颜料样本。

他不仅在墙上留下了许多丑陋的洞，而且——这是中国人认为最难原谅的——当他就要离开敦煌时，看见了一尊跪着的菩萨。他被这尊菩萨的美深深地震撼了，于是也顺手拿走了这尊雕塑，并且拿毯子、羊毛毡和他的衬衣层层裹住。"归程中我的身体可能因为缺少衬衣和袜子而感到寒冷，但一想到我能使那些菩萨的皮肤保持光滑，那些易碎颜料不受伤害，我的心就依旧温暖。"他在旅行日志中写下了这样的句子。这尊菩萨像，当然就是16号洞里丢失的那位侍者，现在，菩萨原来跪着的位置留下了一块十分明显的痕迹，呈现在游人面前，可以体会为什么中国人认为，当外国考古学家为研究更多的色彩奥秘而盗走它的艺术时，整个国家的"心都碎了"（这是敦煌的一份碑文上的中文说明）。

带灰色的白色

当沃纳将偷来的菩萨像运到美国时，拉瑟弗德·格腾斯（Rutherford Gettens）福格博物馆（Fogg Museum）的首席鉴定师，他称铅白是"西方绘画史上最重要的颜色"。当他见到这尊厚厚地敷着铅白的宝贵雕像时，兴奋之情难以言说。[1]他激动不已——其他许多艺

---

[1] 格腾斯还鉴定出了铅黑、高岭土（Kaolin）、红赭、朱砂、蓝铜、红铅、靛蓝、石绿，一种红花染料，以及一种可能是橙黄色的有机染料。很多都不是当地出产的。"到今天为止，唯有通过很远距离的相互贸易，这些物质才有可能在同一个地点或者甚至是同一个国度同时出现。"格腾斯极为兴奋地描述他的发现。

术史学家也为此激动不已——因为对古代绘画的 X 射线分析的效果好坏，取决于画家是否使用过大量的铅。X 射线是一种电磁波，总体上与光的性质类似，但 X 射线的频率比光要短，因而能够穿透更多的物质。〔1〕而铅是一种密集物质，因此它在 X 射线图像中的轮廓要比红赭等许多物质清晰得多。例如，在 16 世纪威尼斯画家提香（Titian）的画《阿克泰翁之死》(*The Death of Actaeon*) 中，画面显示狩猎女神戴安娜（Diana）对一位偷看她裸体的猎人施行了可怕的报复。她将阿克泰翁变成了一只鹿，一刹那，他就从猎人变成了猎物。通过 X 射线分析，我们能够看出提香在描画那位猎人时遇到些困难。他试图凝固住由人变鹿的那一瞬间，因此对画作进行了多次修改，在画布上阿克泰翁的部分有用铅白一次次地覆盖再覆盖的痕迹。最后，直到画面上出现一个绝对是极度悔恨的正被他自己的猎狗撕裂的偷窥者，提香才感到满意。

正如华盛顿国家美术馆的迈克尔·斯卡尔卡（Michael Skalka）所解释的那样，今天的收藏家们所见到的 500 年以上历史的画，很难找到没有人工损坏或其他拙劣修复的作品。"以前的那些收藏家们没受过什么正规训练——也没有什么关于收藏品的道德准则。"他说。他们因此就自以为是地认为自己可以在画上做任何事情——乱涂乱画，改变一下衣服和帽子的式样——这些都与现在的通行做法相悖，现在收藏家们都会尽力去保护和维护原作品的颜色和底色，不会加上任何一点他们自己的色彩。如今，用 X 射线的分析方法，艺术品专家们可以为画作的历史画上一幅"路线图"。比如，

---

〔1〕 最早的一幅 X 射线影像属于一位名叫伯莎·伦琴（Berthe Roentgen）的妇女。1895 年，她的丈夫威廉（Wilhelm）刚刚发现了 X 射线的存在。为了庆祝这一发现，他将妻子的手做成了 X 射线影像。辐射穿透了她的皮肤，但被更密集的骨质以及她的结婚戒指吸收，这些地方就出现了白色的块状。

国家美术馆收藏的一幅16世纪的画作，名叫《众神之宴》(*The Feast of the Gods*)就有三位画家的手笔。它是由贝尼尼（Benini）画的，后来被宫廷画师多索·多西（Dosso Dossi）更改，最后是提香，他在画布的左侧加了一座雄伟的背景山，把贝尼尼原来画的一片树木全部覆盖。X射线分析图可以揭示出这些画的层次，还能进行重叠效果和颜料成分分析。"就像地理上的岩层分析一样。"斯卡尔卡说："你需要用科学的方法来挖掘。"

不可否认，铅白在X射线分析法中极其有用，但如果铅白真有这么多的破坏作用，为什么画家们还是乐此不疲呢？他们当然不是为了后世分析的方便，答案其实很简单，没有别的选择。事实上，至少在19世纪80年代之前的欧洲，其他的白色水彩颜料都不如铅白的效果好——直到钛白在"一战"之前被发明出来，没有任何一种白色颜料能像铅白那样很好地与油混合在一起。[1]

还有一种骨白（从烧过的羊骨中提取），但画家们觉得它带颗粒，而且还发灰色。还有一些"贝类"颜料，是用贝壳、蛋壳、牡蛎、白垩[2]甚至珍珠做的。日本人和中国人喜欢这一类白色，在许多木版画和绘画中运用这类白色，不过他们认为，世界上最好的白色是纸的颜色，没有描绘过的纯洁的颜色。欧洲的画家们常在壁画中使用垩粉。在19世纪早期，英国化学家汉弗莱·戴维爵士（Sir. Hum-

---

[1] 20世纪20年代之前，颜料制造商们尝试使用过锌白与铅白的混合物，这样就能减少毒素，同时较好地保持油的溶解性。在19世纪20年代（当钛白开始进入商业市场时）与70年代（当铅白完全退出商业市场）之间，你能发现刷房子的白色中含有锌、钛和铅。引自于我与纽约哥伦比亚大学的诺曼·韦斯（Norman Weiss）的私人谈话记录。

[2] 切斯特顿（G. K. Chesterton）诉说了他有一次在英吉利海峡进行岩石写生时，他突然发现他用完了最重要的白垩——他的白颜料的来源。他正觉得丧气，准备回城之际，突然哈哈大笑起来，因为他突然发现脚下就是数吨重的白垩。他只需要把草拔掉，切割出他所需要的白颜料就可以了。

phry Davy）去意大利旅行，在庞贝进行壁画研究。大部分的参观者（自1748年该遗址开放以来，庞贝就成了欧洲环游的一项必不可少的项目）都对墙上的壁画充满了惊奇，在这座遭遇殒灭的城市里，几乎每一个富人家庭的墙上都装饰着壁画。画上有美丽的物品，慵懒无力的神，茂盛的花园，还有许多的性爱画面。但戴维对壁画上使用的颜料更感兴趣，他很失望地发现所有的白色都是用白垩制作的，而不是铅，即使"我们从西奥弗拉斯托斯（Theophrastus，约公元前370—前285年，亚里士多德的学生，植物学之父。——译注）、维特鲁威（Vitruvius，著名建筑工程师，《建筑十书》的作者。——译注）和普林尼（Pliny）等人的作品中已经得知，铅在当时已经是一种很普及的颜料了。"但古代人对颜料的选择是对的：白垩和石灰不像铅白，不会因岁月而变色，还能安全地和雌黄同时使用。这是白垩和石灰的优点，但它们也有不足，那就是，白垩制成的白颜料混在油中会显得非常透明——甚至是贫血般的苍白，没有铅白的质地与光亮。[1]

1780年，两个法国人开始探索不会变色的优质白色颜料。科迪斯先生（Monsieur Courtois）是第戎（Dijon）学院的一位科学实验者。路易-伯纳德·居顿·德莫尔沃（Louis-Bernard Guyton de Morveau）是一位地方法官，后来成了法国最有创新意识的化学家。在美国发表《独立宣言》之际，整个欧洲沸腾起来，弥漫着一股社会激进主义精神，这两人都在1789年支持法国大革命，居顿·德莫尔沃还毅然放弃了他名字中带有贵族身份的德莫尔沃字样。这股激进主义精神也进入了颜料业。铅白一直是由穷人制作，也摧毁着穷人们的健

---

[1] 用锌或银制造白色也是一种选择。中世纪的配方曾经在手稿中使用这两种金属，但这些金属太贵重了，制成颜料实在不值得——而且这两种金属在油里表现很差，凝固不起来，而且会在阳光下变黑。锌白和银白自从1456年印刷术开始使用以来就极少使用了，而到17世纪则基本上完全停用。

康，难道现在不正是改变这一状况的时机吗？

他们实验了两年时间。1824年，他们用最新发现的钡元素，与硫混合后生成的硫化钡，制成一种无毒颜料，而且几乎能够稳固而永久地保持；人们赋予这种颜料一个新名字"稳定白色"（blanc fixe）。但钡金属很稀少，钡白在油里又显得太透明，画家们不大愿意拿它当油彩使用。于是两人就去研究锌的氧化物，一种古希腊人曾用作防腐剂的物质。最初的发现很令人鼓舞：画家们宣布这种颜料十分优越，油溶性也极好。但问题在于成本：铅白只需不到两法郎；锌白却是四倍的价。没人想买它。

对于这两位科学家而言，这就是他们颜料探索故事的终结；他们最初的梦想没能实现。科迪斯转而研究硝酸钾，居顿·德莫尔沃转而去证明所有金属在加热后都会增重——也许他们都忘记了当年创造新颜料的欢欣。但不是所有人都会忘记，有一个至少记住了，他就是科迪斯的儿子。他后来成为一位伟大的科学家。如果说他父亲发明的颜料算是一种白色粉末的话，像他的父亲一样，他为后世铭记的贡献也是一种白色粉末，名字叫吗啡（morphine）。1811年，他还发现了自己的颜料：碘红。当他发现碘红之际，他必定回忆起了当他还是六岁孩子时，他父亲总在试验新颜料，而他则在实验台下各种气味与配方之中玩耍的岁月。

锌白其实也是有前途的，如果居顿·德莫尔沃和科迪斯能知道这一点该有多好。到1834年，温莎和牛顿公司将锌白作为一种水彩来卖，他们还给了它一个名称"中国白"，不过他们也承认，其实这种颜料与中国真是一点儿关系都没有。这种新颜料遇上了巨大的阻力。1837年，一位叫做巴赫霍夫纳（G. H. Bachhoffner）的化学家批评中国白，称它与铅白一样不稳定，同时又推荐他自己的产品"佛莱芒白"（flemish white）作为替代品。温莎和牛顿公司的人们得知此事，十分愤怒。他们写了封公开信给巴赫霍夫纳，驳斥他的指责，并用一些实验结果作证明。

"要以责任感行事。"他们将佛莱芒白与氨水的硫氢化物混合，人们能发现佛莱芒白立即变黑——正如我在敦煌的洞壁上看见的那种变化一样。"这个实验展示了佛莱芒白与铅白具有同样的弱点。"他们的结论明显具有得胜的腔调，还总结说："你们这个产品的提炼物实在不堪一用，这个实验省了我们许多口舌，毋须再向众位画家们一一提醒此颜料对绘画的破坏性以及使用这种颜料可怕的后果。"

从那个时代起，炼金术士的实验室，氧化锌就被赋予许多美妙的名称，包括"轻烟"（tutty）（这个词来自于波斯语"dud"，也就是烟的意思）、"锌之花"、"哲学家的羊毛"，还有"血白"（blutenweiss），用的是德语。每一个名字都揭示着一段关于氧化锌的故事。烟指的是锌白源起于铜炉子在煤火中的煅烧，花和羊毛描绘了它在炉子上方的小室里形成绒毛状的物质。血白这个名字听起来最为奇特，指的是这种白色颜料开始时却是红色的，那是锰的颜色。[1]

---

[1] 为了将血色的矿砂转化成雪状的氧化物，法国人发明了一套纯化矿砂然后再予以氧化的系统。但在1854年——根据传说——美国人设计了一种更快、更廉价的方式。根据这个故事，某天晚上，一位名叫伯罗斯（Burrows）的守夜人正在新泽西州纽瓦克（Newark）的Passaic化学公司巡逻，突然发现一个燃气管道发生泄漏。他没有把它太当回事，随便地拿个旧的壁炉栅堵在泄漏口上。由于壁炉栅不够重，他又顺手从隔壁的炼锌厂抓了几把铁矿砂和煤，压在顶端，然后就继续他的巡逻去了。几个小时之后，他大吃一惊——也可能是极为恐惧——他看见白色的氧化锌云雾正从栅栏口冒出来。他把这个故事告诉了老板们；他们仔细地进行了调查，第二年，他们就申请了一项美国"快捷"程序专利，这可比法国人的方法简便多了。到1892年，所有的美国锌颜料都用这种方法制造。历史并没有告诉我们伯罗斯先生本人是否从他的发现中有所赢利。新泽西则从他的发现中大大赢利：许多美国早期的颜料制造工厂都建在纽瓦克附近，这里有富兰克林矿（Franklin Mine），可采集许多有用的矿物。这里还靠近纽约港，地理优势明显。

白 房 子

在今天的英格兰和威尔士，铅白颜料只允许在一级和二级房屋使用——而且只能在外墙上使用。过去，这种颜料较为持久，因此常被使用；石灰白虽然便宜一些，却必须每年重新粉刷一次。这确实有一些好处。在20世纪初的香港，刷石灰被认为是最好的防止瘟疫的方式，警察会定期抽查殖民地的贫民窟的棚户房，看看他们的外墙是否刷得足够白。

英国法罗和鲍尔颜料公司（Farrow & Ball）以出售具有怀旧情调的墙漆而著称。它生产许多诱人的色彩，比如"萨德伯里黄"（Sudbury Yellow）、"查特韦尔绿"（Chartwell Green）（模仿温斯顿·丘吉尔最喜欢的长凳），但它最受欢迎的颜色仍然是灰白色系列——像"线色"（String）、"砖缝色"（Pointing）、"拖鞋缎面色"（Slipper Satin）、"死鲑色"（Dead Salmon）（尽管其实这种颜色几乎更像褐色而不像白色）。

公司开始于一项小规模计划，为国民托管组织调制颜料，重新装修房子。但在几年之内，它就成了个国际性大公司：看起来，有成百上千的人正等着将自己的起居室刷成王室的模样。绝大多数人都从货架上直接定取颜料，但有些人也寄来他们特殊的颜色需求。那奇特的颜色需求是什么？我参观公司在多赛（Dorset）的工厂时不由地提出这个问题。确实有几种很奇怪的颜色需求，公司的总裁汤姆·赫尔默（Tom Helme）承认。他向我展示了一份几天前收到的样本。这是一小点儿红色，估摸着也就一毫米宽，这是从宫廷的墙上刮下来的。"我们有一种衡量颜色的色度计，"赫尔默说："因此我们能够制作出完全一样的颜色。"

他们绝不会去使用与乔治时代的装饰匠们使用的完全一样的配料——大部分颜料现在都是非法的（包括铅白和含铬的颜料），即使不是非法的，也是不稳定的，比如普鲁士蓝。相反，法罗和鲍尔公司混合其他颜料（一些赭色，一些合成颜料）制出同样的视觉效果。正如赫尔默指出的："过去，人们知道它会很快变化，也就听天由命了。而现在，人们想要他们墙上的颜色保持稳定。"

公司对于制造各种奇妙而且离奇的颜色名称而感到自豪。"线色"（String）最初被称为"雨中留草"（Straw Left out in the Rain），是20世纪30年代的颜料天才约翰·福勒（John Fowler）设计出来的，他创造这个名称时带着无比的热情。"硬白垩色"（Clunch）取白于英国东部圣公会俚语，指代一种硬白垩建筑材料，而"Blackened"事实上是另一种灰白色系列——加入松烟使得这种颜色带点银色调。

至于"死鲑色"这个名称，其实与死鱼一点儿关系也没有。它的灵感来自1850年一张装饰房屋的工程发票。赫尔默解释说，这项工程要求"它的墙面必须完全平整，不要有一点点反光"。当人们使用含铅颜料时，它有时太亮，因此人们会在上面涂抹绿松石，使之"平整"，使光"死亡"，墙面看上去才会暗淡。于是赫尔默建议把这种成品色称为"死鲑色"，当他第一次提出这个名字时，国民托管组织的人们无论如何不肯接受。"他们说，我们绝不会允许你们使用这个名字，汤姆，否则没人会买这房子了。"可是，无论如何，这名字还是启用了，而且成了个大的卖点。

过去10年来，人们对英国的老旧颜料的思念之情与日俱增——特别对于有一种几乎已经不再进行贸易的颜料。"到了20世纪70年代，我们几乎忘记了如何使用石灰。"赫尔默回忆说："于是人们就说，'咳，如果你想要一面能呼吸的墙，最好还是用这种东西。'所以现在人们越来越多地使用石灰了。"

至少需要 100 吨石灰，才能让美国白宫这座世界上最著名的白色建筑呼吸一次。刷完之后，它显得非常气派。到了 1800 年，当新总统的房子竣工开放时，华盛顿这座城市才刚刚命名，这座房子成了城里人谈论的焦点。这是美国最雄伟的房子之一，工匠们的工作常被不时溜达进来瞻仰的闲人所干扰。美国的创始者们认为，这必须是一座古典建筑，而且必须是白色的，一切都要像他们所崇拜的古希腊的式样一样。[1]

那时，所有人都认为，希腊的神庙全是白色的。实际上，希腊的建筑一开始都不是白的，而是刷上了极其炫目的色彩。直到 19 世纪中叶，学者们才开始意识到那些希腊建筑的表面很可能并不是白色的。多利克柱式是用红与蓝的条纹装饰的；爱奥尼式柱头还炫富般地用上了金箔。这个发现似乎并不令人愉快。据说雕塑家罗丹曾经捶胸顿足，并做过一番激情洋溢的表白："我内心深处依然认为它们从来没有涂过颜色。"颜色历史学家费伯·比伦（Faber Birren）回忆一则逸事：两位考古学家走进一座希腊神庙，其中一位爬上立柱，另一位就在下面叫："你发现任何涂过颜色的证据吗？"当他听说答案是肯定的，立即生气地冲着上面咆哮："马上给我下来！"

对于新世界的美国人而言，他们的"白宫"指的是与欧洲新古典主义相同的建筑风格。有时他们确实有些过分热情。当乔治·华盛顿（那时已经退休）1797 年首次访问建址时，他看见白色的爱奥尼式立柱和上面怒放的大朵玫瑰时，犹豫良久，最终还是决定要赶紧给委员们写封信。他在信中说："我认为这并非以前设想的品位。"白宫在内部装修时，用了整整两吨的白铅来涂抹木制品，根据当时的流行

---

[1] 开始时学者们对于白宫起初是不是白色的还存在分歧。颜料分析并没穷尽所有假设。但可以确定的是，自 1814 年以来它就一直是白色的。

款式，某些白色上又染上黄赭色，普鲁士蓝和红铅。如果有人认为新当选总统约翰·亚当斯在1801年首次参观白宫时会被这些装饰折服，那他恐怕就大错特错了。亚当斯当时抱怨说，没用一点儿墙纸，房里连个铃也没有，壁炉台的装饰十分龌龊，还有，居然没有一个种植蔬菜的园子！

完美的白色

惠斯勒的画——现在挂在华盛顿国家美术馆——画的是一位穿着白色长袍的女人。她站在白色的窗帘前面，手中拿着一支百合花。她的脸庞挺黑的：很可能是个没用过"年轻之花"的幸运儿。她红色的头发很长，处于阴影之中。这类阴影尤其为惠斯勒等拉斐尔前派画家所青睐。所有的白色给出的效果能闪着人的眼睛，但当你定睛去看这幅画时，雪盲的感觉令你产生一种奇异的视觉效果。两块颜色逐渐从画布上凸显出来，就好像是两团毫不相干的概念从一团迷雾般的梦中凸显出来一样。当然，女人的脸还在，但之后却莫名其妙地从她的脚边升起一只狼或是熊的脑袋，很像是某个毛皮地垫的一部分。为什么惠斯勒会将这玩意儿放在这儿呢？

这幅画最早展出是在1862年的伦敦。起初，画的名字叫做《穿白衣的女人》，但威利·科林斯（Willie Collins）刚刚出版一本同名的灵怪小说——这就给公众带来许多困惑。画家假装十分厌恶这种混淆，但事后回顾起来，这似乎是一种有意而为的聪明的推销术：自出版后两年内，小说已经掀起一股白色浪潮，白色手袋、白色百合，甚至出现所谓的"白色"华尔兹。于是这幅画，就自然而然、轻而易举地找到了买主。

10 年中，原先的标题引发了大量批评，人们说这画的女主角没有哪怕一丁儿像科林斯小说中的女主角，为什么要取这个名字。于是 10 年后，惠斯勒就给画改了个名字，叫《白色交响第一号：白衣少女》，但这画似乎注定要成为倒霉蛋，改名之举不过引来伦敦艺术界更多的尖酸评论。评论家菲利浦·吉尔伯特·哈默顿（Philip Gilbert Hamerton）抱怨说，叫它白色交响一点儿也不准确，因为任何人都能看出来它还包括黄色、褐色、蓝色、红色和绿色。惠斯勒为此反驳说："那么他是不是认为 F 调的交响乐就只能包含 F 调，排除其他任何调子而成为持续的 F、F、F 的重复……？真是愚蠢。"[1]

在惠斯勒的时代以及之前的几个世纪，用白色作为画的背景，十分不同寻常，而惠斯勒竟还用刺目的白色做前景，这一点颇令时人恼怒。铅白当时主要是用来做"初稿"或是涂抹画布底色，使之更亮，[2] 或者用来调和其他颜色，使颜色稍亮一些，或是用作最后的高潮部分和用来"点睛"，画出眼中的闪亮部分。铅白一般不用来做背景。背景要么由黑色和阴影构成，要么是成片的风景或是室内景物，以便为画面主体创造一个合适的环境。背景通常不会太亮。但在印度尼西亚的印度教画像中，画家为了突出主体，反而会使用灰白的底色。铅白和白垩都可以使用。不过，很多印尼的画家们认为这两种

---

[1] 不仅是白颜色给惠斯勒带来麻烦，金色和黑色给他带的麻烦更多。当你站在《黑与金的小夜曲：坠落的火箭》这幅画画面前，恐怕很难想象这幅火花喷泻于迷雾中的巴特西（Battersea Bridge）上方的场景，居然会引发英国艺术界的轩然大波。但在 1878 年，这画确实引发了约翰·拉斯金（John Ruskin）的评论——他称评论家的职责就是"区别艺术作品与装饰作品"——这真是一篇中伤人的评论。"我此次亲眼见到并且听说过许多关于 Cockney 的鲁莽事例，"他写道，"但我做梦也没想到，有个纨绔子弟居然浪费 200 畿尼的金币，就为了将一桶颜料投在公众的脸上。"惠斯勒对这篇评论愤愤不平，他起诉了，这就是历史上臭名昭著的"一桶颜料"案件。

[2] 正如埃里克·赫伯恩怀着敬仰的心情写的那样，像鲁本斯、委拉斯开兹和伦勃朗这样的大师会选择多用些厚重的白色背景，以便使他们的画作更明亮一些。

不够柔和。正如我后来发现的，他们倾向于自己从石头中提取制作白色。

印尼的乌布（Ubud）小镇位于巴厘岛（Bali），那儿有许多画家的工作室。给人的感觉是，每个人都是艺术家。每一位游客在这个旅游大堂里买点手工绘制的纪念品回去。大多数人使用丙烯颜料，并且毫不犹豫地抄袭其他人的作品——甚至一些所谓的"经典"名画也用新颜料重新画过，并且修饰得像旧的一样。但在岛上游客较少的一个角落，一个叫做卡玛山（Kamasan）的小镇上［卡玛山位于巴厘岛东部的克隆孔区（Klung-Kung）。——译注］，一小群画家却我行我素抵制着丙烯颜料的入侵。我去了那里，想找一位祖母级画家，她既是巴厘岛多彩艺术中最伟大的传统主义者，又是反偶像崇拜的创新大师。但这也并非我此行的全部理由。我去那儿，因为我还听说尼·玛德·苏西阿米（Ni Made Suciarmi）大师有一种制作白色颜料的秘方，我期冀着她或许能够展示于我。

她的工作室就设在自己家中，非常传统。在草编的地板中间，她利索地摆放好她的工具。有一些细致地放在盒子里的彩色石头；颜色奔放的碗里，盛放着黄色和红色的粉末。有一小堆炭——显然是用树枝自己烧制的，用棉布包着——还有一些玛瑙贝。唯一一样较为现代的物品是一些 HB 铅笔，她解释说这些铅笔画的线比炭画的线更容易擦掉。我没能见到任何白色。

在颜色堆后面，有一些她的画作——魔王和跳舞的神仙。她指着一幅画，说画上画着著名的罗摩耶那（Ramayana）史诗，魔王拉伐那（Ravana）绑架了美丽的媳妲（Sita）——她的丈夫罗摩（Rama）和猴王十万火急前来搭救。善良最终战胜了邪恶，光明战胜了黑暗，一路上他们杀死了许多魔鬼。黑色与白色的强烈对比正是两者

第三章 白色

交战的象征。苏西阿米的绘画——每一种图案都受到一项传统的支配，每一种颜色都有固定的象征含义——这是一种由印度传来，被印度发展，但在两百多年前就被印度人遗忘的艺术：在白色的背景绘出的故事就仿佛是充满戏剧情节的连环画——或者更准确地说，这些画就像是传统皮影戏（wayan kulit），即使有了电视，它们仍然风靡整个印尼。在印度，你能发现这种皮影戏的博物馆。而在巴厘岛，皮影戏就是人们生活的一部分。

我站起身以便更真切地浏览这些作品，她也站了起来，向我指点细节。油画布是棉布做的，她解释说："我们有一种非常特别的制作画布的方式。"是用白色颜料吗？我不禁揣摩起来。"不是，"她很肯定地回答："不是用白色颜料。用的是米粉，在太阳下晒干的米粉。"我想，按照故事起承转合的讲述传统，我必须耐心等待高潮。所以我会首先看见另一种白色颜料。她唤来了她七十多岁的姐姐，她比苏西阿米大两岁。姐姐带我穿过中心庭院，走进一间她称之为"画家厨房"的黑屋子。她向我展示了她如何用玛瑙贝将米粉揉搓进画布里，直到粉末被画布吸收，画布的表面变得完全光洁平滑为止。巴厘岛人这种打白色底子的做法挺不容易。很明显，这得花上好几个小时的时间持续地用玛瑙贝进行摩擦，才能使画布确实达到光洁平滑的程度，也才能用作绘画。

我们回到苏西阿米身边，她正坐在地上，在小碗里捶着一小堆红色颜料。她孩提时代学习的第一项艺术技能就是准备颜料，她做得非常出色。她必须做得非常好：当她还是个小姑娘时，她不仅仅必须证明她拥有作画的能力，她还担负着展示她作为女性的全部能力的重任。绘画绝非女孩子涉足的领域；没有女人当过画家，也没有哪个女人企图成为画家。当苏西阿米想这样做时，她的父亲——曾于1938年荷统时期在克隆孔区（Klung-Kung）绘制古法庭（Palace of Justice）天花板的画家——说"不",而且斩钉截铁。但很幸运的是,他的女儿毫无顾忌。"我在自己的房间里默默地画着。那时我九岁,我准备好了。"她的第一幅画画的是沉思中的有修（Arjuna）,第二幅画的是八位僧人。"我给我的老师看了画,他很喜欢。"

家里发生了激烈的争论,她告诉我。为什么她不能像别的女孩那样织衣服或者跳跳舞讨人喜欢呢？"但是我不喜欢织衣服,我喜欢素描。"她说:"我只喜欢男人的工作。我就像一个男孩子一样,总是在战斗。"很明显她十分擅长战斗,最终她打消所有对她绘画梦想的否定。她唯一的兄弟去世了,留下苏西阿米三个姐妹:"于是我就要担起家庭中男孩子的担子,最终她们做男孩子们做的事情,去学习如何绘画和制作皮影的奥秘。"

也许"奥秘"一词使她想起我来此地的目的。她突然站起身来对我说:"我想,你会喜欢白色。对不？"当然,我说,于是她带我重新回到院子里,然后穿过院子到一个木头棚子下面。我听到许多钥匙碰撞发出的响声,眼前笨重的木头门慢慢开启了。那里,有粗糙的木头盒子,里面有许多看上去有点脏的奶油颜色的石头。有几块比拳头还大,其他的稍小一些。"这是我最珍贵的颜色,"她说——当我们在石头面前蹲下来,检测石头质地时,我发现它富含颜料,而且表面摸上去油腻腻的——她告诉我这些石头的来历。

这些是很多年前从海上运过来的石头的残余,远在她出生之前。运石头的水手们来自西里贝斯岛（Celebs）,现在称作苏拉威西岛（Sulawesi）。有人说这些水手本是渔夫,也有人说他们是海盗。但不管他们使命为何,他们用白色的石头压舱。当他们到达巴厘南部的塞兰冈岛（Serangan Island）时,他们的旅程——无论他们猎杀的是鱼还是人——都走到了终点,他们在船的一侧放下了石头,下船来换取新的货物。

"水手们就这样把这些石头给扔掉了。"苏西阿米说:"但对我而言,它们真是我所拥有的最有价值的东西。它们太好用了。"她不知道她的家族中什么人首次了解并使用这些石头,但甚至当她还是个小女孩的时候,她就和她父亲一起去塞兰冈岛,他们借了皮船去寻找石头,还会顺道寻找在那里生存的稀有的大海龟。在20世纪80年代中期,当局在塞兰冈岛上修了条通往庙宇的通道,于是这些柔软的石头——以及海龟繁殖的场所——都在建筑过程中消失了。她告诉我,她如何将石头研成粉末,与钙混合,然后加上一种胶——几乎令人难以置信——她说这胶是用成片剥下的牦牛皮做成的,这种牦牛皮被人从喜马拉雅山一路贩到雅加达。然后她停顿了一下,好像她已经告诉我足够多的故事似的,转而见出一副悲伤的表情。"今天我告诉你很多,"她说:"但仍然有一些事情我没有告诉你:那是我自己保留的秘密。"

当我们走回画室时,她指着一棵老树下的一小块地面。"我过去将那些石头埋在花园里,这样就不会被人偷走。但之后我无法记住埋的具体位置,于是我不得不将它们放在棚子里。"我所见的正是全部的珍贵的白色。"我所有的石头都在这里:我不断地祈祷,希望它们足以供我余生作画的需要。"她说:"因为我不想用任何其他的白颜色作画。"

也许这就是我苦苦追寻的为什么画家们坚持使用铅白的理由。惠斯勒完全可以使用锌白,这样他就不会偶感小恙。但他没有。如果人们问他这个问题,他很可能指责其他白颜色不够透明,或是给出其他有说服力的解释。但也许问题的实质其实十分简单——那些颜色感觉不爽!也许是不够油滑,也许是浓度不对。

当我们看见一幅完整的绘画时,我们倾向于用各种名词去解析它,诸如成分、感情、颜色或是角度,等等。但画家所经历的那一时刻，在他或她散发出绿松石香味的画室里，每一刮、每一洒、每一泼、每一溅，无时无刻不在面对物质与物质的对抗与融合。在绘画的进程中，画家难道还会想到颜色所要表现的黄油、提拉米苏或是汽油吗？画作的形成难道还须事先在脑海中打上腹稿吗？当然，这也完全因人而异。但不管哪种情形，画作有时是在时间被忘却之际的纯触觉本能，有时，画作就是颜料用与不用、用多用少，以及如何搭配的过程，颜料的毒性绝不会成为是否获画家宠爱的决定性因素。正如詹姆斯·埃尔金斯（James Elkins）在《什么是画》中探讨艺术与炼金术的相似性时所写的那样，"一位画家拖动他的画笔游走于各种油料混合物之中时，或是扫一眼调色板中的彩色泥浆时，他便有了如何去做的灵感。"

白衣女人：权作结束语

第一眼看上去，《白色交响第一号：白衣少女》似乎是一幅十分纯洁的画。但近距离看这幅画时，它就变得似乎是纯洁以外的任何事物。在画中，那位模特——乔安娜·海夫曼（Joanna Hefferman）——看上去十分娴静，甚至有一种不朽的气息。可是在现实生活中，画家却亲密地称她为"小悍妇"（fiery Jo），当他画这幅白衣女人时，惠斯勒不顾他妈妈和家里其他人的极力劝阻，与这位女模特持续了好几个月狂风骤雨般的恋情，他们在一位巴黎朋友的工作室里一起度过了1861年的冬天。这位28岁的画家受到铅白粉末的污染，已自觉昏晕，却仍没忘记与他的爱尔兰女友调情。画中那个凶狠的兽头很可能是情人之间的一种粗俗的把戏——美女与野兽，谁咬谁？也许——我想象着，这也是给予惠斯勒的一个机会，使他能够告诉观众："你们也许认为这幅画纯洁无邪。再看看吧，我们只不过是在地毯上作乐而已!"

　　法国现实主义画家古斯塔夫·库尔贝（Gustave Courbet）总是很讨厌这幅画，并且厌恶地称之为"一种被超视觉调动出来的鬼魅"（une apparition du spiritisme）——但四年之后，他自己与"小悍妇"也有一腿，想必他此前的评论也是存着偏见的。

第四章

红　色

　　绅士们，我随信附上一只法国产的小盒子——内装所谓的"安全"颜料。我们对于猩红热和可恶的康乃馨热怀有各种各样的恐惧。我刚刚把这样一盒能要人命的颜料给了一位六岁的孩子，他还在病床上。绅士们，你们是不是愿意分析一下这些富有诱惑力的颜料，仅仅是轻轻地舔舐一下嘛——味道不会比苹果和现在的流行的时尚更坏！如果确实如此——我想花10便士，请你们为我另造一只颜料盒，要一模一样的，不知是否愿意……

　　　　——约翰·罗斯金给温莎和牛顿公司
　　的先生们的信，1889年8月9日

　　这幅画本应包含一抹鲜艳的落日红霞，然而相反，它只展示了一抹了无生趣的昏黄灰色。约瑟夫·马洛·威廉·特纳（Joseph Mallord William Turner）挥动着他的紫貂毛的油画笔，灵动地在画布上游走，勾画着《劈风之浪》（Waves Breaking against the Wind），在太阳最后的余光击中云彩的地方，他用了一点儿红宝石般的油彩。但在你今天看到的画里面，那一抹本应存在的胭脂红，却好像画家当时的想象那样，消失在了遥远的记忆里。

像特纳这样的大师，尽管曾被无数次警告，别使用那些会褪色的颜色，却总是固执己见，我行我素。1835 年的那一天，或是 1835 年前后的某一天，当他凝视着自己的工作箱，想象着粉色的夕阳和暴烈的海浪时，即使他知道这颜色无法持久，他仍然选择了最耀眼的红色。也许，他的内心深处就是很喜欢这种感觉。他的画笔一直追逐变化——他笔下的天空和海洋，总在暴风雨的肆虐之下展现出千奇百怪的自然形态与颜色生态——他的作品内容和画布空间，会随着时间的流逝而改变。这种变化中的感觉，可能对于特纳本人来说，正是一种令人动心而且不乏幽默的个人风格的尝试。伦敦泰特艺术馆的文物专家乔伊斯·汤森（Joyce Townsend）说："温莎与牛顿公司的温莎先生曾因为特纳使用的一些颜料向他本人抗议，告诉他这些颜料'不会长久'，但特纳叫他别管闲事。特纳根本不在乎。"

汤森博士在泰特文物保护部的工作室和实验室里花了许多时间用显微镜一寸一寸地研究画布和颜料中细小的颗粒。"当你如此近距离地观察画作时，你能发现大量的画家不为人知的事情。"她说。在特纳的画作中，她不仅发现特纳的工作习惯有些邋遢，还发现他给后世的遗赠，那些供一代又一代画家们瞻仰学习的画作，远没有他在世时那么鲜艳夺目。很明显，如果一位顾客跳出来指责某幅油画或水彩画已然褪色，估计特纳本人会置之不理。"他曾说过，如果他为某个人重画一幅，他就必须为所有人重画。那就等于公开承认所有的画本身就有问题。"

没有一幅特纳的画"在其完成一个月后仍被看作完美之作"，艺术评论家约翰·罗斯金说。他还补充了一个例子。有一幅画——

《瓦哈拉的入口》(The Opening of the Walhalla)（瓦哈拉是北欧神话中战斗英雄死后居住的殿堂。——译注）——居然仅在完成八天之内就裂了个大口子，当时，此画还大模大样地陈列在大名鼎鼎的皇家艺术学院年度展览之上供人瞻仰。裂开的原因是画家刚刚完成它。特纳老是把画板存放在画室潮湿的角落里，任由雨水滴落浸润，任由绿霉在蛋黄做的底色上滋生疯长，他还甚至会在一幅画上撕个口子以方便他养的七只曼岛猫自由进出。既然他根本不在乎这八天的毁坏，他又何尝会花精力去想那些 80 年或者是 180 年后的事情。特纳是不会给子孙后代积阴德的，这一点上，他早已臭名昭著。在他的艺术对他最重要的时刻——也正是画作被创作出来的那一瞬间——特纳肯定会用上他心血来潮的选择。画作的未来也就因此而蒙上阴影。

  特纳选用的这种特殊红色，正是胭脂红，它的确是由血液制成的。它曾是印加人和阿兹特克人的宝贝，持续了好几百年；之后，它成了西班牙人的宝贝，又是好几百年。西班牙人近乎嫉妒般地死守这个秘密。它被用在国王和主教的袍子上，用在银幕经典女星的嘴唇上，用在游牧者的骆驼背包上，还用在伟大的画家们的画布上。如果它第二天就消失了，大部分使用它的人们并不会在意，因为当它还是十分新鲜的时候，胭脂红——或者叫洋红，或是猩红色；它有许多名字——是自然界能够制造出来的最红的染料之一。

  要想探知这种特殊的颜色如何进入特纳的调色板，又如何进入女性的化妆盒，还如何进入今日世界各地各家各户的冰箱的故事，我们需要走一趟穿越时空的旅行。要进入胭脂红的世界，需要我们踏上殖民前的美洲，见一见将胭脂红出口到世界各地的趾高气扬的西班牙殖民者，再翻一翻年轻的法国冒险家的私人日记。不过，不管这红色的产业多么庞大，它都必然追根溯源到一种小昆虫身上；不管我的红色旅程多么漫长，它竟始于智利圣地亚哥地铁里的一小段短途邂逅。这一点，连我自己最初也没有想到。

最终，我还是登上了合适的地铁——离开孔迪斯（Las Condes），圣地亚哥的"山的那头"，在黑暗的通道中穿行。但我们感觉不对劲，我的朋友和我大声地讨论起了站名。"需要帮忙吗？"一个爱尔兰口音从许多深色衣服的智利旅行者后面冒出来。他就是艾伦（Alan），长着一双蓝眼睛，穿件格恩西（Guernsey）羊毛衫，他自己说，只是干些"农活"。他向我们指明了正确的路线。

"我猜，你没听说过胭脂虫的故事吧？"我其实是带着碰运气的心态去问他的。我对颜色的追寻之旅其时并未开始。但我已经听说了古代印加时期的昆虫，并且知道有一些在智利北部的沙漠中正在培养着。于是我很渴望知道更多。巧合的是，他不仅听说过胭脂虫，他的父亲还曾经在10年前协助将这项产业引进智利。他不经意地提起，事实上，他正准备去会见一个人，一位胭脂红作坊的坊主，一位负责将胭脂虫加工制造成美丽明亮的深红色泥块的人，他问我愿不愿同往？

那天我并没有到达计划中的目的地——我让朋友们自己去看诗人帕勃罗·聂鲁达（Pablo Neruda）的海贝展览，而我却与一个完全陌生的人一起，走向了圣地亚哥的寒冷冬雨，以便去探寻一些关于昆虫血液的故事。当我们一起走的时候，他说起一则轶闻，据说，智利的一个胭脂红作坊主，在秘鲁运来的胭脂红颜料里掺入毒素。"因为秘鲁胭脂红比较便宜——那里的劳动力又便宜，胭脂虫又会疯长，你根本不必忙手忙脚地去栽培它。智利同行们获利的唯一希望，就是让秘鲁的颜料变脏。"他说。

他带我走入他那小而灰暗的办公室，里面有一个男人和一个女人，正在40瓦的灯泡光线下盯着一台旧电脑的绿色屏幕看。他们告诉他，那位胭脂红坊主取消了这次会面，于是他又与我一起迈出门沿着冬天泥泞的街道走去，甚至没有一把随身的伞。我们坐在空荡荡的饭店里，喝着冰冷的美式咖啡，艾伦在他的速记本上画出胭脂虫的样子：一个椭圆形的很卡通的昆虫，大约有一个小手指甲盖那么大，有着小小的颤动的腿和一个大大的包着许多有用颜色的身体。"这不是太残忍了吗？"我问他关于胭脂虫产业的大概情况："对仙人掌而言，确实残忍：这小虫子净吃仙人掌。"

我那天晚上的笔记记了不少东西，我知道，西班牙红通常生产于霜气凝结与雾气欲来之际，需要大量的生长于广袤沙地上的霸王树（Prickly Pear，一种仙人掌。——译注）。因为胭脂虫寄生在霸王树上。经历了一场神圣的枯萎，一番尊贵的腐烂，它是在霸王树毁灭的过程中诞生出来的一种红色的宝藏、一种深沉丰厚艳丽无比的有机红色。它的色泽恰如红宝石，虽没有甜酒中泛起的金黄，却与黄金一样价值连城。但是，它将永远不可能用作佛像的衣饰，因为这颜色里面含有太多的死亡符号。在21世纪，世界各地的女人们都用这种昆虫血涂抹嘴唇，我们很明显还用它擦抹两腮。在美国，这是少有的经过批准的几种眼影红色成分之一。"最后，"我用欢跳的笔迹写下这惊人的发现，"樱桃可乐中使用它；这就是添加剂E120。"

种 植 园

一星期之后，我做了一次短途飞行，去智利色彩（Colores de Chile）种植园。它位于塞雷那（La Serena）附近的埃尔奎河谷（Elque Valley）。塞雷那是个很有吸引力的殖民地风格小镇，大约位于首都以北350公里。当圣地亚哥仍是冰天雪地，潮湿难耐时，塞雷那却是干爽舒适,像春天那样柔和温暖。种植园经理贾维尔·拉文·卡鲁斯科(Javier Lavin Carrusco)开着他那辆崭新的四轮车,一路带着我向山中驶去。空气是如此清澈,弥漫着桉叶的香味。我们好像驶过了好几英里长的伞状木瓜林、成片的荔枝园,还有葡萄园,之后我们向右转入一条没有标志的行车道,一路颠簸,浏览了大片的荆豆丛。"这里,"然后冲着那起伏柔和融入远山的小山丘很豪迈地一挥手,他说:"第一群寄生虫:是怀孕的一群。"在每个长着大片霸王树的地方,就会有附在上面,沉闷而略显残酷的长条状寄生群带,大约每公顷就寄生有 4.5 万只小虫。这让我想起一幅粗糙的西部片场景,群马嘶叫着要撒腿狂奔,可其中最没种的一位牛仔却说:"我们无法穿越这片倒霉的土地:还是回头吧。"

贾维尔熄了引擎,我们下了车。从山的向阳面看过去,好像沙漠中刚刚下过雪——每一件物体都像裹在白面粉中间。从背阴面看过去,那厚厚、扁平的仙人掌叶片显得十分健康茁壮。哼鸣的蜂鸟在仙人掌群中穿越,"它很贪婪,它很喜欢仙人掌花。"他说。他挖出一个细小的白色生物——有臭虫那么大——把它放在我的手上。"捏一下试试,"他说,于是我捏了一下,起初,这小虫坚硬的身体还挣扎了一下,然后就像泡沫塑料一样刹那崩溃,在我的手掌上留下一点儿浓厚深暗的红色斑点。"这是雌的,"他说,指着那些较为肥胖的虫子,正像我刚才捏死的那一只,有如穿着白色外套。"而这是雄的。"雄的比较瘦小,飞舞在空中如鬼魂一般,它们的寿命比雌虫还短——只有两至三天,在短暂的生命中,他们拼尽力气飞来飞去,尽量为繁殖下一代做贡献。我们抬头看看山,这时山上罩了一小卷冰一般的云。"你看见少女鼻子了。"贾维尔忽然说,这使我迷惑不解,后来我才意识到他说的是安第斯山上的新落的雪。

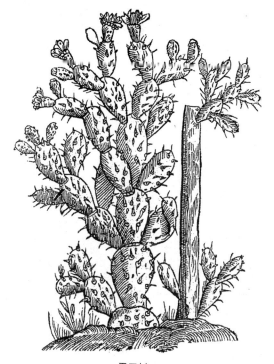

霸王树

霸王树，或者叫如同西班牙人所说的，叫"红色仙人掌"（nopal），很容易在合适的条件下生长——25℃的温度，少雨——但它有点儿喜怒无常。气温要是升降超过2℃，它就会死亡。它们自生自灭，自我繁殖，不用人类栽培：它们自然脱落，那细小的刺会变成根。红色仙人掌甚至还会给自己浇水。叶子的宽大表面是它的水碗——它夜里吸收露水，白天吃掉露水。如果任由树与虫生长，虫就会吃掉树：所以农场经理就有责任既让胭脂虫长到足够大，又要让仙人掌存活，必须在两者之间保持平衡。"两个星期后我们会带上空气压缩机在地里走一趟，收集胭脂虫，"贾维尔在另一座小山包前停下来，对我说："种植园将会有两至三个月的休假期，然后我们就把这些虫子再次种上。"他说，向我展示了一只小盒子，里面都是繁殖期的雌虫，肚子里都是虫卵，这些雌虫将会被塞进每一棵霸王树下面。它们会生长五个月，然后再次被收集。

当地人将胭脂虫称为"稻谷"（grana），"收割稻谷"可是一项繁重的劳动。每公顷地里要雇用 14 个劳动力：我们默默地看着他们拿着空气压缩机，拖着沉重的步伐，沿着长条寄生群带蹒跚移动着，将一片片有生命的雪吸入篮中。他们整个人，加上帽子、手套和眼镜，还有回荡在整个园地里的空气压缩机的嘶嘶声，构成一幅超现实景象，像极了科幻片脚本里写的。他们的保护措施是必须的：如果被这些虫子在眼睛上叮一下，眼睛立刻就会变瞎；即使是叮在皮肤上，也很难清除。"我们对这里的刺已经习惯，"贾维尔一边说，一边轻轻拂去他手上的刺。

种植园主名叫安东尼奥·巴斯塔门德（Antonio Bustamente）。正当我在为一位将虫子挖离叶片的妇女拍照时，他好像从一片虚无中跳出来。我抬头一望，就突然看见他站在了我的面前。他有一双热切的眼睛，一副领袖般的神态，戴了一顶俏皮的巴拿马薄呢帽，第一眼看上去，活像个标准的冒险家。没准他就是呢！他操一口纯正完美的英语，告诉我，在非洲住过许多年之后，他于 20 世纪 70 年代搬到秘鲁，开始卖拖拉机。但在 1982 年厄尔尼诺（El Nino，又称圣婴现象，nino 在西班牙语中是"男孩"之意，因为厄尔尼诺通常在圣诞节期间来临。——译注）降临，这个调皮无常的"男孩"逼得当地所有的农民负债累累。"我变得一无所有了：他们没法还我的货款，"安东尼奥说。但有一个农夫还能还他——是用土地来抵债。他给了安东尼奥位于秘鲁沙漠中的一大片土地。这块地上只有一口小井，水还是带咸味的。那儿唯一能生长的就是仙人掌，"这就是我整个产业的源起：我从印第安人那里得到关于饲养胭脂虫的建议，于是我毫无犹豫就做了起来。"

雌性胭脂虫

后来，他将产业移往智利，这迁移的过程比开创的过程还难：智利有严格的水果蔬菜进口法律，你甚至不可能在智利的几个大区之间携带苹果，旅行途中还必须放在巴士公司特别提供的袋子中才可携带。于是很自然地，当局对安东尼奥要做的事情十分警觉，担心他的行李袋可能会传播瘟疫。最终，他那一包胭脂虫在政府那儿整整审查了两年。用胭脂虫的生长周期来算，那就是七代虫的时光啊！"我是唯一能够侍弄这些小虫的人，我必须戴上手套、眼镜去照看它们。"他温柔地叙述着："我是一个很浪漫的人，"他又补充说，带点儿解释的味道："每一个与胭脂虫打交道的人都很浪漫。"他向我展示了一块他刚从当地马普切（Mapuche）印第安部落订购的毯子，上面有不同的红色条纹。那是不同层次的红色，既有轻淡的粉红，又有近乎深紫的绯红，每一种红都用略有差别的胭脂红颜料加上适当的金属盐配制而成。"很美，不是吗？"他问。"是的。"我点着头，它真的很美！

但是，整个胭脂红产业有其丑陋的一面。之前，我在工厂里看到了铁桶，里面满是活的、肚子里还装满虫卵的昆虫，它们被直接搅拌成"颜色索引第四号"。"你是素食主义者吗？"安东尼奥突然问我。我回答我不是，然而我虽不排斥杀生，可为了亲眼看一看它们栗色的血如何喷溅到我的手上，那天我却亲手弄死了三至四只虫子，心底里仍感一丝悲伤。"我不去想虫子的脑袋里在想什么，"安东尼奥有些阴沉地继续说他的话。他经常收到动物权利组织的信，要求他停止这项产业。但我们也同意，世界上还有比这更糟的事：一旦动物爱好者们清除了养猪场和层架式的鸡笼之后，也许到那个时候，再来"照看"一下胭脂虫种植园，也不算迟。

在埃尔奎河谷待了一天，我的手，沾满了血。

2001 年，新任命的美国主教爱德华·伊根（Edward Egan）从罗马完成加冕礼之后，头上戴着一顶红色丝帽回到美国。这表明，教皇已经任命他为枢机主教。"红色表示什么意思？"一位纽约的记者问他。伊根主教说，它意味着你是如此心甘情愿地保护你的信仰，甚至愿意为此付出生命。苏格兰的玛丽女王很可能会十分同意这种表达。在 1587 年的那一天，她注定要去面对一帮行刑人，她选择穿上一件黑红色的服装。黑色象征着死亡，而红色（毫无疑问是用昆虫的血液制成的染料）则象征着，或者说能为她聚集起面对死亡的勇气。

在很多文化传统中，红色既是死亡又是生命——真是一种美丽而恐怖的悖论。在我们现代的象征体系中，红色代表愤怒，它是火，它是心底里暴风雨般的感情，它是爱，它是战争之神，它是力量的象征。这些概念其实在远古的颜色解码中也都存在。在印第安科曼奇语言（Comanche）中，同一个词伊卡皮（ekapi）——既泛指颜色，又特指圆形和红色。这表明，在美洲原住民文化中，至少红色是一种超越其他色彩的非常基本的颜色元素。

大约二十年以前，在秘鲁利马的国家博物馆里，我记得看见一串布满灰尘的奇怪的彩色绳结在"民族"部分的展览中展出。它们看上去好像是复杂的项链：磨损的线头从中间的绳子上垂下，更小一些的绳结又系在上面，形成很有意思的绳结组合。在其中的一些绳结上，不同色彩的线穿在一起，互相缠绕，做出拧麻花的效果。但谁又能想到，这貌似流苏花边的物件，恰是世界目前为人所知的最复杂的最精致的颜色编码。

在印加帝国最盛的时期，它控制着方圆地界有一万公里。没有车轮和马匹，更没有电话和电邮，在那个年代，印加的中央政府拥有大批善跑的信使。他们每个人至少要跑 20 公里来传递信息。由于印加人没有先进的文字系统，因此他们的信息传递更像一场色彩游戏。当印加的信使们记不住口头传述的信息时，他就必须背起这种"记事绳结"，或者叫做"奎普斯"（quipus），用它来传递信息。每一种颜色，每一个结都有不同的意思表征。在这个系统里，一个黑色的绳结意味着时间，黄色则表示黄金，蓝色代表着天空——如果意思延展开去——蓝色还象征神祇。然而红色，只有深紫红色，才象征着印加人自己，他们自己的军队，还有他们那全能无上的帝王。生命、力量和死亡就这样全部绑在一根绳结之中。举个例子来说，按照这个系统的规律，一根红色的绳子，上面打了多少个结，就意味着有多少个人已经死去：对于将军而言，这是极其重要的信息，他可以据此规划在帝国边界正在进行的战役。

印加的红有好几种。他们能做出浸透巴西木的深粉红色，也能用胭脂树上晒干的籽粒做出橘红色染料。当然，他们还有用洋苏木做的红色，正如我在"黑色"的旅程中发现的那样，其实这种颜色更像黑色而不是红色。尽管有如此多的红色，他们却一向将胭脂虫的血制造出的宝石红色定为最珍贵的一种。女人们用它做胭脂，陶瓷工匠们用它画陶罐，粉刷匠用它装饰房屋的内墙，画家们则用它来画壁画。但最重要的是，胭脂红被用作纺织染料。只是，大部分这些织物已然被岁月与曝晒损毁掉了。

昆虫血本身不可能通过任何颜色强度检验——必须加入一些添加剂或者类似添加剂的东西，否则衣服或是奎普斯在洗第一水的时候

第四章 红色

就会褪色。为了让颜色牢固稳定,古代的中美洲人曾用锡或是明矾与昆虫血混合。他们做的方法,与后来温莎和牛顿公司的哈罗(Harrow)的工厂里的工艺如出一辙,与安东尼奥·巴斯塔曼特(Antonio Bustamente)这样的现代染料商在他们的大的不锈钢桶里做深红色染料的做法也大致相同。

今天,明矾如此便宜,在工业中用得如此普遍,以至于很少有人再注意它了。事实上,大部分人,只要不是染工或化学师,就很可能一辈子都没听说过明矾。事实上,好几种物质成分,包括硫化铝、钾或者氨水,都可以做成明矾。明矾曾一度是世界上最重要的化学物质之一,被大量地用于制革、造纸,尤其是染料行业。没有明矾,你很难将颜色染到布上。你也不可能把颜色涂到大衣柜上。从埃及开始,似乎就再也没有任何一个王朝能够忍受没有明矾的世界。

明矾被称为"媒染剂",它具有强收敛性,能够用它的金属牙齿牢牢"咬"住颜色,并使之牢牢地粘在布料上。在《自然史》的第三十五册上,普林尼用了"非常了不起的过程"来描述埃及人如何染衣服。这个过程包括使纤维制品浸满媒染剂,之后"把外形毫无改变的纤维制品投入一口煮着染料的滚开的大锅之中"。

在中世纪,主要的欧洲明矾市场是在法国香槟省(Champagne):从东边的阿勒颇(Aleppo)和西边的卡斯提尔(Castile),进口的珍贵天然材料运到这里,弗兰德斯和德国的染工们则专程来此购买。最好的明矾来自于土耳其海岸的士麦那(Smyrna)。由于穆斯林控制着世界主要的明矾来源[1],所以,1458年,当乔凡尼·迪·卡斯特罗(Giovanni di Castro)的人在离罗马不到100公里的托尔

---

[1] 阿勒颇自7世纪以来就属于穆斯林领地,到1402年当伊兹密尔(Izmir,即士麦那)被拜占庭过来的贴木儿占领时仍然如此;卡斯提尔直到1223年之前都一直在阿拉伯人控制之下。

法（Tolfa）小镇发现了一个大的明矾矿藏时，天主教徒欣喜若狂。此后数十年来，梵蒂冈都对这个矿予以垄断。到16世纪，弗兰德斯也发现了矿藏［有传闻说英格兰的亨利八世娶克里维斯的安妮（Ann of Cleves）只是为了染指她的明矾矿］，大约1620年，约克郡的托马斯·夏罗纳爵士（Sir Thomas Chaloner）冒着生命危险帮助两名教皇私用的明矾工人偷渡到英国，只是为了向他们学习从矿岩中提炼明矾的秘密。地理学家罗杰·奥斯本（Roger Osborne）在他的书《漂浮的蛋》(The Floating Egg)中描绘说，从那一刻起，从惠特比（Whitby）到雷德卡（Redcar）的下侏罗纪（Lower Jurassic）岩石峭壁"就被逐个敲开，海岸上扔下一片碎石"。在对明矾的寻找和岩石的敲击中，居然在无意中推动了考古学的发展。一些最重大、最令人激动的考古发现在这一带崖壁中诞生。19世纪中期的科学界和宗教界，之所以都能对史前时代表示接受，正是因为在约克郡这片布满碎石的明矾矿上，找到了海洋生物的化石。用奥斯本的话说，这使人类的"思维进入一个不可思议的领域"。

旧世界的昆虫

特纳从伦敦的颜料商那里买的胭脂红颜料，无疑正是用胭脂虫的血做成，它从美洲进口而来，被转换成一种特定的胭脂红沉淀色素。[1]如

---

[1] 本来，"lake"一词是"lac"的讹写，"lac"指的是一种叫做紫胶虫（Laccifer lacca）的昆虫分泌的黏稠的树脂状胶质。用合成树脂、醋酸纤维素和黏胶液等制成的颜料也称作"lacquer"。现在任何一种从染料做成的颜料都称作"lacquer"。像用胭脂虫或雌胭脂虫做成的染料本身很难吸附在有颜色的木质或是画布上，因此需要制成某种复合物使之吸附。早期制作洋红（carmine lake）的方法包括染布、在碱水配方中煮布并加入明矾。当布料晒干的时候，颜色就会吸附在碱水中的金属盐粒上，画家们就能将弄出来的颜料粉末混上油或蛋黄。胭脂红沉淀色比其他很多颜色更透明，传统上用作表层涂色——因为别的颜色能穿透它。

果特纳早出生几个世纪,他可能会使用另一种名字也叫做"胭脂红"的颜料,这个名字来源于一种"旧世界昆虫",它比一个五岁小孩的指甲还要小,而且几乎与指甲一样硬。这就是另一种小胭脂虫克尔姆斯(kermes)——是胭脂虫在印欧大陆上的表兄弟,它们体内的化学成分是相似的,但它的颜色积淀可是少多了。[1]梵语中称之为"*krim-dja*",由这个词又引申出洋红色(carmine)和猩红色(crimson)两个词。今天说波斯语的人在指代红色时,仍然使用"kermes"一词。

在公元 1 世纪为尼禄征疆掠土踏破全欧的罗马士兵中,有一位希腊医生迪奥斯克里德斯(Dioscorides)。他用军队提供的药物和尖齿锯刀照顾着战斗中负伤的士兵,忠诚地履行着他在野战医院里的职责。但他的心思却全不在此,他所热衷的,是逃离战场的喧嚣,避至山角野地,去寻找植物药材。他写了一本教科书《药物学》(*Materia Medica*),记录下了他的发现,里面有许多后世的植物学家、医生和历史学家十分钟爱而且十分有用的信息资料。

迪奥斯克里德斯描绘了如何用指甲来取下克尔姆斯——需要小心地将它们剥离红橡树。但有意思的是,他将这虫称之为"coccus",意思是"浆果"(oak berry),甚至没有做出解释,说这是一种昆虫。一些人曾认为,这就是说,他并没有真正地见到这种昆虫。我认为还可以有另一种解释。语言的优美之处就在于它的内在寓意和象征意义。克尔姆斯很可能一直就被称作"橡树果",每个人都这么称呼

---

[1] 1541 年 2 月 15 日,威尼斯画家洛伦佐·洛托(Lorenzo Lotto)在他的账本里记录说,他从波伦亚(Bolognese)建筑师塞巴斯蒂安诺·瑟里奥(Sebastiano Serlio)那里买了 6 盎司的克尔姆斯,每盎司要价是 6 个达卡争币(ducats)(总数是 37 里拉,4 个索尔提),"我在他那里赊了账。"这要比在那个时代雇一个裸体模特的价钱(1 里拉,4 个索尔提)还要贵 30 倍。

它,习以为常。举个例子,我们现在流行的间谍故事,总用"bug"一词,它既指"虫子",又指代"窃听"。也许两千年之后,我们的故事成为考古出土的发现,人们把它当作"古代"故事赏鉴,或许未来的人就会嘲笑我们,居然用"虫子"(bug)一词!"他们那个时代多么无知啊!他们的信仰真的是认为万物有灵啊!想想一个昆虫居然能够倾听谈话,还能回应!"智者普林尼,大约生活在与迪奥斯克里德斯同一个时代,他要么是与迪奥斯克里德斯一样,被染料的起源所迷惑,要么就是如我猜测的这样,很自然地使用那个年代的通用比喻和象征语言。后者听上去有些不可置信,却应当是事实。普林尼在《自然史》中将克尔姆斯时而称作浆果(a berry),时而称作谷粒(a brain),却又同时也称其为"小虫"(scolecium)。

  无论如何称呼,这种小昆虫无疑是项大买卖。自古埃及人开始用骆驼从波斯和美索不达米亚进口这种昆虫以来,克尔姆斯的交易范围已经延伸到从欧洲到中国的所有人类世界。罗马人十分钟爱它,他们有时甚至要求用一袋袋的克尔姆斯来抵充税款。在罗马统治时期,西班牙运往首都的一半的税款都须以克尔姆斯的形式来抵充的——当时的人称之为"谷物"(grana)——另外一半大部分都包括到传统的小麦之类的谷物。有了这笔固定且有保障的需求来源,这项胭脂红产业的利润因而十分丰厚,采集克尔姆斯往往成为家族产业,并且一代一代地把它传承下来。克尔姆斯不像南美胭脂虫那样需要在太阳下晒干,人们只需用醋味熏其至死或是直接扔在醋坛中浸泡而死即可。不过,这方法并不完全见效。哈拉尔德·博默博士(Dr. Harald Boehmer)花了25年时间,试图恢复传统的土耳其天然地毯染色工艺。他告诉我,他会在织工的村庄旁边的树上采集野生的克尔姆斯,然后按书中所言,将它们浸泡在醋中,"但这些昆虫很喜欢醋噢!它们在醋里游泳,又跳出坛外。那一天,我的车后座上全是那些充满活力的小昆虫。"他告诉我。

在欧洲中世纪，谁要是穿着用新近从中亚进口的布做成的衣裳，就好比穿着一项时尚公告在身上。这种布当时被称为"深红"（scarlet），相当于那个时代的帕西米亚羊绒，极受欢迎，人们竞相效仿。但其中质量最好的却价钱不菲——至少是普通布料的四倍。有趣的是，"深红"并不总是红色的。有时，它是蓝色、绿色的，甚至有时还是黑色的，原因就在于英文"深红"一词的演变，尽管该词现在的意思是"红"，当时的含义却是"众人趋之若鹜的但唯有名流买得起的时尚物品"，演变的原因，正是克尔姆斯。

中世纪之前，克尔姆斯是欧洲最贵重的染料之一。画工们尽量不去使用它，因为早在特纳随意涂抹胭脂红之前的五百年，大部分人就都已知道这种颜色不牢靠，会褪色。但染工们十分钟爱它，因为最贵重的布料需要最贵重的颜色去搭配。还有什么颜色比胭脂红更合适的呢？有一种茜草（madder）的根，可以制成相对便宜的红色，那种颜色我将会在橙色中展开阐述。这种茜草红可以用于地毯和普通百姓的衣服，在阳光照射下也比较牢靠，只略微有点儿褪色。但它大多时候呈现出棕色，缺少人们如此推崇的丰厚的猩红色光晕。尽管绿色和蓝色色系也不乏鲜亮的颜色，但是，由于世界上最贵布料必须配最贵染料的心理定律，克尔姆斯仍然成为上上选。当时，"穿深红服装的女人"（a scarlet woman）便等同于"穿高档服装的女人"，一点儿也没有今天的"荡妇"含义。恐怕一些基督教徒知道对此感到恼怒，因为身着深红色教袍的基督教主教们，后来一直抨击这项世界上最古老的染色行当，教徒已经对此习以为常。

1949年，俄国考古学家谢尔盖·鲁金科（Sergei Rudenko）发掘西伯利亚的阿尔泰山（Siberia's Altai Mountains）附近的墓葬，其中有一项惊人的出土发现：一块编织于2500年前，至今为人所知的世界上最早的波斯地毯，它被称作巴基雷克毯（Pazyryk Rug）。它的存在，真是历史上极少的盗墓者"手下积德的故事"。公元4世纪，一伙盗墓者发现了这个墓，偷了许多可携带的珠宝。他们留下了这块毯子——很可能因为它有点重。但他们走的时候慌里慌张，顺手抽走绑门栓的丝绸之后，就让墓门洞开。这一下因祸成福，那个冬天，洪水漫进了洞——西伯利亚非常冷——地毯因此而冰冻起来，为它的永久保存创造了条件。这块毯子红色的底子上，编织着麋鹿和跃马的波斯骑手。科学家们判断，这红色正是染自于我们现在称作的"波兰胭脂虫"的染料，这也是一种与克尔姆斯同类的昆虫。顺便提一句，考古学家还在这里发现有一些用来吸食的大麻种籽和吸管——这使研究迷幻剂历史的专家们感到十分振奋。

新世界的昆虫

　　1499年，第一批欧洲人到达美洲大陆。七年前，克里斯托弗·哥伦布及他手下被晕船折磨的船员们第一次看到巴哈马群岛。14年后，1513年，空想家兼破产农民巴尔博厄穿越了巴拿马地峡，成为第一个从东边放眼太平洋的欧洲人。他再次前往该地时，和手下人一起建房播种，开垦荒地。征服者时代正式开始了，而后人记住这个时代，却是因为它的枪炮与贪婪，而不是它的建筑业和农业。

　　全副武装的征服者在新世界里发现了黄金和白银，也发现了红颜色。几年内，他们就从当地人手里盘剥并控制了整个胭脂红产业。像许多世纪前的罗马人那样，西班牙人很严格地收"红色"税，很快就做成了世界上有史以来的最大的颜料出口生意。在墨西哥，他们让当地印第安人来照料这些昆虫的生长和繁殖。印第安人不仅知道如何照料它们，更重要的是，他们把照料胭脂虫不仅看作一项差使，更将胭脂红奉为文化核心。萨波特克（Zapotec）语中，红色一词叫"tlapalli"，而"颜色"用的也是同一个词。在他们的传统文化中，谷物有多重要，红色就有多重要。

仅在1575年，就有大约八万吨制成固体棕色小球的红颜料运抵西班牙，运载这些颜料的船因而被称为胭脂红舰队。在之后的四分之一世纪中，每年的船运量都在50—160吨之间波动——那可是每年几万亿的昆虫尸体啊！数量不仅取决于天气和市场需求，也取决于当地工人的健康程度。一旦一只昆虫沾染感冒病菌，美洲的所有昆虫便都会受到袭击，整个红色昆虫产业就会极大地受到影响。

时尚界对于新原料的反应极其迅速，一夜之间，富有的欧洲人都要用这种当时称作"格拉纳"（grana）或是"红染"（in grain）的深红色染他们的布料。女人们也疯狂地要求这种红色作为一种极品化妆品。莎士比亚的《第十二夜》，写于胭脂红染料从伦敦港首次抵达欧洲之后几十年，其中有一个场景——当伯爵小姐奥莉维娅（Olivia）描述她画像中的脸颊涂抹的红色时喊道，"用红染，先生！那样才能经历风霜，历久不衰。"这里明显利用"红染"（in grain）与"根深蒂固地"（ingrained）两词之间的相似性在做文字游戏——也许两者之间真有天然联系——这样，伊丽莎白时代的观众就很容易将奥莉维娅看作是深谙当时化妆时尚的女人。16世纪，威尼斯成为最重要的红色交易中心。威尼斯商人把红色颜料转卖到中东，去做地毯和织物的染料，而威尼斯女人们的需求量也不可小觑。根据简·莫里斯（Jan Morris）在约1700年写成的《威尼斯》一书的介绍，城中当时只有约2508位修女，却有11654名妓女。毫无疑问，胭脂红会大有市场。

当我开始对人讲述我的胭脂红故事的时候，很多人都会很惊恐，或者至少有些惊讶，因为他们以前不知道这红从何而来。如果他们不是以前就了解到胭脂红来源的话，他们一定觉得很难相信这个事实。16世纪的欧洲人也有同样的问题。他们迫切地想知道这种绚烂色彩的来源，但西班牙人绝不会透露半个字。这是为了殖民者的利益，一种财富炼金术——就像保卫黄金一般小心地保守红色的秘密，这种方法相当成功，胭脂红逐渐走俏，价格与黄金相当。

但是，西班牙人没法永远保住这个秘密，最终，一个二十多岁的法国人——尼古拉斯·约瑟夫·蒂里·德·梅农维拉（Nicolas Joseph Thierry de Menonville）——做了最大胆的尝试，他居然在18世纪冒险刺探中美洲的胭脂虫庄园，将这昆虫的秘密传遍世界。他是单独做这件事的，全不听朋友和家人的劝告，法国政府只给了他少得可怜的补助。不过，后来政府为了嘉奖他的坚忍不拔，授予他"皇家植物学家"（Royal Botanist）的称号。

一个间谍在墨西哥

当蒂里·德·梅农维拉1787年写的《刺梨仙人掌文化论文……瓜哈卡旅行之前》（Traite de la Culture du Nopal…precede d'un Voyage a Guaxaca）一书，被我从英国图书馆古籍部中调阅时，书放在硬纸板做成的盒子里，上面标着"小心"的字样。当我轻轻地将书卷从这易碎的盒子中拿起时，一小片装订皮掉到了桌上，封面哗地一声散落下来——我希望，这是一大批研究者曾在我之前勤奋翻阅此书的良好迹象。此书现在是珍本，只在几个私人藏书室和国家图书馆有保存。如果不是19世纪早期的英国残疾冒险家约翰·平克顿（John Pinkerton）发现并翻译这本书的话，里面的故事恐怕早就从现代人的脑海中消失了——至少英国人就不会知道它，它会像特纳笔下的洋红色一样消失得无影无踪。这本翻译的书——收于1812年平克顿编撰的《最佳和最有趣的漫游与旅行》的第三卷——被夹在北美旅行的游记中间，那个时候，整个曼哈顿只有两千座房屋，在各个水域之间还有海龟来回爬行。

德·梅农维拉第一次听说西班牙红故事的时候，是一位生活在洛林（Lorraine）的十几岁少年。现在人们当然都对"胭脂红"背后的事物有了大致的了解，但16世纪的大多数人都错认为这是一种水果或是一种坚果，或者是其他什么东西，但谁也不会认为这是一种昆虫。1555年，英国旅行家罗伯特·汤姆森（Robert Tomson）拿到了去西班牙美洲殖民地的通行许可。回来后他就宣布："胭脂红绝非有些人说的那样是一种虫或一种蝇，它是一种长在特定灌木上的小浆果。"大约五十年后，法国作家尚普兰（Samuel de Champlain）还很笃定地解释说，胭脂红"来自于一种核桃大小的果子，里面全是籽儿"。这些令人产生歧义的描述与罗马科学家们1500年前的描述倒是如出一辙。德·梅家维拉知道这是一种昆虫，尽管他并不确切知道它长得什么样。他还知道他寄生于仙人掌上，尽管他也不太确定到底是哪一种仙人掌。

他的父亲和祖父都是律师——在他的家族里，似乎在律师以外唯一能够被认可的事业就是从事神职。但德·梅农维拉对律师袍和神父袍都不感兴趣，却对另一种布料感兴趣——最重要的是，他对如何染布十分感兴趣。他一拿到法律学位，就跑去巴黎学习昆虫学。在大革命之前的岁月里，他曾听过一些进步思想家的讲课，所以他很早就相信，科学绝不应当是古老陈旧锁于书斋限于精英的学问，而是应该直接造福于人民的事业。于是他那颗年轻的爱国心就怂恿他去阅读教士兼经济学家瑞纳神甫（Abbe Raynal）的政治作品。"胭脂红，虽然价格昂贵，应当激起那些在美洲土地上耕种的人们的极大兴趣，也应当激起——其他生活在温度适宜于这种昆虫和它所寄生的植物的地方的——人们的极大兴趣。"瑞纳这样写道。他还不无遗憾地写道：

"目前，新西班牙完全霸占着这项利润丰厚的产业。"德·梅农维拉于是就把这当作他的使命与目标——开始计划他的伟大探险：去偷出胭脂红背后的秘密。

在 1777 年 1 月，西班牙人的注意力转向了 13 个殖民地反抗英国的独立战争——这场战争对秘鲁和哥伦比亚很重要，因为这两个地方随后四年的起义反抗，直接地威胁到西班牙人对整个南美的统治——德·梅农维拉先是抵达古巴的哈瓦那，乘的是双桅帆船皇太子（Dauphin）号。由于他的船是从法属海地过来的，他看见港口密集的军队、要塞和堡垒，不禁心情紧张。"轰鸣的大炮张着无数的巨口"，好像全都在指向他，全都要来阻止他获取胭脂红秘密的计划。他没有意识到，当他们驶入港口时没有遵循——或者说事实上没有听见——当地的指挥官通过一只"扩音喇叭"用西班牙语要求他们在港外抛锚的命令，他们的这只船实际上处境十分危险，西班牙人差点向他们鸣放了"24 磅重的惩罚性炮弹"，而他们竟一无所知。

他带了"几件衣服，一些水果和其他饮料，但特别携带了大量的各种形状和大小的小药瓶、烧瓶、容器和盒子"。他还有一张太子港（Port au Prince）的护照，一封称他为植物学家兼医生的信函（"对于这两个头衔，我还是当之无愧的，我至少有从医执照，"他在旅行日志中辩护般地写道。确实他有证照，只不过，他的证照要比从医经验多得多。）他还有法国政府的口头支持，还有比口头上的支持少得多的财政支持："我只得到 4000 里弗（livres）多一点，远比海军大臣许诺给我的 6000 里弗要少：据说这是因为财政赤字造成的。"

他的下一个目的地是墨西哥——但西班牙人已经有所怀疑了。"难道你自己的国家里没有植物吗？"他们质问他。德·梅农维拉回答说，那里也有，但是中美洲有许多杰出的样本。然后，就是漫长的等待时间:整整六个月,对这位心急如焚的植物学家而言,"时间好像长了一副铅翅膀"。于是他决定采用一项新策略——这项策略很对他自己的口味。"假装我的坏脾气和反复无常的毛病又犯了,这本来就是人们对法国人的普遍印象,尽管我认为并不公平。我装作被这种长期闷于哈瓦那的无所事事的状态所激怒。"在接下来的六个星期中,西班牙人于是就天天看到这个高卢人一会儿唉声叹气,一会儿暴跳如雷,他们对于验证了心目中法国人的不良形象感到幸灾乐祸。谢天谢地,他们终于对这场景司空见惯,而且感到有些厌倦了。于是,梅农维拉得到了去墨西哥的珍贵签证。为了买船票,他在繁忙的哈瓦那港不停地穿梭,拼命打手势,还带着民族感情讲价钱,"可是邮船主人绝不会少于 100 元钱:这项要求真是太离奇了,但跟他讲道理真是对牛弹琴。对于我所有的理由,他都用一种完全只有西班牙人才有的冷酷与严肃的表情来反对,他甚至都不费什么工夫,雪茄还叼在他的嘴上,就已经掏走了我口袋里的钱。"

在维拉克鲁斯(Vera Cruz),他偶然发现了菠萝冰淇淋,并为此极其兴奋。他还发明了另一种方法:直接帮助了西班牙人的肠胃:由于球根牵牛(jalap)具有通便作用,所以需求量很大——尽管辣胡椒粉无疑能收到类似效果——小城哈拉帕(Jalapa)就是因为专门向整个墨西哥提供这种天然植物而得名。直到德·梅农维拉到达时,维拉克鲁斯城里患便秘的居民仍在花大价钱从 100 公里以外的哈拉帕城运进泻药。而这位年轻的植物学家来了,教他们如何在当地找到球根牵牛,这让当地人省了不少钱。

不仅是当地的球根牵牛被西班牙人当作药方。自西班牙人征服中美洲的第一年起,他们就已经将胭脂红既当染料、颜料和化妆品使用,又当作药物使用。西班牙菲力浦二世(Philip II of Spain)生病时,会将土鳖虫和醋混在一起,拿银勺子舀来口服。医生们很灵活:

他们还将这种混合液敷在伤口上,或者推荐它来清洁牙齿,根据菲力浦国王的医生弗朗西斯科·赫尔南德兹(Francisco Hernandez)的说法,他们用这种混合液"减轻头痛、心痛和胃痛"。很奇怪,今天的医药行业和食品行业似乎完全将胭脂红当作一种无害的颜色媒介,却完全忽视它在此前几千年里一直拥有的为人珍视的药用价值。

球根牵牛的发现使得德·梅农维拉一时间成为当地的英雄,他充分利用这一优势来继续他的"便衣侦察"——他发现山村小镇瓜哈卡[Guaxaca,现在的名字叫瓦哈卡(Oaxaca),发音是Wa-har-ka]是胭脂红产业的主要中心。但总督很快就对他的侦察产生怀疑,他要求德·梅农维拉必须乘下一班船离开,这一次,这位年轻的冒险家剧烈的痛苦反应全都是真实的。"我蜷缩在屋里的一角,病得十分厉害,是心里的病:我烦躁地来回踱步,不停地把我自己扔在坐椅上和帆布床上,在小床上摇来摇去,甚至故意把小床剧烈地晃动,我的头都快撞向天花板了。"他后来称这一阶段为"愤恨之声"。他又开始批评自己:"你四年来的计划现在即将毁于一旦:四年的时光耗去了,你选择的事业却一无所成,国王的慷慨仁慈都被你无谓而愚蠢地挥霍光了,你违抗了父亲、朋友和每一个人的建议,只身来此,现在却无功折返。"但此之后,另一种声音——也许可称之为理性之声,或者称之为愚顽不化之声,又开始浮现,提醒他,至少三个星期之内不会有船离开维拉克鲁斯。也许,如果他能抓紧时间的话,他能够及时赶往600公里之外的瓦哈卡。他在日志中给自己写下明确的指令:"你绝对必须,我对自己说,深入腹地掏虎子。即使你没有护照,即使路上停着吐火的恶龙,你也必须夺取金羊毛。"

于是,真正的冒险开始了:一天之后的凌晨三点,他爬上了城墙,开始了他的奇异之旅。他戴了一顶宽边帽,带了一串念珠和几件"整洁"的衣服,以便"装出只是出来短途散步而非长途旅行的样子"。他避开岗哨，与印第安人同行，不断地假装迷路，以便解释他缘何现身于此，又必须假装是个来自于法西边界的加泰罗尼亚人（Catalan），以此来掩饰他怪怪的口音。

崎岖的路，讨厌的天气，一路上没有吃的，还有各种洪水的危险，以及被西班牙国王的士兵发现的危险，都在他的胭脂红探寻之路上横亘着——这一切都没有让德·梅农维拉退缩过，可是，当他遇见一位美丽的印第安妇女时，他却有些犹豫了。"我想在她身上寻找一点瑕疵，但是——几乎完全赤裸的她，除了一条系了玫瑰色绳子带荷叶边的薄棉布小裙子和一件露着肩的女式汗衫以外，什么也没穿的她——真是完美无瑕啊。"得知她已婚并且有了孩子，梅农维拉只是觉得"她更加有趣，而且她的魅力更向我的感官施加一种无序的美感"。法国人几乎想要从口袋里拿出一枚金币去讨好她，但是那时他头脑里的理性的声音又开始大声喊起来——走吧，这声音说，否则你四年多的计划就会一败涂地——"于是我一句话都不说离开了小屋，也不敢再回头看一眼或让我的身体有丝毫停留，我叹息着，扭头走下去。"

几天之后，他找到了一匹马，一位随从，他获得一位"胖乎乎的，欢乐的"的卡迈尔修会天主教徒的帮助，了解了精确的方位。他来到一座叫做加里亚蒂特兰（Galiatitlan）的小村庄。正是在这里，他终于看见了，有生以来第一次看见了！仙人掌的叶片上，不正是他日思夜想，长途跋涉，历经千难万险寻找的宝贝吗？他立即跳下他的马，假装调整一下马蹬，顺势就溜进了仙人掌园子。这时，一位印第安园主朝他走来，他赶紧收敛起全身的兴奋，做出一付好像是无意路过的样子，与园主攀谈起来。他问这人，这植物是做什么用的。当他得到"为了培育格拉纳"时，德·梅农维拉装作十分惊讶的样子，并恳求能够看上一眼。

"但当他拿给我看时，我的惊讶之状其实是真实的，我原先期待着看见许多红色的小虫,但实际上,我眼前满是白色粉末的样子。"德·梅农维拉写道。这确实是他所找寻的小虫吗?走了这么多路,别弄错了呀?"我那时是一肚子疑惑,"他写道:"为了解决这些疑惑,我偷偷拿起一只在白纸上捏扁它,你猜结果如何?"它真的挤出一摊珍贵、鲜艳的带紫晕的红色。"一刹那间,我全身心地陶醉于欢乐和圣洁的情绪中,我赶紧离开那位印第安园主,给他两枚硬币作为辛苦的酬劳,我像匹小马驹一般一溜烟地骑上马,跑出好远。"知晓了红色来自于白颜色小虫,他"欣喜若狂,全身颤抖",他在日志中快乐地写道。建立庞大的法兰西颜料产业的伟大计划,令蒂里·德·梅农维拉的名字载入史册,这些梦想无疑充斥着他那天晚上的梦境,一夜辗转无眠。当然,这里头还交织着更实际的忧虑,"我必须将这种细小、脆弱、柔软而且极易被捏扁的小虫带到一个安全的地方:这种小动物,一旦离开它所寄生的植物,就再也无法生存。"

  年轻的探险家知道,不只是法国极端渴望得到这种染料的配方。如果德·梅农维拉能够把这些昆虫带回家,如果这项冒险很成功,他知道他能够出口到荷兰、英国和许多其他国家,这些国家的人早就觊觎并痛恨西班牙的垄断和高价。英国需要量大代价也最大。就在我们这位年轻的植物学家费劲地爬出维拉克鲁斯城墙之际,英国染匠们正陷入泥潭。英国的棉纺业本来非常成功,但是欧洲大陆却拿几百年来嘲笑英国烹饪的同样态度嘲笑英国棉纺业。在每年从西班牙进口到欧洲的大约三百四十吨胭脂红中,英国进口的就占了其中五分之一。这么大的量并不全是为了时尚。一位生活在伦敦的荷兰人在不经意之间发现:大部分胭脂红其实是被直接送往军用染缸做军服,这种印染方法可以遮掩人血的污痕。

  柯累琉斯·德雷贝尔(Cornelius Drebbel)其实根本就不在染料行业做工。1607 年的一天,他只是在实验室里凝望窗外,也许正想

156

第四章 红色

着世界上第一个"潜水"传动装置。他最终向世界展示了第一只潜水艇（或者至少是一只能在河里下潜的艇），可以在水下划桨，能在他的指挥下从威斯敏斯特划到格林威治，这次航行受到围观群众热情的欢呼。但这些奇怪的发明与荣耀都还是未来时态。在本书中提到的这一天，未来的荣耀尚未来临，也没有明显迹象要来临。德雷贝尔沉浸在他的思考之中，他无意中碰翻了一瓶玻璃温度计，里面胭脂红和硝酸（aqua fortis）的混合物泼溅出来，洒在窗台上，又洒到了铅锡合金做成的窗框上。令德雷贝尔惊讶的是，它变成一种极其鲜亮的红色。他又做了一些实验，用铅锡合金，后来甚至直接用锡做媒染剂，最终他与他的女婿亚伯拉罕·库夫勒合作，在东伦敦的鲍区（Bow）建了一家染料工厂。到了1645年，奥利弗·克伦威尔（Oliver Cromwell）规定，他的新模范军（New Model Army）统一使用库夫勒的料子，自此，英国军队就以红色军装著称了。洋红色细棉布的英国军官制服，正是用胭脂红染出来的，这一染法一直延续到1952年。因此，在1777年的纷乱岁月里，胭脂红自然是价值无限。任何一个年轻人，只要他获得了这颜料中的秘密，他将注定声名鹊起。

　　自第一眼见到胭脂虫后，德·梅农维拉立即来到山中的小城瓦哈卡。他恳求那里的黑皮肤的园主卖给他一些上面有寄生小虫的仙人掌叶子。他谎称这事很紧急，是制药救命用的呀！"他竟同意我爱拿多少拿多少：我二话不说，立即动手摘下了八片我认为最漂亮的枝干，每一枝都足有两英尺长，上面各有大约林林总总七至八片叶片，每片叶片上布满胭脂虫，使得叶片看上去仿佛是白色的一般，这真是一幅完美的图画。我亲自动手切下枝叶，装在我的盒子里，在上面又盖上毛巾……我给他一块钱……当他向我表示无比感激之时，我已经叫来我的印第安随从，赶紧把它们装入筐子，然后以闪电般的速度逃离。"

　　此时此刻，德·梅农维拉禁不住开始预想，一旦他的货物被发现，他可能会遭受到可怕的惩罚。西班牙法律是十分严酷的；走私偷运都会受到严厉的处罚，尽管他并不知道这惩罚可能会是什么样的，但他却知道对于造假者的惩罚是什么。如果说，造了几个假币将被处以火刑处死的话，那么西班牙人会想出什么招数处置这个偷运他们最赚钱买卖的秘方的人呢？恐怕也就可想而知了。"我的心跳得厉害：好像我正在偷取金羊毛，但同时又好像遇到了那条恶龙，它行使着守卫的职责横亘在半路上，正紧追着我的脚后跟而来：一路上，我不停地哼唱着歌曲中的著名唱段'最终我自己掌握人生'，我本应引吭高歌，可又怕被人听见，只好偷偷摸摸。"他小心地用其他各种植物填满箱子，开始了回国的旅程，这一趟旅程也是充满艰险，当局差一点儿就猜出了他的伎俩。

"巧合的是，一面镜子恰好悬在我的面前，我看见自己在里面的形象，邋遢得很，衣服也撕破了。我真是从心底里感到震惊，当然也从心底里感谢上帝，我居然没有因为这副尊容而受到盘查。在法国，我肯定会被当作一个劫匪而被警察拦下：在墨西哥，却没人甚至要求看一下我的护照。"他终于在离开之后的第十六天成功地返回维拉克鲁斯，而他在城里的朋友们还以为他出门去享受了一下邻近的海滨城市马德伦（Madeleine）的海水浴呢！

一周之后，他于黎明时分到达港口。"我并不是毫无恐慌，"他承认："而且，说心里话，这一天对我来说才算是最关键的一天。天刚破晓，我就将我那一箱箱的植物，连同所有的空箱子，从我的居住地搬出来，每一样东西都在六点钟之前运到了码头的大门边。我估摸着，这个点儿，那些好吃懒做的人必定还睡眼惺忪，士兵和军官则因为放哨放了一夜而很可能又转回他们的帐篷里打个盹，所有游手好闲或是快嘴好事之人，这时候很可能都在市场转悠，还没到港口！"他对街道的判断大致正确，街上真是空荡荡的，但是，由于他带着30个搬运工运行李,要想不引人注目,真是不可能的!海关官员要求看一下植物学家在箱子里都带了些什么,令他十分恐慌的是,突然之间,他身旁围了一队荷枪实弹的士兵,还有一群掩饰不住好奇心的海员和商人。德·梅农维拉一个个打开了他的箱子,做得仿佛他十分得意地炫耀自己的发现一般——真是让他大大地松口气,他利用他的吹牛本领逃脱了严格的审查。"卫兵军官祝贺我在研究和草药的收集上取得成功:那些盘查者用一种呆愣愣的羡慕表情盯着这些草药看,同时,他们竟如此文明礼让,尽管他们即使搜查,恐怕也很难搜出或毁坏我的宝贝,但他们却竟然没有主动去搜查其中任何一只箱子。那位军官头儿,对我配合检查的主动态度十分满意,告诉我,基本可以通过了。"

这并不是一项轻松的旅程——它耗费了漫长的三个月才到达海地的太子港——但当他最终打开箱子,用激动颤抖的手去检查他的珍贵秘密的生存状况时,他感到非常欣慰,一些虫子仍然活着。更主要的是,海军部给了他一直拖欠的两千里弗,他就用这笔钱在圣多明各(Santo Domingo)开了个自己的仙人掌种植园。而更富有戏剧意味,或者说有点儿残酷意味的是,他竟然在一次散步过程中——就在他住的房子附近——猛然间发现了当地的胭脂虫。

德·梅农维拉继续发表研究成果,研究的内容是,关于寄生在开红花、白花、黄花和紫花的仙人掌上的胭脂虫,哪一种更好(实际上这都没有区别),关于胭脂虫能够寄生于多少种不同种类的仙人掌(大约五至六种),以及关于墨西哥胭脂虫和圣多明各胭脂虫哪一种产出的颜色比较好(他自己也对这个问题犹豫不决)——直到他于三年后的1780年去世,那时他甚至还不到30岁。医生将他的死因归结为一种"恶性"病毒的致命袭击,而那些熟识他的人则有不同的说法,他们认为他是失望而死。国王——那个后来于1789年死于绞刑架的国王——已经封他为皇家植物学家,但德·梅农维拉没能成为他自己心目中的英雄。首先，出现了一些谣言，说他偷取了胭脂虫，他虽极力辟谣，但无济于事。后来，他寄给国王花园的货物全没了，装在"罗切勒马车夫号"（Postillon de Rochelle）船上，船却沉入了海底。他在同行中也不那么受欢迎：皇家医药协会（Societe Royale de Medecine）主席阿瑟德先生（Monsieur Arthaud）在他死后五年写的一篇悼文中婉转提及此事。"人们曾经批评蒂里先生的性格有点儿粗暴，趾高气扬和强硬……但这评价出自那些只说风凉话，不愿或不能认识到伟人特质的人们之口，他们只从外表上浮光掠影地看一个人，"阿瑟德还很有风度地补充说，尽管有些性格上的缺点，德·梅农维拉是一位法兰西英雄。德·梅农维拉在圣多明各精心呵护的仙人掌种植园——具有讽刺意义的是，只有野生的仙人掌存活下来——使得法国的胭脂红产业兴旺了好多年，直到19世纪70年代新的合成纤维染料问世，将这种颜色打入染料业的冷宫为止。

今天，在瓦哈卡，胭脂红产业几乎从地平线上消失[1]，但是，镇上的殖民传统保持得很完整，许多高大的建筑中都能透露出当年胭脂红产业的痕迹。宏伟的圣多明各教堂及其邻近的现在作为墨西哥最好的省级博物馆之一的修道院，都是用昆虫尸体换来的钱建成的。但城市的图书馆里很难找到墨西哥的红色颜料的历史信件和纪录。在管理员的帮助下，我好不容易才找到一本书——这是一本学校教科书，里面只有可怜的一页纸的关于该城红色产业的信息，甚至这段信息也是基于英国剑桥学者唐金（R. A. Donkin）的研究——而不是一位墨西哥学者。

---

[1] 有一个小种植园叫做"颜色"（Tlappanocochli），它位于米克斯特克（Mixtec）——墨西哥中部的瓦哈卡谷地。我在一个星期天去参观，可那时它不对外开放——从外观看，这显然是一个村级企业，完全比不上我在智利看到的大规模种植园。这是最近为了复兴这种传统刚刚建立的。

印 度 红

然而，德·梅农维拉自己却觉得这趟旅程真是失败。他或许可以自诩发现了当代的金羊毛，却没得到期待中的属于个人的财富。只不过他的工作激励了许多人，他们后来努力将胭脂红介绍给旧世界。英国东印度公司的经理们在阅读了他的研究成果后，感到异常兴奋，他们的眼前仿佛展现出胭脂虫大量繁殖的前景。这里头有一个巨大的市场：他们预计，如果设法自己制造红色染料，那就不仅能卖给欧洲人，还能卖给中国人——一百多年前，中国人就已经依赖传说中的"马尼拉大帆船"（Manila Galleon），从美洲进口这种红颜料了。这里头还有一个正在兴起繁荣的中亚市场：很久以前，那里的地毯染工就用胭脂红做过试验，到 18 世纪末期，胭脂红在中亚已经取代了传统的红色地毯染料。

18 世纪 70 年代，住在印度马德拉斯（Madras）的詹姆斯·安德森博士（Dr. James Anderson）大胆尝试，一心要成为大英帝国的胭脂红之父。他从英国皇家植物园邱园（Kew Gardens）引进了好几种不同的仙人掌，在写给英国本土亲友的信中，他曾十分欢快地描述了一位帕克船长（Captain Parker）的来访。"他发现自己处身的小树林中，竟有两千多种邱园植物时，居然一点儿也不惊讶；许多植物上面都有白色的'水果'（小虫），他居然毫不经意地采下吃了（原文如此）；直到他的嘴唇被扎满尖尖的小刺为止。"安德森博士的信中，总有一种传教士般的激情。他还把这些仙人掌运至更加遥远的殖民地，包括大西洋上的圣海伦娜岛（St. Helena）。这个岛十分有名，曾经是拿破仑的最后流放地。当时，岛上的总督罗伯特·布鲁克（Robert Brooke）写道，这些仙人掌"长得茂盛极了……我们有好几个品种了,我们现在只想要胭脂虫"。

每个人都想要胭脂虫。安德森博士不断地写信,想劝说英国政府拿出一笔钱做奖金,奖给任何一个可能把活的胭脂虫带入印度的人,可他的努力却全是徒劳的。1789 年,他在极度的失望中,写了一封信给约翰·霍兰德阁下(Hon. John Holland),告诉他"有 500 份关于《海上携带昆虫指南》(*Directions for Taking care of the Insects*)被出版社退回来了"。他希望推动获得一笔预算来翻译这份文件,"因为很明显,法国人并没有得到梅农维拉先生的小虫,就是因为他没能找到一种带根的植物,能够很好地在海上运输胭脂虫。"

然而,1795 年,每一件事似乎都已经改变。纳尔逊船长(Captain Neilson)将船驶入加尔各答港,他不仅带来了一些胭脂虫,还带来一个有趣的故事。这只船早几个月曾在里约热内卢停留,纳尔逊船长上岸到城郊漫步,陪他去的是一位"十分寻常"的葡萄牙警卫。他看见一片仙人掌种植园,叶片上好多小虫,于是想起了安德森博士寻求帮助的呼吁(他恰好五年前曾在马德拉斯驻守,属于第五十二团)。他于是假装是一位业余的自然爱好者,向当地人要了一些样本。等他到达印度,这些样本基本上都死光了,不过有一片叶片上却还残留下几十只病得够呛的小虫——大英帝国的宏伟新产业全靠它了!

东印度公司的经理们毫不含糊。尽管这些残本实在太糟糕,他们却已经做起了发财梦。威廉·罗克斯伯勒(William Roxburgh),是加尔各答植物园的园长,他负责饲养这些虫,一下子,印度次大陆上就飞满了关于胭脂虫的信件往来。安德森博士写给当地的总督诺巴特爵士(Lord Nobart)的信中这样说,"想一想吧,机会来了!能将你手中最没有用、最荒芜、最干旱的土地变成巨大的优势,只需鼓励仙人掌的种植即可。"可是,直到好几十年后,一次次的试验成果才最终向人们揭示,他们从巴西带回来的虫子比人们奉为至宝的"优质格拉纳"（grana fina）要差一大截，是一种次级品种。养殖这种虫子要花很多钱，但是，用一位观察家 1813 年时候的话，它"制出的色彩却并不鲜艳，一点儿也比不上从新西班牙那边运过来的颜色"。

虽然英国人的这项试验很有可能培育出纯印度产的胭脂红，并为特纳的调色盘增光添彩，然而试验还是被搁置了。不过，我有一次经过巴基斯坦的佛教遗址塔克西拉（Taxila）时，在散步中偶然发现，就在我眼前，有一片野生刺梨仙人掌，它的叶片上，竟趴着一只病恹恹的胭脂虫，这是我亲眼所见，说明不管品种如何，胭脂虫在南亚大陆上毕竟还是得以自然繁衍了。在美洲之外，成功"移民"胭脂虫的地方，是非洲海岸边的加那利群岛（Canary Islands）。19 世纪以后，那里曾有小规模的胭脂虫丰收。这个岛属西班牙所有，所以并没有破坏西班牙的红色垄断。但那时，胭脂红已逐渐被淘汰，垄断也起不了多大作用了。只有一些画家仍然使用这种颜色，包括劳尔·杜飞、保罗·塞尚、还有乔治·布拉克，其他人则很少使用胭脂红。19 世纪 70 年代，大多数颜料商停售这种颜色；大部分画家转而使用更亮、更厚重的新颜色。天然胭脂红则在今天卷土重来，铺满市场：人们将它涂抹脸颊，使之更红润；将它注入火腿，使之更诱人。

龙 与 象

特纳有许多颜料盒——现在分别保存于英国泰特博物馆，牛津阿什莫尔博物馆和伦敦皇家艺术学院，还有一些被私人收藏。这些馆藏显示，与他同时代的其他画家相比，他的颜色"弹药库"中有更多的红色。除了容易褪色的胭脂红——在几幅尚未褪尽的画上显示为深深的猩红色——还有许多从泥土中直接挖出来的天然红赭，这使得他的调色板上的红色显出深红棕色的阴影。他至少有 12 种从茜草根部提取的茜红，但大部分与胭脂红一样，都会褪色。特纳的时代，以及特纳逝后的 50 年，直到 1900 年，伦敦的画家们大多只能在市场上买到这两种红色。不过，特纳还有红铅，是通过加热白铅的办法制成的，又被称为铅红或丹红，有点近乎橙色。波斯和印度莫卧尔画家十分喜欢使用红铅。今天，他们的作品被普遍称为"细密画"（miniatures）：其实这中间有点误解，"细密画"这词其实与画的大小一点儿没有关系，而是源于画家们偏爱的"铅红色"（minium），按理说，该叫"红铅画"才对。

不过，特纳最喜欢的红色，却不是上述所有的红色，而是他的朱砂红，他笔下成形的人像和物品都用朱砂红。根据普林尼的描述，朱砂红是一只象和一条龙大混战之后产生的颜色。这两只恶兽总是打架，战斗的最终结果，是龙用它那蛇一般的自由翻卷的身躯，紧紧地缠在笨重的敌人身上，龙身上的花纹都嵌进了象的身体里。但当大象倒下之时，他的重量却一下子压扁了龙，结果龙与象都死了。它们的血混在一起就成了朱砂红。这是一个绝妙的比喻。朱砂红是由重汞与燃烧的硫磺制成的硫化汞化合物。它的化学符号是 HgS，表明硫与汞两种元素分量相等。银白的大象与吐火的黄龙，恰如水银与黄色的硫磺，两者混合，生成如血红的颜色。这个比喻妙极了。

罗马人喜欢天然的朱砂红。他们将角斗士英雄们涂成朱砂红的颜色；有钱的贵妇人会使用朱砂红制成的口红，甚至不惜为此牺牲健康。在节日里，众神与皇帝们的塑像也要用朱砂红粉刷一新。大部分庞贝的壁画用的是从赭石中提炼的红色，但庞贝富人和有权势的人家里面的装修则选择使用朱砂红。19 世纪初期，化学家汉弗雷·戴维爵士（Sir Humphry Davy）发现，罗马皇帝提图斯在庞贝的浴池，是漆上朱红色的——他声称，"这证明朱砂供皇帝专用"。古典时期最大的水银矿，是马德里以南 200 公里的阿尔马登矿（Almadan），罗马人就从那里获取朱砂红。两千年之后，该矿仍然是世界上产量最大的水银矿。

一个布满雾霭的秋日早晨，我去参观了这个矿。阿尔马登周围有许多形状各异的小山，山上有许多闪闪发光的云母。在我后来赴澳大利亚的旅行中发现，这样的矿如果位于澳大利亚，必定会是个神圣所在。即使是在西班牙，这里的小镇，特别是这里的矿场，仍然给人一种奇异的另类空间感。矿镇上有着如画的 16 世纪教堂残迹，矿里的主体却是些生锈的现代机器。

矿里的两位工程师何塞·曼努埃尔（"波多"）·阿莫［Jose Manuel（"Poto"）Amor］和桑图里诺·洛伦佐（Saturnino Lorenzo）带我参观全矿。尽管现在的工作条件早已今非昔比，但出于安全原因，他们仍不允许我下矿。没关系，我倒是很好奇，水银矿在地面上的部分究竟是些什么。我们看见有东西冒出地面。那是传送带从深深的地底将石头运上来，石头穿过一段露天地段，被运到炉子里。矿里的每个地方都有一股淡淡的臭蛋般的硫磺味：可以想象矿里的味道一定很冲。矿业公司现在都在地面上加工石头——不用在地底下先分类，这样成本更低一些。我们在传送带上看见的东西大多是不值钱的灰色物体，但大约每隔一分钟左右，一种深色的闪着银红光泽的石头就从地底下钻出来，在阳光下闪烁。"红色的石头是真正的朱砂。"波多确认："它们的成分大部分是水银。"

16 世纪的囚犯有两种臭名昭著的受惩罚方式：上船当水手或是到阿尔马登采矿，仅仅在这个红矿里待上几年——每天毫无保护地工作 12 个小时，而且没有任何通风设施的话——任何一个囚犯的身体里都会布满重金属而且死得很惨。作家曼努埃尔·德·法雅（Manuel de Falla）出版了一份被强迫在阿尔马登坑道中劳动直到无法直起腰来的吉卜赛人和囚犯的悲惨记录。今天的矿工——大约工作于地下 700 米处，比古代不稳定的矿道要深 600 米——但他们比古人幸运。他们一个月有六个八小时轮班,有全部的面具和通风设施,甚至可以指望在连续工作 20 年后退休。

我的两名向导邀请我掌起一只装着两斤水银的瓶子,说话的时候他们微笑着,好像掌握着什么秘密一般。最后,我必须双手齐上才能抓起这只瓶子,抓起来时人还有点晃悠:水银的密度是水的 17 倍。当新世界的殖民者在那里发现金矿和银矿时,他们首先就想到要找阿尔马登矿帮忙:水银是贵金属的主要纯化剂之一。波多和桑图里诺给我看一只大浴盆,就好像是一个水泥搅拌盆,里面满是这种奇怪的半液体和半固体的东西。"你可以把手伸进去,"桑图里诺说着,便把他的手伸进去做示范:"但要摘下手上的饰品。"是的,它无疑会立即吞噬我的戒指。我把我的手臂放入水银,在这纯水银中间打了几个转:这真是一种奇妙的感觉。进入水银的时候,就像进入一盆水。但当我企图挥动手时,就好像遇到了无穷无尽的阻力,恰似手推一头笨重的大象。

天然朱砂的色泽十分纯厚,罗马人就直接使用。但大部分使用朱砂的中世纪画家,却喜欢色彩更纯的加硫水银。"取出一种水银和一种白硫,1∶1 的比例,"一位 15 世纪手稿装饰技巧专家扎泽拉(Simone de monte Dante dela Zazera)说:"放入玻璃瓶,用陶泥完全包起来。再放到中火上烤,别忘了用软木塞封住瓶口。当你看见黄色的烟从瓶中冒出时,仍然封着别打开,直到看见红色而且几乎朱红色的烟,再从火上拿下来,朱砂红就这样制作好了。"当然,特纳与他的同时代人一样,太忙,以至于没有时间去弄些瓶瓶罐罐——他于是从伦敦一位颜料商那里买了大部分颜料。朱砂红有一个好处,它基本上不会变黑或褪色(除非曝晒于强烈的阳光下[1])。对于特纳这样喜欢拿着他的调色板刮刀直接往画布上大面积涂抹红色的人而言,这一

---

[1] 格腾斯(Gettens)观察到天然的朱砂较之人工合成的"湿法"朱砂较少可能变黑。

优点真是非常重要。[1]

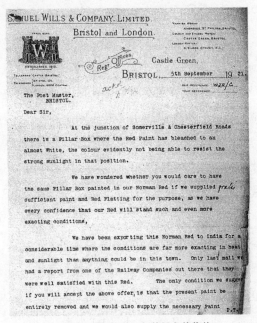

一封写给邮局的关于邮筒褪色的信件

邮局局长,布里斯托:

亲爱的先生:

在索姆维尔路(Somerville)和切斯特菲尔德路(Chesterfield)的交会处,有一只邮筒,那上面的红色已经褪成近乎白

---

[1] 华盛顿的国家美术馆的迈克尔·斯卡尔卡(Michael Skalka)说过一则逸事,朱砂被誉为可靠的颜料,因此而产生了一种特殊的朱砂绿,它不是红色的,而是绿色的,而且也不是用水银或是硫制成的。"绿色朱砂"或者叫"zinnobar",是铬黄(现在已经不生产了)和波斯绿的合成物,有时还会掺点白色。据马克西米利安·拓奇的说法,当铬绿第一次制造出来时,生产厂家故意叫它朱砂绿,"以图制造出它与朱砂红或天然朱砂同样持久耐用的印象。这个名字从此就固定了。"拓奇一点儿也不看好这种颜料,他说这颜料继承了其所含有物质的每一种缺陷。

色，原先的颜色显然经不起这里的阳光曝晒。

我不知道你们是否愿意考虑，将邮筒漆成诺尔曼红（Norman Red）。如果我们能免费提供足够的这种红色以及足够的红色抗反光剂，我有充分的理由相信，我们的这种红能够持久而且能在严酷的环境下生存。

很长时间以来，我们已经向印度出口这种红色，那里的自然环境，无论是热度还是阳光，都比英国更灼热。我们从那里的一个铁路公司得到的最新信件表明，他们十分满意这种红色。我们提出上述免费颜料的唯一条件，就是把现有的颜色全部清除，我们将愿意提供足够的颜料……

并非只有19世纪的画家才抱怨留不住红色，邮局也有同样的问题。早期的英国邮筒都漆成绿色，但人们抱怨说不太醒目，走路会误撞上去，因此在1874到1884年间，邮筒被重新刷成一种亮丽的红色硅酸瓷釉。但是，伦敦中心邮局的文档显示，不少信件抱怨这种颜色不是最好的选择。1887年，一位公众抱怨说，他家附近的邮筒变成了"粉白色"，并建议邮局试一试胭脂色。问题是这种颜色虽然醒目，却不能经受日晒雨淋，不能持久。1919年，一位诺丁翰（Nottingham）居民写信称，邮筒的顶部"好像覆盖了一层雪"，1922年，一位前海军军官提了个很实用的建议，他希望邮局学习海军的榜样，把邮筒的颜色换成暗一点但更能持久的一种颜色。每个人都知道邮筒的位置了，人们不再需要那么亮的颜色。他的建议未被采纳，因为有了更好的合成红色，就把所有问题都解决了。到20世纪晚期，红色的邮筒就成了一项英国的标志，当香港1997年回归中国时，邮局职工全数出动，到街上将邮筒全数换装，刷成一种新的祖母绿和紫的混合色。多多少少，这邮筒的新衣是一个帝国终结的温柔提示。

第四章　红色

特纳死于 1851 年，死在切尔西（Chelsea），距新的丙烯颜料的诞生也就只有八年时间。丙烯颜料是用石油化工提炼煤焦后的废料制成的，这种颜料既可以说是继续着人类寻找新颜料的探索之旅，从某种意义上讲，又可以说是创造了一场全新的全球化的调色板革命。特纳无缘于人工合成的绛红（magenta，音译是马坚塔，也是地名。——译注）和品红（solferino，音译是索费里诺，也是地名。——译注），两种都是 1859 年由英国化学家发明的，用奥地利人败给法国人和意大利人的战争发生地来命名。但即使在特纳的年代里，也有足够多的新颜色供他尝试，他几乎把所有的颜色都试过一遍。

伦敦的国家美术馆收藏了特纳最著名最宝贝的一幅作品——《战斗的泰梅莱尔号，它战毁前的最后停泊地，1838》，画家自己称之为"我亲爱的"。画的是一艘 1798 年建成有 98 门炮的战舰，它最大的辉煌是与纳尔逊（Nelson）的胜利号旗舰一起奠定特拉法尔加战役的胜利。当特纳画这艘战舰的时候，这只船因为经历了后来三十多年的相对和平时期，毫无用武之地，已经沦为面目可憎的残骸。这画今天挂在乔治·斯塔布斯（George Stubbs）壮观的巨幅现实主义作品《响外套》（Whistle-jacket）的对面——那匹纯血马的肖像大约与真马一样大小，从远处看，好像真是动物标本制作人的精品而不是一幅画家的艺术作品。

斯塔布斯的巨幅画上省略了天空，而特纳的画却专注于描绘天空，他要为他"亲爱的"战舰画上最美的最有感情色彩的天空。1859 年，在这幅画收归伦敦国家美术馆三年后，馆员们的便条显示，那时，它就出现了毛病。"在玻璃下面，此画保存完好，但在船体上出现了微小的（沥青）裂痕；太阳周围的颜色也产生了变化，"一位馆员匆匆记下了这些字句。这种颜色的变化是因为特纳为了达到垂死的船体上一轮垂死的太阳的最佳效果，毅然放弃了所有他所熟悉的颜色——包括朱砂红、深茜红、红赭，甚至那种淘汰的容易褪色的胭脂红——他的调色板刮刀这次刮出来的是一种全新的颜色，碘红（iodine scarlet）。

这种猩红色，或者就称为碘化汞，是由伯纳德·科图斯（Bernard Courtois）发明，他的父亲曾在滑铁卢战役之前发明过锌白。早有人提醒说这种颜色会褪色。碘红发明几年之后，特纳的朋友，化学家汉弗雷·戴维曾对碘红做过进一步改进，但他描述1815年的改进试验时，认为这种颜色"在光线下变化很大"。乔治·菲尔德评论说："要画红色天竺葵，没有其他颜色能与之匹敌，但它的美却与花一样短暂。"

不过，由于新鲜的碘红极其闪亮夺目，特纳还是很高兴地赌了一把。兴之所至，似乎只有用这碘红，才能对得起那珊瑚般绚烂的云霞，即使褪色也在所不惜。结果却使后人步入美术馆时只能瞪画思红，凭空意会，想象那份卓尔不群的美丽了。但对于特纳以及世界各地的颜色使用者而言，寻找完美红色的探索脚步，永远不会停歇，即使遇到风险，即使付出代价，又算得了什么呢？

第五章

橙　色

> 跳橙色之舞。
>
> ——德国著名诗人里尔克

1492 年 8 月 2 日，克里斯托弗·哥伦布从西班牙航行出发，去寻找一个新世界。不过，当哥伦布的三只船圣塔马利亚号（Santa Maria）、尼娜号（Nina）和平塔号（Pinta）从帕洛斯（Palos）港出发时，可真得小心翼翼，谨慎穿梭，因为要避免撞上几只在港内晃荡着的满载惊恐人群的小船。所有西班牙的犹太人，大约有二十五万左右，都被限令四个月内离开西班牙。这项命令是四个月零两天之前发布的，这时已经超过期限了。这些人无疑仓促而狼狈，他们深知拒绝离开的后果。即使在费迪南（Ferdinand）和伊莎贝拉（Isabella）发布宣言，称上帝要求西班牙成为一个纯天主教国家之前，西班牙就已经有不少针对犹太人的恐怖暴力活动，焚烧和殴打比比皆是，至少也要剥夺财产。前一年，正值 1391 年大屠杀的一百周年纪念之年，并没有发生更多的屠杀，西班牙犹太人团体（Sephardic community）刚刚略感宽慰。然而他们深知，有些事情一定会发生。导火索起于西班牙，一股恶毒的火焰在全欧洲燃烧。

最后时限已经过了两天，可这些人此时才离开。他们大多是手工艺人，既有皮革工人、染匠和珠宝匠，也有医生和音乐家，还有其他一些人，大多在这个国度生活了好几个世纪，因而难以接受举家迁离的事实，因而拖到最后。3月31日，皇家赦令发布，几天或几周之内，这些人在西班牙境内过完最后一个逾越节，纷纷围坐在家中桌旁，彻夜讨论着这次大驱逐。我想象着，在其中一只小船里，坐着一位年轻人，他的膝盖上放着一样用布包裹着的物品，很像一个小孩子的襁褓；他的口袋里有许多木柄的金属工具，小船在水面晃荡的时候，这些工具不停地敲击他的腿，而他却茫然无知，不知道这趟旅程的终点，究竟是会给他带来无法承受的剧痛，还是令人欣慰的未来。

这位年轻人，名叫胡安·莱奥纳多（Juan Leonardo），他将汇入这片建立新世界的洪流。但是，在1492年的那个温暖的日子里，他像哥伦布一样，并不知道他的旅行结果会指向死亡，还是指向新的发现。事实上，正如事实所证明的，这位意大利人的旅行最终指向了西班牙人的红色机密，这位犹太人则最终将发现一种神秘的橙色。

克雷莫那

导游书对克雷莫那的描述未免失敬。"不错的城市，只是有些单调"，这便是普遍的看法。它既不像它西边的米兰（Milan）那样令人兴奋，也不像它北边的那些环湖小镇一样景色如画。但我是带着任务莅临这意大利北部小城的。"跳橙色之舞！"这是德国诗人赖内·马利亚·里尔克在一首富有节奏感的十四行诗中的著名诗句（见里尔克《致奥尔弗斯的十四行诗》第十五首。——译注），全诗写的是一种水果和一种颜色，看上去很甜，实际上却很蛮横而具有挑战性。我记得诗句朗朗上口。在 8 月这样一个温暖的天气里，我念叨着这首诗，驾车前往克雷莫那，就是要去探访一下别具一格的橙色，能附着在乐器上使之动听的神奇橙色。一些世界上最伟大的乐器诞生于克雷莫那，但是迄今为止，那种使琴上的清漆亮丽如初的成分仍然是一个谜。大约1750 年，安东尼奥·斯特拉迪瓦利（Antonio Stradivari）制作橙色清漆的秘方丢失了，至今也没人知道他当初在配方里用了什么。多少年来，乐器制作人一直尝试着要找到这种配方，这种寻找已经成为有些人一生的痴迷。他们似乎相信，找到乐器外表的配方，就能找到乐器灵魂的钥匙，什么也不能阻止他们不断尝试制作一些极似斯特拉迪瓦利配方的东西。[1]有些人还奇思妄想地提议，既然小提琴充满生之灵魂与死之悲剧，所以必须用血涂抹其表面，才能制作出最好的小提琴。不过，干血比橙色更有棕红色的效果，所以血色很可能是一项比喻而不是一项实指。

克雷莫那位于波河（River Po）岸边。它一度很大，能与米兰匹敌；今天它却仅仅是米兰周边的一个卫星镇而已。但是这个地方有其魅力之处——它有一种半倾颓的懒状，还有在游客面前毫无装饰、忙乱吃惊的态度，这些都赋予小城一种真诚质朴的美感。城市中央是公社广场（Plaza del Commune），紧邻着一座 13 世纪的教堂，我到达该城的第一个早晨，坐在广场上晒着太阳喝着牛奶咖啡。我看见一个人骑车驶过。他的背上背着一个黑色的小提琴箱子。他跳下自行车，冲入

---

[1] 斯特拉迪瓦利（Stradivari）经常将他的名字拉丁化，写成"Antonius Stradivarius"，并且把这拉丁名字签在他亲手制作的小提琴上。

一家小提琴商店，我能看见他与一位中年人正在热切地讨论。小提琴的主人十分情绪化——琴马肯定出了点问题——制琴人正试着进行调整。这真是个典型的意大利场景，在这个城市里，每天都有无数类似的场景上演。因为这里是一处闻名遐迩的所在，曾经出过小提琴史上的三位巨匠——斯特拉迪瓦利、瓜纳利（Guarneri）以及整个阿马提（Amati）家族。这里的人们曾对小提琴视如己出、钟爱有加。

最令人欣慰的是，今天这里的不少人依然深爱小提琴。街巷漫步之际，能嗅出微风中飘浮着的松香味，能看见一家挨一家的小提琴制作人在摆弄着一片片薄薄的枫木。但我还是有一个问题，"为什么会是克雷莫那呢？""这座城市有什么特殊之处使之孕育出如此非凡的才能呢？""我不知道，"旅游办公室的一位女职员回答说："是不是我们比较幸运？"她猜。

克雷莫那并不总是认为自己特别幸运，才能拥有这项传统；事实上，多年以来，它好像一点儿也不在乎这种传统。到19世纪末期，小提琴几乎被人淡忘：就像斯特拉迪瓦利的清漆配方一样，有关小提琴的一切都已完全遗失。之后，本尼托·墨索里尼（Benito Mussolni）介入了。这也许是这位法西斯独裁者一辈子所做的仅有的几件好事之一，他的动机无非是他那有争议的民族主义理论，但他毕竟在1937年办了一所小提琴制作学校，还建了一座纪念克雷莫那城历史的音乐博物馆。

克雷莫那的斯特拉迪瓦利博物馆建得十分仓促，这从它的展览内容上就能看出来。老旧的木匠工具乏味地散在小提琴中间（却没有一把是出自斯特拉迪瓦利之手），如果说有哪个博物馆选的题材最有趣，做的展览却最无趣的话，这个博物馆真可算全欧典范。它展示了大师们制造小提琴的独特流程，却没给外行人做一丁点儿解释。不过，这馆里至少有一样东西让我觉得掏钱进来物有所值：一封斯特拉迪瓦利亲笔所写关于清漆的信。1708年8月12日，他这样写道："杰出的、受人尊敬的、受人爱戴的帕顿（Paton）先生，我请求您能原谅我的拖欠，因为我需要对大面积的裂纹涂抹清漆加以修饰，这样在太阳的照射下它才不会再次裂开。"信的笔迹显然出自于一位工匠而非一位学者；十分有趣的是，他信中的F和P的末笔全都有意卷起来，这与他在小提琴琴面上的每一个蜷曲的F末笔如出一辙。斯特拉迪瓦利的信末附着一张要价很高、几乎有点厚颜无耻的账单："我付出了辛劳，请付给我一个菲利波（filippo），其实这琴值更多，但由于我很高兴为您服务，所以对于这个数目，我也就满足。"

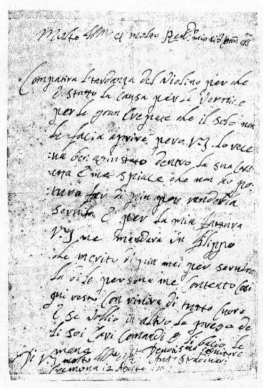

斯特拉迪瓦利关于清漆的信

那句"需要对大面积的裂纹涂抹清漆加以修饰"已经不知被多少世纪里的多少人反复拆分检验搜索，企图发现一点关于斯特拉迪瓦利秘密的蛛丝马迹——或许还有阿马提清漆的秘密。这种清漆必然是非常之软，因为它需要花很长时间去晾干。阳光曝晒是不是这种清漆的秘密呢？人们不免猜测。斯特拉迪瓦利的配方与约翰内斯·范·艾克（Jan van Eyck）的配方一致吗？范·艾克就曾把他的祭坛画放在阳光下晾晒——可一旦离开久了，那幅画就会裂成两半。

174

一个学生负责这个博物馆的前台。"为什么会是克雷莫那？"我问他。他耸耸肩，说他不知道。但他递给我一本很贵的关于小提琴历史的英文彩版书。我快速翻阅了一下，突然有一段话映入眼帘。这段话解释了这项制琴传统如何起于1499年，那一年，一位名叫乔万尼·莱奥纳多·达·马丁内哥（Giovanni Leonardo da Martinengo）的人到了克雷莫那。他是一位西班牙犹太人，擅长做柳特琴（lute），许多年以后，他把他的手艺传给两位兄弟：安德鲁·阿马提（Andrea）和乔万尼·安东尼奥·阿马提（Giovanni Antonio Amati）。大约在16世纪50年代，一位来自附近布雷西亚的音乐家别出心裁要在柳特琴上加一只弓，要学习阿拉伯人拉雷贝琴（rebab）一样拉琴而不是直接用手弹琴，为此安德鲁特别制造出第一批小提琴。两代之后，安德鲁的孙子尼古拉（Niccolo）就把这门技艺传给斯特拉迪瓦利和瓜纳利。

我意识到，这可能就是我的问题的答案。也许这项技艺起源于克雷莫那，仅仅是因为，某一天某个拥有此项技艺的人恰好来到了城门口，然后，这人恰好传给了少年，而两位少年恰好成长为业内大师。而这人恰好又拥有那年头很少有人知道的清漆知识。尽管没人知道这个配方源自何处，但这配方原先必定存在着的，而阿马提家族恰好又从这人手上学了去。

我们知道这位柳特琴制作人到达克雷莫那的年份,并且知道他必是 1492 年逃离西班牙的上千名犹太人之一。1526 年人口普查之时,他的作坊里已经有两位姓阿马提的徒弟,其中安德鲁只有 21 岁。然而除此之外,我们对他的了解微乎其微。我们不知道他的真实姓名:马丁内哥只是奥属意大利的一个小镇的名字,很可能他在那里生活过一段时间,所以借了名字过来,而莱奥纳多可能只不过是他受洗时的名字。从这名字判断,他可能是上千名转信基督教的犹太人之一。[1] 乔万尼则是胡安的意大利语发音。说白了,我们这位弦乐器工匠的名字,亦不过是几个元素的复合体而已。他这个人本身,就像他手中的柳特琴一样,是个复合体,由各个不同的部件组成。

我想,他第一天来到克雷莫那时,应该不是一个长途跋涉后精疲力尽的人,而是一个昂首阔步沿着布雷西亚大道(Via Brescia)向城中心走去的说书人,一路上吸引当地小孩的注意力。孩子们觉得他背着的那个会鼓起肚子的怪东西很有意思,就停下来央求他演奏。也许,他就会坐在路边,为他们弹一支民谣。不会太长,就像其他弹拨乐器制作人一样,他很可能从没把自己看作音乐家;但他也很可能因了乐曲而升起无限的乡愁,怀念起他逃离的那个家,想起他被逐出家园的伤心事实。

从被驱逐开始,直至到达克雷莫那,这中间整整花了七年。这些年来,他经历了什么呢?是被悲惨的流浪生活所征服,还是重新拾回自我,利用文艺复兴在欧洲兴起的氛围和环游欧洲的机会,吸收各地的音乐风格博采众长充实自己的艺术呢?不管是哪一种结局,这七年中间必定发生了许多事情,使得这位流浪者后来竟能将一种前所未有

---

[1] 在西班牙宗教裁判所时期,很多强制改变信仰者被送上法庭。如果他们被发现秘密信仰犹太教而被判有罪,会获得一个忏悔的机会。那些死不忏悔的人面临被绑在火刑柱上烧死;那些忏悔的人则是先被勒死,再被烧尸。

的优美技艺传授给两位意大利少年。我知道,逃离西班牙的犹太难民有一半去了葡萄牙。难民中有一位富人,他按照每人一个杜兰特(ducat)的价钱,向葡萄牙国王付了一大笔钱,换回这些难民在葡萄牙生活六个月的权利。但我希望,马丁内哥不是其中之一。因为六个月期限一过,葡萄牙国王像西班牙一样残酷地对待他们,他们中只有较为幸运的少数人得以逃离,开始一年中第二次悲惨的迁移。

我们的弦乐器制作人最终穿过地中海向东迁移,在他流浪之际,便不由自主地沿途收集对他的艺术有帮助的物件、颜色和经历。我能想象,他一路上都在调动他的创造力、实践力和丰富的个人风格。他不屈不挠地向东走去,最终到达了一片珍惜艺术价值的乐土。如今的艺术家们都有一种重拾旧日方式的怀旧潮流,所以人们对斯特拉迪瓦利橙色清漆的兴趣才有增无减。这种对纯粹"真实"的事物的追寻早已有之;艺术史上充满了怀旧情绪,大多是被这种追寻的过程所渲染。对于佚失知识的追寻常常成为许多艺术运动的原动力。维多利亚时代的人创造了新哥特主义,但所谓"哥特时期",其实不过是新艺术的创造者们头脑中想象的时期而已,中世纪又何曾真有过这样一段历史?!甚至罗马人的式样,还都被人称为新希腊风格。

也是根据同样的原因,15世纪末期的人们虽自认生活在一个重新发掘历史的时代,但在后世看来,那却是个误打误撞充满新发现的时代。画家与建筑师们忙着恢复古罗马精神,牧师们忙着重新掌握早期教会的辉煌。甚至海员们出航也不是要去探索未知,而是抱着重新发现的念头。哥伦布的最初信念不是去找到新的土地,而是去查找一条去亚洲贸易的可替换路线。因此,当我们这位才华横溢的青年艺术家穿越地中海,带着他那个时代的复古精神,迷恋着各种古旧的乐器材料,那些木头,那些油,那些颜料和那些清漆,他很可能仔细地收集沿途的音乐元素,为的就是重振一种古旧的乐器,使之完美无缺。

他，便是他那个时代里当之无愧的大师！

藏红花的私生子与龙血

犹太人在北非穆斯林国家比在天主教的法国更受欢迎。因此，马丁内哥的第一站很可能是一些地中海南部的港口，比如阿尔及尔、突尼斯和的黎波里。在这些城市的观光市场上，这位文艺复兴时代的难民将会首次为他的便携式画室加上许多潜在的颜色成分：一种很像金盏花的橙色的花。

红花是一种非常特殊的花：如果你在染浆中加碱，它就变成黄色；加酸就变成漂亮的绯红色，这正是最初英格兰捆绑法律文件的丝带用的那种"红色"。如今，"红带子"已经指代任何官场上的繁文缛节。在繁忙的北非市场上，交易者都知道这种颜色，这种知识已经延承了一代又一代，时间之长人们都已经记不清了。古代的埃及人就曾用它染木乃伊的外壳，这样，在升天仪式中涂油的时候，木乃伊就能呈现出油状的橙色。他们珍视这种红花，甚至还会将红花与柳叶编成花环放在亲人的墓前，使他们在死后获得安慰。

五千年来，人们都种植红花，采摘红花。但是，红花同时也是一种需要小心应对的植物。采摘红花的人必须从大腿开始穿着皮套裤，下面再穿上靴子，以保护自己不被花刺扎到。所以红花地里的采摘者很容易被人认出来。红花的刺十分讨厌，如果刺扎到联合收割机的连接处，几乎不可能把它拔出来。人们开玩笑说，唯一的解决方法，是"烧了收割机"。20世纪40年代，一位美国的红花种植人亲眼看见一只狗正在追野兔。兔子快被追上时，突然跳进一片红花地。狗也赶紧跟着跳了进去，可才几秒钟时间，这狗突然顿住，而且变得像小羊一样，小心翼翼地退出来，每挪一次只能慢吞吞地移动一只爪子。

对于颜色的使用者而言，红花也需要谨慎对待，特别是在你不找红花的时候，反而更容易上当。红花这种植物经常被误认为是一种更昂贵的黄色染料藏红花，以至于还因此得了个别名，叫做"藏红花的私生子"。事实上，没人能够百分之百地说清楚红花的祖先。究竟它是源于印度，还是北非，谁也搞不清。这两处地方都以红花的起源地而自居。也许是因为花色金黄，在印度和尼泊尔，都被看作一种神圣的颜色。我记得参观加德满都（Kathmandu）郊外的高大的博德纳佛塔（stupa of Bodhnath），细细地观察佛像纯白的身躯上怎么会沾上一圈圈铁锈一般的渍。最初我认为这是脏东西，是对佛像可耻的毁坏。但后来我才知道，这是一种标记，表示一名施主向寺庙进行捐献。擦洗这尊重要的佛像，需要好几筐红花，这种擦洗与在佛点燃几千盏油灯异曲同工，可以为布施人增加许多伽玛。

然而，无论犹太人怎样向他们的神祭拜牺牲，神却似乎无动于衷，不帮他们走出那15世纪90年代的艰难岁月。马丁内哥可能对北非存有疑虑，认为此地绝非可靠的避难之所。北非的摩尔人（Moors）曾禁止犹太人入城，逼得他们露宿荒野，大批饿死。因此，如果我们故事中的这位难民主角稍微有点钱财的话，他很可能会不作停留，而是继续沿着海岸线，寻找一个能够平和居住的地方。如果真是这样，那么，他的下一个主要落脚点，应当是亚历山大里亚，这个繁忙的港口以亚历山大大帝的名字命名，想必我们这位游吟的柳特琴制作人将能在此发现一个满是新奇物品的市场。唯有一条，必须避开西西里，西西里那时仍属西班牙王国，那里的犹太人后来也悉数被逐。

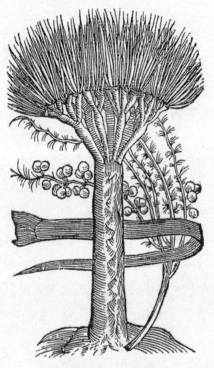

龙血树,17世纪木版画

178 来到亚历山大里亚的市场,想必令马丁内哥兴奋不已,其中有一种物品叫做"龙血",是从也门或者可能是从更远一些的今属印度尼西亚的岛屿上装船穿越红海运来。如果还有时间逛一逛,马丁内哥或能在市场上小憩一下,顺便听听这种棕红色粉末如何获得"龙血"名称的传说。只要花几个小钱,再花点时间倾听,人们就会连绵不断地诉说圣人、王子、公主和愤怒的绿色巨兽的故事,这些故事要多少有多少。也许他最终会很失望,归根结底,这粉末不过是一种特殊的"龙血树"的汁液。这树拥有这个名称,是因为它的树脂之黑,总叫人误以为,必是一种爬行类动物,才能分泌出这样黑的汁液。尽管切尼诺·切尼尼在一百年以前,就不喜欢这种东西,他还警告他的读者"别用它",但这种有色树脂直至今天,都是小提琴制作人的无价之宝。

北非和东地中海的市场上,各种坚果和种子中榨出来的油品种类繁多,令人眼花缭乱。蓖麻籽油取代了蛋彩画法,成了油彩黏合剂的新宠。还有从丁香、茴香、核桃、红花和罂粟花籽里提炼出来的油。[1]这些市场上想必还有大量的树胶和树脂出售,既有从北非松树上提取的山达脂(sandarac),也有从埃及运来的阿拉伯胶(gum arabic),既有从苏门答腊运来的本杰明胶[现在称作安息香胶(benzoin)],又有从阿勒颇(Aleppo)运来的黄芪胶(gum tragacanth),这种胶出售时的样子皱巴巴的,就像一枝枝小虫子一般细细的灌木。[2]树胶和树脂虽然都源于树,但两者并不一样。树胶与水混合之后,形成凝固的胶状,而树脂只能溶于油、酒精和松节油。就这样,在亚历山大里亚,我们的柳特琴制作人一下子见识了许多黏木头的好材料。

有一个故事在犹太人中流传很广,这个故事说,奥斯曼土耳其帝国的统治者贝扎二世(Bezar II)曾嘲笑过西班牙驱逐犹太人事件。据说贝扎二世嘲笑道:"你们怎么能把斐迪南称作贤明的君主?他驱逐犹太人,只会让他的国家越来越穷,反而使我的国家越来越富。"这故事看似有板有眼,却没什么依据,恐怕是子虚乌有,但是,它在受苦受难困惑无助的人群中传得飞快,用不了几个月,就传到了埃及犹太人社区,让大家感觉到又解气又慰藉。我想,也许这个故事就是促

---

[1] 罂粟籽油是从罂粟的种子里提炼出的,但它不像罂粟果荚提取的奶状汁液那样具有迷幻效果。罂粟籽油是医药工业的副产品。在大多数国家,这种油的出售都有严格的限定条件。

[2] 今天,安息胶(它的名字来源于古希腊词"山羊角",因为这种安息香树长得有点像山羊角)用于美容以及预先包装的食品,如冰淇淋和馅饼。

使马丁内哥离开亚历山大里亚,再次启程游历的理由。这一次,他的目的地,便是柳特琴的故乡——土耳其。

马丁内哥想必随身带着巴西木。巴西木本是一种十分珍贵的红色染料树种,产于西印度群岛,在欧洲价格高昂。几年后,葡萄牙人占领新世界,发现了这一树种,立即就拿这种树的名字来命名它的发现地,于是有了巴西这个国家。可笑的是,巴西木的地位从此却一落千丈,因为它受到另一种美洲染料胭脂红的挑战。18世纪,胭脂红横扫有机红色染料市场,令巴西木一文不值,成堆的巴西木烂在了码头。眼看巴西木一无用处了,可就在此时,小提琴琴弓的制作人发现了它。顶级苏木(pernambucco)是巴西最好的巴西木,就像铁一样硬,它是制作高级琴弓的最佳材料。英国著名的琴弓制作人詹姆斯·塔布斯(James Tubbs)就以其卓越的巧克力色顶级苏木琴弓而著称。有些人说,他是用摆得发酸的动物尿液染的色,我对这一说法亲自试验并予以验证,事实证明,这种方法只能使巴西木更像糖浆而不是巧克力,弄出来的颜色要比木头的自然状态略黑一点,但稍亮一点。也许,我与塔布斯的方法还是有点区别,塔布斯出了名地嗜饮,而我那天却没享用一整瓶威士忌。不过,在此声明,整个过程实在不宜推广。

马丁内哥发现了一艘驶往北方的船,穿越了地中海,之后带着他的巴西木一路走向土耳其海岸。途中,他会经过希俄斯(Chios)岛。这座与大陆一水之隔的小岛,正是"乳香胶"(mastic)的故乡。乳香胶是一种橙色的树脂,特别耐嚼,在弦乐器制作人的工具箱中必不可少,十分重要,在当时价钱之高,更让每个人目瞪口呆。所以,马丁内哥必定很想上岛一览,上岛可以,可是,如果这位流浪琴师还想亲眼一睹著名的乳香黄连木(Pistacia lentiscus)的话,那么他得到的回答,只能是镇上人略带忧伤的微笑。如果他不明白其中含义，人们更会对他摇摇头，再给他讲上一个故事。这个故事之悲壮，倒与他自己因信仰而被驱逐流浪的那份悲壮颇有几分相似。

故事说的是一位罗马流浪士兵，名字叫伊西多尔（Isidore），他在公元250年的一天来到希俄斯。他是一位基督徒，因此拒绝向罗马的神灵们献祭。当地的总督思前想后，不知该怎么处置这个古怪的人。最终，他决定，必须对他的傲慢施以惩罚。首先施以鞭刑，然后火刑烧死。但是，当罗马士兵们将伊西多尔绑在柱子上的时候，火舌在他周围飞舞，但始终烧不到他的肉体。于是，他们就把他绑在一匹马后面，让马沿着岛的南面奔跑，企图在石头路上拖死他；甚至连这都无法置他于死地，最终他们只得砍下了他的头。

故事接着说，这一刻，岛南面所有的树都为这位烈士流下了眼泪，树的泪水逐渐硬化，就变成了乳香胶。这种胶不仅用于绘画和乐器的金色清漆，还是一种天然的咀嚼胶。自古以来，人们每个夏天都会在小乳香树树干上切开口子，收集乳香胶，至今都是如此。口子切开后几个小时，这树就开始为圣伊西多尔流泪了，树脂便滴落在仔细清扫过的地面上。

整个中世纪，热那亚人、威尼斯人和比萨人一直为争夺这个岛和这种能赚钱的经济作物打仗。他们的每一次争夺，都让希俄斯人蒙难受苦。热那亚人最残酷，他们禁止任何人去碰那些树，有时还把触犯禁令的人杀掉，或者斩去触犯者的右手或鼻子。为了一种清新呼吸的胶，却被砍掉鼻子难以呼吸，这个惩罚既残酷又可笑。

15世纪后期，这个岛处于奥斯曼土耳其帝国的统治之下，这时的惩罚相对较轻。但是村民们仍被沉重的掠夺性赋税压得抬不起头

第五章　橙色

197

来。据说苏丹的母后有权在全帝国范围内索要任何她想要为后宫置办的东西。她对乳香胶显然很偏爱,每年,希俄斯要向君士坦丁堡进贡 300 公斤乳香胶。这么大的量,哪可能供一个人享用,要么就是后宫女人全都需要改善呼吸,喜嚼口香糖,要么就是太后偷偷卖掉牟取暴利。20 世纪 20 年代,法国旅行者弗朗西斯科·佩里纳（Francesco Perilla）描述他与希俄斯岛上的一家人共进晚餐。饭后,主人给他一块乳香胶,他就随意地放入口中咀嚼,谁知"年长的女主人突然叫我吐出来。我很不高兴。但无可奈何地照办了",佩里纳回忆说。"女主人居然就接过乳香胶径直放入她自己的嘴里,然后严肃地告诉我,说我咀嚼的方法不对。"更令这位法国客人恐慌的是,她甚至把她嚼过的那块乳香胶又从嘴里拿出来,"用一种很大方的姿态重新拿回给我,并要求我学一下'怎样咀嚼'。我提出所有我能够想得出来的借口,但是最终我很难说不。于是我把眼睛闭上,接受了这块乳香胶,并放到嘴里品尝。与此同时,我还必须向女主人示以微笑。"

乳香胶的耐嚼性获得了画家们的青睐。切尼诺用它来拔除青金石中的杂质,从而制成蓝色颜料,还用它将破损的陶器黏合起来。它能溶于松节油或酒精,制成绘画用的漂亮清漆。但乳香胶有一个弱点,它不能溶于油,18 和 19 世纪有许多材料被误用误判,乳香胶便是其中之一。所以,正如数十年后小提琴界都对斯特拉迪瓦利的清漆充满疑问一样,18 世纪 60 年代,美术界对鲁本斯、伦勃朗等古典大师的绘画呈现如此亮丽的颜色,也总感到不可思议。

18 世纪 60 年代,有一种"调色油"被发明出来,受到人们极度的追捧。这是一种乳香胶和蓖麻籽油的混合物,能制出美丽的黄油一般的清漆,黏稠度非常令人满意,一铺上画作,便能立即赋予绘画一种金色的醇厚质地。听起来,这调色油好像是个难听的组合词，有点像个拼凑起来的词，它还有另一个名称叫做"乳冻"（majelup），这很明显就是"乳香胶冻"（mastic jelly）的缩写，这个名称很形象，因为这种调色油确实很像果冻。约书亚·雷诺兹很喜欢用这种"乳冻"，但爱尔兰画家詹姆斯·巴里（James Barry）警告他，说人们其实是在"吹嘘调色油及其神秘性"。他认为，将乳香胶或是蓖麻籽油分离开来，它们各自用在绘画上都很完美，可两者混合形成的乳冻，却是一种十分危险的形态。1789年雷诺兹受诺埃尔·德塞凡斯（Noel Desenfans）委托，去伦敦的杜尔维奇美术馆（Dulwich Picture Gallery），临摹他五年前画的一幅肖像。当时他画的是女演员沙拉·西登斯坐在一张阔大的几乎有阳台那么大的躺椅上，扮作悲剧女神的样子。可他临摹得十分匆忙，并没有复制原画中20层左右的颜色，只是涂上了"调色油"，制造出一种让颜色十分厚重的感觉。有人说他可能很讨厌德塞凡斯，所以不愿意精心挑选材料。由于用了调色油，他的这幅临摹画过早地变黑，但这种发黑的效果，反而使画面具有双重的悲剧效果。如今，这幅画保存在杜尔维奇美术馆，这幅画的旁边，展出的是雷诺兹的另一幅画作：《带婴儿的女孩》（A Girl with a Baby），这也是一幅因使用调色油而变色的典型作品。这幅《带婴儿的女孩》被认为是一幅汉密尔顿夫人（Lady Hamilton）年轻时的肖像，怀中的婴儿是她的第一个孩子。杜尔维奇美术馆馆长伊恩·迪贾汀（Ian Dejardin）告诉我："这幅画褪色已经到了无可救药的可悲地步！可是，极富戏剧性的是，这种褪变效果，看上去反而像极了现代人心目中的早期雷诺阿作品。"他还补充说，正因如此，这画就成了"数目惊人"的参观者们的至爱。他们离馆后，对于雷诺兹是世界上第一位印象派画家的说法确信无疑，还抱怨说，画上不该贴上一条"作品受损"的标签。我想，他还没提那位永远

第五章 橙色

漫不经心使用材料的特纳呢！他也是这种富有欺骗性的胶粘材料的热衷者和受害者之一啊！

为茜红而疯狂

马丁内哥离别希俄斯时，看遍了忧伤的居民，承载了太多的悲情，继续向北航行。他到达了君士坦丁堡，也就是现在的伊斯坦布尔。在他之前，已经有上千名西班牙犹太人来到这里，他们开了商店，建了自己的犹太会堂，既纪念那些逝去的人，也欢庆现在的新生。这里虽非犹太人的福地，可至少是片安全的所在。马丁内哥想必在此地萌发过结束流浪的想法，他很可能想在这里的犹太人聚居区里找个地方住下，贴个制作乐器的海报，供人娱乐，了此一生。他几乎已经真要做起这项营生了。然而，据我推测，他不久就发现，他没法抵挡探索整个城市的欲望。19 世纪时，柳特琴正是从阿拉伯运往西班牙的，英语"柳特"一词就来源于阿拉伯语"乌特琴"（al-ud）一词的发音。柳特琴虽然源于波斯，但土耳其的"萨兹琴"（saz）与此琴如出一辙。所以，我们这位柳特琴制作人自然兴趣盎然，要去看看当地的乐器。

他闲步走入一间卖果冻的店铺，慵懒地坐到地毯上吮吸着甜饮料，听着曼妙的奥斯曼音乐。他可能会四处看看身边坐在地毯上的人，这些人来自中亚各个国家，从亚美尼亚到撒马尔罕。此时的他可能会感觉自己漂浮于一片蓝袍与红袍的海洋上。蓝袍来自于靛蓝，红袍来自于欧洲胭脂虫克尔姆斯（kermes），但大多数最醇厚的橙红色是由一种根部呈粉红色的小灌木制成的，这种橙红被称作"茜红"。

土耳其音乐

马丁内哥想必很喜欢茜红色涂在柳特琴上的效果，琴身呈现出精雅的橘红色。估计他一点儿也不想将琴涂成黄色，所以想一遍遍地多抹一层，再抹一层，使"外衣"更深一点，让色调变成更温暖的橙色。他的颜色选择自有理由，可能是为配合音调，可能是为追从时尚，但我想他的选择颇有深意。自1215年开始，黄色便与欧洲的犹太人过不去。那一年，教皇英诺森三世代表第四届拉特兰会议宣布，男女犹太人都必须佩戴黄色徽章。这一举措后来被纳粹效仿。"二战"期间，犹太人备受迫害，被迫屈辱地佩戴黄星标志。马丁内哥的时代，教皇的罪恶法令已在整个欧洲大陆颁行。[1] 在西班牙，之后在意大利，马丁内哥很可能也被迫佩戴过这种标志，在有的国家，他还戴过同样屈辱的黄色帽子。所以，若让马丁内哥选择柳特琴的颜

---

[1] 1217年，大约在教皇宣布犹太人必须佩戴徽章之后的两年，英王亨利三世下令犹太人必须佩戴白色尼龙或羊皮的徽章，代表写有"十诫"的小石板。

色，他能喜欢纯粹的黄色吗？

为了使柳特琴的表面达到鸡蛋黄一样半透明又十分厚润的颜色效果，马丁内哥购买了茜红。茜红是茜草（Rubia tinctorum）的根部，每一根的直径像一支铅笔那样粗，但比铅笔要长。茜草的根部长得很快很长。17世纪时，荷兰是欧洲生产茜红最多的国度。在围海造出的田里如若茜草的根扎得太深，蔓延至堤坝上，就可能毁坏堤坝，引发洪灾。于是荷兰颁布法令，硬性规定农民们在自己的土地上种茜草，必须两年就收割一次。但在北欧那缺乏阳光的干冷房间里，茜草晒干后便缺乏厚润感。而土耳其的柳特琴制作人买来茜草，在阳光下晒干，这里的阳光赋予茜草绝对的厚润感。然后，再用杵臼研磨它。第一遍研磨出来的，是最便宜的茜红，第二次研磨出来的，是一般品质的茜红，第三次研磨，则要研碎茜草的根部，这才是最好级别的茜红，荷兰人称之为"krap"，英语就照搬照抄音译成"crop"（庄稼）。

大部分今天的画家会对我把茜红放在"橙色"这一章中叙述，不太理解。对于画家而言，茜红代表一种亮丽的粉红颜色。但如果染匠们将白色羊毛放入茜红的染缸里，再加点儿明矾使之更稠，出来的颜色极像红发美人的靓丽发色。我记得在纽约参加过一个展览，展示著名建筑师弗兰克·劳埃德·赖特（Frank Lloyd Wright）对日本的迷恋，展中有一件古典日本长袍的残片。这些残片是在赖特死后20年发现的，发现时它们挤在旧的行李箱里，"就像抹布一样捆在一起，弄得皱巴巴地，而且很脏"。17世纪的茜红色在这些乱七八糟的袍子残片上已经快褪成棕色了，但那些没被太阳晒到的边边角角，你不时地可以观察到它原先的辉煌：竟是极为鲜亮的橙色，就像成熟的秋天一样明亮。

19世纪初期，伦敦颜料制作人乔治·菲尔德发明了将茜红制成粉红色的压力过滤法。直到今天，温莎和牛顿公司的制作方法也与此大致相同。我参观了他们在哈罗的工厂，发现了一间"茜红室"，这真可谓是一间茜红仓库：它的面积非常人，到处都是玫瑰色的泼溅。如果它的颜色更深一点，就绝对能够模拟一个大屠杀的场景而乱真。可它的颜色恰恰并不那么深，又如此美丽，所以绝不可能是屠杀后的遗迹，相反，它给人的感觉，更像是我们撞碎了化妆室的大镜子，掉进了镜子后面的一大盒子胭脂粉里一般。

整个过程极其费时，即使今天有了机械的协助，也无法改善多少。从伊朗的船运来茜草的时间算起，要花上三个月时间，标着"纯正玫瑰茜红"的颜料管才能出厂。乔·乔伊斯曾做过多年的颜料盒工厂的导游，他讲道："画家们总抱怨茜红太贵，我就告诉他们，他们已经很幸运了。如果生活在两百年前，他们得自己去清洁、去碾碎并且自己去寻找合适的黏合胶，然后才能使用这种颜料。"我看着巨大的机器忙碌地碾压、翻炒、混合、烘干，然后压制成两层，我真感到怀疑，如果真是在家制作颜料，能制作出来吗？根据菲尔德的传记作家约翰·盖奇的说法，菲尔德可能受到17世纪威廉·哈维（William Harvey）的血液循环理论的启发。当年那个受到菲尔德启发的房间里，布满了管道和水泵，还有一个完全按规则跳动的机械脉搏。

菲尔德的压力过滤法，简单地说，是先将碾压过的茜根放在橡木桶里洗净，然后与明矾和水混合，直到看上去它有点像泛着泡沫的西瓜汁。然后与爱尔兰尼龙线一起浸染五天。五天后，它摸上去就像最昂贵的面霜一样，丝般柔滑，几乎无法触摸。再用菲尔德的专利木压模将水挤出来，然后放到炉子上。用木头制作桶和模具，而不用金属，是因为这种混合液不能接触任何金属物质，否则会起反应而影响最终的颜色效果。模具的制作人大多遵从同样的配方，但在15世纪时，人们也用小的玻璃烧瓶，慢慢地在火上烧上好几天。一些外行人看着，很可能认为他们是炼金术士，正在燃烧奇特的秘方要点木成金。

我能上楼看看吗？我问，因为我对已经看到的烧锅和大桶很着迷。"对不起，那是个秘密。"我得到了这样友好但十分肯定的回答。这句话本身更让我着迷——今天，如此多的信息已经为公众所知——然而，这家大型的颜料制作公司却仍能保守住这种传统颜料的制作方式的秘密！

"对不起，那是个秘密。"很可能，当马丁内哥在君士坦丁堡的地毯上看到耀眼的橙色后，也询问染料的制作过程，而土耳其人给予他的是同样的回答。不过，据说奥斯曼时代的人说话更粗鲁一些。毕竟，"土耳其红"是染料世界保存得最好的秘密之一，欧洲的染匠们好几个世纪以来都试图通过行贿、谈判，甚至还派遣过为数不少的间谍来获取这种染料。18 世纪早期，年轻的化学师蒙索（Henri-Louis Duhamel du Monceau）差一点发现了答案。他发现，如果他给鸽子喂茜草，这些鸽子的骨头都会变成红色，说明正是骨头中的钙与这种红色结合，因而留住了颜色。但是，最终仍是荷兰人在 18 世纪 30 年代找到了染色的配方。之后，法国人于 1747 年也找到了配方。[1] 英国人在这方面比较落后，最后来自鲁昂（Rouen）的两兄弟路易·博雷利和亚伯拉罕·亨利·博雷利 1787 年来到曼彻斯特，主动把土耳其红的秘密提供给该城的贸易委员会，英国才算得到了配方。

英国得此配方还算是及时，18 世纪 90 年代正是红手帕风行的十

---

〔1〕 法国制衣人雇用了一些来自于萨洛尼卡（Salonica）的希腊人，来帮助他们找到配方。萨洛尼卡自马丁内哥的时代以来就一直是一个染料业与制衣业的中心：这也是西班牙犹太人定居并开始他们的事业的地方。

年。今天,这些鲜亮的棉布手帕很少有人携带了,但曾几何时,格拉斯哥的1500架织机,好几大染厂都全力生产这种帕子。红手帕大部分出口,卖给印度、远东和西非的穷人,好多是为奴隶们定制的,给他们用作汗巾或是包裹午餐。小部分卖给英国的水手。1806年的特拉法尔加战役之后,著名画家本杰明·韦斯特(Benjamin West)在他自己家里举办了一场公众展示,请大家欣赏一幅史诗巨画《尼尔森之死》(The Death of Nelson)。[1]画上的主角戏剧性地死在画面中央,但四角上都是普通水手,正在火热的战争背景中忙着他们自己的事情。他们戴着红手帕,有的戴在头上,有的系在腰间,最流行的方式是在脖子间打一个松松的结。这种流行的盛况,使人很难想象,竟会有许多染厂不久后便破了产。然而这确实是时尚业的残酷事实。新的时尚运用了当时一种很新的技术,称之为"拔染印花"(discharge printing),这种方法先用茜红染布,然后用酸,按照固定的花纹将部分红色漂白,就因为没法在红底子上加上白点,不少公司纷纷破产。最后,还可在漂白的部分印上一层其他染料。如果是黑色,就用洋苏木,黄色就用波斯果(Persian berries),蓝色则用普鲁士蓝效果最好。

染帕业盛极一时,到19世纪早期,在茜红染匠们搬出格拉斯哥来到利文谷(Vale of Leven)之后,逐渐衰落下来。有两个原因促使他们搬离。一是格拉斯哥污染太重,无法继续进行印染。这一点,我都能想象得出来,那些小小的红白色方帕子拿出来晾干时,如果被污染的空气中充斥着微小的黑色颗粒,新手帕肯定立即变得好像有人在上面擤过鼻涕似的,哪能再卖出去呢?二是印染业造成了格拉斯哥的污染。土耳其红的秘密配方对周边社区的环境有害无益。它需要动用

---

[1]《尼尔森之死》,现藏于利物浦沃克美术馆。

明矾、锡、钙、丹宁酸、牛血,还有一种最令人恶心的成分,就是要将纱线放在腐臭的海狸油里浸泡后,再浇以羊粪或牛粪。用这种有史以来发明的最复杂的染法,染上三个星期或更长时间之后,布和染料都会散发出一种非常奇怪的恶臭味。[1] 欧洲大陆将染成亮丽茜红色的秘密配方称作"krap",这是延续荷兰人对茜红的称呼,其初衷并非要一语双关。但这一发音一旦挪在英语中,正与"crap"(粪)同音,便确确实实一语双关了。染色的过程中不正是粪不可缺且粪香四溢吗?

茜红的繁荣没能持续多久。尽管苏格兰佩斯丽(Paisley)小镇的橙色芒果花纹盛极一时,尽管法皇路易·菲利普下令染红所有法国士兵的帽子和裤子以维持茜红染业,尽管人们仍然追逐橙色时尚并乐此不疲,可是,新的科学发明的到来,仍然敲响了这一天然染料的丧钟。1868年,伦敦茜红染料的价钱是每100磅30个先令。1869年,降到8个先令。这是因为德国人卡尔·格雷贝和卡尔·利伯曼从天然茜草中提取出了人工茜草素(alizarin)。一夜之间,世界上的茜草好像都倒了霉。直到最近,天然茜草才有一次小小的重要复兴。

这次复兴的起源在1976年,一位名叫哈罗德·波默的德国化学老师去土耳其教书。他对于那些难看而肮脏的地毯感到震惊。"我想,织这么些难看的东西,真是浪费时间。为什么我们不能用古代的染法呢?"话音刚落,他便意识到,其实无人知道古人是怎么染的。一些偏远村庄的妇女用茜红染地毯做嫁妆,但染出来的颜色

---

[1] 布拉德福特的颜色博物馆引用了19世纪早期一位工人描述土耳其红色染匠的话:"我对从邦尼尔桥到染工磨坊那一段沿河的路印象很深。这段路人声鼎沸,人们三五成群地走着,都是上班和下班的工人。当染坊在晚上关闭时,你能从那些擦肩而过的下班工人身上闻到染坊的味道。"

却变得发棕,一点儿也不好看。于是波默决定自己去搞点小侦察。他利用书籍、实验,还有一些专业染工的友好建议,终于弄出了点名堂。用个比喻来讲,波默找到了"遗失的清漆"。他甚至还发现了一种制作茜紫的方法。此后很长时间,他把这当作自己的商业秘密不予外传。[1]

　　三年后,他和妻子带着装满配方的文件回到土耳其。他们建立了一家公司,名叫"DoBAG"。20年后的今天,公司雇了100名织工,激发了更多人使用天然染料的兴趣。波默博士向我解释了这种影响力:"合成染料只包含一种颜色。但在茜红里头含有红色和蓝色,甚至还有黄色。这样,红色主色调就显得柔和,同时也更有趣味。"我想起了我在温莎和牛顿工厂看见的一幅照片,上面是一株放大了240倍的茜草。它是橙色、蓝色和红色的混合体,犹如翠鸟的翅膀一样,确实像一场所有颜色欢聚一堂、充满想象力的聚会。

　　今天,"DoBAG"公司的影响甚至传到了巴基斯坦边界的阿富汗难民营。那里的织工们正在学习使用他们的老祖母们曾经用过的染料。"他们必须这样做,"一位白沙瓦(Peshawar)的地毯商告诉我:"合成色的地毯卖不动。"甚至整个茜红产业都重新兴奋起来。最初波默博士和他的同事以挖路边生长的野生茜草的根来染色。"但不到一年:整个产业在土耳其兴起:因为需求不断上升,"对他而言,最大的改变是在农村。"突然之间,女人们有了钱,于是最终她们有了一点权力。"是不是有钱买个地毯做陪嫁了呢?"地毯?"他大笑。"哦,现在主要的嫁妆才不是地毯呢!是冰箱。"

---

[1] 基本上是在茜红里头加一点柠檬汁,再混上明矾,晾置一夜。

意 大 利

如果说 15 世纪末的欧洲正经历一场转变的话，意大利无疑是这场转变的先锋。建筑、技术、科学、艺术以及音乐，几乎所有人类曾经探索过的领域都被重新发掘。1498 年，威尼斯的奥塔维亚诺·彼得鲁奇（Ottaviano Petrucci）用活字印刷法印制乐谱；与我的故事有关的是，伟大的探索者哥伦布的儿子斐迪南·哥伦布（Ferdinand Columbus）大量收集了彼得鲁奇的乐谱。奥斯曼帝国在文化上是贫瘠的，但在意大利，那些美妙的音乐正在萌芽。意大利散发出的无穷魅力，我们的柳特琴制作人怎能抗拒？于是，他又出发了，这一次，他来到了威尼斯港。

马丁内哥的行囊中，如今全是颜色样品，他还会在威尼斯采集更多。著名的威尼斯松节油采自落叶松，想必马丁内哥会自己买些固体树胶融化松节油。更令人激动的是，这里还有从北方运来的昂贵琥珀。这些琥珀是从波罗的海海床里泛上来的 3000 万年历史的树脂。就像乳香树使希俄斯岛上的居民蒙受灾难一样，这些琥珀也曾给海边的居民们带来了许多灾难[1]。琥珀受到强烈摩擦后，能够吸附灰尘，这是它的一项有趣特性。希腊人称之为 "*electron*"（带电），于是今天的 "electricity"（电）这个词就引申自这个古希腊词。

琥珀是否用于克雷莫那小提琴，这个问题已经热烈地讨论了两百年。1873 年，查尔斯·里德（Charles Reade）写了一封雄辩而且观点强烈的信给《派尔－麦尔公报》(*Pall Mall Gazette*)，澄清斯特拉迪

---

[1] 13 世纪，令人颤栗的条顿骑士团（Teutonic Knights）会杀死任何一个不经允许采拾琥珀的人。

瓦利清漆之谜，以及为什么这一主题吸引了那么多人寻觅的原因。他写道："有些人已经大喊找到了'Eureka'！"但自从他们发表了各自的理论之后，"只是招来四面八方的嘲笑。"他说，有些人确信，此秘密在于将琥珀放在松节油中燃烧。"为了说服我，他们还用一把旧的克雷莫那小提琴与他们的袖子摩擦，然后把琴放在鼻子底下，说闻到了琥珀味。此时，为了捍卫知识的尊严以及我对真理的热爱，我就用力去摩擦小提琴，也立即放在鼻子下面，可是我一点儿也没闻到琥珀味。"他的结论是，秘密在于要刷四到五层清漆，然后再用一层乳香和龙血最后涂抹一层（"形成微小的色块，比红玉还深，像水晶一样透明，像红宝石一样热烈。"），他又补充说，这些配料很难找到，"但你若拿出第欧根尼寻找老实人的精神头，你必能搜寻得到。唯一不同的是，第欧根尼居住的城市不像伦敦这样恶贯满盈。"

除了伦敦，威尼斯也是一座恶贯满盈的城市。威尼斯人对犹太人充满偏见。莎士比亚曾在《威尼斯商人》中淋漓尽致地描绘了夏洛克这样一个充满偏见的威尼斯人。一个世纪之后，他们仍然与夏洛克一样。可想而知，马丁内哥一定不想过于为当地人瞩目。于是他不断地游走。有一天，出于历史所不知道的原因，他游走到了小城克雷莫那。在那里，他发现了足够友好的欢迎和对音乐的足够的兴趣，于是，他决定留下来。

一旦他发现了一间好的工作室，马丁内哥就会去买或是去借一些长凳、桌子和夹子。他打开行囊里的宝贝，然后着手开始工作。在克雷莫那，有其他许多有用的颜料和材料，从当地松树上可以采集松节油，当地人都说，这是世界上最好的松节油之一。这里还有蜂胶，这是蜜蜂从树脂上采集并保护蜂巢不受侵犯的黏性物质。如果一只老鼠进入蜂巢，蜜蜂就会杀死它。但因为老鼠的身体太大，难以搬运，也因为蜜蜂们不想让这么个东西在蜂巢里发臭，它们就用蜂胶将死鼠做成干尸。人们把蜂胶用作解毒剂，或者用作清漆的原料，防止小提琴受虫蛀。就像蜂蜜一样，每一种蜂胶都不一样，取决于当地的植被。据说克雷莫那的蜂胶是非常好的蜂胶之一。

早期克雷莫那清漆的奇迹在于，它不仅使得枫木和云杉木看上去很美丽，而且使得音乐更美。知名小提琴泰斗查尔斯·贝尔瑞（Charles Beare）描述这种近乎神奇的清漆时说："人们可能会说，当琴弦与琴弓相触之际，清漆使得琴弦震颤的幅度更大，对琴弓的反应速度更快；对于演奏者而言，它赋予了各种音调以不同的色彩；千差万别的声音供你选择。"他的儿子彼得也确认说："如果它看上去很好，在演奏时它就会神采飞扬。"在我赴克雷莫那之前，我去参观了贝尔瑞公司（J & A Beares）位于伦敦安妮女王街（Queen Anne Street）的工作间。彼得·贝尔瑞既制作小提琴，也收藏小提琴。就像他的父亲一样，他有机会近距离地观察许多斯特拉迪瓦利小提琴。他也做过清漆试验，"我在屋子的外墙泼满了清漆"，有一天，他的配方中加入了过多的硝酸（一种天然的还原剂），以至于中途发生爆炸，真把邻居们吓坏了。

专家们就斯特拉迪瓦利琴上是否有独特的第二或第三层漆争论了好多年。彼得·贝尔瑞的感觉是，确实有三层：渗入木料的底层，独立的"中间层"，以及最上层的色彩层。"你必须看一看这些伟大的小提琴。如果它们直接上色，就会渗进每一片木料中，但它并非如此，"他告诉我，很难说阿马提和斯特拉迪瓦利小提琴卓越的音色有多少来自于它那久远的年代：时间越长，木料变得更轻，颜色进一步氧化。"谁知道，很可能原来就是这样。也可能经历三百多年的氧化，并非原来的音色。但我想，必定除了年代还有些其他的因素在里头。"

现在很难猜测当时用的是什么颜料。一些人发誓说用的是龙血。"但我用的是茜红，"彼得告诉我，向我描述了他如何用松香混着明矾，加上少量的茜红制作清漆。是不是因为他确信这就是斯特拉迪瓦利的方法？"也许吧，"他说："但主要是因为我在这上面投入了大量的时间。你要是拿每种颜色做试验，那得十辈子才能试验完毕，最终你仍然还得从茜草中提取清漆。"

紧邻克雷莫那大教堂，宏伟的大市政厅开足空调，厅内精心陈列着有五把克雷莫那小提琴和一把中提琴。但在我买票去看世界上最伟大的小提琴之前，我注意到旁边陈列的旧马车，于是跑进去看一眼。这马车制作于 1663 年，斯特拉迪瓦利 20 岁的时候。马车属于卡罗萨家族（Carozzas），克雷莫那最富有的家族。今天，它看上去非常可笑，既像矮墩墩的胖南瓜，还像灰姑娘坐着去舞会的南瓜车，又像一辆马拉的可笑的大众甲壳虫车；甚至它的颜色也是南瓜般的橙红色。尽管看上去可笑，但我确信，在那个时代，这辆马车拥有显赫的家族背景，还有整体的轻盈仪态，可算得上一辆涂脂抹粉的法拉利啊！看见这辆小车上美丽的装饰，我能想象得出，当它拉着贵族们停在斯特拉迪瓦利的工作室外，男仆会庄重地停下脚步，打开裹着皮革的车门，卡罗萨家族的一位成员鱼贯而出，小心地提起裙摆，迈过泥巴，去取那最新制作的乐器。

之后，我能想象，几分钟之后，她回到车内，摸索着车内的白色皮革内饰对女伴说，清漆还没涂完：下个月无法用这把小提琴了。马车一溜小跑离开了，车后那同样南瓜颜色的灯剧烈地摇晃着。但那位车夫，可能恰好听到了车里的对话，露出了微笑。是的，他了解小提琴制作人的难处。他可不像他的雇主那样，知道许多清漆的知识，很可能对那种特殊的秘密配方有所了解。在 18 世纪，这些秘密配方一直是人们谈论的焦点。

那个时代的车夫是类特殊的人。夏天的阳光和冬天的冰雪都会极

第五章 橙色

大地损害车漆中的树脂。要想让车体外观保持闪亮,他们就得随时保养。有时,人们会看见车夫在路上东摇西摆地危险驾车。不是的,车夫们会立即予以辩解,他们只是试图在树影里行车,以防止阳光直射在车身的清漆上留下裂纹。英国的车夫大多认为这种行为毫无必要。所以,一位法国人看到英国马车的不良状况后评论说:"在英格兰,很多优良的涂过清漆的马车在使用后不久就过度损坏了;这就是车夫们散漫和好逸恶劳的不作为造成的。"

在 18 世纪初期,巴黎人马丁先生发明了一种持久的琥珀色的清漆,引发一时轰动,富人都用马丁漆涂车身。其中一种配料据说是从美洲运来的很贵的树脂柯巴脂(copal),斯特拉迪瓦利很可能也用过这种树脂,但估计马丁内哥不会见过这种树脂,即使曾见一面,他也必是耄耋之年。然而,配方的其他成分被严格保密。伦敦艺术与科学协会很快就悬赏 30 英镑奖项,只要有英国人能制出同样的漆,就会得到奖赏。不过他们又规定了严格的条件,制成的清漆应是"硬的,透明的,色彩轻盈,能够平滑涂抹,不会出现裂痕"。而且在测试中,它应能"曝于强烈阳光下、冰霜或潮湿状态下六个月",这样一来,几乎没有人可能拿到这奖项。巴黎的马丁听说这件事,哈哈大笑,评论说,如果有谁的发明能够通过这个测试,"那我的清漆早就完蛋了。"

克雷莫那的小提琴展室外站着一位武装警卫,他看上去很无聊,正在一个个地掰响指节。如果说他曾经从 18 世纪那些描绘的胖小天使画作的氛围中得到快乐的话(可能由于巧克力和白糖的到来,欧洲油画里的小天使后来变得越来越胖),这种兴致也显然早已消失殆尽。在我付了入场费之后,他和一位同事毫无生气地陪着我走进去。这虽是一间耳房,但建得很高大,有许多烛台和科林斯式柱子。六把小提琴放在单独的柜子里展示,因而我能环绕着每一只柜子,细细地体察每一个细节。这些琴必须每天拉一拉，这样它们才能始终有资格称为小提琴而不是退化成它们的原始状态，还原成一段木头。一把不演奏的琴会很快失去它的合理震颤的能力：每一次大修后，至少一个月或者更长时间，小提琴才能重新回到演奏状态；就像人们说的琴不离手，曲不离口，小提琴也不能离开常年练习它的人。

橙色是一种警告性的色彩，因为橙色最惹眼，所以机械中较为危险的部分有意刷成橙色，人们很容易看见它，从而避开那个部分。在克雷莫那市政厅，有一把橙色的小提琴立即从所有的陈列中脱颖而出，吸引了我的眼球，好像它在那里喊："先看我！"其余的黄色和棕色则似乎缺少这样的冲击力。几乎所有顶级的小提琴都有名字，这也是一种创造，或者说是延续乐器生命的过程，一种使小提琴个性化的感性需求。大部分琴都以其最著名的所有人而命名，但这一把——克雷莫那（Il Cremonese）——则是根据它的诞生地而冠名。这把琴制于1715年。那一年，斯特拉迪瓦利71岁，而且他的声誉达到顶峰。这把琴漂泊了很久，漂泊了很远，直到1961年，它才返回克雷莫那。

如果是在一个星期之前，我一定会大惊失色地想，木制乐器怎么可能兼有完美无缺的外观和完美无瑕的声音呢？但我已经被彼得·贝尔瑞"驯化"过了，眼前这把琴确实是一把无与伦比的好琴。"看看他的背面，"他向我建议："转过头，假装琴在光线下移动。"当我这样走过去时，我惊呆了。琴的背面是由一整块枫木制成的，大胆地制成虎皮纹样——充满野性的生机，看上去好像正要从木头里跳出来，随时准备伴着琴弦的调子来一曲狂野的探戈。曾经有多少人，像我一样，站在这里，拿着笔记，虔诚地膜拜，他们的心中一定画满了问号，究竟这位大师是如何以巧夺天工的手笔使得木头活灵活现，发出生命的呼吸的呢？

第五章　橙色

当我不时地抬头、低头，从不同角度俯仰观察这琴的全部细节时，那花纹竟摆动起来：那是木头上的波浪纹与光线做着游戏，光线被从另一个角度折射回来，这摆动的效果有点像催眠。毫无疑问，后世的每一个人都想复制这只"老虎"。我觉得，如果把它当作一幅棕色和橙色的抽象图案来欣赏的话，这真是我所见过的最美丽的木头之一；如果把它当作一种乐器来欣赏的话，它也一样无与伦比。我第一次理解了我所追寻的东西，以及为什么这么多人都跟风似的疯狂复制的原因。这把小提琴的全身，有激情的火焰在晃动，在燃烧，一团高大的火焰仿佛从琴的背后雄雄升腾，另一团范围小一点的火焰从琴腹上冉冉升腾。当我移步到其他乐器的时候，我真的有点后悔，真不该先从那把橙色小提琴看起。即使所有其他的琴都有自己特殊的火焰，但都比橙色小提琴的焰光要冷，要弱。这时，我看见那两名警卫也移到了克雷莫那小提琴旁。他们也学着我的样子，把头抬起来，又低下去，细细地端详这把琴，凝视观望比较。那一天，这件神奇精美的乐器在我们所有人面前重新复活。

颜色和音乐的关系非常奇怪：有时，人们使用同一种语言，比如"色彩"、"调子"、"影子"、"和谐"——既可以描绘声音，又可以描述颜色。在《美好的新世界》(Brave New World) 中，阿道斯·赫胥黎（Aldous Huxley）想象未来的人们将前去音乐会享受能够演奏"气味和色彩"的乐器，每一个音符都能传递一种诱人的檀香味或是其他香味，而且伴随着天顶上的变幻的图画。赫胥黎并非展望未来，而是在针砭时事。1919 年，丹麦歌唱家托马斯·威尔弗莱德（Thomas Wilfred）自创了"克劳维拉克斯色彩投影仪"（Clavilux）[跟"乳胶"一样是组合词，将"klavier"（键盘）与"light"（光）两个词拼在一起]，旋转的镜子将彩色光梦幻般地投下来。他梦想的是每家每户都有一台色彩投影机。1910 年，俄国作曲家亚历山大·斯科里亚宾（Alexander Scriabin）为一件"色彩乐器"写下《普罗米修斯》整个乐章。可这件"色彩乐器"比威尔弗莱德的投影仪还简单，基本上是一件乐器连在木头和灯泡上。其实两者几乎毫无可比性，但斯科里亚宾为之异常兴奋，这玩意儿给他提供了一个解释色彩与音乐关系的机会，他认为两者的关系非常明晰，但大多数人却并不理解。

斯科里亚宾是有着特殊通感联觉行为的人。这意味着他的思维总是把大多数认为毫不相干的事物连在一起。通感联觉有许多形式，比如，人们能在痛苦的时候看见颜色，或者在字母表中看出颜色，但斯科里亚宾能"看见"音乐和"听见"色彩。芬兰作曲家简·西贝柳斯（Jean Sibelius）有着同样的天赋。有人问他："您希望把您的炉子漆成什么颜色，西贝柳斯先生？""F大调，"他的指示却很含糊。于是这炉子就被漆成了中性的绿色。

可是，斯科里亚宾在一次偶然中发现，F大调是深红色的；而那绿色炉子应该是在A调上。这一点，可能就是设计一种通感乐器的困难之处：没人能同意每一种颜色能够对应上每一个音符。举个例子，如果我是斯科里亚宾，克雷莫那琴在视觉上对我的冲击力就好像G调的音符；可如果我是艾萨克·牛顿，它就好像是D调的颜色；而如果我是乔治·菲尔德，那小提琴上的那种橙色就会是我的F调。[1] 如果在音乐与色彩之间确实存在直接的对应关系的话，那么每一位具备通感联觉能力的人都会有自己个性化的解释，不一而同。

我已经找到了斯特拉迪瓦利的小提琴，但我还没有真正找到斯特拉迪瓦利本人。有一件使我深以为异，那就是，在某种意义上看，他

---

[1] 牛顿和菲尔德都曾把颜色比作音符，但没有资料证明他俩是否也具有通感联觉的特殊能力。事实上，通感联觉这一心理学上的概念在他们那个年代还不存在。

第五章 橙色

似乎并不存在。克雷莫那小城十分怪异，它对本城的这位著名人物似乎一点儿也不关注。这并不是说克雷莫那小城缺乏对小提琴的热爱。恰恰相反，小提琴无处不在，糕饼店烘烤小提琴形状的蛋糕，糖果店全是克雷莫那小提琴糖，无论身在何处，你随意望向一扇窗户，都能看见工匠和妇女眯着眼端详这一小片木料。但斯特拉迪瓦利却像一个不受宠爱的孩子。

我去了三次罗马广场，费了好一番周折，才找到他的墓碑。前两次，没有人知道这墓碑在哪里。我第三次再去查找时，问到一位牵着条爱尔兰塞特猎狗的妇女，她领着我到广场对面的一处地方，那个地方在旅游地图上以"X"作为标识。斯特拉迪瓦利的尸体早就被移到公众墓地了，她说，这个墓碑只是作个纪念而已。在这块扁平的石头前伫立，透过一片黑乎乎的泥浆，我小心地辨认着"斯特拉……"几个字，正在此时，一个人停下来，用低沉的、仿佛从坟墓中发出的声音说，这只是个复制品；原件在市图书馆。"斯特拉迪瓦利的工作室就在那边。"他说着，指向一座难看的新办公区里的一间麦当劳汉堡门店。他带着嘲讽的表情看着支撑墓碑的红色大理石基柱。"真脏，"他说："他们从不照看它，我指的是市政厅。"我从斯特拉迪瓦利"泥潭"边上的市政花园里采来些红色天竺葵放在墓碑旁，让它在清晨的阳光中风干。

斯特拉迪瓦利生前的家，位于加里波第（Corso Garibaldi），甚至比这里还要糟糕。那座倒塌的房子只是用一小块瓷片标明，柳塔约·安东尼奥·斯特拉迪瓦利曾于1667年至1680年与他的第一任妻子弗兰切斯卡·费拉博斯基一起在这里居住。它没写明他们其实有六个孩子，那时，这屋子一定充满生机，可现在很难想象了。从裸露的阁楼房梁上飞出几只鸽子，这屋子真是一副颓败之状；可我觉得，楼下店里出售的粗制滥造的德国木制品，却更加可笑，更揭示着屋子的没落。在一个曾经对颜色和清漆拥有高品位要求的人的家里，如今摆放的，却有许多劣质的亮闪闪的木制小猫，丑陋地蜷成一团。

再走过五间房，我看见一座小提琴制作人的工作室，主人的名字叫里卡多·伯尔贡齐（Ricardo Bergonzi），我听着觉得耳熟。他会不会是卡罗·伯尔贡齐（Carlo Bergonzi）的后裔呢？卡罗·伯尔贡齐在斯特拉迪瓦利死后，制作出了一些最伟大的小提琴。我走进去，伯尔贡齐就在那里，他同意带我参观他的工作室。如果小提琴真的能够体现制作者的个性，那么伯尔贡齐的乐器里必定装满了欢笑与生机。他是一位业余的爵士萨克斯演奏家，墙上挂着爵士风格的绘画，他的工作室里处处糅合着他的艺术技巧。而他楼上的展示室更令人惊异，展示中到处是煦风一般柔和的创造力，橙色的小提琴和明亮的绿松石墙形成强烈对比。这里有茜红和松节油，有红花和龙血，姜黄和蜂胶，雌黄和藏红花，以及大量的乳香胶，还有安息香胶。伯尔贡齐告诉我，当地的蜂胶有"与金子一样的黄色"，像柳枝一样的柔软。而藏红花，我在后面的《黄色》一章里会有深入探讨。伯尔贡齐让我品尝一下乳香胶，味道可真可怕！而安息香胶，他说："比乳香胶要好。富有弹性，看上去也很漂亮。"我想，马丁内哥一定能够认出他这展示架上的所有物件，此前，我已为马丁内哥设计了一套想象中的路线，与他一道熟悉了沿途的事物，所以现在这些事物对我而言，真的好比旧友重逢一般。

对于人们寻找斯特拉迪瓦利清漆配方的想法，伯尔贡齐嗤之以鼻。他说，也许，人们找不到配方，只不过是因为根本就不存在什么配方。"我的推论是，他从来就没有自己调制过清漆，都是从一家商店里买来的。"看来，对于伯尔贡齐而言，这个关于清漆的"小把戏"就在于"量体裁衣"。"可能斯特拉迪瓦利会去找专业清漆制造商，告诉他们，上次买的清漆不错，但现在是夏天了，我要柔一点的货色。"他这样推论。也许斯特拉迪瓦利的"秘密"在于,他能根据小提琴的不同需要来使用清漆,而并非拘泥于同一种配方。

伯尔贡齐说,他确实是卡罗·伯尔贡齐的后代,但他 11 岁之前并不知道这一点。他 11 岁那年,走入一家小提琴店去购买乐器,"立刻就喜欢上了那里的气味、木料和氛围"。他体内的基因似乎在这时候跳出来,大声说"我属于这里"。三年后,他上了一所墨索里尼开办的小提琴学校。那个学校好多年都默默无闻,但在 20 世纪 70 年代突然名声大噪:"到处都是加利福尼亚人和澳大利亚人:蓄着长胡子,做着夸张手势的人。"他记得各种引发美丽幻想的事物:"那里有绿色的小提琴,蓝色的小提琴,每一种你能想象出来的事物都有……"然后他停顿一下,突然变得严肃起来。"但我确实相信,当你制作一件乐器的时候,你必须尊重一项事实,你自己就是故事中的一部分。你不能轻率地对待任何一件作品。"

在我离开伯尔贡齐的工作室后,我去了大教堂,发现了两件东西。第一件,在圣堂外面,有三把小提琴列队的雕刻图形,还有几把柳特琴沿着柱子排列。这里是教堂里举行圣礼大厅的一部分,在这里,有形的事物变得神圣,而神圣的事物变得有形,对于克雷莫那城十分重要,音乐在这里被神圣化。第二件,是唱诗班的席位上一些有趣的木头形状,一直蜿蜒在祭坛背后。征得教堂管理人的同意后,我钻进了围栏里头,发现在每一个唱诗班席位后面都有一幅不同的图画,精心地漆着枫木、云杉木、樱桃木,另一种好像是胡桃木。每一幅都是对在木头上创造成奇妙音乐的克雷莫那人的赞美。

一些画面是《圣经》上的,有受难的基督和慈祥的圣母,但大部分画的内容很世俗化,有正在放牛的人,有正在走回中世纪村庄的人。而我最感兴趣的,是一把柳特琴的画,它单独地架在一片神秘的草原上,等待着琴手来弹奏。这里没有小提琴,也许那时还没发明出来。我不禁浮想联翩，没准儿这些画就出自一位无名的柳特琴制作人之手，他花了些时间，顺手就把他的日常生活融进了画中。甚至没准儿就是我的那位西班牙犹太主角，不过这个联想有点太离谱了。

我看着那块有点弄脏的柳特琴画面，不由想起斯特拉迪瓦利的索要"一个菲利波"高价的信，想起他制作的精美绝伦的虎状小提琴，还有里卡多·伯尔贡齐很有意思地坚称，说制作人是"故事的一部分"。再看一眼这孤独得有点儿怪异的柳特琴，我想起了一个犹太传说——只要用特殊的声音去召唤它，对它唱歌，泥人（Golem）就能从泥土中创造出来。泥人能够生存和呼吸，但体内总是深深地存着造他的那个人的内在精神。随之，我想起一场非凡的音乐演出。在泰国一家小小的艾滋病医院里，联合国教科文组织的文化大使小提琴家马克西姆·凡格洛夫（Maxim Vengerov）正在进行演奏。凡格洛夫拿出他的斯特拉迪瓦利小提琴（1723 年制作的"ex Kiesewetter"名琴）倾出他全部的精力和注意力，为包括游客在内的 15 名听众演奏，那股认真劲儿，丝毫不亚于他数月前在人头攒动的悉尼歌剧院的演出。他拉了一支巴赫的赋格曲，音乐好像具有自己的生命力，它飘浮到一位年轻士兵的床头，这名士兵曾被一名军官打得遍体鳞伤，肠子都掉了出来，又被发现感染了艾滋病。音乐飘到一位小男孩身上，这个小男孩来自山林部落，可是很快就会成为一名孤儿，因为他的父亲染了艾滋病病毒。停留片刻，音乐又轻柔地旋转到一位双臂长满紫色脓疤的中年妇女和一位虚弱得无法抬起头的老人身边。

这音乐声中带出来的，不仅是这宁静的戏剧画面，还有凡格洛夫自己的回忆。他在西伯利亚一所小公寓里长大，房子很小，必须打穿厨房的墙才能放得下一台大钢琴。他想起那些从他母亲开办的孤儿院里跑来听他弹琴的孩子们，想起他的祖父母教导他为人谦逊的故事，让他永难忘怀，那时他还是个想要吹嘘自己才能的小孩子。一个人的整部历史就在他的音乐中展露出来，在一个伟大的音乐家演奏的时候，在一个恰到好处的时刻展露出来。

没人能知道马丁内哥在克雷莫那的结局。在那个时期，数以千计的犹太人正在变动的世界中努力寻找着合适的位置。而我所讲述的故事，只是从我们所知的犹太人故事中精选而来，目的只是为将一些关于橙色和清漆的传说生动化。不论我们的柳特琴师离开西班牙之后沿着哪一条路走，在欧洲艺术觉醒时代的大背景下，这位以难民身份在欧洲大地上流浪的艺人，他沿途一定会遇到并收集到各种各样的坏事和好事。也许，当他教会阿马提兄弟如何刻制花纹、制作柳特琴琴架以及如何燃烧混着龙血的松节油之时，我们的柳特琴师会发现，他们已经准备好了，要去学习一种全新的秘密。

这就是如何充分认知你自己和你的乐器材料的秘密。只有充分地认知，你才能将你的生活经历很好地融进你所制作的乐器之中，诚如我在那家小医院里亲眼目睹的那样，一位真正的音乐家，是有能力将他或她的生命历程融入演奏的乐曲之中的。制作人和音乐家这种元素全都具备而且完美结合的时候，你就必定能说服你的小提琴，唱橙色之歌、呼橙色之声、跳橙色之舞！

第六章

黄　色

有些画家将太阳弱化成一个黄斑，但另一些充满艺术感且富有才智的画家，能将黄色的斑点升华成太阳。

——帕勃罗·毕加索（Pablo Picasso）

什么是土地上的紫，市场上的红和餐桌上的黄？

——伊朗谜语（答案见本章）

我书桌上方的架子上，有一只盛着五样东西的盒子。它们组合在一起有些古怪，如果任何人偶然碰到这些物件，我保证他们绝不会认为这些东西很珍贵。但它们却是从遥远的地方带来的，每一件都有长长的故事要讲。

第一样东西是我的至爱。这是一束芒果叶子，在香港潮湿的空气中放了两个月，已经开始发霉了。第二件是个小圆柱，看上去有点像脏了的塑料，它有着深沉的琥珀颜色，当我用极少量的水触摸它时，它却会立刻变成无比闪亮的黄色。我曾经认为这是一个了不起的小奇迹，并且向每一个碰面的人卖弄这个技巧。要是手边没有水，有时我还会用唾沫代替。不过，在我了解更多关于琥珀的知识后，我就变得谨慎起来，不再这么做了。第三件，是个小小的火柴盒大小的硬纸板盒子：外面包着一层中国书法，盒子里有一些小小的黄色薄片。但我不会经常把它们拿出来：我必须小心地照顾它们。第四件和第五件，是两个小小的玻璃药瓶，里面有世界上最贵重的香料。其中一个比另一个更红一些，其中的理由也将是我的一个故事。

看了这一章的标题，你一定可以猜得到，这些物件都是可以用来制作黄色颜料和染料的。但令我惊奇的是，在收集黄色的过程中，我发现，这样一种明快简洁鲜亮的颜色，却需要复杂和小心翼翼地呵护。尽管所有颜色都会有其多重象征含义，但黄色所表达的信息最为复杂。黄色是脉动的颜色，是稻谷和金子，是神灵的光环，同时，它也是胆汁的颜色。化在硫磺中，燃成地狱之火，它就成了魔鬼的颜色。进入动物的世界，黄色——特别在与黑色混合时——是一种警告色。它似乎在说，别靠近！否则，你将被刺死、毒死或是至少被致残。在亚洲，黄色是权力的颜色——中国皇帝是全国唯一可以穿着阳光般黄色长袍的人。黄色还是一种腐朽的力量。一张发黄的脸，往往表示疾病；秋天的黄叶，不仅意味着叶片生命的流逝，还象征着死亡。树叶绿油油的时候，表明它体内满盈着叶绿素，吸收着阳光的能量；而树叶发黄，表明它已无法继续吸收阳光的能量。黄色，剥夺了树叶体内那支持生命的养分。

印　度　黄

在孟买的威尔士王子博物馆，有一幅 18 世纪的水彩画，画的是两位恋人坐在一棵树下。其中一个人是奎师那（Krishna），他是毗湿奴（Vishnu）的顽童化身。他有蓝色的皮肤，裹着黄色的印度腰布（dhoti），两种颜色对比鲜明。画面上，奎师那正为他的女朋友拉达（Radha）吹笛子，拉达也用她那充满爱慕的眼神回望着他。他们一起坐在一株树下，我猜是一株芒果树，因为在印度教中，芒果树是爱的象征。在旁边的下一幅水彩画上，花园的另一边画有吃着草和树叶的奶牛，一群漂亮的挤奶女工赶着奶牛。奎师那然后就去追求那些挤奶女工，他的三心二意给他与女朋友的关系带来灾难。但这是后来的事，在我现在观摩的这幅画上，爱情还很完美。除了令人心醉神迷的浪漫爱情主题，这幅小画还体现了因神的贪玩本性而导致悲剧和误解的主题，后者在印度教故事中十分流行。而在我看来，画中还有另一主题，那是一个将印度黄、奶牛和树串在一起的有趣的颜色故事，一个与奎师那的衣饰有关的故事。

在英国以及印度的部分地区，好多年来，印度黄的成分都是一个谜。整个19世纪，从加尔各答不定期运往伦敦码头的邮品中，有一些神秘的印度黄小包裹，每一件都用大量的绳子捆扎，以一层层的蜡封住，有时还带着丝丝尿臊味儿，收件人是乔治·菲尔德，还有温莎和牛顿公司的各位先生们。有人肯定会很好奇，这些神秘的包裹，它究竟从哪里来，又是用什么秘方配制的呢？其实，即使温莎和牛顿公司愿意花时间去主动探寻他们购买的这种产品的根源，答案也不过只是"失传"二字。有人认为，这种颜色是用蛇尿制成的，其他人认为它可能是动物内脏里的什么东西制成的（比如说，几个世纪前，人们曾用牛的胆汁来制作黄颜料），而德国科学家施密特（W. Schmidt）1855年曾十分肯定地宣称，这种颜色是吃了芒果树叶的骆驼身上的排泄物。乔治·菲尔德本人不太喜欢这种颜色，并不是因为它有股奇怪的味道，而是因为它很快就会褪色。根据菲尔德的理论，这种"粉状、柔软、轻巧、像海绵一样",并且带有腐尸气味的块状颜料,是从骆驼尿里面弄来的,这与施密特教授的理论大致一样。

英国皇家植物园邱园主管约瑟夫·霍克爵士(Sir Joseph Hooker)一生成就卓著,但是性格古怪,他常会派些奇怪有趣的任务。据说,他委托加尔各答的 T.N.穆克吉(T. N. Mukharji)先生调查印度黄颜料的来源。1883 年的一天,穆克吉回信了,在他写给伦敦艺术协会的这封信中,穆克吉说,他现在完全可以确认印度黄的配料了。他说,他最近访问了印度唯一一个生产印度黄的地区,比哈尔邦(Bihar state)的蒙吉尔(Monghyr)小镇,去的时候恰好亲眼目睹印度黄的制作过程。信中所透露的信息,对伦敦艺术协会会刊的读者而言,恐怕有些震撼。穆克吉说,印度黄,又名"匹乌里"(piuri),是用喂了芒果树叶的母牛尿做成的。他以百分百确信的口气告诉读者,他的确看见这些牛正在吃芒果树叶,然后尿出来,是根据人们的要求,尿进特制的桶里。然后,他又警告说,这些母牛看上去很不健康,而且据说会死得很快。

但是,还有一个印度黄的秘密没有解开。根据一些记录,那些信,或者至少是信中所描述的产业,引发了抗议,最终抗议内容又上升为法律。19 世纪 90 年代和 1908 年之间的某个时间,孟加拉(Bengal)通过了一项法律,禁止用虐待动物的方式制作印度黄。可是,我没有发现任何关于这项法律的记录,我在伦敦的印度图书馆和加尔各答的国立图书馆中查找,这两处图书馆都非常善于保存文献,但我却都没有找到哪怕是任何一份报纸文章或是任何一份通信记录,提及印度艺术史上的这段很有意思的片断。甚至华盛顿国家美术馆里十分精致的"画家与颜料"系列馆藏中关于四位印度黄研究者的部分,也没有提及这部法律。事实上,似乎唯一关于这段历史的 19 世纪英文文献,就是穆克吉先生在艺术协会会刊上的那封信。很奇怪,没有其他人再就这件事写过更多东西——甚至,竟没人给任何一家报纸写过这件逸闻，哪怕不是写黄颜色，哪怕只是写一写蒙吉尔的芒果牛。这究竟是为什么呢？拿着这封信的影印件，我决定追寻印度黄的足迹，到印度跑一趟。

比哈尔邦很大，地势平坦，位于喜马拉雅山和加尔各答之间，是印度最穷的邦。我乘飞机来到比哈尔邦的首府巴特那，一本旅游指南对该城做出负面描述，"你不会想花很多时间在这座城市停留吧？整个比哈尔邦，也没有什么值得看的。"在比哈尔的第一夜，我所住的一星级旅馆的夜班服务生电话吵了我三次。"现在是午夜。"我抱怨说。"是的，女士，但现在是周六的午夜，巴特那到处都有人跳着迪斯科。"我的名字是他们这家旅馆登记簿上一个月来出现的第一个外国人的名字，也是旅馆登记簿上的第一个单身女性的名字。

蒙吉尔离巴特那大约一百五十公里，乘火车约四个小时能到。越过平坦的乡村地带，到处是绿色的长势茂盛的农场。我正在穿越的这片土地在艺术上占有十分重要的地位，不仅因为它是令我浮想联翩的黄色故乡，而且因为西藏的传说中将此地称为神秘的绘画诞生之地。

这个传说是这样的：公元前6世纪有两位国王，每年他们都交换礼物。就像现在的富人都爱攀比一样，他俩绞尽脑汁，用尽财力，一定要使自己的礼物超过对方。有一年，一位国王决定给他的对手一份极品的礼物，一幅佛祖的画像。佛祖当时还在世，而且就住在比哈尔邦。此前，从来没有人给佛祖画过像，但这位国王偏要尝试一下，他委派了一位颇具潜力的人，也就是传说中的世界上第一位画家。这人来到佛祖正在静修的所在，却遇到前所未有的困难：佛祖全身散发着闪亮的光芒，迷了他的眼，根本无法看清佛祖本人。就在这时，佛祖本人向他建议，"我们可以走下去，到那个清澈透明的小池边上，这样，你就能够看到我在水中的倒影。"这个建议非常有用。他们找到了一个相当清澈的水池，这位画师欢欢喜喜地画下了这个倒影。

当那位国王收到礼物，看到画像之际，他对现实世界突然产生一种直觉般的刹那领悟。根据佛家的教诲，他意识到，人们肉眼所见的世界，只是一个我们无法把握的现实世界的影像。但同时，这个故事也展现了绘画技巧的魅力，它暗示着一项真理，真实的影像很可能在某种程度上就是一种真实，最好的艺术能够给予它的观众一种对世界的启蒙般的顿悟。

当我乘坐的火车缓慢地行驶在乡野之间时，我觉得整个大地仿佛都蓄谋已久，它努力地在我眼前展示绘画始于此地的证据：车窗外的风景真可谓是色彩的组合。此时正值比哈尔的收获季节，印度教的农民正用颜料把他们的动物染得五彩缤纷，庆祝谷物的收割。我看见一辆大型牛车向着铁路的方向行进。行进队伍由两头白色的小公牛领队，小公牛的身上都涂着粉红色，好像是小孩子用手指头画在上面的一样。颜料虽是人工合成的，场景却是古老纯朴的，我想，数百年来，这场景一定是年复一年地在这片土地上重演。也许，佛祖在顿悟之路上，就曾见过此景；也许，莫卧尔王朝的统治者，当他们企图在16世纪征服这片主要信仰印度教的印度次大陆时，也看到过这样的场景。我相信，十八九世纪的英国殖民者们，在每年9月收获的季节，也一定曾看过这些五彩的动物庆祝丰收。

但我不知道将在蒙吉尔会看到什么。我的信息都很过时。1845年，休维尔（Sherwill）船长到印度进行税务调查，他称蒙吉尔城"大约有四万人口"。他还说，这是个"建得很好，广袤而丰饶的地方，大约有三百座砖房，有无数个市场，黄铜器皿、劣质餐具、长枪、步枪、手枪和铁器的交易十分活跃，但我认为，这些武器的交易似乎有某种危险而令人生疑的背景"。在他的描述中，蒙吉尔是个令人愉快的地方，但奇怪的是，这个地区其他部分多多少少正在经历着事实上的衰退。这一点,令休维尔感到忧虑。他带着一种惊恐的语气描写附近的沙克普拉小镇（Shaikpoora）,这镇上"许多人只有一只眼睛,要么就是鼻部残疾,这都是梅毒留下的后遗症"。这镇上"到处都是十分肮脏和颓败的房子,还有夹在中间的又长又窄的街道,所有的人都脏得令人恶心,镇上几乎没有交易;谷物和糖出口到恒河流域,一个鸦片仓库位于镇东头"。尽管这是一份写给上司的正式汇报,这种语气依然令人感到十分恐怖。

休维尔的报告后面附有一张地图。蒙吉尔和肮脏的沙克普拉都用粉色标注,但恒河另一边的布拉（Bullah）地区却用一种至今还十分闪亮的黄颜色标记。我喜欢把这黄色想象为印度黄的水彩制品。不过,当我凑上鼻子使劲嗅的时候——当然得先确认图书馆里其他的读者们别看见我在做什么——我没有闻到150年前的氨水味。不管印度黄是否用于那张地图,有一点是可以肯定的,那就是,在维多利亚时代,印度黄经常被寄往各大殖民地,是地图测量员和绘制员的颜料盒里常备之物。休维尔船长的报告特别详细地描述了这个地区的所有工业——他甚至还记录下一种神秘的定性不明的矿物,是在位于甲拉（Gya）车站以西的一个不知名的小山上发现的。"是橙色的,可以用来染布,也可作车站内铺路之用。这种矿物有橙、紫、淡红和黄色等颜色。"正因为休维尔的报告几乎无所不包,所以我更觉奇怪,为什么他没在报告中的任何一处地方提及蒙吉尔的"匹乌里"呢?

著名的旅行指南《孤独的星球》中,没有一句提到蒙吉尔——其他的旅游书也都没有——我无法确定到哪儿入住。于是我只好告诉出租车司机,带我去找一家旅馆。可他却直接带着我去了一家阿什拉姆（ashram,印度教徒静修处。——译注）,还坚持说,这里就是我想找的地方。阿什拉姆里的隐修者们都穿着橙色、黄色和白色的服装,静静地沿着空荡荡的街道游走。这幅景象,与镇上几公里以外喧闹的

第六章 黄色

摇滚形成鲜明的对比,但我立刻发现,这绝非我想找的地方。我在宣传册上读到,白色服装代表刚入门(uninitiated),修行者穿黄色,大师穿"格鲁"(geru)。"我能问一个幼稚的问题吗?"我走入管理办公室,问一位身材修长、额头上画着白色条纹的年轻人。"你完全可以问幼稚的问题,而我会给你一个满意的答复。"他说。那什么是格鲁?"就是指橙色。"他指着自己衣服的颜色说,这颜色表明,他在比哈尔的瑜珈士中修行的级别最高。"它代表了内心的明亮。"那么黄色代表什么?"黄色是自然之光。它可以邀请灵魂,正如黑色可以保护灵魂一样。"我点头表示同意,对他表示感谢。但他还想多告诉我一点,"你看,黄色的问题在于,它必须被净化。"

一位友好的比哈尔银行经理,刚上完一堂修行课,神采奕奕地走出来,他载上我和我的行李,上了他的小摩托。我在马达的轰鸣声中对他解释了我对颜色故事的渴求后,他告诉我:"你必须去看一看蒙吉尔最老的画家,倘若有人想知道任何一种颜料,曼格尔市场(Mangal Bazaar)的查库·潘迪特(Chaku Pandit)就一定会让他知道。"于是,第二天,我穿过铁路线,前往曼格尔市场。蒙吉尔是一个很简单的小镇——它使我想起18年前,我还是个十几岁的小姑娘时访问过印度留下了很多的印象。每一样东西都摇摇晃晃,在原先可能是王宫的建筑里,现在却堆满了铁轨,里面到处都是爬墙植物和潮湿的霉菌。休维尔描述的武器店早已不存在了,但仍有许多器皿店卖着各种各样的"劣质餐具",与休维尔船长150年前见到过的完全一样。梅毒问题似乎仍然在这里存在:在每一个街角,都有一个手绘的性病检查广告,还有"无麻醉"的痔疮手术广告。

我走到任何一个地方,都让当地人吃惊:他们不习惯看见游客。我问"曼格尔市场在哪儿?"得到的却是些乱七八糟的答复。"你一直走，然后向左转，"一位老人告诉我，手指却指着右手边。"你是说向右转？"我问。他说："是的，向左。"最后我发现，无论向左向右都不正确，好在我最终还是找到了查库·潘迪特，他住在有圆柱子的蓝色房子里，有一双几乎全盲的蓝色眼睛。他的儿子为我们组织了一次自发的记者会，我们三个人都坐在木头椅子上。有一个人给我们端来凉饮；确实很热，我鼻尖上的大滴的汗滴在了笔记本上。于是，主人召来一个人坐在地板上，为我摇起一把蒲葵扇。"有好多种'匹乌里'，"他的朋友说话很谨慎。我对哪一种感兴趣？我感到非常振奋，我终于走上正轨了，会有大发现了。那位穆克吉先生在他的信中毕竟只提到两种"匹乌里"——一种是"从伦敦进口"的矿物质；另一种是选自动物原料，后一种正是我要寻找的。"任何一种。"我立刻轻快地回答他，于是他用北印度语向一个小男孩作了仔细的嘱咐。我想向他解释，应当是奎师那的那种黄，那种水彩画中奎师那总是穿着的那件黄色衣服的颜色，或者至少是他不穿橙色衣服穿的那种颜色。他们很忧伤地向我解释说，奎师那的皮肤是蓝色的；我根本无法向他们说明白，我知道这一点。

　　查库·潘迪特拿进来一幅牡鹿肖像，整个画面发深棕色，有点像上等苏格兰威士忌（Monarch-of-the-Glen）的颜色，画布上潮湿的部分变得膨胀而凹凸不平。他的其他绘画都很华丽，画的是理想化的风景。男孩又带来一盒子孟买制作的油画颜料。查库·潘迪特还和我幽了一默，"我没有听说过你讲的印度黄。但既然我们能买到这么好的颜料，干嘛还要去用母牛的尿？"我必须承认他说得很对，只好向他告声打扰，谢谢他挤出时间与我谈话，谢谢他的儿子端来的可乐，谢谢那个坐在地上为我打扇的人。我走出门外，叫了一辆人力车，车座上刻着"恋人们的享受"几个字。"去米尔扎布尔"（Mirzapur）。我告诉他。然后，我们离开了查库·潘迪特，朝着广袤的乡野里走去。

120年前穆克吉先生也是沿着同样的这条道走的。我一路上揣摩，他会寻找些什么呢？他仅仅是寻找一种与牛群有关的颜料吗？或者还有其他理由引发他的兴趣？我的这位前辈很可能已经知道，印度黄最有可能由16世纪晚期的波斯人发明，大部分用于细密画，莫卧尔王朝的画家使用过它，后来印度教和耆那教的画家也使用它。很奇怪，那些耆那教徒都是素食主义者，而且非常反对向动物施加痛苦，他们怎么还会用这种明显带有虐待倾向的颜料呢？正浮想联翩的时候，我的司机停下车来，说："这儿就是米尔扎布尔。"可我环顾四周，却觉得我们停的不是地方，眼前没有任何标志，只有一小段与其他的路完全没有区别的路。这时，有一头仿佛牛一样的东西从附近的草丛里露了个影子，我的心为之一跳，可再仔细看，原来是头水牛。

不远处有一个茶摊，于是我决定去做我准备冒险之前通常会做的一件事：坐下来，喝点什么——现在当然就是茶——然后等待任何可能遇到的事件。我走进去，摊主为我让出地方，请我坐在井边。我往井里瞥了一眼，真希望他的茶水不是从这口井里打上来的，井里的水已经脏得泛着白沫了。我喝着茶，通常在这种情况下，遇到这样的陌生人，他一定会问："你想做什么？"这样就能激起我对颜色的寻求。可这一次，却没有人问我。此时此地，没有人会说英语。我不由地暗暗诅咒，本来，我在昨天晚上雇好了一个年轻人为我做翻译，可他却失约，今天早上一直没来。

摊主显然是个当地的活跃分子。他闲不下来，一会儿跳起来去倒牛奶，一会儿蹲到木桩子上与人聊天，一会儿又拿块饼干给旁边不说话的孩子。我喝到第二杯时，注意到他赤着脚，还很惊讶地发现，这人有着运动员般健壮的体魄，却患上了象皮病（elephantiasis），这是我第一次在一位非乞丐的身上看到这种病。我问他是否知道印度黄，但他只是笑容可掬地问我是否知道印第语。我喝完了茶，犹豫着到底该不该在没有翻译的情况下，只是拿着个听起来十分愚蠢而且几乎毫无可能的关于母牛尿的故事，去继续我的探索之旅。我站起来，穿过主路。正当我向另一条路走去之时，突然之间，事情发生了。

  两个男孩子出现了，也许是刚刚放学。他们好奇地问我，"你在做什么？"我回答说，"我在寻找一位哥瓦剌（gwala），"我用了当地话"挤奶人"一词，因为我恰好在穆克吉的信中曾经看到过这个词。穆克吉的时代，唯一制作印度黄的人，很可能全印度乃至全世界唯一制作印度黄的人，恐怕就是米尔扎布尔挤奶人了。"我父亲就是一位挤奶人，"一个男孩欢快地说，并指向路尽头他的家所在。确实如此，棚里有三头牛，槽边还有一头。它们看上去全都喂养得很好，那位父亲看上去也很友好。于是我在笔记本上画画代替语言。当我画了一只我认为是典型的母牛时，他们问我，"水牛？""不，母牛，"我立刻斩钉截铁地说，然后又在牛身上画了些我认为很像乳房的图形，但比划了半天，我才意识到，他们根本不区分牛的性别。现在，整个家庭都围聚过来，对我的图形进行艺术评判。"尾巴！"那位父亲热情地向我提议，于是我加了一条尾巴，他赞许地点点头，早就忘记了乳房的存在。芒果树倒是很简单，然后是芒果叶子，然后……好吧，这一次，我鼓足了勇气；我画了一只桶，它可以盛放任何东西，然后又指指附近一所房子的墙，因为恰好这房子的外墙是黄色的。那位儿子试着做解释，但没有人能够将母牛与黄色的墙联系在一起。"走吧，走！"那男孩说，急着要带我展示村庄的其他地方。于是我们继续沿着小路走去，那个小一点的孩子一路走还一路极度兴奋地唱起来"哥瓦剌在哪里？"

母牛，还是水牛？

米尔扎布尔虽非一个富裕的地方，但也绝非一贫如洗：人们住在简朴的房子里，街道整洁，周围有许多农田。我们一路走着，其他人逐渐加入到我们的队伍里来。到了下一家，有人给我端来一把椅子，他们邀请我再述说一遍我的故事。不知不觉，围观者竟达到一百人之多。我正讲到芒果叶子的时候，周围忽然安静下来，沿着小路走来一位很有领袖魅力的年轻人，脸上挂着富有感染力的笑容。他坐在一辆改装成轮椅的三轮车里，膝盖用小的金属护膝包裹着，而护膝固定在轮椅上，他用手臂摇着轮椅，两位朋友帮着他推行。这是一位残疾然而英俊的米尔扎布尔年轻人。他自我介绍名叫拉吉夫·库马斯。很明显，他是一个颇有分量的人，当他说话时，大家都静下来听着。于是整个母牛故事的讲述又重新开始了。芒果树叶，现在已经很好表达了，因为我已经知道印第语怎样说叶子这个词——但之后的事实怎样表述？母牛＋芒果树叶＋……我画了一只小篮子，然后像演哑剧一般蹲下来，然后发出一种嘘嘘的声音。"Dudh?"一个男孩问道，他说的这个词表示牛奶。"噢，不是。"我说，我豁出去了，又尽量逼真地重新表演一遍。这下子，周围穿莎丽的祖母们和抱小孩的年轻女人们都明显地表露出一种难以置信的表情。甚至连米尔扎布尔的小孩子们都无法相信这个一直微笑着的外国人竟然做出如此粗俗的动作。然后，在一片静默中，有人发出一声清晰响亮的大笑。拉吉夫·库马斯欢快地笑着，整个村庄的人都跟着他哄堂大笑。

于是，他为我做了总结，"在 1900 年"——他指着我写下来的日期——"人们用这个 + 这个 + 这个制作黄颜料？"他指着我的那幅画。"是的。"我说。他问："在哪儿呢？""在这里，"我说："就在米尔扎布尔。"他说还有其他什么地方或许也有。"只有在米尔扎布尔，不会在印度的其他任何地方。"我说，故事真是荒谬之极啊！我俩都不由自主地哈哈大笑起来。"它被称作蒙吉尔印度黄，"我又补充说，"它从米尔扎布尔运到蒙吉尔，再到加尔各答，最后到英国。"这次，我俩都笑得直流眼泪。于是拉吉夫向人群询问，但甚至连当中最年长的人也不知道这种制作过程。如果印度黄真的是在蒙吉尔制作出来的，它显然没有在 21 世纪的普通大众中留下任何印象。

几个月前，我与布莱恩·利萨斯联系过，他是南非的一位小提琴制作人，并且曾经尝试用真正的印度黄来做清漆。他咨询了一位兽医，那人推荐说可以给母牛每天吃一到两顿芒果叶子。他按照这个建议给母牛吃了 14 天。"其中涉及一些很有意思的工作，比如必须站在母牛身后拿个桶来接'宝贝'。"然后他按照伦敦国家美术馆的指点，把接来的尿煮了几个小时，这个过程"得让客人全都离开"，他说。但是，出来的颜色完全达不到成色，他估计要想从尿中得到足够的颜色，必须让母牛吃更多的芒果叶子；他可不想再去伤害母牛的消化系统了，于是他放弃了这个主意。他探求这种特殊"宝贝"的故事，促使我再去查找一下 1883 年的那封信，其中有一段，我从来没有在其他二次引用中看到过，这其中显然有微妙的考虑。拿母牛做两个星期的实验当然没问题，还可以拿着个篮子，带点幽默的心情等在一旁。但最初的"哥瓦剌"们到底是怎么做的呢？穆克吉很清楚："用芒果叶子喂过的母牛，可以用手去轻轻摩擦它的排尿器官，使之每天排三至四次尿，母牛们天长日久就会十分习惯于这个过程，以至于它们自身就不会再有自我排泄多余水分的能力了。"这一段让我觉得十分可疑，难道排出足够的尿，竟然与挤出足够的奶的程序是一样的吗？

至少我想先看到母牛，我这样下了决心。"是的，"拉吉夫说："而且你还必须看一看芒果园。""芒果园？哦，当然。"这个地区应当有一到两个果园，我突然意识到这一点。在这个地区 1905 年到 1912 年的一份调查报告中，一位名叫墨菲的调查员提及这里盛产上好的鸦片（有时会受到暴风雨的影响）和一些十分肮脏的芒果。"当地的芒果一点儿也不好，在扎穆伊小区（Jamui subdivision），芒果都退化了，又小又硬，而且很酸。"他还数点了当地所有的成年母牛，共有 130799 头，以及水牛 45164 头。但是，他没有提到印度黄。他注意到，"这个地区的母牛、公牛和水牛都比别的地方小得多，看上去也不如其他地区的显得有营养"——但他把所有的牛都归为一类，却没有提及其中有一小群母牛的消化系统可能是被错误的饮食所毁坏。

"是的，我们有个非常漂亮的芒果园。"拉吉夫肯定地说。他坐着轮椅，所以无法陪同我们一起去。但是有一群小男孩小女孩在前面领路，他们像唱诗般地高歌"芒果园，芒果园"，我于是很欢快地穿过了那条一个小时前曾让我十分沮丧的路。真像个落拓的探险者，我有点自嘲。我跟着这帮孩子一起翻过一堵坍塌的墙。突然之间，我真是感到强烈的戏剧般的喜悦，仿佛置身于温莎和牛顿公司的印度黄制作基地，也许我就将在这里找到黄色的答案。外面虽然充满灰尘而且十分酷热，可在米尔扎布尔芒果园里，却是处处绿荫、安静祥和。园子很大，我们走了很多路，却始终没有见到果园边界的另一堵墙。孩子们和我不停地走着、唱着，每当我准备拍下一些大名鼎鼎的芒果叶子时，孩子们都会冲到我看中的那棵树上，晃动那棵树，好像栖在树枝上的八哥鸟。有几位年轻的夫妇也在里面漫步。湿婆神（Shiva）与雪山女神帕尔瓦蒂（Parvati）就是在芒果树下成婚的，芒果树叶常被用来装饰洞房和象征爱情，今天，它们依然浪漫。

一个小孩被派去为我找果子。不是找芒果，还没到芒果的成熟季节，而是找一种被称作罗旦梅（paniala）的古怪果子，它像葡萄，又与葡萄略有不同，可以整个吞吃。果肉十分甜美，但像柠檬一样，让人吃完之后嘴巴特别干。在果园里，只要碰到一个人，无论何时何地，无论认识不认识，我都会应其好奇的请求，复述一遍我的故事，于是整场"哑剧"重新上演。最终每个人都参与进来，一起发出"嘘嘘"之声。我想象着十年后，说不定也会有个陌生人来到这个村庄，也会询问"匹乌里"；我想象着那人会解释母牛、芒果叶子和往篮子里嘘嘘的场景；我还想象着他也会同我一样随手写下一个年代数字，比如1900，于是人们的记忆又会重新被勾起来。

我把所有的人召集在一起照了一张相：又有五个小孩子临时跑过来，于是我就往后退一点，以便把他们也包括进来。突然，脚底下发出啪的一声响声。我往下看，我的左脚从脚跟到鞋带全都陷进了一团我所能想象出来的最黏、最黄、也最臭的稀牛粪中。每一个人都立刻捂住他们的鼻子，冲我哈哈大笑。然而，他们中间却没有一个人意识到，其实，这一脚对我来说，却是世界上最美的一幅图景，我甚至把他们的笑当成一种美好的庆贺来看待。毕竟，我来到印度，是为发现一种明亮的黄色的母牛尿液，而现在，我却发现另一种与我的目标惊

第六章 黄色

人相似的黄色，而它此刻就黏附在我的鞋子上。神灵们一定听到了我的祈求，只不过他们有点儿耳背，把我祷告的内容听岔了一点儿。

他们带我找了一圈母牛和房子——但在每一处地方，当我询问的时候，没人听说过"匹乌里"。我给一头母牛喂芒果叶子，但它扭头就走。牧牛人拿给它吃，它露出极为痛苦的表情。牧牛人便想掰开母牛的嘴巴强行喂进去，但我让他别这样。我感到高兴，在蒙吉尔以南的米尔扎布尔，即使印度黄曾经在这里制造出来，至少今天它已经停产了。

当我返回蒙吉尔时，我想起了我的故事中的原料，想起行进在穆克吉先生是返回的原路。设身处地地想一下，他生活的那个时代究竟应是什么样子的呢？那是19世纪80年代，整个亚洲掀起一阵民族觉醒浪潮——英国占领下的孟加拉，表达出重新确认身份，重建古代印度传统的愿望。大约1883年，"故乡"（desh）这个字眼开始用于描述整个印度或是孟加拉［后来它的一部分成为独立的"孟加拉国"（Bangladesh）］，起初它只是简单地代表一个人的祖先住过的村落。那时，民族诗人罗宾德拉纳特·泰戈尔（Rabindranath Tagore）的早期诗篇，正在开始对孟加拉人的思维形成影响。几近遗忘的《吠陀经》（Vedas）被从梵语（Sanskrit）翻译过来，瑜珈重新成为时尚，印度教突然之间成为一种哲学，而不仅是一种多神宗教。甚至有一种创世纪般的运动，要保护神圣的母牛——因为在太多的地方，母牛的神圣性已经被人们忘却了。这是一个十分重要的话题，之所以重要，其中的原因很多，但民族认同感永远是不可或缺的理由。

也许穆克吉先生真的只是一个诚实的差人，受人派遣查寻一桩颜料史上的小小谜团。但如果他也是一位民族主义者呢，他会不会想到，要小小地愚弄一番英国殖民者，或者至少开个不愠不火的小小玩笑呢？他会不会试图在机会来临时，将事实的种子与印度教的神秘传说捏合起来,添油加醋呢?确实有些颜料是用尿液制成的[1],也确实有些颜料是用芒果制成的。他把这么个拼凑的东西交给英国人,是不是为了警告他们,他们获取的颜料,不仅一点儿也不纯净,而且还侵犯了母牛,侵犯了印度教教义呢?

又或许,米尔扎布尔的确是印度境内某种颜料被唯一制造出来的地方,或许,禁止制造这种颜料的禁令真的是微不足道,无人在乎,以至于无人花功夫去记录一下,或许,当时向全世界提供这种颜料的人的后代,真的把祖先的活计全都忘却了。或许,所有这些事情都是真实的。但是,至今,当我一想起印度黄,我总会情不自禁地去怀疑,究竟我所听到的这种说法是一种事实,还是仅仅为折射事实的一种影像,究竟这故事是不是某人在拐弯抹角地拿英国人开涮?

藤黄和雌黄

文联庄(Man Luen Choon)位于香港西区后街一座旧楼的二层。在一堆卖假包、卖扣子和卖鸡毛做的仿毛皮围巾的小摊中间,很难看见它的门。与这条古老的巷子只隔两个街区,便是玻璃摩天大厦"中环中心",当地人称之为"五彩楼",因为每晚大楼都按照电脑排序,用不断变换的绿松色、粉色和绿色将天空照亮。这是现代与传

---

[1] 乔治·菲尔德从不相信芒果叶子的理论是真实的:"这个故事也曾被以这样或那样的形式附着在喂过芒果的水牛或者印度母牛身上;但后者是不正确的。无论如何它似乎都应是石灰的磷酸盐形式,这确是一种美丽的纯净的黄颜色,具有轻柔的粉末质地;可以凝成大块,在深度上要优于藤黄(gamboge),但在许多方面比五倍子要差。"温莎和牛顿公司同样不同意这种颜料来自于尿液又蒸发成球状的理论。相反,公司的博物馆(位于温莎和牛顿公司哈罗厂区)将这种颜料描述为吃了芒果或芒果叶子的母牛尿过的泥巴。

统，优雅与传统并存的极佳写照。当中环中心炫耀着它那上百万美元的颜色科技时，文联庄却依旧保留着香港最著名的中国美术原料供应商的地位。我第一次去那里时，以为它会是黑乎乎的，很旧派的样子。但恰恰相反，它很明亮，用了不少霓虹——我感觉与中环中心可有一比。照明充足也许是件好事。我就能借助清晰的霓虹，来观察一种特殊的颜料从棕色变为某种更漂亮的颜色。

我是和两位朋友一起去的——画家方苏（Fong So），还有他的合作伙伴作家兼摄影家杨慧敏（Yeung Wai-man）。他们邀请我一起去拜访文联庄庄主李望达［原文为 Li Chingwan，疑为作者拼写广东拼音之误，文联庄现任老板李望达（Li Mon-tat），继承其父李昆祥产业。——译注］。李望达出身在广州一个世代经营书画用品店的家族，他来香港已有 20 年。店里几乎没有批量生产的颜料，所有颜料都盛在白色的瓷碟中，装在玻璃柜子里。对注重色彩的画家而言，这里真可谓天堂。这里，有一小撮朱砂，那边，有一种蓝铜和孔雀石的合色，不远处，还有黏土状的雌黄小方块。

雌黄的意思是"金色的颜料"。很长时间，它都是炼金术士们无限珍爱的商品。因为有一种理论认为，凡是金色的东西，就必与黄金成分相似，可以拿来炼金。画家们对这种颜料其实并不看好，其中一个原因，在于任何其他颜色叠加在上面，都会变黑[1]，但更主要的原因在于，它含有砒霜。"真的有毒，"切尼尼曾经警告过读者。在毒性的强度上，它仅次于雄黄，一种发橙色的与雌黄成分相似的更毒

---

［1］根据艾里克·赫伯恩的说法，凡·戴克（Van Dyck）热衷于用雌黄，但他的秘密是先铺垫上其他黄颜色，再涂上雌黄。"效果很惊人，整个区域内原先的那种相对灰暗的黄色，有点像黄赭色的颜色，居然适当地加几笔更亮一些的雌黄，就变得分外明亮。"赫伯恩不知道，在中国商店里雌黄十分容易获得。他甚至告诫，如果遇到含有雌黄的画，别去冒险造假。"如果你确实无法用亮黄色去以假乱真，那只能把原作上用了雌黄的部位毁掉，然后小心地用现代的铬黄和锌白或铅白的混合物去补上。"

的颜料。[1]"我们不用（雄黄），除了偶尔出于版画需要，千万别经常使用。"他还友善地予以提醒："使用时，雄黄需要与大量清水混合研磨成粉末。自己要当心。"[2]

其实，在中国艺术商店里，雌黄和雄黄是很容易找到的颜料。对此我本不该惊讶，中国人总是比欧洲人对待这两种颜料的态度更轻松。1705年，德国人乔治·隆福（George Everhard Rumphius）写了一本了不起的书，叫做《安汶的百宝盒》（The Ambonese Curiosity Cabinet）。隆福大半生时间都在为荷兰东印度公司工作——所以被起了个绰号"印度的普林尼"，这算是对他的爱称，因为他对知识的热情无穷无尽。不过，也算是个调侃，因为他与普林尼一样拒绝区分传说与事实。他死后，这本书才在荷兰出版。

他在书中写道，爪哇岛上有一种雌黄，"这种雌黄尝起来不苦，淡而无味，或者也许有点接近硫酸盐类。"他继续写着。他发现，在爪哇人的贸易集镇上，就有这种雌黄可卖，巴厘岛和中国也有。除去绘画功能，这种雌黄可用来染色，染一种特殊的金红白三色混合的克林辛（Krinsing）尼龙布。先将雌黄抹在克林辛上，然后把它挂起来，用烟熏几天，让颜色渗进去。中国人和爪哇人不把雌黄当毒药，恰恰相反：他们还勇敢地吃点雌黄当药，"不过必须是小剂量，但在我看来，这种方法一点儿也不妥当"。他大胆地进行批判。他说，有一次，是1660年，在巴达维亚（现在的雅加达），他亲眼目睹一个女人因服用雌黄而变疯，"像猫一样爬上墙"。

---

[1] 雄黄的配料是硫化砷，而雌黄是三硫化二砷。它们的化学名称很清晰地表明，雄黄含有更多的砷（砒霜）。

[2] 到1758年，当多西（Dossie）写《艺术的仆人》一书时，雄黄和雌黄都被完全禁止，不允许画家使用。即使使用这些颜料，也是用于"椅子的棕绷底座，或者其他这样的粗笨物品。"

第六章 黄色

隆福并不反对适量的雌黄。他推荐小剂量使用以治疗贫血，还能强壮神经系统。他报告说，奥地利蒂罗尔州（Tirol）的人，定期服用砒霜，以增强体魄和美容——这种习俗被称作"吞砷癖"（arsenicophagy），直到19世纪末才渐渐消失。不过，作者认为，更有意思的是雄黄（realgar，或者 hinghong）。雄黄很容易找到：只要找一个"孔雀连着三年做窝"的地方。他解释说，这里的孔雀，指的是雌孔雀，让窝边有点雄黄，是为了阻挡蛇去碰窝里的蛋。这很可能是有用的，我想起香港太平山顶就有蟒蛇。于是我买了几克雄黄，装在印着鲜红色中国字的小纸盒中。李先生拥有我这本书里提到几乎所有的天然颜料。几乎所有颜料的原材料都来自于中国大陆，只有两种除外。他告诉我，这两种，一种是日本松墨（"世界上最贵的一种"），还有一种就是藤黄。而藤黄正是我来此的目的。

至少自8世纪以来，藤黄已经在中国和日本的绘画中使用，早期的印度细密画中也发现过藤黄。也许，它有时正是被用于画奎师那的黄色衣服，这样至少要比母牛尿制作的黄色味道好闻一点。藤黄都是进口的：大部分来自于柬埔寨——藤黄的英文名称"gamboge"其实也是柬埔寨国名的讹称。其他许多东南亚国家都出产藤黄，泰国边境肯定也有足够的优质藤黄，因为泰王朱拉隆功（Chulalongkorn）在19世纪80年代曾向美国寄送了一些很好的藤黄树脂样品，作为"表示尊敬的礼物"。

李先生给我看了一种很干净的藤黄样品，他称之为"和平时期的藤黄"。这块样品看上去很像英国布莱顿（Brighton）的石头，仿佛是被哪个顽皮的小孩放在口袋里压得太久了一样，有点挤扁了。它的表面像太妃糖，有一些光滑的棱角，颜色则像干燥的耳垢。但当李先生用一支毛笔蘸着水，轻轻地在那毫不起眼的、发暗棕色的石头表面刷一下的时候，他的笔尖下随之滴出一滴奇迹般的黄色。我敢说，这是黄色光谱中最明亮的一种，而且泛着荧光。李先生说，在20世纪80年代：残酷的红色高棉（Klmer Rouge）时代，以及更早期在越南战争期间，这种颜色几乎无法找到。"战争时期，它总是混着泥巴，"李先生解释道："有一次我进口了50公斤很脏的藤黄，因为那时候连这种藤黄都很稀少。"

中国称之为"藤黄"（"ivy yellow"或是"rattan yellow"），但藤黄既非来自于常春藤，也非来自于其他藤类植物，而是来自于藤黄（Garcinia hanburyi）树，一种与山竹果树同一种属类，但结不出鲜美果实的高大树。李先生手上的颜料，正是藤黄分泌的树脂，提炼的方法与橡胶类似，但有一点重大的区别。提炼橡胶时，只需在橡胶树干上砍一道半圆形的疤，大约几个小时内就能分泌出乳白色的橡胶，第二天早晨来取就可以。相比之下，藤黄的采集者必须在树干上砍很深的疤，然后小心地在出汁液的地方放置一根中空的竹管……而且，他必须等到翌年才能回来收集。

我问李先生，是否还有一些战时藤黄的收藏。"应该还在。"他说，然后就消失在店堂后面的某一间房间里。几分钟后，他返回来，手上多了一样脏兮兮的香港大型连锁超市百佳超市的塑料袋。袋里满是深绿棕色的破碎的藤黄：好像有人嚼过太妃糖之后又随口吐到泥巴里，让它躺在那儿自己变硬一般。"这就是我们在战争时期弄来的东西：非常糟糕，全是杂质。"许多盛着藤黄的竹管掉进了泥里，人们就去四处寻找滴落到泥土里的藤黄。这时，我突发奇想地插了一句，"我会很乐意去做寻找藤黄的工作。"我想象着自己在一片树林里摸索，学习如何用弯刀在树干上砍出深深的一道痕迹，还有人对我叙述着那些关于流淌黄色颜料的树的远古传说。李先生却很肯定地说："不，你不会乐意去做的。"我们全都惊讶地看着他。他是什么意思呢？"那里会有地雷：为寻找藤黄，很多人死去。"

我因此才知道，这种俏丽的黄颜色，在某种意义上却是十分危险的。温莎和牛顿公司很早就收到过从东南亚寄来的小包藤黄，早到什么时候，已经没人能够记清楚了，很可能 19 世纪中叶自公司建立时就有了。当藤黄到达工厂时，他们小心地将其碾成粉末，装入管子或碟子里，作为一种价格较贵的水彩颜料卖出去。但有些包裹与众不同，这些是 20 世纪七八十年代寄自柬埔寨或越南的包裹：里面的藤黄含有可能爆炸的子弹。公司的技术总监伊恩·加勒特（Ian Garrett）的办公室里，至今还陈列着五颗子弹，时刻提醒着他自己和他的同事：他们自以为十分容易得来的颜料，其实是许多生活在战火中的人们冒着危险、千辛万苦收集而来的。哈罗工厂的颜料人发现的子弹，可能是几个月前在波尔布特（Pol Pot）恐怖政权的黑暗岁月里，或者几年前在越南战争如火如荼之际，被一个或那么几个钻进藤黄灌木丛的士兵，用机枪胡乱扫射后嵌进竹管并带入英国的。我想，这几颗子弹固然寿终正寝，而士兵们扫射出的其他子弹，却可能引发过无数个悲剧故事，而我们却无从得知。

我非常喜欢从文联庄买来的那盒藤黄。加一点儿水在上面，它就会展现明亮的黄色，我觉得自己就像一位魔术师。我喜欢给每一位我遇到的孩子展示这个小技巧。有一次，我在英国乘火车时，对面正好坐着一位九岁的孩子，他与我一样喜欢各种奇怪的人造事物。他正与他的祖母一道旅行，刚刚拜访了一位亲戚，并从亲戚那里带回一面印度尼西亚的皮鼓，他知道这件东西有魔力，所以非常骄傲地向我展示。而我也向他展示了我的藤黄魔术，并且告诉他关于藤黄的故事，向他解释了战争以及为什么战时的人们有时候会甘冒各种各样的风险。他十分感兴趣，于是我把我的小块藤黄给了他。当时给得很随意，可后来我知道藤黄有毒时，真是后悔得慌啊！

四天之后，我到了美国，与颜料专家华盛顿国家美术馆的迈克尔·斯卡尔卡聊天。我提及我曾在香港买过藤黄。他立即赞同说，藤黄能制出很漂亮的颜色，"但它有毒"。我听了吓一跳，但他又说，藤黄可能不会像雌黄那样毒死你，这一点让我如释重负。藤黄确实可以作为一种可利用的杀人工具，至少有一个中国的侦探小说，就是将藤黄注入桃子里作为备用杀人工具的（高罗佩所写《迷宫案》中写的为蜜枣，而不是桃子。据《迷宫案》，卸任将军丁虎国被害后，在其衣袖中发现一只盛装九枚蜜枣的盒子，经狄仁杰验出枣内被用空心针管注入藤黄。但丁虎国并非食枣而死。枣内之毒仅在数日后毒死一只贪吃的黑鼠。——译注）。但它的谋杀效果一定不好。藤黄是自然界存在的最有效的利尿剂之一，如果不小心吃了藤黄，你这一天恐怕老得往厕所跑。另一种黄色染料鼠李（buckthorn）也有同样的功效。事实上，这似乎是一种黄色光谱共振的典型现象。葫芦、未成熟的菠萝、野生大黄和黄鸢尾花，都具有同样强烈的促泻功能。也许，古印度的吠陀文化将黄色列为第二个轮穴（chakra）的颜色，也确实不是巧合，这一轮穴恰好位于肚脐以下，盲肠以上［轮穴，chakra，古印度人认为人体分为七个轮穴，通过经脉（nadi）连接成网络，生命的能量就植于此网络中。第二轮穴又称腹轮、真知轮（swadisthana chakra）。——译注］。

  几个星期后，我给我的朋友杨慧敏打电话。她知道藤黄真的有毒吗？哦，是的，她笑嘻嘻地说："我当然知道……其实，那正是为什么蟑螂不会去吃方苏的画的原因。他夜里就把那些画放在地板上，起初，我担心那些讨厌的蟑螂会把它们吃掉，你知道，蟑螂无所不吃。"她跑出来找正在另一间屋作画的方苏来听电话。他也说，他的画能够保存很久，部分原因就是因为藤黄颜料吓走了那些贪婪而饥饿的爬虫。"人们倒很想用藤黄做驱虫剂，但就是价格太贵了。"他说。

藏 红 花

　　我架子上的最后两种纪念品是世界上最贵也最具色彩的罐装香料：藏红花。与藤黄一样，藏红花自身也是充满谜团的集合体。它是红的，又是黄的；它很贵重，却又能买得起；它能吸干你的肝，却又能使你哈哈大笑；它几近绝迹，却又能够批量生产。但是，与藤黄不同的是，藏红花造假的很多，我就为此付出过代价。

　　我第一次见到藏红花，至少算是第一次见到这个名字，是20世纪80年代中期在克什米尔。那时我还是个学生，我连续三个夏天前往印度北部省份，那时，克什米尔争取独立的连绵战火尚未爆发。有一年，我在等待着前往北部的边关放行。雪比我想象的融化得迟了些时，于是我在克什米尔首府斯里纳加（Srinagar）的达尔湖上租了个船屋待着，一边享受着家常菜，一边观赏划着希卡拉小船（shikara）的船商来回兜售他们的货品。如果我不要可乐和糖果，他们就会立即大喊，"要大麻吗？""不用，谢谢。""鸦片？"他们还会锲而不舍地追问。"不，真的不要。""啊哈，我知道了，"于是他们会拿捏着一种得胜的腔调，打出西方颓废文化扑克中的最后一张牌："你是要丹碧丝吧？"

　　我只从这些船商手上买过一样东西：盛在脏兮兮的小包中的一些黄色的东西。有一位船商比他的同行多了一个兜售项目，他问："你要藏红花？"我很好奇，就想看看货。我这时看见隔壁船屋里一位比我更懂行的游客，已经忙着搬运印度大麻了。当然，我后来意识到，这些人行事鬼鬼祟祟，就因为他在作假。他的袋子里装的全是红花，一种我曾在《橙色》中介绍过的便宜的红色香料。红花既没有藏红花的魅力，又缺少藏红花特有的微苦的涩味。但是，作为一位初次旅行的十多岁的年轻人，我当时十分无知，急切地要把它买下。也许在当时，这东西是不是藏红花都不那么重要了：毕竟，那时我也并不明确要拿它来做什么。

我仅仅知道藏红花是世界上最贵的香料，还知道它是黄色的（尽管在我买的小包里，它看上去是橙色的。其实，如果真是藏红花，就应该是深红色的），我知道它来自于一种花。我也知道印度政府制订了保护主义政策，禁止克什米尔藏红花出口。正是出于同样的保护主义，我只能喝到瞻波可乐（Campa Cola），而不是我所熟悉的美国品牌的可乐。但我那时却不知道，将藏红花置于热水中，加点蜂蜜，就立即会有意想不到的结果；我也不知道将这种香料加入长粒的大米中吃起来会满嘴土味，看起来却像阳光般灿烂；我更不知道这种香料所来源的花是一种番红花属的植物，更不知道我将过多久才会了解上述这些知识。

几年之后，我又一次以为自己发现了真正的藏红花。这一次是在西藏的僧袍上。我读过许多故事，说黄色（有时甚至是红色）僧袍被称为"藏红花"。我很喜欢这个名字，也许自己也会乐于染一染这种颜色。但是，藏红花是生长在克什米尔附近地区的传统香料，可以追溯到公元前500年或更早。西藏的海拔那么高，怎么能够适合这样一种精细植物的生长呢？他们又是从哪里找来藏红花去染这袍子呢？有一次，我曾十分天真地提出这一问题。我的尼姑朋友大笑起来，解释说，佛袍是为了显示穿它的人多么谦恭，而绝不是为了炫耀世界上最贵的香料。

西藏的"藏红花"袍子通常用姜黄来染，这种染料很便宜，颜色也是很简单的泥土颜色。在泰国，僧袍通常用菠萝蜜来染，每一年的11月，都有正式的印染日，大家都起个大早，拿着菠萝蜜和罐子去

第六章 黄色

河边重新染一次袍子。现在很多袍子都用有机染料，甚至在较少的用天然染料染成的袍子中，也没有一件是用藏红花染的。我要寻找这种美丽的黄颜色，就必须去其他地方，最正确最直接的选择，无疑应去收获藏红花的地方。

然而，我不去克什米尔。即使克什米尔人声称（也可能是谎称），他们那儿才是藏红花的起源地，我也不去。几年的内战危机之后，那儿的工业早已凋敝，每年出产的藏红花不到一吨。藏红花可以生长在许多不同的地方，西班牙的就很有名，同样出名的还有用藏红花调味的西班牙肉菜饭。藏红花还生长于伊朗、马其顿、法国和摩洛哥，在新西兰、塔斯马尼亚和威尔士北部以及其他地方也有少量的藏红花。我发现马其顿有一座以藏红花命名的城市克罗克斯（Krokos），于是曾考虑过探访马其顿，探访亚历山大大帝的出生地。然后，我想到去一趟伊朗。毕竟，波斯曾以黄米著称——我于是打电话询问离我最近、位于堪培拉的伊朗大使馆。"没有问题，"他们说，并告诉我只要把护照寄过去就可以申请签证。为了慎重起见，我又特意加了一句："我是个英国人。""嗯，有麻烦。"电话那头传来一声听起来很欢快的回答。

于是，我就选择在十月末的收获高峰季节，去了西班牙藏红花生产中心拉曼查（La Mancha）。我坚信自己能在那里找到真正的黄色染料。到达拉曼查的第一个早晨，我就驱车在附近转悠，眼睛一刻也不闲着，四处打量，企图在晨雾中发现一些亮闪闪的颜色。我知道，藏红花这种完美的黄色染料兼香料，开的却不是黄花，也不是红花，而是美艳的紫花。按理说，这样明显的线索，即使最不谙植物学的人，也至少能够很容易地观察到一片盛开的紫色。可是，我却一无所获！一路找来，没见到任何一片藏红花园地。难道，这暗示着，西班牙的藏红花产业也正面临危机吗？

我随身带着一本书——约翰·汉弗雷斯（John Humphries）的《藏红花知识指南》（The Essential Saffron Companion），里面有各种美妙的配方，确实很有指导作用。但是，不可否认，虽然此书出版距今仅八年，许多配方却业已过时：1993年，汉弗雷斯于藏红花收获季节，在马德里以南的郊外待了好几天。他不仅发现"一块覆盖大地的紫色斗篷；一个藏红花的海洋"点缀着西班牙的风景线，他还找到了一些当时的穴居人，他们住在距他住的曼萨纳雷斯（Manzanares）小镇旅馆不过几百米的洞穴里。他生动地记述了这些穴居人如何在黎明时跑出来采集藏红花，把它们带回洞里风干。汉弗雷斯的笔下那种浪漫异常的一千年来没怎么变更的传统，对我有不可抗拒的魔力。于是，曼萨纳雷斯就成为我探寻之旅的第一站：我巴不得立刻见到这些洞穴。

大约八点钟，天刚蒙蒙亮，我到达了汉弗雷斯所描述的地方。但是，尽管我仔细地搜索周围的农田，还有农田外的园地，我没能发现哪怕是一片紫色的花瓣，也没找到一块巨大的紫色斗篷，更没见到任何穿黑衣的穴居隐士。我对这趟清晨搜索十分不满意，于是走入一家咖啡馆，要了一杯浓咖啡，也想顺便找点建议。"没人在曼萨纳雷斯种藏红花了。"店主善意地告诉我："根本不赚钱。"

我只好自我安慰，我应不是第一个来此寻找藏红花却一无所获的人吧，我确信也不会是最后一个。比如说，在19世纪中期，性格古怪的曼彻斯特大教堂主教威廉·赫伯特（Reverend William Herbert）为了寻找藏红花，甚至离开他的教众去环游欧洲。他想找到藏红花的来源地，然后在他的约克郡花园里亲手种植藏红花。然而，即使他如此执著，在随后的30年内，他也只见到过藏红花开过三次花。他还曾去希腊和意大利寻找紫色花田，却只找到了几个球茎。"我怀疑藏红花的诞生地早就移入种植园了。"他后来这样悲观地总结。

　　藏红花就是这样一种神秘而又神奇的物种。一年中的某一个晚上，阳光落山之后，藏红花却从光秃秃的原野中奇迹般地连夜长出，到了早晨大放异彩。然后，在这天结束的时候又会迅速地凋落而去。藏红花产业就与这花儿的花期一样：早上还在这里，下午却已逝去，因市场和气候的变化而萍踪难定。其实，无论是我，还是赫伯特阁下，对于欧洲种植品种的地域变更都不应感到惊奇。我下面就要谈到英国藏红花工业的历史，虽然今天它已成为纸上空文，但那丰富的历史却同样可以证明，这项工业实在是时运多舛。

萨弗伦沃尔登

　　传说有一位中世纪的朝圣者，把藏红花带到了埃塞克斯（Essex）。那时，要把藏红花从圣地带出来，种入奇平沃尔登（Chipping Walden）的白垩土壤上，是要冒着生命危险的。他很明智地将藏红花放在了帽子里。如果这个传说是真实的，我估计他很可能是在回家的路上，路过希腊北部的园地时，顺手摘了几个藏红花的球茎，然后再走很长的路带回来。不过传说毕竟是传说，总是更加戏剧化一些。不管帽子戏法和朝圣者这两种元素存在与否，但如果不是在中世纪时藏红花已经传入英国的话，恐怕很难解释英国人对于各种香料的兴趣为什么会像现在这般强烈。

　　那个时候，烹饪正处于转折期：主菜中加的胡椒越多，表明主人越富有。大多数人还没富到品尝这些香料的程度。那个时候，这些调味品十分稀罕，也十分昂贵，因为它们大多从遥远的东南亚岛屿运来，而且威尼斯商人垄断了这项交易，随意抬高价格。但是，大户人家的厨师们依然十分钟情于这些进口调料，忙着用它们来更新菜肴。

他们全然不顾香料对眼睛泪腺的刺激，抓起从遥远的东印度和西印度群岛运来的丁香、豆蔻、肉桂，大把大把地丢入锅中。如果当时能有现在的所谓广告战的话，可以想象一下这些香料的口号："尝尝吧！……用一丁点儿来自天堂的滋味烤鹌鹑。"藏红花则是当时最受欢迎的调料之一。藏红花的拼法千奇百怪，其中一种是"safroun"。1380年，乔叟（Chaucer）描绘勇猛的骑士托巴斯爵士（Sir Thopas），称他的"发、须皆藏红之色"。

除了用于配菜，中世纪的厨师们还将藏红花用在手稿上，作为金叶的廉价替代品。一位贫穷的中世纪画家要想在其圣经摹本上模仿金子的颜色，就得把几十根藏红花丝放在盘里，浇以调好的蛋清或是"釉料蛋白"（glair）充分浸泡。我曾经试过一次：隔一夜后，它就凝固了，成了血红色。在纸上，这种颜色十分鲜艳：不像是金子，倒更像是热心的藏红色帮助孤独的蛋清，重新找回了心爱的蛋黄伴侣一般。藏红花很少独立使用——因为它的颜色不能持久，大约在我做这个试验之后的6个月，它就已经不那么鲜艳了——但自中世纪以来，画家们就经常将藏红花混合其他颜料，制成绿色的明亮的影子。作为染料，它从未流行过——尽管美国藏红花专家艾伦·泽塔（Ellen Szita）报告说，萨丁尼亚（Sardinia）妇女在20世纪中叶之前一直用藏红花来染围裙——今天藏红花主要用于烹饪：既可调色，又兼作美妙醉人的香料。

藏红花在英国本土种植，虽然少了异域风情，却多了滚滚财源。16世纪，奇平沃尔登种植藏红花之后，成为本郡最富有的小镇之一。为了庆祝，也可能是眼见周边的村庄开始竞相效仿，镇议会通过一项明智的决定，正式将小镇更名为萨弗伦沃尔登（Saffron Walden，藏红花的英文音译为萨弗伦。——译注），以使小镇藏红花之都的地位得以永固。镇徽也被有意识地加以更改，纹样是三朵藏红花蕾

围在四面墙和一面铁闸门内，此徽半开玩笑地宣示，要把藏红花圈起来，圈成本镇专利。[1]

像其他种植藏红花的小镇一样，萨弗伦沃尔登几经兴衰。1540年，由于欧洲战争，进口香料反而变得相对便宜，对本土藏红花的需求量突降。1571年，又一场危机降临，农民们发现他们种得过多，他们的藏红花长得软而易折。看到这种景象，威廉·哈里森牧师（Reverend William Harrison）不由地"向上帝"祈祷，希望他的同乡"能够小心翼翼地对待这种商品。这会比纺布或羊毛都更有利于我们这个岛国"。到了1681年，需求量降到冰点，一位名叫托马斯·巴斯克维尔（Thomas Baskerville）的人失望地评论说："藏红花竟然这样廉价，在这个地区，你花1先令6便士就能买上一普式耳藏红花。"

好年景也不是没有：1556年，就有一次绝好的丰收，人们听见那些"克罗克"（crokers，是 crocus sack 的俚称，指收获藏红花的人）或者说是藏红花农们扯着嗓子欢唱"天杀的藏红花"。而1665年又是个沃尔登的好年份，一磅藏红花从几年前的两英镑逐渐涨到四英

---

[1] 这种用戏谑或画谜来设计市徽或镇徽的方式十分常见。比如说，牛津市的象征就是一头牛穿过一条河。

镑，因为那时有传言，说藏红花是治瘟疫的好法子。

但对于藏红花而言，淡季最终还是来得比旺季更频繁。1720年，当英王乔治一世正式访问沃尔登附近的奥德利恩德庄园之时，已经没有当地生产的藏红花可以上贡给他了。我能想象，该家族身处名字里就有藏红花的小镇，却得悄悄派人去几公里之外的毕晓普斯托特福德（Bishop's Stortford）弄点藏红花给英王，其尴尬程度可想而知。他们不想把此事传扬出去，可这样又能维持几年？整个沃尔登小镇的居民都没齿难忘当年这一耻辱。可是，耻辱也无法阻挡历史大潮。到了1790年，就连邻近的毕晓普斯托特福德都不种藏红花了，英国的任何一个地方都不种藏红花了。藏红花种植，真的完全从英格兰消失了。

耶稣带我去

但愿藏红花没有从西班牙完全消失，我一边想着，一边又要了一杯咖啡。店主又问了几个当地人，这几个人一开始隐在酒吧另一头的烟雾中，我并没有注意到。他们建议我，"要不沿着路下去走走，在门布里罗（Menbrillo）找找试试。"其中一个人还在我的笔记本上画了一个很像棒棒糖的图形。我沿着他画的方向（一路上仔细地寻找藏红花田地），当我掌握了当地的指路系统后才发现，门布里罗村位于四公里以外。我两次停下来，用我能够发的最标准的西班牙语说"campos de azafran"（藏红花田），得到的回答，不是摇头，就是友好地耸耸肩。但过了一会儿，一对穿着西班牙乡村黑色衣裳的老年夫妇，开始指指点点，还快速地比划了几个地方。看到我茫然的样子，其中一人着急了，一下子跳上我的副驾驶座，叫我掉头开。他告诉我，他的名字叫做吉泽斯·贝隆（Jesus Bellon），我笑着想，居然劳驾耶稣他老人家为我指点藏红花（英文耶稣的拼写是 Jesus，与吉泽斯相同。——译注）。我们在颠簸的土路上一路驶入乡野，他告诉我——用的语言十分可爱，混着德文、法文和西班牙农村方言——他这一辈子都靠帮人收割和采摘赚钱。过去，他会跑到任何有工作的地方——意大利、德国，还有法国南部——摘橄榄、摘西瓜，在晚一些时候，还帮着果园摘葡萄酿酒。"还在圣特罗佩（Saint Tropez）晒日光浴。"他快乐地开着玩笑，把他自己说得像个穿着比基尼的悠闲度假者。

当他举着手势说"到了"的时候，我们仍在哈哈大笑。在清晨的阳光下，这里是我亲眼目睹的第一块闪着光的藏红花田地。这块地很小，用栅栏围着——更给人感觉珍贵无比——令我十分高兴的是，里面有我一直在寻找的大片大片的紫色花朵。我们打开门，走了进去。我弯下腰，摘下一朵离我最近的花，吉泽斯指着上面细小的猩红色的雌蕊柱头，告诉我那就是用作香料的真正的藏红花蕊。

花瓣的颜色真是令人迷醉，是蓝与紫之间的一种跳跃的颜色。在早晨的露水中，它们闪亮着，发着光，但更令我心动的是它的脆弱性。我曾想象藏红花会是多么茁壮，事实却远非如此，此前却没有一本书中提到过这一点。只几秒钟，那朵摘下来的小花就已经蔫了。后来，我把它夹在我的西班牙语字典里，一年多之后，整朵花看上去几乎透明。曾经有位西班牙人将之比喻为"妓女身上披件新娘装"。我也觉得这比喻不是没有道理。据说这种色彩明亮的花可以壮阳，所以有些人因此认为，花里头藏着某种不那么纯洁的因素。它的生殖器官——三个红色的雌蕊和三个黄色的雄蕊，大大咧咧地从中间爆发开来，爆发的形态一点儿也不含蓄。但这花却也有它的弱点：雌蕊的柱头上面就藏着藏红花的悲情秘密。不过我当时并不知道，是后来才知道所有这些秘密的。无论如何，这花都太娇弱了。如果得不到养花人的悉心照顾,或者再碰上些导致许多花农放弃种植的贬值时运,它真的太容易凋零了,就像16世纪时在萨弗伦沃尔登发生过的一样。我扯了一片雌蕊柱头放进嘴里。吃起来有点苦味,好像一根新鲜水芹的茎,脆脆的,富含水分。这一尝不要紧,不仅我身上留下了藏红花重重的味道,而且我的舌头也全被染黄了(这一点当时的我并没有意识到,后来才发现)。

这块地属于文森特·莫拉戈·卡雷罗(Vicente Morago Carrero)和他的妻子特莱佛罗(Teleforo)。两人的先人都曾世代种植藏红花,因此,即使这项产业已经无法赚钱,他们也坚持种了下来。到了收获季节,他们就会叫上两个当工程师的儿子何塞(Jose)和曼努埃尔(Manuel),一个25岁,一个30岁,帮着收获。我们到达的时候,文森特和他的儿子们正在深弯着腰,敏捷地把花装进草编的篮子里。他们看上去很熟练,好像此活是他们一辈子都在做的一般。他们也许确实是每年都做的——通常孩子们从八岁起就给家里帮忙了。草编的篮子既可爱,又是不可或缺的:藏红花很挑剔,它可不喜欢与尼龙或是塑料在一起。

这块藏红花地有80米长,30米宽。比起书上描述的像紫色的斗篷覆盖大地的壮丽情景而言,这里真是微不足道。但即使这么小的一块地,采摘藏红花的劳作仍然十分艰辛。这时,吉泽斯突然说了一句让那两位儿子和我都很尴尬的话,他说这两人都想讨老婆。不过,我接下来的表现很快就表明,我可不是合适他们家族的女孩——我弯下腰摘藏红花,只不过十分钟的光景,背部就已经疼得直不起来了。特莱佛罗也来帮着我们采摘,我问她是否准备去40公里外的康苏埃格拉参加藏红花节。"没时间了,"她回答说:"我们这里有许多事要做。"藏红花的事情就是这样,你必须很快地做完所有事情(如果你不在中午之前把藏红花采摘完,你就错过了最好的时节。而它一年只开一次花），但是采摘的过程却十分艰苦，必须认真细心，又一点儿也急不得。

我把吉泽斯送回村子。他大献殷勤，在我的双颊上各吻了一下，似乎这就是他帮助我后获得的奖励一般。然后他祝我回程好运。"当心啊！在马德里，他们会为了几个比塞塔（pesetas，西班牙银币。——译注）割了你的喉咙，"他模仿着强盗那令人颤栗的恐怖音调警告我："我还担心那些孩子，"他用同一种语调继续说。"那些强盗？"我问，带着无法相信的表情。"不是，他们都那么大了，还没结婚，"他说："唉，其实整个村子都为他们担心哩。"

那天晚上，我在康苏埃格拉过夜。我曾问过西班牙驻香港总领馆，康苏埃格拉在哪儿。可是，连他们也并不知道这个地方。当我到达此地时，我终于理解这是为什么。这个小镇只有两个显著的标志：一个是位于镇后的小山上的一排排可以入画的白色风车；还有就是每年10月举办的玫瑰藏红花节。康苏埃格拉并不富有，也不会去伪装富有。事实上，当我在镇上的中心广场一间颇为体面的酒吧的门上搜寻的时候，我却发现，这门用的是福米卡塑料贴面（Formica），吧台上放着几张有关暴力的碟片。我希望至少看到一点儿装饰。可是，半个小镇都是平的，到处是车库和廉价的家具店。小镇的另一半平缓地沿着小山延伸到山顶的13座风车那里。这些风车全部都是用塞万提斯的小说《堂·吉诃德》里面的名字命名的。在书里，堂·吉诃德是一位生活在文艺复兴时期却绝望地想要成为一名中世纪浪漫骑士的人。每一个人，尤其是塞万提斯，都嘲笑他这种在时风移转之后还去保留古典骑士风范的企图。著名的风车事件中，堂·吉诃德与风车战斗，因为他认为（或者是希望）风车就是巨人。在这个故事里，作者讽喻那些当所有证据都证明相反的情况下仍然泥古不化的人。康苏埃格拉的许多人都担心，尽管藏红花曾是一份良好的历史记忆，它曾在这片土地上生长，放在米饭里调味也很香，可在十分现代化的今天继续维持这个收获的节日，似乎已经蜕变成了与堂·吉诃德战风车同样可知的事了。"藏红花都死了。"当我站在旅店的吧台边时，一个人尖锐地道出真谛："我不明白为什么我们还要搞这个节。"

从历史上来看，第一个藏红花节或应举办于一千多年以前，也有可能是两千年以前。关于藏红花在拉曼查的存在有两种理论。一种说，它是由阿拉伯人于8世纪传过来的。但还有另一种理论，说藏红花自罗马时代以来就一直在康苏埃格拉种植。我比较偏爱后一种理论。在镇上的小小博物馆里，有一个罗马时代的陶瓷燃香座，上面刻着足月怀孕的女性象征图形，很明显是女人们用它来烧藏红花并且吸入香味以祈求获得男孩。可是，这种说法与这花本身一样经不起推敲：因为还有另一个说法称，饮一大包藏红花会导致流产，而更大剂量的藏红花会致人死命。

近代的藏红花节倒更易查到起始年代，那是1962年，一个来自于邻近城市托莱多（Toledo）的旅游团的发明。当时，他们认为穷乡僻壤更需要招徕游客。如今，每年10月的最后一个周末，都会有几千人来到小镇，来看比赛和游行。一时间，镇上的餐馆里满是烟味和笑声。这个全新的节日给了这里的家庭每年一次欢聚的理由，估计历史上的其他藏红花节也都会起到同样的作用。这个节日可以督促某些家庭至少保留一小块地种一点儿藏红花。

第二天早晨，我遇见了何塞·安赫尔·拉蒙（Jose Angel Ramon），他是位三十出头的工程师，是家里第一个没有从事藏红花种植的人。当他还是个小孩子的时候，家里就有许多来访者，前来帮助他的妈妈将藏红花的红色柱头摘出来，然后放在木头炉子旁烤干，弄得屋子里满是泥巴的味道。"我记得，许多年轻女人聊着天，放着音乐。直到午夜都有聚会欢庆。"但大约十年前，这些都消失了。"现

第六章 黄色

在这些都不存在了。"发生了什么？"经济学，"他说。康苏埃格拉是个穷地方，但又不是特别穷。他说可以介绍我认识一些国际藏红花出口人，于是，我们驱车离城，来到两公里外的一片属于洛扎诺（Lozano）家族的田地。这个家族是康苏埃格拉的最大的藏红花种植家族，现在拥有七块藏红花田。我就问洛扎诺先生，除了可恶的财政困难之外，现在种藏红花最大的问题是什么？"老鼠。"他说。老鼠最喜欢甜甜的藏红花。猫都抓不住，因为康苏埃格拉的老鼠跑得比猫快。这真是滑稽，猫竟追不上老鼠！我听了哈哈大笑。可是在我听到打老鼠的方法后，便笑不出来了。原来，这里的农夫们用红辣椒的烟来熏老鼠，直到把它们赶出洞来就杀死它，据说这是一种"天然之法"。听起来却有些违背天理呢！

"问题是，"一位来自于瑞士的买者说："拉曼查虽可能是欧洲藏红花生产的中心地之一，但整个欧洲却不是世界藏红花生产的中心地。"那么世界上的藏红花生产中心在哪里呢？"位于伊朗。"他说，然后为了突出效果，他停顿了一下，又接着说："在伊朗，一块藏红花地都要有荷兰国土那么大。"我们以及其他听到他说这话的人，都不太适应他的这种比喻，怎么会有这么大呢？我看着康苏埃格拉西面低矮的群山和远处连绵起伏的山影，想象着整个地区，从我的脚下一直延伸到山顶上，都覆盖在波斯毯一般的花色中的情景。这真是一个转折点。这一刻，我就想，我一定要去伊朗。

但眼下，我还在康苏埃格拉，看着传说中的风车。在下面的中心广场上，那些竞争者都已经跃跃欲试，一小时后，藏红花采摘的最后一轮地区决赛就要开始了。每位参赛人在比赛中摘下来的花，究竟能做出多少颜料呢？我从香港一路跑来，跑到西班牙中部，就是为了发现这个答案啊！……可是我到现在仍然弄不清楚。这里有13位女性，一位男性，都坐在一张白色桌子的一边。在每个人面前放着一包有一百朵花的袋子，一只塑料盘子上面放了些石头。我想这种安排中肯定预示着某种含义，但有人善意地对我指出，这不过是因为风大，没人想满广场地追着盘子跑。有人大喊安静，然后，一声信号响起，他们全都开始采摘。他们挑出了最红的雌蕊柱头。最后计分时，任何摘出的雄蕊都要被扣分。

我倒是很乐意用激动的笔触来记录比赛现场的紧张与欢笑，用喧闹的西班牙风格来描述一个焕发新生的乡野村庄。我或许可以写写，大喇叭如何激动地评论，一会儿说滕布莱克（Tembleque）的选手如何从最后一名奋起直追（不过，实话实说，他也并非总在最后一名）。一会儿说康苏埃格拉的冠军是如何通过连续数月的拔羊毛的毛边或是在蜂蜜里头取松针的训练来准备比赛的。然而，遗憾的是，我却无法在此做如此兴奋的描述。眼前的这个场景太缺乏电视吸引力了。除了我右边的老祖母偶尔发出一声痛苦的咳嗽，我左边的一个不耐烦的婴儿叫一两声之外，人们做的每件事都没有一点儿声音。整个现场都如此安静，对于比赛而言，这种气氛可以说是懒散得令人不安。摘藏红花的手指并没有上下翻飞，而更像是在快速地游走或是快速地摸索。但这个场景却让人明白，为什么藏红花如此昂贵。香料中使用的每一根细小的线都必须由人全神贯注地细心摘出来，而且必须是手工作业，机器代替不了。曾经有过用机器来代替手工的计划，但无法操作：藏红花太脆弱了，机器的牵引力不是小小的藏红花能够承受的。

在桌子的一边，是没用的花：很美，但全都得扔掉。几个世纪以来，人们曾经很想找到藏红花的用途，但其花瓣似乎所含的有用物质并不多，最后还是只能扔掉。在萨弗伦沃尔登，这些藏红花成了人们的累赘。1575年，曾有一项皇家敕令，禁止藏红花农"在洪水季节把藏红花和其他垃圾扔进河里"。违者将戴枷示众两天两夜。

康苏埃格拉比赛进行着，人们的手指仍在摘着雌蕊柱头，直到无花可摘为止。胜利者是来自于洛斯耶韦内斯（Los Yebenes）的加比那·加西亚，紧接着第二名是来自马德里德霍斯（Madridejos）的马利亚·卡门·罗梅罗。两人看上去很高兴，但并没有胜利的骄傲。这根本不是竞赛意义上的比赛。很可惜，我腕上戴的手表很"卡通"，它只有蓝色的数字指针，按下一个大按钮，这个指针才能读出来。孩子们很喜欢，但在这种不可预见的关键时刻，比如像刚才的露天摘藏红花的比赛，这块手表真是一无用处，在太阳底下却看不见上面的数字。于是我走向组织者，问他官方时间。但这人只是耸耸肩。他简单地说："第一名就是第一名，"还解释说，没有人会很麻烦地去数秒表。好吧，只能这样说了，2000 年 10 月西班牙藏红花节的纪录是大约八分钟摘了 100 朵藏红花的雌蕊柱头。或者说大约八分钟。只能是个估摸数了。

波 斯 黄

去康苏埃格拉之后，又过了 12 个月，我满世界跑去寻找颜色故事。到了 10 月份，研究工作已经基本完成。然而，我无法停止 12 月前产生的对波斯大地的思念，我渴望看到地平线上那漫山遍野的紫色花毯。于是，我下定决心，完全抛开我的写书时限，再一次申请去伊朗。可是，此时正值恐怖分子袭击纽约世贸中心，德黑兰已经驳回了一批英国的签证申请。之后，美国和英国轰炸了阿富汗，伊朗北部立即从假日推荐名单中被划去了。

我开始听到各种离奇古怪但无法自圆其说的谣传。一些人说，伊朗的藏红花中心马什哈德（Mashhad）很安全；其他人说这地方已经不对外国人开放了，因为它离阿富汗边境太近了。英国外交部发了一份旅行预警，甚至联合国也禁止其职员前往该省的某些地区。我开始茫然，不知道要做什么，于是就去设法联系马什哈德的一位藏红花出口商。他的回答很干脆，有一个问题。我立刻想象，藏红花田里必定全是难民的帐篷，或者全是伊朗武装部队，荷枪实弹地要把藏红花采集人全部赶出去，特别是要把那些带着相机和问题前来的人赶出去。他却继续说，你能一个星期以后来吗？今年的丰收比往年要迟些。我喜出望外，立刻告诉他，我希望那儿至少还有一些残存的藏红花在沙地上傲然挺立。"一些？地里全是藏红花！"他立刻答复我："但两个星期后，它们会更加艳丽。"

三天之后，我不仅到达了伊朗，还坐了一趟夜车，从德黑兰连赶数千公里，直奔马什哈德。火车上的晚饭套餐里面，居然就有我期盼的藏红花：深黄色的好像铺了一层黄油的米饭上，铺着无骨烤鸡肉串。当然，这不是黄油，正是藏红花，我的一位同车旅伴很肯定地证实："伊朗人的传统是，一个人出门远行时，要为他准备藏红花饭。这就好比是说：'我们给予你我们最好的东西；带着我们的祝福远行吧。'"

在我们去睡觉之前，我在火车上来回走了一遍，想看看是否有我的旅行同伴们前去朝圣的任何痕迹。马什哈德是伊朗最神圣的城市。伊玛目雷萨（Emam Reza）就被人用毒石榴汁谋害于此地，雷萨是什叶派穆斯林信奉的第八位伊斯兰教领袖。正如穆斯林赴麦加（Mecca）朝拜后可以称自己为"哈吉"（haji）一样，他们在朝拜了马什哈德的圣陵之后才能够称自己为"马什迪"（mashti）。我未必能发现朝圣者，我看见的大多数妇女全身都裹在长及地面的黑袍里，什么也看不出来。比起她们的全套行头，我那条小小的黑色头巾和外套服装真是显得太不虔诚了。虽然没有看出朝圣者，但我在餐车里听到了波斯的古典音乐。"你是伊斯兰教徒吗？"我吃饭的时候，旁边的男人小声地问我："On ziyarah？"我知道那是朝圣的意思，于是露齿而笑，告诉他我不是。"那你呢？On ziyarah？"我很有礼貌地反问他。

但我的波斯口音一定很糟糕,因为他随后递给我一支雪茄。车厢里的其他人发出嘘声,四周一片叫嚷,告诉我们这里不能抽烟。我抗议说,我指的是"朝圣",可没有一个人听得懂。

可笑的香料

我看见伊朗藏红花田之前,或者说,我在确认关于紫色斗篷的传说,证实真有像荷兰那么大的花田之前——我得到两种截然不同的印象。第一个来自于一位电影导演,用堂·吉诃德的比喻来讲,他拥有的还是中世纪的印象。第二个来自于一位商人,则是一种完全的现代版的故事。我仍然不确定哪一个更吸引我。

1992年,伊卜拉希姆·穆克塔里(Ebrahim Mukhtari)制作了一部纪录片名叫《藏红花》,讲的是马什哈德以南500公里的巴杰斯坦村(Bajestan)村民一个月的生活。我在德黑兰遇见他时,他告诉我,藏红花让他最感动的部分,恰是整个过程需要精心的呵护:将花种栽入坑坑洼洼的土地时需要小心翼翼,它只开一天花,需要赶紧采摘,而晒干的小小花头则十分脆弱易折。伊卜拉希姆那时并没有意识到,但当他在巴杰斯坦拍片时,他捕捉到了估计是世界上最后一次古法收获。"那就是我拍片的村庄,"他突然指着我背后墙上一幅带边框的画。我之前没有细看过这幅画,乍一看还以为画的是维多利亚时期东方风格的作品呢!风格倒有点像劳伦斯·阿尔玛-塔德玛(Lawrence Alma-Tadema):妇女在覆盖着石榴树枝叶的院子里纺织,景象十分浪漫。这实际上是一帧带框的相片。理想田园的景象真实存在,画里的村民们现在仍然在世,很可能仍然在做着纺织的活。

我的第二种印象来自于"藏红花之王"阿里·沙里阿提(Ali Shariati),世界上最大的藏红花企业诺文藏红花公司的总经理。公司每年出售 25 吨藏红花,是整个西班牙藏红花产量的五倍还多。我走入他的办公室时,经过一辆装满白色袋子的卡车。一个人站在堆得高高的白色袋子顶上,把货物扔给他的同事,同事们则手递手地一袋袋传到房间里去。这些袋子很轻,整个过程显得轻松优美。卡车载重约 50 公斤,袋里装的是从 800 万朵藏红花里摘下来晒干的雌蕊柱头,每一根雌蕊柱头都是当天早晨手工摘出的。而这一卡车不过是一次小型搬运而已:今年的收获才刚刚开始。

六个世纪前,大约有七倍于这个量的藏红花,引发了瑞士的一场小型战争。贵族们再次像往常一样压榨平民们,他们认为自古以来土地和权力就为贵族所有。然而在 1374 年的一天,巴塞尔的商人们却决定,这次不能满足这些贵族。他们派去怠工者进行捣乱,在树林里组织了一支游击队袭击贵族。作为报复,贵族们劫持了商人们最贵重的货品:刚从希腊运到的 800 磅的藏红花。藏红花战争持续了三个月,这期间藏红花成为"人质",被藏在一座城堡里;我乐于想象,恰于此时,一位来自奇平沃尔登的神秘朝圣者,正在返英的路上,恰好经过这座城堡,又恰好不经意地摘下了他的帽子,将藏红花球茎装入了帽子之中……

在我等待的时候,助理经理安娜·阿里曼丹妮在她的电脑上播放《甜美的黄》(Mellow Yellow)这首歌,歌手多诺万低声唱着:"正为藏红花而迷醉",我情不自禁跟着哼鸣。我期待什么?我读了大流士的传说,他让手下的战士们穿着藏红花袍去与亚历山大大帝作战;我还知道有一年波斯的拜火教祭司曾用藏红花墨水在纸草上写特殊的符咒,写好后钉在房子上或是田间地头,用来祛鬼驱虫[1]。因

---

[1] 用红色或黄色来涂抹房子的习俗至今仍然流传,尽管今天拜火教的祭司们更喜欢选用红色的颜料或墨水,而不是藏红花染料。

为我在西班牙已经看见优美入画且极具乡野气息的藏红花田，我就十分期盼能在伊朗看到与西班牙相同的景致，或者说是更美的景致！但景致背后的意义是不一样的：在西班牙，藏红花丰收已快绝迹，仅作为传统而存在；而在伊朗，它却因是一项现代的产业而逐步复兴。过去十年来，伊朗的藏红花产量从 30 吨跃升至 170 吨。西班牙则从 40 吨陡降至五吨。

有人为我们准备了藏红花茶，喝着它，就像品尝一种液体的红宝石：甜甜地、纯纯地，颜色是深红色，但是在茶的最上面，有一层薄薄的金色油状物。"小心，"饮品送上来的时候，有人提醒我，"否则你会笑个不停。"这是卡尔佩珀（Culpepper）给予公众的一项很有意思的警告，他在 1649 年的《完全草药》（Complete Herbal）中指出，如果吃了过多的藏红花，结果会笑个不停而死。事实上，藏红花这种草药可以当作一种天然的抗抑郁药。1728 年，丁肯汉姆（Twickenham）的园艺师巴蒂·兰利（Batty Langley）出版了《园艺新原则》（New Principles of Gardening）一书，除了严格指导如何用正确的方法将藏红花植于三英寸深、三英寸宽的泥土中，还列举了大量藏红花的好处。"摄取过多的藏红花会睡不着觉，但只要剂量合适，对头部有好处，能清醒神经，驱走疲倦，身心愉悦。"17 世纪之前，普林尼甚至曾建议用藏红花的绒毛作为身心过于兴奋时的一种解药。他写道，将它兑上酒，是宿夜后的最佳疗法。我将我的小手指轻轻蘸了点儿玻璃杯里的泡沫，然后在笔记本上画了几道歪歪扭扭的线。几个月后，这几道线的颜色仍是阳光般的深黄色。不过，如果我将它们曝于阳光下，它们恐怕早就消失无痕了。

当阿里·沙里阿提到来时，我觉得需要一只计算器，因为在他的数据簿里，每个数字后面都跟了太多的"0"。但这里还是记下一些重要的大数目：17 万朵花才能摘出一公斤藏红花，这意味着伊朗每年的产量大约达到（我俩为了计算这个数字在纸页上一起快速笔算）280亿朵花。一个人根本无法想象，这280亿朵花会是什么样的气势？如果一朵一朵花瓣地铺陈起来，能把地球都铺上20遍，如果穿成一长串项链，能从地球一直穿到月球，再一直穿回来，还能余下一小串。如果真是这样的话，到了藏红花收获季节，伊朗岂不是要有50万人齐动手采摘藏红花？沙里阿提数据簿里的另一个大数字是，每公斤的藏红花能卖大约七百美元。这里面藏着个关于藏红花的第一项悖论的答案：它既贵又不贵，这是因为，按每公斤计算，它确实是世界上最昂贵的香料，但真正用起来却一点儿也不贵。藏红花的味道很重，只需指尖大的那么一点儿就够配一道菜了，根本都用不着按克来计算。大多数厨师手里只要有一克藏红花，就足够用上几个月，做上好多顿西班牙肉菜饭了。

但是，藏红花的另一项悖论却不那么容易解答：我在克什米尔就被人忽悠了一次，类似我的这种经历似乎自古以来就存在，与藏红花本身一样古老。16世纪时的威廉·哈里森主教就注意到，一些奸商会将黄油注入藏红花中以增加藏红花的重量（尽管，他说你可以把这些雌蕊柱头放在火边，一下子就可以看出它们的表面是否油腻，从而戳穿他们的鬼伎俩）。在伊朗，问题是有些商人加了人造的红染料——这使得那些毫无用处的黄色雄蕊很容易地混在雌蕊柱头之中难以察觉。"是的，这确实是个问题，"阿里表示赞同："但我想给你看样东西。"他带我到楼下的一间实验室，每包新运来的藏红花都要经过一项薄层色度测试。一位药剂师将一滴藏红花染料滴在了一种金属纸上，让一种溶剂渗入染料。如果是纯正的藏红花，上面的黄颜色就会像雪茄烟灰一样，将黄颜色留在纸上，而加了颜色添加剂的，则会转成一种介于粉红与橙黄之间的颜色。

我去查看这同一张纸。现在，供应商人知道他们可能被发现掺假，所有样品中只有百分之一的可能性会找到掺假的藏红花。但在几天前运到的 A76125 号袋中，却测出了明亮的粉红色。在这袋子上画了一个勾号，这意味着供应商这回要遇上麻烦了。我先前曾问过药剂师，她工作中最艰难的部分是什么，她大笑着对我说，这工作"实际上很简单"。但现在她又记起了我的那个问题。"这其实是最难的部分，"她说："试错的可能性确实存在。"如果她搞错了，把没掺假的标成掺假的，那么她就会毁了某个人的生计。当然，后果是有限的——最坏的事是，那位供应商就会失去他最重要的客户。在藏红花的悲情历史中，造假的惩罚比现在严厉得多：比如，一位叫乔布斯特·芬德勒斯的人曾经因在纽伦堡造假，不仅他的假藏红花付之一炬，而且他本人也被放在火上烧死。

储藏室的另一部分是一间长长的房子，有 30 个妇女正在一张桌边安静地工作着，将雌蕊柱头与雄蕊分开来。这是第二步的分类工作，也许部分解释了为什么我的那瓶伊朗藏红花要比西班牙藏红花要更纯、更红的原因——更多的人力投入进去，使之更纯。藏红花在阿拉伯国家卖得很好。"他们需要藏红花，这样才有力气，尤其到了斋月，会更受欢迎。"阿里说。传统的斋月在日出和日落之间不能吃任何食物，因此就更需要在晚间补充更多的高能量物质。"有时，他们在大茶壶里放 10 至 20 克藏红花，再加糖和热水。我不喝这种饮料，于是他们就笑话我，说我徒有'藏红花之王'的美名，却没有达到饮用藏红花饮料的强壮程度。"事实上，他继续说，"阿拉伯人说藏红花有助于……"说到此，他有点尴尬地停顿了一会儿。"性欲？"我问，我忘记了按照伊斯兰习俗，应当更加隐晦一点。"哦，是的。"他说。

将藏红花用作春药的理论可以追溯到几千年前：古希腊那些受过训练的妓女们曾在她们的床边撒满藏红花；克莱奥帕特拉（Cleopatra）在邀请男士入其闺房之前，都要先在藏红花水里沐浴，她相信这能够使某个部位兴奋起来。历史并没有告诉我们，那位男士事后如何评价她的皮肤，但留下了她沐浴的配方，每进行一次爱的温水浴，大约需要 10 克藏红花。盖乌斯·佩特罗尼乌斯（Gaius Petronius）在他的书《萨蒂利孔》（*Satyrikon*）中，以愤怒的笔触颇具讽刺意味地描写了尼禄在一个特别狂乱的罗马节日中的娱乐项目，客人们几乎没有停止过放荡的大笑，桌上的装饰十分粗野，甜点端上来时，大家都哼哼叽叽，心照不宣地笑个不停，"所有的蛋糕和所有的水果，都很少有人碰过，却都散发出藏红花的气味。"这是香料中最引发性欲的一种，它本身是用一种花里的生殖器官制成，它还散发出希腊妓女的气息。然而，它却拥有不可告人的秘密。事实是，这些红色的尖刺状的小东西似乎无所不能，它自身却无法繁殖，只有依赖人类的双手，将球茎植入土中，它才能传宗接代。

紫色斗篷

阿里·沙里阿提田里的花还没完全成熟，但他说，马什哈德以南 150 公里的托尔巴（Torbat）镇上已经有许多花了。于是在一位名叫穆罕默德－雷萨（Mohammed-Reza）的年轻化学系毕业生的帮助下，我于次日清晨前往托尔巴镇。当我们穿越一片小有起伏的山丘沙漠时，我真不相信我的眼睛。这景色该属于伊卜拉希姆，还是属于阿里？它是古典的，还是现代的？当然，事实证明，它两者都是。

我们刚过六点时到达托尔巴，从市场街下来，转入一处有高高的奶油色围墙和紧闭的大门的地区。我们停在一户大门前面，一位名叫马苏德的年轻人开了门。他正等着我们，他的身后站着他的妻子纳扎宁。她用头巾裹住头脸，虽然穆罕默德－雷萨是她丈夫的至交，但朋友不是家庭，两者泾渭分明，所以还是要裹住头脸。我们一起吃了扁面包、奶酪和哈尔瓦（halva，一种芝麻蜜饼。——译注）的早餐，纳扎宁用流利的英语解释说，他俩是表兄妹，很早就订了亲，并从马苏德已故的父亲那里继承了田产：两个藏红花家族就此联姻。我们钻入马苏德的标致车，驶入乡野之中。我看见路边有许多高墙围住，仿佛是一块块的公墓。马苏德告诉我，墙里头就是藏红花田。他的那块地到下星期才能开花，但他可以带我找一找当地农民戈兰·雷萨·艾提加迪的藏红花田。我一路想，是否就要看见紫色的斗篷了？我一直期待着，或许吧，即使我将看到的只是一小块紫色的手帕，我也会默默地接受。

我曾在笔记本上计算过藏红花的面积，但那不过是纸上谈兵。如今，令人惊叹的景色却真真正正地呈现眼前。我笔记本上那一小方紫色，俨然被无数的紫色所包围。这些田地中的每一块，都比我在西班牙看到的要小：大约 25 米长，10 米宽。但这里有数百块藏红花田，延伸到看不见的远方，那平坦中略带起伏的线条一望无际，只是偶尔被一些小片的杏树林所打断——杏树是这里农民种的另一种经济作物。因此，如果说这正是我要找的紫色斗篷的话，那它不是完整纯色的一大块，而是一块带有补丁的斗篷。在马苏德的帮助下，我做了些计算。所有的伊朗藏红花田，如果加在一起，并没有荷兰那么大，但必定有阿姆斯特丹那么大，这个数字并没有让我失望。

我们一起喝了茶，吃了石榴。我顺便与一些藏红花采摘人进行了交谈。梅里·尼克曼今年 30 岁。她干受雇采摘的活只有五六年，但对这一行当已经非常熟悉。在她的村子里，藏红花产业十分重要，她从孩提时代就开始帮助邻居们采摘了。她做菜时用到藏红花"像其他人一样——要做沙扎拉（shalazar）"。沙扎拉是一种真正的伊朗平民食物，加糖、玫瑰水、杏仁和藏红花，做成米糕。伊朗农村里，不管是穷人还是富人，家家户户都做这种食物。

我四周看看：这正是我期待已久的时刻。这里有我想象的紫色田地，还有与我想象中的一模一样的戴着头巾的妇女，但这里也有站在田里弯着腰打手机的马苏德。西班牙人将传统性与现代性混合在一起，这里也是如此。更有意思的是，在伊朗，传统与现代却找到了一个十分有趣的结合点，那就是对待老鼠的方式。你们用辣椒吗？我想起了西班牙听到的故事，就问他们，为了问这个问题，我还在笔记本上画了个简单的图示。"哦，不，"马苏德说："我们在每个老鼠洞前停下来，然后往洞里猛灌摩托尾气。这方法效果非常好。"

那天下午，我们穿过低矮的小山赶回马什哈德，一路上经过许多与周边的沙漠有着同样的米黄色调的小村庄。在一个村庄的一处地方，我们一驶而过，但我恰巧看见了一幅我一直追寻的古代波斯人收获藏红花的实景。虽然只是几秒钟际遇，那浪漫气度却永存我心。那是三位妇女弯腰伏在一片紫罗兰色的田野中；她们的身后，夕阳西下，余晖逐渐坠入小山的背后，亘古不变的背景下，有两个男孩子赶着灰驴，朝泥砖房子的村庄走去。她们现在摘的花已然不再是最好的品种了，因为这时已近黄昏。但她们却绝不愿意等到明天天亮，对于这珍贵的经济作物藏红花而言，哪怕少收获那么一丁点儿，都会是她们的巨大损失。

第七章

绿 色

> 巧剜明月染春水。
>
> ——徐夤，五代诗人，谈及秘色

> 保持绿色不容易。
>
> ——《芝麻街》(Sesame Street)

中国曾经有一种神秘的颜色。它神秘到什么程度？据说只有皇家才能使用它。这种颜色只在一种特殊的瓷器[1]上发现过，被称为秘色瓷，英文为"meeser"，意思就是"神秘的颜色"。在9、10世纪制作这种瓷器之时，以及此后的几百年，人们都一直猜测，它究竟是种什么颜色，它为什么会这样神秘。大家知道这是一种绿色，但具体到什么样的绿色，就只能瞎猜了。

好几个世纪以来，盗墓贼——或是外国

---

[1] 中国人称之为瓷器（porcelain）；西方的术语可能用"stoneware"（陶器）更贴切。

的考古学家——挖了一个墓,几个星期后,世界各地的古董店里就会出现一些绿碗,老板则会信誓旦旦地声称,这就是传说中的秘色瓷。再过一段时间,也许又会有几位考古学家发掘另一个墓,几年之后,世界各大艺术博物馆的展柜中就会出现另一种绿色的碗。于是又有一番谨慎的猜测,称这可能就是传说中的秘色瓷。人们众说纷纭,直到 1987 年,从一个倒塌的塔底废墟中,挖出装满宝物的神秘柜子,又找到一项刻在石头上的宝物完整清单,学者们才百分百确信,他们真的找到了这种传说中的瓷器的真正样本。这些宝物是 11 个世纪之前的一位皇帝捐献的。自那一天起,它们就一直锁于地下,直等到 1987 年。

当我第一次听说这种秘色瓷时,我就开始幻想它的真正颜色。起初,我觉得,如果它是黎明时分海上雾霭的颜色,那该有多棒!我还希望"神秘"一词所指代的,会是一种看不见摸不着的朦胧的带有灵魂的物质,有点像人们有时能在一些并不神秘的绿色中国瓷器上看见的,那种雕刻精美的半隐半现的龙纹。之后,当我得知,它是一种比普通的绿色更深一点的颜色,我又乐于发挥想象,这种特殊的瓷器想必用的是一种明亮的硬玉色,上面闪着祖母绿的光芒。但之后,当我在一家博物馆的展品分类图片中看到秘色瓷的照片时,我真觉得大失所望,这图片上的颜色脏兮兮地,带着点橄榄灰,一点儿也看不出它的特殊之处。

我要为秘色而策划一次旅行的计划动摇了。我意识到,我不应简单地跑到展台前去看一眼这种国宝,欣赏并亲身感受一下它的魅力。我应该做的,是要解决一个不同类型的秘密:为什么这种颜色看上去这样普通,却能够引发唐代最富有、最有权势的皇室的瞩目?这个谜是需要我去解开的。这项探寻也会延展开来,包括探寻若干世纪以来人们对绿色的追求,以及了解更多的关于

第七章 绿色

青瓷的知识[1]，还包括找到其他遗失已久的各种关于绿色的秘密。

西安作为中国的首都，有一千多年历史。从西安出发到法门寺大约两个小时的车程。在8至9世纪法门寺的辉煌达到顶峰时，两百万人住在长安地区（长安这个名字讲的是"永远平安的地方"，但名字只是一种主观的期望，最终证明并非如此），享受着唐朝的繁华。每一天，从高墙的城门出发，驼队进进出出，带着中国的丝绸、香料、陶瓷、酒和其他烈性饮料前往西方。从长安至法门寺大约要三至四天路程。法门寺是驼队和马队途中的一处休憩之所，也是那些相信佛祖保佑的商人们跪求祈福的地方。

曾几何时，这个地方是中国最重要的佛教中心。该地首次建寺是在1800年前，因为这个地点有利于吸引那些准备进行漫长旅程的信教商人的捐赠。在唐朝之前，这地方成了一个庞大的聚集地，数十个寺庙在周边建起来，好几百名僧人聚于此地。但最重要的是，这里保存着佛教最重要的宝贝：佛祖本人的一根佛指舍利。

佛祖的舍利有着巨大的吸引力，最主要是因为，根据历史记载，佛祖的遗体火化后留下诸多晶莹的舍利子，这本身就是一大奇迹。而法门寺能够奇迹般地辗转拥有从火化的骨灰中遗留下来的为数极少的舍利子的故事，更是一种传奇，也是一个至今仍不十分清晰的谜。到7世纪的时候，法门寺舍利子如何获得舍利子的故事被广泛接受，人们也相信这枚舍利子确是真迹。一共有八位唐朝皇帝曾来参拜神迹。第七位参拜的懿宗皇帝于873年来到法门寺，之后将这枚佛指迎奉入宫展览，一借就是一年（中国史籍称，借出八个月。——译注）。但这舍利子的法力却没能把他从死神手中拯救出来，当他12岁的儿子

---

[1] 青瓷的胎釉中含有一定量的经过还原的氧化铁，而不是用氧化铜。那些用氧化铜制成的瓷器要比真正的青瓷要亮得多。

僖宗在 874 年归还佛指时,他的谋士和法门寺的长老们开始意识到,舍利子并不能保佑政权。于是,为了消财免灾,年轻的皇帝捐献了一批最为珍贵的宝物,这是中国自古以来捐给佛寺的最贵重的物件,其中就包括一些神秘的青瓷。

我是在午后到达法门寺的。甚至法门寺的地理方位也如诗一般:"岐山南麓,渭水北岸,在一片神秘的土地之中。"事实上,当我们驶过渭水大桥时,我们发现已经身处一片有趣的沙岩佛窟之中。佛窟的后面,则是高耸的群山。我们仿佛刚刚跨越了一条时间之线,仿佛经历着西向的旅程中第一个想象中的哨所。"中原如此富饶,苦的植物种在这里也会变甜。"一位唐代诗人这样写道。也许他是在打比方,不是形容当地的神圣,就是形容当地的荒淫。但确实无论在哪里,我们都看见甜玉米放在三米高的垛子上晒干,大地上铺满了金黄色。

关于青瓷,我知道些什么呢?我知道,当我刚到达香港,在博物馆、古董店或是人们的家里看见青瓷时,我没有真正看懂它。第一眼看上去,我一点儿都没觉得这颜色有多大吸引力:它几乎就是一种无色,它是迷雾般的、梦幻般的、幽灵般的、灰蒙蒙的,这便是青瓷给我的第一感觉。但后来,我逐渐开始爱上它,爱上它的精细和它的润滑。我逐渐喜欢细细地品味青瓷上的龙纹、凤纹和荷花纹。我发现,有些匠人还精心地将纹样嵌在釉面下边,这样,轻轻转动瓷器之时,这些花纹便若隐若现,十分美丽。一些最好的青瓷,表面布满蜘蛛网的形状,中国人称之为"裂纹",第一眼看上去,我觉得它像是残次品,对我这样的西方欣赏口味而言,这种纹样真是奇怪难懂。说老实话,我第一次看到它时,甚至还有点讨厌它。但中国人认为,它看上去非常像玉里面的天然裂纹,他们喜欢并且珍藏这种带黑色裂纹线的灰绿瓷器。

我所听说的关于裂纹如何富有美感的最佳解释，来自于克里斯蒂拍卖行亚洲艺术部的学术顾问罗斯玛丽·斯科特（Rosemary Scott）。她解释说，这个效果是精心控制的结果，瓷碗由于其特有的轻微缺陷，反而展现出一种特殊的完美，这便是这种裂纹瓷的悖论。她说："你不能让它裂得太开；但你必须让它裂到一个恰到好处的点。"技术上的解释是，瓷器的坯与釉的收缩与膨胀系数不同，对外表面的压力也就不同。诗意的解释则是，它是一种精妙的元素张力，是土坯因火之淬炼成于水样之釉的过程。斯科特女士又说，这种瓷器的裂纹中隐藏着生命。"我曾与一位制作过裂纹瓷的瓷器专家讨论过，她告诉我，去火之后，这种瓷器仍会继续开裂。当你离开工作间，静静坐回起居室里，会突然听到一声轻微的'砰'的声响。"

英文对"青瓷"的翻译是"celadon"（切拉顿），而这个词最初并非指代瓷器。它有两种起源解释，都与中国无关。第一种解释说，它是根据击败基督教十字军的萨拉丁（Saladin）的名字命名的。萨拉丁1117年向努尔丁苏丹（Sultan Nureddin）赠送了一份大礼，其中就有40件葱绿色器皿。但这种说法显得很古怪，人们怎么会用一位粗壮的穆斯林武士的名字来命名这种美丽而易碎的物品呢？这种解释更像是个笑话。而另一种解释更有趣，说这个词是根据奥诺雷·德·于尔菲（Honoré d'Urfé）的畅销小说《阿丝特蕾》中的浪漫主人公命名的。

这本书于1607年出版，后来成为很受欢迎的舞台剧。它表现了牧羊人和牧羊女在奥弗涅草原上露骨地调情，其中一位主要人物是农夫切拉顿（Celadon），他穿着灰绿色的衣服，上面有旋转的绿色缎带。他为了赢得爱人的芳心，构思了几百页纸，却从未真正赢得她。考虑到他那似乎不怎么搭配的服装，也许这个结果并不怎么令人惊讶。但是，他所穿的衣服颜色却立刻流行起来。一时间，整个巴黎人都穿着灰绿色的衣服,但巴黎人没有接受衣服上的缎带。后来,到了17世纪,大量精美的中国瓷器传入欧洲,并且广受欢迎。也许是出于一种巧合,也许不是,其中一些瓷器的颜色与这种衣服的颜色如出一辙。

尽管这儿的空气污染很严重,而我仍然在几公里之外就看见了重修后的法门寺塔。想当年,一座13层的摩天高塔拔地而起,周边大地一览无余,真可算是一大奇观。我们如今看到的,已经不是唐代的原始设计。唐懿宗参观过的那座塔只有四层高,而且是座木塔。现在的这座砖塔,最初是在16世纪的明朝设计建造的,它没能像它的设计初衷那样延续千年。许多年来,它就是中国版的比萨斜塔,年复一年,倾斜的角度越来越大。终于,在1981年的一场暴雨中,半座塔哗然倾颓。许多文物专家可能暗暗庆幸,塔的倒塌没有伤到任何人,反倒让每一个人兴奋起来。因为当碎石被清理之后,重修者们发现一块通向秘密地宫的隐蔽的门,考古学者从全国各地赶到西安,对地宫进行考察。

当懿宗的儿子僖宗874年将佛指舍利归还时,建于618年的唐王朝已经开始摇摇欲坠了。用艺术的语言来讲,它早期的精美已经转向巴洛克式的颓废。用政治的术语来讲,9世纪末期,愤怒的农民不满于比比皆是的宦官腐败。宦官自公元前221年中国的第一位皇帝开始,就在中国宫廷里占据着许多有权有势的位置。唐朝完全灭亡是在907年,之后是混乱的五代。但在公元874年,所有人都看到,暴风雨即将来临。14年之前的一场激烈的农民起义增添了农民的自信,东部正在酝酿新的起义,这场起义后来取得了成功。当佛指在一场香烟缭绕的盛大仪式上归还法门寺时,万众瞩目。"男人和女人聚拢于此,这场仪式展现了前所未有的辉煌。"在当时的史书里这样描述盛况。那之后，佛指舍利就被悄悄地包裹起来，与从宫里搬来的大量珍宝一起存封于秘密的地宫之中，并使地宫与上层隔离。唐人非常擅长修筑陵墓，这座地宫深入到法门寺塔地基以下，确实是个十分隐蔽的地方。

但这个地方又如何会为人遗忘如此之久呢？尤其是 16 世纪时，当木制的法门寺塔在原地被换成砖塔时，不可能没人注意到那个位于塔基上的小小石门。特别是几个世纪以来一直都有谣言说寺里藏着一大批宝藏。我们知道，1978 年的时候，在几百公里以外首次发现秦俑，而在此之前，当地人早就知道，都说这些泥塑士兵就埋在地底的那个方位，农民的记忆总是代代相传的。因此，我想，在法门寺众僧之中，一定有一种团结而刻意的隐瞒，可是，这个问题真的与青瓷颜色之谜一样神秘，在 1200 年的漫长岁月中，竟没有一位法门寺的方丈会耐不住好奇，跑入地宫，偷看一眼自家地窖里的宝贝。

1939 年，一队前来加固地基的施工人员曾经看见过这个秘密的门。但当时日本军队正涌入中国边境，这些人于是相互约定，不告诉任何其他人。他们在整个中日战争期间，在 1949 年的中国革命期间，以至后来的贯穿 20 世纪 60 年代和 70 年代的文化大革命期间都保守着这个秘密。直到 20 世纪 80 年代中国真正有条件来重新感悟它的历史的时候，犹如天启一般，法门寺的秘密被重新发现。

今天的参观者能够通过一个挖得很难看的铝质窗框看见真实的地宫的样子。在隔壁的博物馆里，有一个仿真的与真品一样大小的地宫复制品。仿真地道有一面覆盖着玻璃，颇像电视里动物世界节目拍下的沙鼠窝。它使得人们很容易想象，考古学家在 1987 年 4 月的那一天，第一次移开厚厚的金属栏杆，推开重重的黑色石门时的场景。

考古队由陕西考古研究所的韩伟教授率领。他们发现的第一件物品，是两只守卫地宫的狮子，它们长着绿色的指甲和红色的卡通动物斑点。起初，在黑漆漆的地宫里扫视一眼，考古学家们几乎已经失望了：除了狮子，这个小室里什么也没有。没有珍宝，只有黑色的唐代地砖。他们开始怀疑起来，有人此前来过吗？难道没有什么剩下的东西可供发现吗？

但就在这时，他们看见了小室尽头的一扇门，有一个凶恶的浅浮雕门神守卫此门。在仔细研究并顺利解开了门锁的机械机关后，他们用手电的光往这第二间小室一照，当时的人们一定都惊呆了。在他们面前的是一片丝锦织物的海洋，虽然盖着厚厚的灰尘，但仍见到处红色与橙色，一直铺排到一座小的石头佛塔前。佛塔的后面，是另一间小室，这间小室的后面有一只密函（此处，作者描述三间小室，但与法门寺实际情况有出入。法门寺第一道石门后，进入甬道，此即作者所称第一间小室，此处放置两块石碑；然后进入第二道石门后，共有三间，分别称前室、中室、后室。前室是大量织锦及阿育王塔，即作者所称第二间小室；中室放置汉白玉灵帐，即作者所称另一间小室，亦即后文作者所称第三间小室；后室放置八重宝函，后室后壁上嵌入密函，是存放真正佛指灵骨之处。此处作者未提后室，只称中室之后即为密函，描述欠妥。后文称佛指在第三间小室，亦有理解之误。——译注）。在这个好似阿拉丁宝库的地宫里，每个地方都有盒子和包裹，到处都是精美的金丝、波斯蓝玻璃和我所期盼的最朴素的绿碗。

对于历史学家而言，最重要的是，这里有两块石碑，上面刻下了所有物品的明细单。如果不是发现这块石碑，人们恐怕永远不会认为这碗上的颜色就是传说中的秘色。在读出石碑文字之前，学者们曾经认为，秘色应是唐代一种极具风格的出口瓷器（exportware-with-attitude）。毕竟，从它的制作过程和制作材料来看，它与其他较为珍贵的青瓷相类似。但在唐代末期，秘色的市场工作做得特别好，这是一

第七章　绿色

种"神秘的绿瓷，只适合皇族用"，卖的价钱也特别高。而法门寺出土的清单则将秘色的起始年代又提前至少 30 年。这就使人们重新估价秘色的使用目的，以及秘色的真正颜色。也许，这种颜色真的一开始就是为了给皇帝使用才创造出来的。

在当地的旅游介绍中，法门寺塔的地下秘室被称为"地宫"，这个称呼听起来很庞大。其实，它只是一个很小的隧道，21 米长，门高仅只一米。一位成年人必须弯下腰才能进入。不过，当考古学家们首次意识到他们这场发现的价值时，他们一点儿也不在乎弯腰，他们甚至要激动地跪地叩拜。这种叩拜即使不是出于敬佛的心情，也是出于目睹中国 20 世纪末期考古学上最重大发现时的激动心情。地宫的价值恐怕仅次于秦俑。

但这地宫仍然存在另一个悬疑，我姑且称作"多余三指之谜"，我要在此说一下这个谜，尤其要把重点放在谜上。这是因为，这个谜最终能够帮助我理解"神秘绿色"的内涵。公元 845 年，在珍宝藏于地宫之前的 29 年，懿宗的大表兄武宗皇帝，下令废佛。法门寺方丈意识到，他必须采取措施拯救佛指，以防佛指受到这位笃信道教的皇帝的摧残。于是他复制了三只佛指，并且下令将这些佛指装上精美绝伦的盒子。匠人们为此制作了好几套漂亮的中国盒子，就像俄罗斯套娃一样，每一层打开都看见一只更小的盒子在里面。

30 年后，在地宫即将关闭之时，人们决定将所有的"佛指"，而不仅仅是真舍利，统统放入地宫，这是一项额外的保护措施。今天，人们看着这三只仿制的佛指，就可以看出来当时的法门寺方丈下令仿造时一定比较匆忙。其中两个看上去都不像是人身上的一部分，其中一个与猪的脚趾头一样粗。最足以仿真的那一个放置于最后一间秘室之中的最精美的八重宝函之内，而真正的佛指舍利则放置于第三间小室里的一只五层盒子中，目的就是为了避开人们的注意力。

在一份官方的小小宣传单上，我找到了一份让我永生难忘的发现真正佛指的描述。"为了确证这是否真正的佛祖释迦牟尼灵骨，韩教授在得到允许后轻轻舔了一下。就是这一舔！发现了佛指！"同一份宣传册上，对神秘的瓷器也大加赞赏，冠之以精美一词。"尤其是其所用的坯料、碗肚和碗底。"有了这些额外的信息，我真想立刻找到这种瓷器，亲眼看一看。可是，它在哪儿呢？

今天的法门寺向数百万的游人展示了带有唐代僧人宇宙观的精美的对称结构。唐代的僧人如此精密有效，他们不仅复制佛指、设下圈套和密函，还故意将仿制品散放于各室之中。今天的法门寺博物馆的摆设，似乎在无意之中，也达到了同样的效果。那些精美的珍宝分散放置在四间独立的厅室内，到处都是混在真迹当中的复制品。我每转一个角落，都期望发现我的青瓷，但我的注意力每每都被那些盒子或盒子模型、仿制的茶具、仿金以及各种真品——有铜佛、琥珀珠子、水晶柳和一套绣着比人的发丝还细的金线的深红色丝制品所引开。

已经五点多钟了；寺门快要关闭了，我已经看到了许多奇迹，却没有找到我想寻找的东西。我到达了最后一间展室，还是没有神秘的青瓷。我自嘲地想着，真不愧冠以"神秘"之名啊，但我心里可是着急！"还有一间展室，"这时，博物馆管理员指着院子里远处的一间房子，哦，是的，我确实没看到这一扇房门。我出示了门票，走入这间屋子。在那里，在装满121件珍贵金银制品的展室的另一边，有七件绿色的瓷器。一个当地的纪录片制作组正在拍摄其中的一只小小的瓶子。导演说服了穿着像军队一样的咔叽布制服的警卫，帮他在瓷器的后面支起一块大红布。警卫们四处张望，看上去活像是人民革命舞剧中的演员。

没时间看那些金器了，我这样想着，就直接穿越了一个个展柜，直达青瓷。可我不得不又立刻沿原路走回来，那位导演劝止了我，

"请您……先看看金器吧。"我服从了,为电视摄像头让了路。西方游客对闪亮事物的追逐本能,又一次征服了我。我惊羡于那些金色的募捐碗(在晚唐时代,这些碗逐渐被青瓷碗代替),还有现在已知的最早的皇家茶碗。最终,我被允许回转身来,去欣赏我的瓷碗。

这些碗很朴素,带点褐色,完全应了我此前所有的猜想,也打破了我此前所有的期待——它们那么不起眼,我第一眼看去,根本看不出其绝美之处。事实上,除了摄像师正在专注地拍摄的那只八棱瓶,它们看上去连精美都谈不上。我想着想着,不由自主地在展柜前站了很久,专心地揣摩起来,究竟这些瓷器美在何处呢?也许,我内心中另有一种期待,想看到一种与众不同的神秘颜色瓷器,一种也许是更诱人但年代稍晚的瓷器。公元960年,宋朝结束了五代的混乱,统治了中国三百多年。宋人完全放弃了秘色,最后一次在宋人典籍中出现秘色,是 1068 年的《宋会要辑稿》(*Encyclopaedia of Song Institutions*)(《宋会要辑稿·食货》"熙宁元年十二月,户部尚书上诸道贡物……越州……秘色瓷器五十事。"——译注)。这一中止引发了后人的无数猜想,其中一种猜想认为,秘色瓷被另一种更有意思的瓷器取代。这种新的瓷器被称为柴瓷(Chai-ware),是根据10世纪皇帝周世宗柴荣的姓而命名的。柴荣是一位有教养的人,既雄心勃勃要统一中国,又十分醉心于艺术。一天,他将当地受人尊敬的瓷器大师召入宫内。大师问他:"我能为您做点什么,陛下?"皇帝则用一句诗来作答:"雨过天青云破处,这般颜色作将来。"

大师返回山里的瓷窑,创制出了令人震惊的新瓷器。诗人们后来描述这种瓷器"青如天,明如镜,薄如纸,声如磬"。这是一种催眠般的描述。但事实上,不幸的是,从来没有这种瓷器具体的甚至是类似的实物。一些学者认为,这种神秘的蓝色器皿,是一场大骗局,是几个世纪以来那些热切的历史学家们以讹传讹,信以为真的结果。但我想，会不会存在一些略微不同的解释呢？毕竟，对这种蓝色瓷器的描述，一向都是这种叹为观止的美丽，即使它并不存在，它也应该被创造出来。我觉得，仅仅通过描述这一栩栩如生的过程，作家们无不希望它确实存在。[1]

然而，法门寺展柜中的这些瓷器，一点儿也不蓝，而且还太厚，恐怕不可能"薄如纸，声如磬"吧。一些瓷器上甚至还有褐色的小斑点，让我想起我与罗斯玛丽·斯科特的一次谈话。她说，在20世纪80年代第一次听说秘色已经确定之后，"我们都兴奋极了：这真是一个浪漫的故事，你一生能碰到过几次发现一份9世纪清单而且物品俱全的机会？"但当她第一次看见一些秘色瓷时，她有一点儿失望。"我看着它们，它们上面还沾了点儿当初包裹它们的纸上留下的印迹，遍布碗身都有纸上的印迹，我记得当时我就在那里想，为什么没有人想到把纸拆掉？"然后她意识到，这些包裹碗的纸都是当时最好的纸，纸的价值可能还超过了瓷器本身。"用这些纸包裹无异于用丝绸包裹，"她说。我在法门寺看到的一只碗就带有一幅发间插花的年轻女人的模糊印迹，也是从纸上摩擦脱落下来的印迹。斯科特女士认为，秘色之所以如此受重视，部分因为中国人有将艺术神秘化的倾向。神秘化是为了更好地赞美艺术，"中国人喜欢神秘的东西，一旦沾上神秘一词，这事物就更令人激动"。她也指出，神秘一词在汉语里的解释是比较模糊的，它既有"秘密的"含义，也有专为皇室"有保留地""珍藏"，或是"隐瞒的"等诸多含义。

法门寺秘色瓷，来源于上海以南的浙江省山里的上林湖窑

---

[1] 一位中国学者陈博士，认为这种神秘的柴瓷 (Chai-ware) 事实上就是秘色瓷，因为世宗得到一件秘色瓷。如果是这样，那么诗意中关于云的描述就显然比蓝天更重要了。

(Shanglinhu kiln），那里的土质和技艺都被认为是特别优良的。[1]
"九秋风露越窑开，夺得千峰翠色来。"这是唐朝诗人陆龟蒙的诗句，这几句关于秘色瓷的描述，深深地吸引了后世的学者，同时也给予后人揣摩秘色提供了线索。这颜色来自于少量的铁，一般而言，铁元素越多，颜色越绿。[2] 秘色瓷含铁量尤高。大部分青瓷的釉中含有2%的铁；秘色则含有3%。任何含铁量高于6%的瓷器就成为黑色，黑色一直不受人欢迎，直到中国历史的晚期才有所改变。

我记得听过一个关于绿色的故事，是我十几岁时赴印度旅行时一位叫作拉达（Ladakh）的佛教和尚告诉我的。曼尼欧·布鲁撒丁（Manlio Brusatin）在他精彩的《颜色的故事》（The History of Colour）一书中也讲了个类似的故事，不过，他的故事结尾不一样，有更多的悲伤，而且带着疯狂。我喜欢和尚的那个版本，总是在我冥想的时候想起这个寓言般的故事。

那时，我和拉达坐在半明半暗的光线中，喝着加盐的茶，他谈及一位神祇在梦里向一个男孩显灵。"我能告诉你，"神说："如何找到这个世界上所有你想要的东西：财富、朋友、权力，甚至智慧。""我怎样才能做到呢?"男孩热切地问道。"很容易，"神告诉他。你只需要闭上眼睛，不要去想海是绿色的。男孩很自信地闭上眼睛，但他的脑海中全是迷雾般早晨的波浪、玉和天空。他努力去想红色，或者去想喇叭，去想树上的风，但是，海却如浪头一样，总是扑入他的脑海。几年过去了，回忆起这个梦，男孩就会经常安静地坐着，试着不

---

[1] 最早的绿色器皿制造于两千年前，但无一幸存。此后，在6世纪晚期，根据传说，一位宫廷侍从重新制造这些器皿。他不是为自己使用而做，他是想努力复原两百多年前失传的绿色琉璃配方。不到40年，第一位唐朝皇帝下令皇家青瓷制作人制出"像白玉一般体薄、半透明而且明亮"的碗。富有的唐人十分喜爱它，很快青瓷窑就在中国每一处有足够的木料和优质陶土的地方开张。
[2] 青瓷的颜色部分取决于窑内的环境：缺氧形成秘色之类的青瓷，氧化导致颜色褐白。

去想绿色。但他从来没有成功过。于是有一天，当他已经是一位老人时，他做到了：他坐了很长时间，甚至连一丝颜色都没进入他的思维。他睁开了他的眼睛，然后笑了。"他笑了，"和尚说："因为他意识到他已经拥有了他在这个世界上想拥有的一切。"

法门寺博物馆就要关门了，警卫收拾起他的红旗，回到自己的岗位上，确认没有人拍照。我突然产生一个有趣的想法，我想，除了唐懿宗，或者甚至唐懿宗也比不上，恐怕就属这位年轻的小伙子和他的同事们与皇家的瓷器相处一室的时间最久了。他与这些碗和那只精致的仪式用的瓶子朝夕相处。也许他有我正在寻找的答案。他喜欢秘色瓷吗？我问。"我？"他吃惊地反问。"是的，你。"他笑了，似乎找到了自我意识。"起初我不喜欢。"他说："按照中国传统，每个人都喜欢金银。于是很自然地，我就更喜欢那边的那些东西，同时认为这些瓷器不算什么。"他指着展厅的另一边，全是贵重精美的金属制品，二十分钟前，我被约请作为欣赏者拍摄录像。

"但后来，"年轻的警卫白崇峻（Bai Chongjui 音译）继续说着，"六个月之后，我开始觉得，也许我错了，我开始认为，这种秘色瓷比那些金银器更珍贵。"他是什么意思呢？"我的意思是，金子很普通。而这种青瓷如此简单，如此天然而富有和谐感。"白只有20岁，他在这间展厅工作已有两年，我相信他是正确的。当我再去看那些神秘地摆放在展柜里的褐绿色的瓷器时，我觉得，我第一次能够真正理解它的魅力。

想象一下吧，如果你是一位皇帝，身边到处都是金子，身上裹的都是丝绸，高高地坐在轿子里，用玉做的筷子品尝世上最精美的食物。每一样东西都很珍贵。你难道不会渴望一些平凡而真实的事物吗？当你能拥有几乎一切东西的时候，人类的天性就是如此，你就会想要那些你有可能正在失去的东西。对于唐朝的贵族精英而言，他们最缺乏的就是简单二字。唐朝的帝王都受到一种完美的宇宙观的熏陶。佛教将变化与消弭的观念教给信徒，这两种观念是永恒存在中的事物临时和短暂的内在本质。但这又恰与道教的一些教诲不谋而合。道教认为，绿色多雾的山象征着大自然的纯洁和长生不老的可能性。因此，这种消弭，这种秋日里最后的灰绿色，这种朦胧中预示着自然回归的灰绿色，就很可能象征着最原始、最本真的简单状态，从而也就是最完美的状态。因此，秘色这种柔和的颜色，对于已经看惯浮华口味的人而言，真好比是满桌酒肉之外的一盘清洌的水果凉糕，让人一见钟情。

青瓷的一大奇迹在于，它来自于大山之中。它取材于土壤和树林，木头用来点火烧窑，而陶土用作瓷器的胚，两者都离不开山。两者的合成物——木灰和瓷土——还可用来制成涂抹于瓷器表面的玉一般晶莹剔透的釉。几天之后，我离开了法门寺，我意识到这座地宫以及其中所有宝藏的含义。佛指舍利——来自于一位教人以生灭之理的人——恰是一种幻象本质的提示。而极像橄榄绿的秘色（正像我在对黄色进行探寻时听说的那第一幅佛教绘画的故事所说的那样），则是一种对自然中的幻象的提示。

青瓷的秘密

既有"神秘的青瓷"，就会有青瓷的秘密。也许这秘密最终不过是个令人吃惊的古代成功广告故事，或者市场就这样相信了这个故事；也可能，几世纪以来青瓷被认为含着某种秘密，日积月累，就被认作拥有魔幻般的力量。比如说，在东南亚，巫师的瓷罐被认为是最好的瓷罐，能将大自然融汇于陶土之中，于是这罐就被引申为通灵（djinn）。最好的罐子必须能够"说话"，或者至少在敲击的时候能够发出清脆的声音。如果一只罐子能够发出优良的声音，人们就会认为，神灵栖居于此。在婆罗洲（Borneo），一只被苏丹拥有过的罐子被认为有预言未来的本事，因为它曾在苏丹的王后去世之前的那个夜晚整夜"悲鸣"。在菲律宾的吕宋岛（Luzon），有一些著名的会说话的罐子拥有自己的名字，甚至拥有自己的个性。最著名的要数马格萨韦（Magsawi）了，这只罐子独自走了很长的路，就是为了去看望一下自己的女友，居住在北伊罗格岛（Ilocos Norte）上的另一只会说话的罐子。传说中，两只罐子还有了一个孩子：一只小小的会说话的罐子，或许，是由一只小小的啼哭的罐子演变而来。

中亚的买者想要这些碗，而且非常渴望得到这些碗，则有他们不同的理由。这理由与通灵无关，而是出于更实际的考虑。青瓷被认为拥有拯救主人性命的潜能。伊斯坦布尔的托普卡比宫（Topkapi Palace）里面，有数以百计的青瓷制品，都是历任统治者自1453年夺取君士坦丁堡以来积累起来的收藏。根据伊斯兰专家迈克尔·罗杰斯（Michael Rogers）的说法，这种收藏的狂热，很可能是因为穆斯林相信这些碗能够"解毒"。也就是说，这些碗可以当作毒药的解药。"这个信念源自何处，我还不得而知，但我倾向于认为，奥斯曼统治者们从欧洲得到这种信念，"他告诉我。他还听说印度莫卧尔皇帝贾汗吉（Jahangir）在18世纪早期曾经做过一项试验。根据他的记忆，贾汗吉将毒药投入食物中，分别装在青瓷盘子和另一种盘子上，给两名受诅咒的罪犯吃。"当然，两个人都死了。"罗杰斯又加了一句。

很有意思的是，关于神秘瓷器能够检测毒药的故事不止这一个。另一个故事里讲的，却是一种截然不同于青瓷的颜色。几个月后，我正在浏览非同寻常的牛津皮特—里弗斯博物馆（Pitt-Rivers Museum）时，偶然看见一种好玩的红褐色的茶壶。这只茶壶很像在喀布尔和白沙瓦的古董商店里叫卖的那一种。这类茶壶好像不属于阿拉伯世界,我当时就对它们端详良久。这下子我明白了:原来这种茶壶是由一位住在莫斯科的英国人制作的。弗朗西斯·加德纳(Francis Gardner)于 1766 年迁往俄国,发现他的茶壶被俄国的贵族们争相收藏,于是他就留了下来,以便多赚些钱。1850 年之后,加德纳瓷器大量出口到亚洲,售价很高。根据当地的标签上的解释:在中亚,人们普遍认为这种瓷器具有保护家族的魔力,当任何一种有毒的食物被放置其中时,碗就会立即破裂。

还是中毒

在牛津的那个早上,我曾试图找到英国诸岛上拥有瓷器的最早记录。这只最早的瓷器,应当是由沃勒姆大主教(Archbishop Warham)拥有的,现在存于他的母校,牛津新学院(New College)。我是从一本 1896 年出版的书上得知这一信息的[1],书中还形容这只瓷杯是"海绿色或者是青瓷色",因此,我就很想见到它。那天正是学院假日,但我付了一小笔进门费后,还是溜进了馆内。威廉·沃勒姆(William Warham)在 1504 年至 1532 年间,一直担任坎特伯雷大主教,在新学院的餐厅里,有一幅他的肖像。看上去他的神情悲伤,脸上还有眼袋。肖像的背景,好像是从东方买来的织物;但这幅画里没有一点儿海绿色杯子的影子。我就询问新学院门口那位友好的看门人是否知道这只杯子。他做门房已经 16 年了,现在是半退休。可他回答说,并不知情。于是我承认,我读过的那本书是一百多年前

---

[1] 卜士礼(Bushell),《东方陶艺》(Oriental Ceramic Art)。此书作者曾作为英国使团医生在北京生活多年,他对东方陶瓷艺术极其着迷。

的。他说:"年份并不碍事,学院里只要有了什么东西,就不会再出手,肯定还在。"他给了我学院文物专家的地址,于是我就写信给这位专家。

她很肯定地回答我说,门房的话是对的,他们仍然拥有这只杯子。她还给我寄了一张最近出于保险目的拍下留存的照片。这只杯子很精致,确实如海一般绿,几乎就是海草的颜色。但它被放置于一座中世纪风格的黄金底座上,反而衬得自身有点儿暗淡。最初,文物目录的编撰者在1516年记下了这只杯子,却不知道如何将这只杯子归类,也难怪,他过去从没见过类似的东西啊!最终,他在目录上将他描述为"石头"(lapis)。

沃勒姆大主教是位英国外交先驱,他在无数艰难的外交谈判中立下汗马功劳,比如阿拉贡的凯瑟琳与亚瑟王子的婚事。当时,从拜占庭的废墟中,意大利的美第奇家族和奥斯曼土耳其帝国正冉冉崛起,欧洲外交家们处在历史上的一个十分紧张而令人激动的时期,同时,这也是欧洲历史上最腐败、最阴险的时期。难怪沃勒姆在肖像上显得那样疲倦。作为动荡时刻的一位显赫外交官,他的宴会上一定有一位代为品尝食物毒性的人。这很可以理解,有人听说了青瓷能够解毒的传说,出于对这位好主教的杰出外交技巧的敬佩与感激,某天就将这样一只杯子送给了他。新学院的"注释"中称,这位送杯之人很可能就是斐迪南大公爵(Archduke Ferdinand)。沃勒姆在他于1506年多塞特(Dorset)遭遇海难时曾救助过他。如果大公爵活到今天,那么我想,他要送的珍贵礼物,恐怕不会是青瓷,而是一件精致、剪裁合体的防弹背心。

亚洲艺术制品早在沃勒姆拥有这只杯子之前就传入欧洲——至少在中世纪时十字军就已经开始将这些物件带回欧洲,也许甚至还可追溯到维京时代。但当 17 世纪贸易路线开始畅通之后,"东方情调"才真正成为巴黎、伦敦、莫斯科的画室时尚。当时的欧洲人只认"东方",而不管它们是来自于印度、波斯、中国还是日本。对欧洲人而言,亚洲各文化之间区别实在很微小,在欧洲制作的仿中国风格的艺术墙纸上,经常能看见伊斯兰式样的树上栖着中国式的彩色小鸟。

绿色曾与印度的密教、波斯的诗和佛教的绘画联系在一起,在 18 世纪 90 年代的浪漫主义时代之后,绿色广受欢迎。像威廉·华兹华斯(William Wordsworth)这样的诗人的浪漫诗作中,常常充满了对美好自然的抒情。自然是如此美妙,一点儿也不危险,在几乎所有这类诗里面,绿色都是好的。但至少从绘画的角度看,这种情感是绝对大错特错了。

德比郡(Derbyshire)的查茨沃斯庄园就有一处鲜明的例子,体现了绿色在当时是如何受欢迎的。那里有一间套间,是以一位曾在此处停留七次,却时运多舛的皇室名流的名字命名的,被称为"苏格兰玛丽女王"套间。套间于 19 世纪 30 年代由第六位德文郡公爵(Duke of Devonshire)进行最后一次大型装修,后人又称他为"单身汉公爵"。他不仅以追求时尚物品的浮华爱好而闻名,更有甚者,他还有无穷无尽的精力去将周围的事物都弄成时尚。与他同时代的一位杰出建筑师杰弗里·怀亚特维拉爵士(Sir Jeffrey Wyattville)负责整个装修工程。装修效果突出展示了摄政末期的最新时尚。七间房间中,只有一间不是绿色的,整体装修给人的感觉是漫步于一片异域的树林,绣房犹如置身荒野。最令人印象深刻的是手绘的中国风格墙纸,上面爬满绿色的蜥蜴,大量的花鸟,甚至还有一株特殊的香蕉树歇于顶上。1650 年,中国的墙纸首次被铺陈于英国的墙上。令人惊叹的是,180 年后,这些墙纸仍然被大量使用,而且仍然是时尚先锋,足以满足单身汉公爵的浮夸嗜好。他选择的时机也无可挑剔，议会曾于1712年通过一项征墙纸税的法令，目的是为西班牙王位继承战筹集款项，直到1836年才取消。而公爵刚好是从1836年开始重新装修房子的。[1]

这些房间也是威灵顿公爵访问此地时住过的房间，里面有一幅威灵顿的老对手拿破仑的肖像，是由本杰明·海登（Benjamin Haydon）画的。我们看到，画面上是拿破仑的背影，他凝望着大海，两只手在背后愤怒地紧扣在一起。他一定相当不安：他已经丢失了整个帝国。他的情绪一点儿都不好，因为他将在大西洋上遥远的圣赫勒拿岛上死去，而他的居室中的内部装饰只会让他更加郁闷。洛伍德宅院卧室中的绿色墙纸，即使不是杀死拿破仑的元凶，也必定在加速拿破仑的死亡上起了推波助澜的作用。

古迹保存的规则颇令人迷惑。比如说，从佛祖的遗体上弄下一截残指，甚至教廷高层数代以来继承弥赛亚（Messiah）的包皮，都能完全为人所接受。但是如果我们现在对任何已经去世的我们爱戴的亲友们做同样的事，却被看作是令人发指的残暴行为，几乎在任何文化中都不被接受：祖先的手指和头颅都必须与他身上的其他部分完整地放在一起。但在19世纪，遗体上有一个部分却是任何人都可以取下做为纪念的：一绺头发，可放在小盒子里，不时看上一眼，想象着逝者的人格魅力仍能在这一绺头发中恒久存在。

拿破仑·波拿巴1821年死时是51岁，他死后的几年内，"波拿巴的头发"公开在市场上叫卖，价格还不菲（据拿破仑的医生说，他

---

[1] 中国风格的艺术品又持续风行了十年左右，直到维多利亚时代的人们予以改变，决定复兴哥特式、希腊式、庞贝式、埃及式、拜占庭式、巴洛克式和除了东亚传统以外的几乎所有的传统。

的头发"细细的，发质好，光滑如丝绸"）。但是，直到 140 年后，其中一绺头发还引发过一场不大不小的喧哗。1960 年，它在拍卖中被人买去，并且被新主人拿去做化学分析。也许这位新主人是在寻找伟人的痕迹。但他们却发现了伟人之死的蛛丝马迹。他们在头发中找到了砷，也就是砒霜，而且含量还很高。这就引发了一系列问题。这位皇帝真的像他的医生所说死于癌症吗？还是有什么其他更不可告人的秘密发生在他大败滑铁卢之后的六年流放之中？

从拿破仑在圣赫勒拿岛上的日记中或者可以找到线索。拿破仑讨厌那里的天气，经常抱怨许多天来天气阴沉潮湿。他还鄙视那位在他流放后不久新派来的总督赫德森·洛爵士（Sir Hudson Lowe）。"很遗憾的是，"拿破仑的传记作家汤普森写道："一位一生只懂如何指挥的人却落在一位一生只懂如何服从的人的手里当囚犯。"洛也知道拿破仑恨他，他也恨拿破仑。但他会恨到要谋害他的地步吗？

另外一个对于头发中砒霜的解释与涂料有关。卡尔·威廉·谢勒（Carl Wilhelm Scheele）是 18 世纪末在瑞典工作的化学家。18 世纪 70 年代，当他刚刚 30 岁时，他分离出了氯和氧，发明了一种明亮的黄颜色，但后来被英国制造商特纳偷走了配方，并抢先注册了专利，称为特纳专利黄。后来，谢勒在 1775 年进行关于砷的试验时，几乎也是一种巧合，制造出了一种最令人震惊的绿色。他不会重复他上次在注册专利方面的失误，他这次很快就开始制造这种铜砷颜料，并取名叫做谢勒绿。但是，有些事情总是困扰他。1777 年，就在这种颜料投入生产的前一年，他在一封信中向一位科学家朋友透露，他觉得颜料的使用者们应当有权得知这种颜料中含有毒性成分。但是，当这样一种伟大的新颜色需要进入市场的时候，谁会在乎那么一点点砷呢？很快，制造商们就在大量的颜料和纸张中添加砷,许多年来,人们都快乐地将毒药刷在墙上。

也许,历史学家们就想,这说不定可以解释圣赫勒拿岛毒药来源之谜。之后,到了1980年,英国药剂学教授戴维·琼斯博士在BBC做一档科学节目,快结束时,他戏谑地说了一句,只要我们能看见拿破仑卧室的墙纸颜色,我们也许能知道这墙纸就是毒药的来源。令他十分震惊的是,事后他居然收到一位妇女的来信,称她手中恰好有一块来自洛伍德宅院的墙纸样品。她的一位先人曾经拜访过洛伍德宅院,并且偷偷扯下一块墙纸,把它夹进了一本剪贴簿。这真是绝无仅有的巧合啊!墙纸是白色的底子,上面有绿色和金色的法式百合花纹样。琼斯博士对这块墙纸进行了检测,令他十分兴奋的是,他在纹样中找到了谢勒绿中含有的砷成分的痕迹。当他得知圣赫勒拿岛十分潮湿时,他就感到更加激动:潮湿霉变的环境将使砷发生反应,将周围空气染上毒性。谢勒绿理论解释了砷的来源,空气中可能存在有毒的气味,这就可以解释为什么那位曾经无比活跃的士兵到了岛上之后,却虚弱到只能躺在屋里的某一张行军床上(他有两张行军床,但总是不知道该睡哪张)度过人生的最后几个月。他的医生说是得了胃癌。但其他人说仅仅是因为忧伤。

医学界花了很长时间才对墙纸毒药理论做出回应。直至1880年,大约在谢勒发明绿色之后的一百多年,一位名叫亨利·卡尔的研究学者在伦敦艺术学会的一次集会演讲中,拿出一张很可爱的托儿所墙纸。上面印的是小男孩在村里的草地上玩板羽球。他告诉听众们,这张看上去十分纯净的墙纸,最近却杀死了他的一位幼小的亲戚,而且还使得死者的三位表兄妹患了重病。然后他继续讲解其他耸人听闻的砷中毒的例子。一位残疾人去海边疗养,结果却差点因为她住的旅馆的漆料而送命；一队装修工发生持续痉挛；甚至一只波斯猫被锁在一间绿色房间之后全身长满脓包。

他告诉他的听众们，不仅仅是绿色中含有砷。一些蓝色、黄色，特别是最新发明的深红色都含有毒素。不仅在颜料和墙纸中，他还在人造花、地毯以及服装纤维中发现过砷，因为在这些物品的制作过程中，曾经用砷来清除用于染色过程的某些化学元素。"本国砷的制造已经达到令大多数人震惊的规模了，"他告诉整个学会。"想一想，只需一两粒砷就能使一位健康人致命，那么每年……4809吨的砷产量，那是多么巨大而可怕的后果啊！"

他的听众绝大多数为之震惊，并且同意他要求进行调查的建议。但一份来自于图迪坎博士[1]的声明却给了那晚听讲座的其他人一些另外的提示，告诉人们为什么有这么多危险，甚至有了发明者的警告提醒，砷颜料却仍然持续使用上百年。图迪坎说，卡尔是一位危言耸听的人。他说他的眼睛十分钟情于"那些美好亮丽的砷成分墙纸"，当他再看着其他"令人憎恶的灰色、阴暗可恨的褐色以及没有砷成分的可怕的黄色时"，他禁不住下了决心，他的房间里要使用的一定是含砷的颜料。

图迪坎博士的表述，虽然显得比较单调，但这种对绿色的热爱，却是许多艺术家所共有的——当然，绿色从很多方面来看，都是世界上"最自然的"颜色。毕竟，绝大多数的世界（至少是没有被海洋所覆盖的世界）都是绿色的。但对于画家而言，很长时间以来都很难复制自然界的绿色，这种最"有机"的颜色——草、树和田野的颜色，传统上是由金属制成的，或者更准确地说，是金属变

---

[1] 很可能就是那位约翰·威廉·路德维希·图迪坎（Johann Wilhelm Ludwig Thudichum），他是维多利亚时代生活在伦敦的一位有争议的科学家。当时他正在研究霍乱对人脑的影响。

质后变成的。

切尼诺在他的《艺术札记》介绍了四种方法，告诉人们如何调配一种鲜明的嫩葱般的绿色，在托斯卡纳的阳光下熠熠生辉。除了将几种黄色混合上几种蓝色的配方之后，他有一种天然的，一种"半天然的"以及一种人造的绿色调配法。这些方法——全都像谢勒的致命配方一样——用上了铜。这些方法调配出的绿色可能不会致命，但没有一种绿色能够给人以完美之感。

天然的泥土颜色被称作"绿土色"（terra-verte），特别适合在画欧洲人的肤色时在下面打底色[1]——再用石灰白和朱红色一层层铺上去。[2]切尼尼所指的"半天然的"绿色则是指孔雀石，它与蓝色石青（zaurite）一样，是在铜矿中发现的矿物质，被称作蓝绿色（verde azzurro）。把这种自然界中基本的铜化合物称为"半"天然，似乎有点奇怪，毕竟，只要你知道它长什么样，你自己就可以在矿里完完整整地挖到它。但是，切尼尼生活在一个充满炼金术术语的世界里，对他而言，孔雀石是一种炼金术留下的石头。是地球爆炸后加热留下的结果，因此在严格意义上，并不属于"天然"状态。切尼尼警告说，必须把它磨成粗粉，"因为如果你磨得太细，它会变成一种肮脏的灰蒙蒙的颜色"。普林尼认为孔雀石非常棒，因为它能保护人不受邪恶精灵的入侵。直到18世纪晚期的德国，它还被称为稀有石头（schreckstein），用来阻吓魔鬼。古代的埃及人很可能是第一个将孔雀石用作颜料的人类。他们用于绘画中，也用来

---

[1] 伦敦国家美术馆馆藏的米开朗基罗《圣母画像》，就在人物的肤色下面打上了绿土色底子，这种方法似乎是乔托之后而风行的，直到18世纪的提埃波罗（Tiepolo）都在零星使用。
[2] 有时，古代作品中的粉红色会褪色，导致脸上发绿。罗马和拜占庭画家喜欢这种效果，他们的人脸马赛克都用绿石子和红石子混合拼成，这样就可使粗壮发红的面色变得柔和一些。

第七章 绿色

涂眼影。孔雀石绿能在眼睛上方留下很漂亮的灰绿色眼影，只是不能磨得太细。同时，它与黑色眼影一起使用，被认为具有保护眼皮免受强烈阳光曝晒的功能。看来，孔雀石绿的作用相当于古代的"墨镜"。埃及文明如此美妙，爱美的埃及人喜欢涂上眼影，也是此文明的一大特色吧。

8世纪的中国画家曾经粗粗地研磨孔雀石，用它来画佛像身后的光晕。从日本到西藏，这种颜色流行了数百年。据中国17世纪的《芥子园画传》(Mustard Seed Garden Manual of Painting)介绍说，孔雀石磨出的最好的颜色叫作"蛙背青"，"须磨碎，溶于水"。事实上，孔雀石的颜色，即使不经过任何打磨，也就已经很像蛙背，或者说是癞蛤蟆的背上的颜色了。孔雀石上到处都是疣状的裂痕，如果沿着裂痕横断面切开，就会看到美丽的环状纹路，这就是孔雀石之所以得名的原因。[1]

切尼诺的第三种调配绿色的方法是铜绿，它"非常赏心悦目，却不能持久"。莱奥纳多·达·芬奇一个世纪之后也为这种颜色而忧虑，他警告说："即使它不很快褪色的话，这种颜色也会被吸入稀薄的空气中。"这种颜料还有另外一个问题。切尼诺注意到，铜绿"本身太绿了"，而且无论在任何情况下，都不能让它接触铅白，"这两种颜色无论从哪个方面看，都是死对头"。铜绿的制作过程通常与铅白类似，也就是通过解析金属，让铜经历一次醋浴。几个小时后，橙红色的金属和红酒醋充分混合，形成绿色沉淀。有时，它又被称作凡·艾克绿，因为这位佛莱芒大师经常使用铜绿并且用得很成功——不像

---

[1] 19世纪俄国的尼古拉一世，有一块世界上最好的孔雀石，是在乌拉尔山（Urals）找到的。19世纪30年代，他的妻子亚历山德拉下令在圣彼得堡冬宫装饰一间全部使用绿色胶合板家具的绿屋，这间屋子就被称为孔雀石厅，用来作为正式画室。

意大利人[1]，他们使用的铜绿时间长了都变黑了，正如莱奥纳多和切尼诺所警告的那样。而佛莱芒画家找到了一种秘密，能够使用一种保存漆来锁住绿色，这样，他们画中的大部分铜绿，就能够持续数百年。

使用铜绿最了不起的例子，是范·艾克画于1434年的《阿尔诺菲尼的婚礼》(Arnolfini Marriage)。这是艺术史上最有争议的裙子——主要因为它的形状，或者更可能是因为穿着这裙子的青年女人的体态形状，她看上去好像是怀孕（尽管有些评论家争辩说她根本没怀孕）。但为什么她需要穿着绿色的裙子呢？在15世纪的布鲁日(Bruges)，新结婚的人总喜欢展示他们的财富，更倾向于穿着昂贵的胭脂红的服装来抬高自己的社会地位。而这幅悬于伦敦国家美术馆的画，是目前最有争议的15世纪绘画之一：很少有人能够同意画中含义，连这画是否是一幅婚礼绘画，都还没有结论。

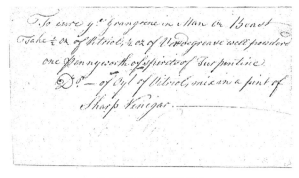

用铜绿治疗坏疽病的配方

---

[1] 切尼诺作品的翻译人，丹尼尔·汤普森认为，巴尔多维内蒂（Baldovinetti）和多明尼克·维尼契阿诺（Domenico Veneziano）的河流绘画中必定使用过铜绿，但现在这河却变成红棕色。

画上是一对夫妇站在一间装饰得很华丽的房间里；他们牵着手，但就我看来，他们好像并不显得十分恩爱。事实上，正相反：那穿着毛领披风戴着巨大帽子的男人看上去很老，很冷漠；而那女人根本没在看他，两个人都好像流露出一种深深的悲哀。多年来，这幅画被认为是一幅有钱的商人乔瓦尼·阿诺菲尼和他的年轻新娘乔瓦那的婚礼画像。但为什么两个人要找人画这样一幅不快乐的肖像？为什么他们周围的事物也都被解读为象征堕落呢？

在一张木头椅子上，有一幅小小的安提俄克的圣玛格丽特的雕刻，她是一位贞烈处女，后来成为分娩的保护神——强化了青年女人怀孕的暗示性。房间里那张很大很红的床也似乎同样暗指怀孕。但更令人迷惑的是那面镜子，上面装饰的图案很像《耶稣受难记》(Passion of Christ) 中的场景（一圈受苦受难的轮回），旁边还有十颗"牙齿"环绕，使人想起那只碾死另一位与圣玛格丽特相似的贞女圣凯瑟琳的十角轮——范·艾克画里的房间也到处充斥着象征一种粗暴关系的物件。这里有从夫妇相交的手掌上方俯视下来的怪兽，还有悬挂着有如战利品一般而看上去好像是刻意模仿女性和男性生殖器形状的画笔。有一天我正看着这幅画时，我怀疑这些物件说不定用来象征某种性暴力，说不定画家旨在画一幅寓言，而不是一场婚礼。[1]

我看这对夫妇，总觉得他们就像偷吃禁果之后的亚当和夏娃，只不过换成了范·艾克同时代的服饰而已。看到窗台上翻倒的水果，我这种感觉更强烈了。如果这就是画家的本意，也许这就能够解释女人身上的貂纹服饰之谜。她的衣服是绿色的——因此象征着生育和花

---

[1] 当人们发现阿诺菲尼直到 1447 年才结婚的时候，关于这幅画讲述一个寓言的理论就显得更加可信了；BBC2 台 1999 年 11 月的电视纪录片《婚礼的秘密》(Mystery of a Marriage) 报道了这一发现。

园。它用的是铜绿色,一种使纯铜加入杂质制成的人造颜色。尽管今天这颜色与范·艾克画它时一样明亮,但画家本人不可能确定地知道,他保存颜色的新技巧将能够持续数百年,也不知道这技巧还会以他的名字命名。对他而言,铜绿就是一种带有引诱性质的绿色颜料,有时还会变黑:也许,正是一种形容人性堕落的绝妙颜料。

铜绿经常被形容为来源于本国以外的其他地方。因此"铜绿"在英文中的意思是"希腊绿"(Verdigris),而德国人称之为"西班牙绿"(Gruenspan),但其实铜绿很可能是通过阿拉伯人转手到英国和德国的。希腊人自己则称之为"铜花",或者更形象地叫它"毛舌"(fur-tongue),也许是因为铜绿的蕴藏点夹于铜矿岩层中,就好像一个人吃了太多的希腊茴香酒之后嘴里那种毛丝丝的感觉。在法国,这种颜料通常是葡萄园的副产品;在英国,则用苹果醋来制作铜绿。

直到18世纪中期,铜绿在画家中都十分受欢迎,同时也被房屋粉刷工大量使用——随着东方画派装饰风格的兴起,那些过去没有用上谢勒绿的欧洲豪宅,必会选用铜绿至少装饰宅子里的一间房间。这种东方风格也蔓延到了美国。到18世纪时,许多殖民地的大屋都挂满了中国墙纸,画着富有东方风情的颜色。只要有点钱的人,似乎都想要用绿色来装饰他们的餐厅和画室,这也包括美利坚合众国的第一位总统,甚至在他本应该更专注于国事之时,他却想着如何装饰他家里的房子。

弗吉尼亚蒙特弗农的房子对于美国的总统而言真是太小了。事实上,它的"原始状态",也就是当年乔治·华盛顿在那里度过童年时蒙特弗农家的样子,对于一位美国的农民来说,也是相当的小。但从华盛顿1789年被选为总统到1797年约翰·亚当斯(John Adams)接任总统的九年之间,这里跃升成为整个美国最重要的房子之一。

我是春天去参观的，那天不是周末，却仍有太多的人等待入内，大家在房子外面排着长队，一直排到花园和奴隶区。排队的参观者倒也不单调，有穿着18世纪服装的人假装是华盛顿家人的朋友，说了无数关于华盛顿家族的"小道消息"逗趣。一个小时之后，我们才能进入房子——穿过一间耳房，通过一条有篷的走道，进入房间。过去的游客不是这样进入的；在房子的中心，有一条客人进入的门厅，我们的导游很自豪地介绍说："华盛顿夫人会亲自迎接客人，"他接着说，这个门厅也是冬天的晚餐后他全家人与客人一起跳一两圈四对舞，让全身暖和起来的地方。我们全都疑惑地看着这个空间。这个厅看上去那么小，连一对莎莎舞伴都挤不下，我只能想象一场穿着大裙子、戴着大帽子的小矮人舞会，只有矮人们能够嬉笑玩乐、互相逗趣，还能够开心地大叫，这个空间多么大，多么快活。[1]

在18世纪70年代初期，当这位士兵兼农民的华盛顿仍然大部分时间居住在家里时，他花了几个小时仔细读着18世纪的类似今天的《建筑文摘》(Architectural Diggest)之类的杂志。当时那本杂志的名字叫作《城乡建筑师和装修工的设计宝库》(The City and Country Builder's and Workman's Treasury of Designs)，是由一位固执己见的英国共济会会员巴蒂·兰利（Batty Langley）1756年写成的。（虽然巴蒂这个名字本身带有疯狂古怪的含义，巴蒂本人也很可能有点古怪，但在这里很明显只是个基督教的名字而已。）这本又重又古老的书现在仍在蒙特弗农资料图书馆里保存。我在那里读到它时，孔雀就在窗外踱步，我想象着华盛顿坐在他那四面白墙的书房里，快速地翻

---

[1] 这厅的墙裙用了仿红木——黄色松木涂成红木色，这可能在18世纪90年代很流行，其实在20世纪70年代时也很流行，只不过进入21世纪后就显得太假了。华盛顿很可能第一次在费城见到这种仿红木，他显然十分喜欢这种仿制技巧，因为他在他的书房也使用了仿红木。

看着书页，然后偶然间转动一下椅子（他喜欢坐在转椅上）看到了对面的波托马克河（Potomac River），于是他突然做起白日梦来，想把英国式装饰搬入他的美国房子里来。[1] 他对房屋设计的兴趣不可低估——他相信建筑比例是由神圣法则确定下来的。一扇帕拉第奥式窗户，以及他的新房间的精心刻度，并不仅仅是为了让客人用餐有一个舒适的场所，更主要的是，房间要用来象征和建构神的旨意，而且要让所有的人看见这种神意的体现。

但之后，在1775年6月，他被任命为大陆军总司令，为反抗英军争取独立而战斗。他在此后的八年中只对这房子看了一眼，那一次，是从波托马克河的那一边隔岸远望。他把房子留给了他的亲戚伦德·华盛顿——两人之间还有许多有趣的书信往来。据说有一位参加装修的工人被要求完成餐厅里的所有活计，可他只完成了餐厅里一些粗糙的木匠活。之后，那位雇来为小餐厅刷灰泥和画天花板的"粉刷匠"又多要了钱。尽管这天花板今天被认为是殖民时代装饰风格的最佳体现，当时却真是让人手足无措，费了不少口舌。华盛顿为此大叹，如今要雇个好工人多不容易啊！尤其是在战争时期。

他是一位统帅，指挥着一支两万人的军队，他的继任人约翰·亚当斯曾说，他对那些吵得"不可开交"的下属十分严厉，不留情面。但是，他的信却展示了他的另一面。在一场战役之中，或者至少是在战役即将打响的日子里，他却在为房屋的漆料和木材担忧。起初，我觉得这让我很不舒服。难道他不该做些更

---

[1] 那幅吸引他注意力的画可能是第五十一幅插图：它给出了大窗户的精确比例，华盛顿最终为他的餐厅选了这样一个大窗户——一幅帕拉第奥式（Palladian）窗户，这种式样是根据16世纪意大利人安德鲁·帕拉第奥（Andrea Palladio）命名的，他为了纪念古罗马艺术创造了这种式样。

重要的事吗？但之后，我又一想，当时华盛顿一定是非常孤独而且烦闷。他坐在自己的帐篷里，十分思念家乡，老想着要做些什么，能让自己童年生活过的房子更加改善一些，以便今后他作为一位政治人物也能住在那里。

华盛顿是在 1783 年的圣诞夜回家的，他亲自担纲，负责起大餐厅装修之役。工人们给他带来很多麻烦，但最终在 1787 年，这房子可以刷墙了。布局的传统是，男人来装饰公共房间，而家里的私人房间则留给女人们，按她们自己的品位来装饰。玛莎·华盛顿喜欢黄色和奶油色，不过她在木制家具上还是很大胆的——先用了绿色和蓝色。但是，最终是乔治·华盛顿自己拍板敲定，将淡黄绿色作为大餐厅的颜色，以柔化那扇受巴蒂启发而新装的帕拉第奥窗户上闪闪发亮的白色。

他和他的人打败了英国佬，但他却觉得，没有理由不在家庭装修中沿用英式风格。于是，这扇窗户成了新古典风格，而墙则成了中国风格。他发现，亮绿色能够"愉悦眼睛"，而且不易褪色。毫无疑问，他一定会很高兴得知，绿色还曾是皇帝们钟情的颜色，当然也有可能，他对此嗤之以鼻，称美国早就把那套旧世界丢在身后。1787年 9 月，曾有一段小插曲，那时，他写信给一位亲戚，说他"发现本该为餐厅换新装的绿颜料涂出来的效果一团糟，真是很难受"，但一旦他重新使用了"铜绿"（verdegrease），他又为新的效果大为兴奋。帕拉第奥式窗户所面对的花园的视野十分美妙，正与墙上的绿色相呼应：好像是对大自然的双重欢庆。华盛顿非常喜欢这种效果，他立即决定将他的小画室也刷成同样的颜色——尽管也许他本应更好地调研一下他所用的涂料，因为最后刷上的一层铅白在铜绿上无法维持长久，两者相互反应，最终成了黑色。

两年后，就是在这间涂上中国式绿色，四周墙上挂着家族成员、还有爱国志士的画像的大餐厅里,华盛顿第一次获悉,他将成为第一任美利坚合众国总统。几乎两百年之后,人们重修这间餐厅,用仿古手工艺研磨颜料后,为它重新涂上了极其明艳的色彩,这次重修使得整个美国又一次热烈地讨论、思索并重新评价18世纪的美国人曾经如何装饰他们房间的问题。

失踪的绿色

19世纪欧洲人便不再使用铜绿了,但波斯人一直到20世纪还在绘画中使用它。绿色是先知穆罕默德斗篷的颜色,是穆斯林心目中神圣的颜色。当细密画画家想要画一位特别重要的人物时,他们往往会给主角画上一圈铜绿色的光晕。在波斯绘画中,法庭的场景象征着权力,可以被涂成无数种宝石一样的颜色。但性爱场面也经常用绿色的凉亭做背景。一座花园可以是爱的象征,是一种不再适用于正常法则的原始环境的象征。因此,绿色当然会十分受欢迎,而且经常用于波斯细密画画家们十分擅长的色情指向的场景。画家们有他们各自的绿色配方,至少其中一种配方久已遗失,最近才刚刚找回。

这确实是一种很有意思的发现,不过,却是在无意中被人们发现的。有一天,在德黑兰艺术大学的试验室里,管理员曼达那·巴克什利突然观察到一个有趣的现象,在一系列16世纪印度莫卧尔画家的细密画作品中,涂过某种绿色的地方,都出现了烧焦的印记。但是同样的波斯画家作品中的淡黄绿色却没有出现毁坏迹象。"我无法理解",我在科伦坡的伊斯兰博物馆(Islamic Museum in Kuala Lumpur)遇到她时,她对我说。毕竟,莫卧尔传统直接来自于波斯,就在这些画作诞生之前没几年。1526年,巴布尔(Babur)征服了北印度,为这片印度教次大陆带来了伊斯兰艺术、武器和花园。因此,如果两地的画家都用同样的材料，确实是可以理解的。但很显然，两地的画家却并没使用同样的材料。

研究持续了三年。首先，巴克什利研究了画纸，试图在画纸上寻找线索，但一无所获。然后，她又研究了古代典籍，得知铜绿（在当地被称为"zangar"）中的配方与欧洲人和中国人用的配方相同，只不过，有时候是用羊奶酸酪代替。萨迪齐·白格·阿夫沙尔（Sadiqi Beg Afshar）在17世纪典籍《苏瓦律》（Qanoon-al-sovar）中的描述，其中有一种特别具有"一千零一夜"风情的配方，需要将一把"用薄铜制成的宽剑"悬于井上一个月。于是她用各种方法做了试验（尽管没用剑），但最终她所找到的答案，却并非来自于任何一种正式的颜料配方，而是来自于一首爱情诗。

在16世纪，诗人阿里·赛拉菲（Ali Seirafi）写过一首诗给他的爱人，还特意为那些想永久保持爱情感觉的人写了一条建议。他写道："微笑的绿色的阿月果，就像你轻柔呢喃的美丽嘴唇，"他的用词旨在表达爱意，不过，我总是怀疑，那位女士是否真的觉得这种绿嘴唇是种赞美？他接下来的描述更具体了，"将藏红花掺在铜绿中"，"优雅地移开你的唇线笔"。尽管这首诗描绘的嘴唇模样实在令人迷惑，但对巴克什利博士而言，这正是她所需要的线索。"我真的太高兴了，当时就哭了。"她告诉我。[1]

几个月后，我参观了巴基斯坦的拉合尔博物馆——这里曾一度处于拉迪亚德·吉普林（Rudyard Kipling）的父亲的独裁统治之下——此博物馆曾被吉普林家族称为神奇之屋——我在这里看到了

---

[1] 后来，当她得知需要寻找什么之后，巴克什利博士不仅找到了真正的16世纪的混着铜绿的藏红花颜色，而且他还找到了其他佐证。"加了酸羊奶的铜绿会把纸烧焦，"16世纪画家弥尔·阿里·赫拉维（Mir Ali Heravi）称："要防止这种情况发生，需要加少量藏红花使得这种颜料性能稳定。"

狩猎场面的莫卧尔细密画。绿色的田野里，骑马的人奔驰着、追逐着，一只鹿垂死挣扎。画的边缘有褐色的腐蚀痕迹。画家很显然没有仔细地阅读当时的爱情文学，没能把极其重要的藏红花配方加进去。有趣的是，切尼诺有一种类似的配方。"拿一点铜绿和一些藏红花，也就是说，三份比例中要有一份藏红花。"他建议读者，并保证说："出来的效果一定是你能想象出来的最完美的绿色。"但他似乎并不知道他加入的这种黄色药材还具有防止绿色颜料腐蚀羊皮纸的功能，或者也许他了然于胸，只是不肯告诉读者而已。

在阿姆斯特丹国立博物馆，我看到一个有趣的例子，可以说明有些画家意识到绿色具有腐蚀性后，有意识地使用它。一幅创作于1887年的彩色木版画，画家是富有创意的丰原国周（Tagohara Kunichika）。画上画的是一个扮鬼的演员。他正从另外两个戏剧人物的身体里面钻出来，全身苍白，令人颤怵，他的头部用的是绿色，而这绿色已经把纸烧焦，变成褐色并且残缺不全了。这个效果是精心设计的：危险的外质毁灭一切，甚至包括这张画像纸。

一罐染料

青瓷从中国传入欧洲，关于铜绿的知识则是从波斯最终传入欧洲。但也许绿色技术最后一次以由东向西的方向流传，并且能够大发其财的日子是在1845年。那一年，法国一个官方访问团来到中国，想找些新的有潜力的贸易项目。中国前几年刚刚向英国割让了香港岛，法国人想看看他们是否也能有所斩获。但他们没有带回领土，而是带回许多物件。在陶瓷、织物和矿物样品，有一件东西看上去并不起眼。那是几罐绿色泥巴。但不久之后，这几罐东西就成了所有物件中最有价值的宝藏：这些罐子将给欧洲印染业带来一场革命，某种程度上不亚于三百年前引进胭脂虫带来的轰动。这种绿色泥巴名字叫绿膏（Lo Kao），或者叫中国绿，它之所以引起轰动，是因为这是欧洲人第一次见到一罐纯天然的绿色染料。

如果画家们用的绿颜色有诸多问题，那么染匠们使用的绿染料问题就更多了。在印染业中，绿色从来都不是一种容易制成的颜色。通常染匠们需要把布料浸在两只大缸中——一只黄色、一只蓝色。除了需要加入适量的媒染剂，温度和密度必须合适之外，这种浸染的另一个问题是，两次获得同样的颜色的几率非常低。如果染匠确实下了工夫，使得数次印染的效果一致的话，那这布料的价格可就十分惊人了。举个例子，罗宾汉和他手下人称他们穿的是"林肯绿"（Lincoln Green）。我总是想象这是一种丛林保护色，但事实上，他们却是穿着这种绿衣服以示炫耀。这种绿色布料是林肯的骄傲，用靛蓝（一种蓝色植物）和木樨草（一种黄色植物）制成。它也被称为"华丽的绿色"，非常贵。穿着这种颜色的衣服是传说中的强盗们嘲笑诺丁山贵族们的一种方式，以显示他们劫富济贫的豪侠本性。

我们还能通过英国设计师威廉·莫里斯（William Morris）的经历，来看另一个关于绿色的例子。19世纪60年代，莫里斯决定去帮助复兴中世纪纺织艺术，创造一种看上去很像中世纪挂毯的墙纸。他的目标是给普通人一种生活于中世纪城堡的感觉。这墙纸大部分是蓝色的，带一点点红色，正是莫里斯本人所喜爱的那种。但是，如果他确实想要效果逼真，那他就搞错了。在中世纪，染匠们从一种被称为染料木樨草的植物中提取黄色，再在黄色上反复加染靛蓝，所以墙纸应是绿色的。但靛蓝会褪色，在古堡中挂了七百年之后，中世纪挂毯上本应郁郁葱葱的绿色树林就成了模模糊糊的蓝色。我们仅能想象作品最初的样子。但它们很可能与19世纪被莫里斯鄙夷为十分俗气的那些颜色亮丽的织物的模样差不多。

因此，不易褪色的绿膏的到来，真是染匠们的双重福音，法国的商人们已经确信这种颜料能给他们带来财富。有了这种腻腻的中国带来的泥巴，弄出像样的绿色简直就跟小孩过家家那样简单。方法就几行字：把绿泥巴放到桶里，煮沸。把布料放桶里，洗净晾干。比较困难的那部分是中国的供应商们必须做的，就是要把绿泥制造出来。绿泥是用两种鼠李科树制造出来的："*Rhamnus utilis*"和"*Rhamnus chlorophorus*"，第一种树的名字意思是"有用的"，第二种意思是"绿色的"。鼠李是欧洲染匠们很熟悉的一种植物。普通的鼠李，又叫"*Rhamnus cathartica*"（词根里用了泻字"cathartica"，是因为如果你胆敢吃了它，就会对肠胃带来损伤）。几千年来，人们一直摘下泻鼠李的叶子来做黄色染料和颜料。自 17 世纪以来，用它的果实与明矾一起煮（煮的时间长短，有个专门的词描绘，叫做"wallom"或者叫"wallop"，意思是煮到冒一两个泡泡即可），煮出一种水彩颜料。这种颜料叫做"绿汁"（sap green），被认为是一种很差劲的颜料。而它的另一个名称"猪尿泡绿"（bladder green），则更加剧了这种差劲的名声。但这个别名似乎并不能反映这种颜料的黄绿色的色泽，而只是说明了，画家们是用猪尿泡来装这种颜料以保持其湿润的。

绿膏不是用叶子做的，也不是用果实做的，而是用树皮做的。这一点，欧洲人过去连想都没想过。也许这并不令人惊讶：这个过程实在是太复杂了。树皮得煮沸好几天，然后把一段布料投入到混合液中。几天之后，那块布料变成褐色，要在晚上从树皮糊糊中取出来，在第二天清晨的阳光下晒干。当钟敲正午之时，那块布料被拿进来，在太阳照不到的地方，布料现在呈现的是绿颜色。然后这布料再煮沸，直到这上面的绿色颜料完全融入到罐子里去。最后把沉淀物收集起来晒干，出口到外国，卖的价钱非常高。[1]

可是，煤焦染料正喷薄欲出呢！我后面的《紫色》一章中也会提及，这种中国绿太贵了，因此，一旦有机染料在19世纪70年代发明出来，中国绿是第一批被替代的颜色之一。菘蓝和茜红作为染料使用的时间更长一些，但绿膏却几乎是立即消失，而且无影无踪。新的颜色层出不穷：1866年有了碘绿，1874年有了甲基绿，合成的"孔雀石绿"染料于1877年和1878年被两组研究分别发明。但两种染料如今都被更好、更便宜的染料代替。今天，人们有时还用孔雀石绿除去金鱼身上的霉菌。不过，这会使得金鱼身上好一阵子都发绿。

新的合成绿色染料立即从欧洲的试验室里辐射到亚洲各地。我在巴基斯坦见到了一幅地毯，它大概织于19世纪80或90年代。我觉得，这幅地毯上就浓缩了合成染料对亚洲的影响。地毯的大部分都是用传统的茜红和菘蓝染成的，在地毯的中间却织有三小块菱形，一块是粗劣的合成的紫红色，另外两块则是明亮的祖母绿的颜色。今天，这三小块菱形看上去很古怪；它们与天然染料放在一起，一点儿也不协调。但是在地毯制作出来的那个年代，在中亚大草原游牧民族的帐篷里，织工能够支付得起的所有的染过合成染色的羊毛加在一起，很可能就只能织出这些小小的明亮的方块。这三小块正是现代颜色的一角，也许对这位织工而言，正是这三小块，才是象征着美好未来的颜色。绿色技术那么长时间以来都是自东向西传播，用的是天然原料。现在，它开始反方向传播起来——靠的是科技。

---

[1] 据一位研究中国绿并且为本章提供许多资料的英国科学家克里斯·库克西（Chris Cooksey）的描述，1845年的巴黎，这种颜料一公斤价值224法郎，几年之后升到500法郎。1858年在伦敦，一公斤要卖将近16畿尼。人们认为，这种颜料既可以看着很绿，还有点淡紫色的效果，比原先的蓝黄色的混合物强多了，因此，这种颜料越来越受欢迎。它比旧的用靛蓝染绿的方法染出来的颜色要更温暖。

第八章

蓝 色

> 就我所知,在过去的岁月中,彩绘玻璃圣母是唯一一扇令人们屈膝下跪、顶礼膜拜的玻璃窗,在这扇窗前,人们不时地为它点上一支蜡烛。
> ——休·阿诺德《中世纪彩绘玻璃》

在伦敦国家美术馆,有一幅米开朗基罗未完成的画作,画的是基督正被抬入他的坟墓。这幅作品在许多地方很有意思。首先,福音传播者约翰——身上绑着绳子,以便承担耶稣的重量——看上去像个女人,这真令人迷惑。他的手和脖子都很男性化,但在他那无比亮丽的橙色袍子[1]下面,他似乎拥有一付女性的乳房。其次,那位死去的基督,一点儿没有沉甸甸的感觉,反而好像漂浮着一般,他吊在绷带上的躯体比地面要高那么几厘米。第三,尽管作品中的其他部分好像

---

[1] 约翰通常都穿着红色的衣服,这种鲜亮的橙色是很罕见的。

都已经完成了或者至少都已经进入细节加工阶段了，可右下角偏低的部分却完全空着。这块地方似乎要留给一个跪着的角色，但一点也没开始动笔。

一天下午，我紧盯着这幅画于 1501 年的《埋葬基督》，试图在逐渐变暗的光线中寻找到解决上述困惑的蛛丝马迹。颜色正在褪去：不论是约翰的荧光袍，还是马利亚·抹大拉（Mary Magdalene）那身难看的橄榄色长袍，都在褪色。尽管所有的埋葬人都被画家安排在以死者为中心围成一圈，但只有一个人，只有亚利马太的约瑟（Joseph of Arimathea）真正拿眼睛看着基督。一个女人神情悲伤，眼睛却盯着别处，另一个女人则在把玩着她的手指甲，而约翰与马利亚·抹大拉似乎正带有竞争意味地互相盯看着。整个画面布局似乎并非一个团结协作的埋葬队伍，而只是描绘一群人，他们都意识到他们过去一直是各自为政的。

突然，一群人在我身后走来，一位美术馆的讲解员开始为他们讲解这幅画，他的讲解中似乎包含了一些对我的疑问的回答。他也认为，约翰的雌雄同体性确实令人困惑。不过后来我又听说另一种理论，约翰胸前那明显凸出的乳头可能是因为画家本想用猩红色勾画阴影以突出这一部分，但是猩红色逐渐变黑，以至造成乳头假象。[1]关于漂浮尸体的问题，这是一幅关于基督圣礼升高的画——这个主题在 16 世纪初期在罗马十分盛行。但这幅古怪作品中最令我着迷的，是关于跪着的人物的描述。

很可能这个人物就是圣母马利亚。但在文艺复兴时代的意大利，

---

〔1〕 同样的朱红色变黑的例子，还可以在同样馆藏于伦敦国家美术馆内的《圣母画像》（也是未完成稿）上面天使的不透明的红色肩带上找到。有一个可能是伪造的故事说，《埋葬基督》很可能曾经用作鱼贩子的案板，这样，盐水通过鱼渗进画里，加速了朱红色变黑的过程。

唯一被认为配得上圣母的神圣衣袍的颜色是群青色。它的价格仅次于黄金。这一角空着的原因，很可能是因为这种颜色还没有被米开朗基罗的赞助人所买来——而25岁的画家自己根本买不起这种颜料。他可能诅咒过，派过信使去催促赞助人和供应商快点运来这种颜料，以使他尽快完成这幅祭坛画。这幅画本该为罗马的圣奥斯丁教堂而作。但在1501年的春天，米开朗基罗离开了罗马，撇下了这幅画，去雕刻他那著名的佛罗伦萨的大卫像了。他再也没有带回他的蓝色颜料，也就再也没有完成圣母的袍子。

跨海而来

许多年前的一天，有人告诉我，世界上所有真正的群青颜料都来自于亚洲心脏地带的一个煤矿。在这些颜料真正能够以管装而挤入任何欧洲画家的调色盘、混上蓖麻籽油或者蛋糊，弄出奇异的蓝色蛋黄酱般的颜料之前，它早已装在粗糙的袋子中，放在驴背上，沿着世界上最古老的贸易之路走了很久。这种超级罗曼蒂克的故事描述，连我都不敢完全相信。但自从听说它之后，我就开始幻想，有一座被蓝色矿脉包裹的大山，许多长着野性眼神，围着黑色头巾的男人住在那里。当我醒来的时候，我意识到，那正是我向往并应当前往的所在。

我对这种特殊蓝色的探寻，同时也使我找到了其他的蓝色。我了解到，在试图仿制群青之美的过程中，画家和工匠们用铜和血制成的其他各种颜料做试验。我还了解到矿工们发现了钴（cobalt）的过程。钴是矿物里一种奇怪而且相当脏的杂质。中国人用钴来制作他们最珍贵的瓷器。中世纪的彩绘玻璃匠人也用钴来制作如今在各大教堂玻璃上面翻飞的天空的颜色。这使人开始询问天空的颜色本身。这问题虽然幼稚，尽管我们都以为能够回答，但很少有成年人能够给出答案。而这些事情都要向后推一推：我的首要任务是走出去，把米开朗基罗在 1501 年初期的那几个月里焦虑地等待着的颜料找回来。

群青（ultramarine）这个词总是让我联想到海洋。它的发音是如此流畅，好像带着咸味扑面而来，清晨阳光下的地中海已经非常之蓝了，可这个词仿佛带我来到一处比那时的地中海更蓝的海岸。然而，中世纪的意大利人给这种珍贵的颜色取了这个名字，并非旨在带给人们海洋般的美好联想。意大利语群青（Oltramarino）是一个技术词汇，表示"来自遥远的海外"，它用来指代好几种进口物品，而不仅仅是指颜料。这种特殊的群青当然要"来自遥远的海外"：这颜料是用一种比较珍贵的石头青金石制成。这种石头最重要的蕴藏地是阿富汗，还在智利、赞比亚发现过，在西伯利亚有几处小的矿藏。

除了一些俄罗斯圣像画用的可能是西伯利亚的群青，其他所有西方和东方作品中使用的真正群青，都来自于阿富汗东北部一座山谷里的几个矿区。这些矿区合起来称作萨尔桑（Sar-e-sang），意思是宝石之乡。这里正是佛祖的头饰颜色佛青的来源地；也是手绘佛教手稿的僧人画家们笔下天空颜色的来源地；这里还是米开朗基罗本来准备为圣母画袍子的颜色的来源地。这里正是我要去的地方。

但是，我第一眼在地图上寻找的时候，发现找这个地方并不那么容易。事实上，当我第一次拿出《泰晤士地图集》，我甚至找不到一个叫做萨尔桑的地方。这个村子太小了，被北面的小镇费萨巴德（Faisabad）和南面一个更小的镇子艾斯克齐尔挤得看不见，甚至都没在地图上标出来。它本身也是如此：很难找到。毕竟，青金石的部分秘密就在于，尽管一千年来，它到达了欧洲和埃及，但人们总认为它来自于一片神秘的土地。这片土地如此遥远，没有一个埃及人或是欧洲人曾经到达过。甚至亚历山大大帝 2300 年前征服此地时，也

在阿富汗颜料盒里旅行

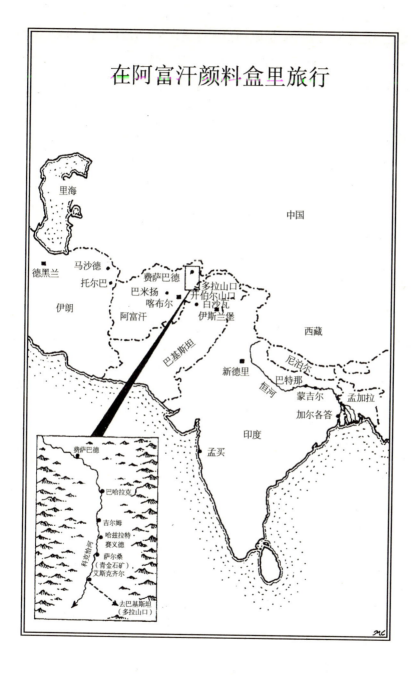

第八章 蓝色

没能用他那双洞悉一切的眼神扫视这里一下。1271 年，大旅行家马可·波罗也只是向着北面这一带山峦略一颔首，"这里就是青金石矿被发现的山峦，从青金石中能够提炼出天空般蓝色的群青，这里的青金石是世界上最好的。银矿、铜矿和铅矿的产量也很大。这个国家挺冷。"

2000 年，当我第一次前往探寻之际，阿富汗是这个星球上最难访问的国度之一。四年前，戴着黑头巾的塔利班已经进入喀布尔。自那以后，他们建立了极权统治，颁布各种邪恶的法令，比如妇女不得工作，男人不得剃须，女孩不得上学，任何人不准听音乐和照相。这个地方实际上还停留在 15 世纪——根据穆斯林历法，那时恰好还是 1420 年——因此，旅游者是不受欢迎的。但是，我已经下决心要去了。

几个星期之后，我很惊讶地接到一个电话。这位朋友以前曾经沿着丝绸之路骑单车。在那沙尘满天的路上，她认识了一位意大利医生。如今，这位医生艾里克·唐纳利正在阿富汗为联合国教科文组织工作。艾里克说他可以为她和她的一位朋友办理去阿富汗的签证。而她恰好有一个月的休闲，于是她就打电话问我，"你愿意来喀布尔吗？"口气十分淡然，就好像人们互相问去不去野餐一般。我立刻说我去，还提出个动议，希望我们可能的话去一趟青金石矿。当然，我知道，巴达克沙山很远，我也知道，阿富汗是个很冷的国度。

开伯尔山口

我们在巴基斯坦等签证等了 11 天。这 11 天里，我们在伊斯兰堡开满花的花园里喝茶，黄昏时分在一条混浊的河里游泳，甚至有一天，还央求路过的骆驼队卸下骆驼背上带甜味的草，以供我们骑坐它去参观塔克西拉（Taxila）古遗址。塔克西拉曾经是横跨巴基斯坦和阿富汗的犍陀罗（Gandharan）王朝的都城，历史上，这里曾经工匠如云，汇集最多的佛教工匠的城市可能非此地莫属了。每天，我们都会等待塔利班使馆的信息，但每天我们都被告知"还没到"。我们旁边的伊斯兰堡的住户怀疑地看着我们。"他们根本不发旅游签证。除非你超级幸运。"不过，也有人鼓励过我们继续期待。有一天，当电话真的打来的时候，我们正在吃晚饭。"塔利班让我把签证号告诉你们。"艾里克从喀布尔打来卫星电话，声音失真，而且时断时续。我们立即找笔。"号码是5，"他优雅地报出一个数字。这真是十分好笑，我们等了这么久，却等来一个如此简单的号码，说不定此前我们自己编个数字就能混进去。

36小时之后，我们就坐了出租车前往开伯尔山口（Khyber Pass）。在前排座位上，是一位强制性要求的武装警卫。我们的警卫18岁，漫不经心地拿着一把AK步枪。我们一越过"部落地带"，就有一排排的武器店。再远一点的地方，有一些裹着金箔的坟墓，好像在提醒我们穿过开伯尔山口，就会进入一片与其他任何地方的规则都非常不一样的土地。在托克汉姆（Torkham），巴基斯坦的边界，我们的司机开始填表，我们则待在车上着迷地盯着边界看。除了几辆拖车和一两只塑料篮子，这里所见到的景象与拉迪亚德·吉普林（Rudyard Kipling）在130年前当他为他的书《基姆》收集素材时候的景象没什么区别。戴着头巾的男人背着从布料到子弹等各种神秘物件。到处都是枪，也有很多像基姆那样顽皮的小孩——穿着脏乎乎的褐色背心被拿着棍棒的男人追赶着。对于吉普林而言，眼前的所有人都有可能是间谍，为英国或俄国企图控制阿富汗的野心而服务。对我们来说，由于看惯了电视画面上那个被炸得满目疮痍

第八章 蓝色　　311

的喀布尔，眼前的所有人都被我们认为是灾难国度里的一批被围困的居民。考虑到这些因素，我觉得见到的每个人都未免太过轻松愉快了。

"严肃点。"当我们穿上新买的大围巾走路穿越国境的时候，不免互相提醒着。但微笑的塔利班移民官员邀请我们去喝带着肉桂香味的绿茶时，我们立即嘻嘻哈哈地答应了。不一会儿，他就应我们的要求，在我们的手上和护照上都盖上了十分稀罕的阿富汗入境章。我们则在他的允许下，将整个过程拍照留念。我们猜想，这片蓝色的土地也许并不像我们过去所想象的那样保守。之后，我们跳入另一辆出租车直奔喀布尔。这一天的飞驰都是在极差的路况上进行，我们的司机真的可以称为超级勇敢者。

如果说有某个城市正在哼唱蓝调音乐的话，那么，在塔利班的极度奇特统治下的喀布尔，必定就是这样一个城市。并不是说，整个城市都是阴郁的，绝非如此。尽管我们看了许多电视注解，但实际上这里有街市，有婚礼，普通的人们只是努力去追寻他们正常的生活。不仅如此，如果说"蓝调"一词带有忧郁沉静的爵士乐色彩的话，喀布尔的人们则喜欢在他们的忧伤情绪中掺点儿黑色幽默。不久之前，这里还曾是中亚的聚会之都。当年聚会的歌声虽未留下，聚会的精神却保留下来。有一天，我们和一个阿富汗家庭一起出去到山里野餐。尽管战争之前，野餐曾经是一项全国性的休闲项目，但这个家庭的孩子从未外出野餐过。"那儿会有地雷吗？"我问那位父亲。他是一位45岁的大学教师，他什么都有了，但是在现政权下丢了工作。这个问题很合乎情理，因为苏联人和其他人曾经并正在整个阿富汗境内四处埋设定时炸弹。"别担心，"当我们走出门去，穿过樱桃树丛和被炸得光秃秃的村庄时，他严肃地告诫我们，"走在我后面，踩着我的脚印走。"结果第二天，他被塔利班带走，被他们用电线抽打手腕。他们说这是因为他拥有一台碟片播放机，但我们担心可能是因为那顿野餐。当两天后我们再次见到他时，我们对他表示万分抱歉。他却说："值得。"

在这个四面高山的国度里，最受欢迎的影片是《泰坦尼克号》：喀布尔人甚至将市内的一个市场起了个诨名，就叫"泰坦尼克大市场"，因为他们认为整个城市都像那艘船一样正在沉入无底的深渊。"我恐怕更喜欢身处在泰坦尼克号上，"一位当地的联合国雇员有一天说。"但那是艘正在沉没的船啊，"我们带着恐慌地嘲笑他。"是的，但那里有救生艇。而阿富汗没有。"他用一种与他的同胞们一样的典型黑色幽默说这些话。没有人能够猜测到18个月后这里会有某种看着很像"救生艇"的东西从天而降，然而，那却是美国和英国投下的炸弹。美国和英国想要解放"泰坦尼克"阿富汗，付出的代价将会很高。

很有意思的是，在英语中，"蓝色"一词既代表忧郁，又能表示超越和高于一切的事物；既是最神圣的颜色，又是色情电影的代表色。[1]也许这正是因为蓝色可以回退到很遥远的地方，画家用它在画作中创造空间感；电视用它作背景，这样就可以突出强调其他画面。因此，蓝色就代表一个正常生活以外的空间，不仅仅是在大海以外，甚至是在地平线以外的空间。[2]幻想、忧愁、还有上帝，全都像蓝色一样，在我们思维中的一个较为隐秘的区域中运行。18世纪之前，它的拼法都是"blew"，意思是"吹风"。有时，我会想，这是

---

[1] 根据《布鲁尔英语成语寓言大辞典（千年版）》的说法，"蓝调电影"一词是"来源于中国，那里的妓院外墙都涂上蓝色"。但是，根据《牛津英文字典》，"蓝色"至少从19世纪早期开始，就已经指代不雅或是淫秽的事物。
[2] 歌德在他的《颜色理论》中，写道："有一种关于蓝色的矛盾点，它既令人振奋，又使人宁静。正如我们希望追寻离我们远去的快乐事物一样，我们也喜欢凝望蓝色——并非因为它强迫我们处于蓝天之下，而是因为它吸引我们去追逐蓝天。"

第八章　蓝色

不是和赤道无风带有关呢？——赤道无风带是北回归线和南回归线之间的地区，经过这个地区的水手们通常要等好几个星期，等待微风吹起，再重新继续他们的旅程。想起在喀布尔的那些日子，想起我在那里遇到的普通人，其实他们也是在等待，静静地，内心却在充满叛逆地沸腾着，等待着某种事情的发生。

我们找到好多青金石，有些有半公斤重或者更重，就在小鸡街（Chicken Street）的商店橱窗里。这里曾经是中亚最繁忙的古董市场之一；甚至在20世纪70年代，它还在旅游者中享有盛名。在这里可以买到乌兹别克斯坦的毛毯，赫拉特（Heart）的绿松石，以及来自于各大洲的宝贝。当我们看到这个市场的时候，尽管大部分的商店仍然开业，它却很安静，商店也不过只是开着门而已。我买了一块粗糙的蓝色宝石，这家店的主人有很多青金石，放在橱窗里沾满了灰。"多少价钱？"我问。"给点就行。"他耸耸肩。"我只是需要钱，我的货物现在几乎一钱不值。"我给了他一份适当的价钱，他扔过来另一块石头，告诉我，不要钱，额外送的。

真是很奇怪，我不花钱就拿到这块石头，而我之所以寻找青金石，恰恰是因为这是世界上最有价值的颜色原料——从某种程度上讲，它确实也是。正如米开朗基罗所做的那样，文艺复兴时期欧洲的画家必须等待他们的赞助人给他们运来群青。他们自己无力支付。画家丢勒（Dürer）1508年从纽伦堡发出一封愤怒的信，抱怨100弗洛林（Florins）只能买一磅群青。今天，这种颜色，用的是来自于阿富汗的石头和文艺复兴时期的配方，一磅大约要卖到2500英镑。[1]

米开朗基罗等待完成画作的颜料，可能是一种较为便宜的蓝色矿

---

[1] 德国克雷默颜料公司（Kremer Pigmente）的价格。

物石青（zaurite）[1]：事实上，他用了石青来绘制马利亚·抹大拉的褐色服装。石青有时被称为"citramarino"，暗示着它来自于海的这一边，而不是"跨海而来"，米开朗基罗用的可能是德国的颜料。但石青与孔雀石一样，是铜矿的副产品。因此在光谱上，它也会与孔雀石一样，倾向于发绿，而群青则更偏向于紫色。两者的区别可以用画家如何使用它们的例子来说明：群青可以表现出天空的高度，石青则可表现大海的深度。颜色越便宜，稳定性也就越差：在《埋葬基督》中，马利亚·抹大拉的袍子起初绝不是那种毫无吸引力的灰橄榄色；它只是褪成了那种颜色——从海的颜色褪成了海草的颜色。

我第一次拿到这块原始的青金石时，我大吃一惊。现在听起来我的反应真是很愚蠢，但我那时确实不知道它居然会是这样的蓝。那之前，我看到过打磨后的石头，而且不是最好的，因此那些石头看上去都显得较为灰暗。更令我吃惊的是里面的小星星。所有的青金石都含有二硫化铁的斑点——俗称愚人金——这使得最好的青金石更有一种逼真的苍穹的感觉。毫无疑问，有些人认为这是神圣的标记：这是整个宇宙的石上缩影。看着它，我不仅想起了米开朗基罗的画，还想起了挂在它旁边展室里的另一幅动人心魄的油画。

那就是《巴喀斯和阿丽阿德尼》（*Bacchus and Ariadne*），由威尼斯画派画家提香画于1523年。我喜欢它，部分是因为它的颜色，看上去好像来自于一只珠宝盒而不是颜料盒，但最主要是因为它体现了纯粹的肉欲，因此总是让我想笑。画上画了酒神巴喀斯从印度回来，带了一帮醉醺醺的随从；在他的身后，有一个肥胖的中

---

[1] 1347 年，皮斯托亚大教堂（Pistoia Cathedral）的圣吉库普堂（Chapel of San Jacopo）订购了一盎司群青，花了四英镑。而订购一盎司的石青，只要花五个先令六便士：仅是群青价格的十二分之一。

年天使懒洋洋地倚靠在驴背上，一只堕落的人马怪兽摇晃着他刚吃剩的动物的残肢。突然我们这位半裸的爱神看见了阿丽阿德尼，她正在那儿悲叹绝情的男友忒修斯远航而去。好色的巴喀斯立即跳过去，靠向她，她半转过身，看见她的命运从此改变："忘了那些痛苦，"巴喀斯吼道："我在这里，我会给你全世界——给你天空和所有的星星。"

天空是最精美的群青色，左上角是七颗星的星群。这部分的画面没有视角；几乎就像一幅平面的迪斯尼卡通，我乐于想象这并非因为管理员摩擦画布用力太重，而是因为提香想让画面的这一角呈现出幻想的色彩，如果阿丽阿德尼真的去追求她的所爱的人的话，她可能就会得到这样一个美好的幻想世界。1968 年，当这幅画被重新修复时，天空的颜色被转化成一种愤怒的暴风雨的颜色，比特纳任何一幅获奖作品的颜色都要强烈。大众不喜欢修复后的样子。他们认为这颜色太亮，反而喜欢无色清漆那种不那么绿的灰褐的颜色。据说，提香是个有品位的人：他绝不可能选择使用那种华而不实的闪闪发光的蓝色。

这些颜色引发了热烈的争论，甚至米开朗基罗也认为提香的颜色太过了一点。根据他的传记作家乔治·瓦萨里的说法，1546 年，米开朗基罗去拜访了提香在罗马的画室。米开朗基罗后来评论说，他很喜欢这些颜色，但"很遗憾，在威尼斯的人们没有从小就学会如何画好画"。这是发生在 16 世纪意大利的一段十分重要的艺术争论。表面上看，这段争论是关于绘画和色彩的，但更重要的是，这是关于如何生活的争议。正如我在《埋葬基督》[1]中所见到的那样——米开朗

---

[1] 艾里克·赫伯恩称，这幅画表明，古典大师们细心绘制他们画作中的底色——并非他们荒废时间；恰恰相反。《埋葬基督》表明，在最初的框架和最后的涂层之间，有一遍底色，这遍底色可能大部分是油。

基罗精心构思画面上的每一个元素，只会在他确认必须用某种色彩的地方才会添加色彩，而提香的画作自然延展，他会站在画板前，调色板上布满了各种颜色。这是自发创作与精心布局之间的区别，是莽撞的酒神狄奥尼索斯（或者叫巴喀斯，罗马人和提香都这么称呼酒神）和冷静的太阳神阿波罗之间的区别。人们经年累月地争论两种作画方式各自的好处，个中原因可能就在于，这争论的本质正是激情与创造性之争吧。

我们坐在商人的店里闲聊，店里闪着一片提香曾经钟爱过、而在20世纪60年代英国的美术馆参观者中引起恐怖受到申斥的闪亮蓝色之中。在20世纪70年代后期，苏联人入侵之前，青金石在喀布尔的中产阶级中是一种很受欢迎的石头。人们用它制作闪光的珠宝，留着青金石，还可以与银币一样作为一种保值手段。过去几年，店主看见青金石和银子比以前更频繁地卖到小鸡街，而且价格更低。"人们家里正在出清珠宝，"他说："在喀布尔，我们正变得越来越穷。"他告诉我们关于蓝矿的故事，还告诉我们妇女不允许接近萨尔桑。他说，此矿生产的时候，有好几千人在那儿干活。但之后几个月，几乎没有青金石从巴达克沙山运出来。他说："我也不知道为什么。"我想起前一天晚上，我从一位外国记者那儿听来一个青金石矿的传说，讲的是20世纪90年代在混乱的圣战者统治下逐渐干涸。"因为，连这石矿本身都在抗议这个政权。"

突然，清真寺的大喇叭广播呼唤信众进行下午礼拜了——或者至少是在呼唤服从信仰的人礼拜。商人们立即放下百叶窗，我们坐在半黑暗中，不敢说话。他说，如果他被抓住在礼拜时间做生意的话，他又会挨打。"这里有很多你无法相信的东西。"当礼拜时间过去之后，他又卷起百叶窗。一辆丰田皮卡（Toyota pick-up）——塔利班的非正式车辆——停在商店外面。店主看到车里没有人，松了一口气：政府爪牙显然到别人的店铺里去搜索了。

所以现在我有我自己的宝石了——尽管也许不够染一件袍子，可能只够染一块手帕吧。我该怎样做，才能让它变成颜料呢？我很好奇，翻开切尼诺·切尼尼的书查找。他通常对于颜料十分挑剔：某种颜料毒性太大，另一种易变色，还有一种不能用于壁画。但对于群青，他却网开一面，书中充满了热情的赞美，"一种明亮的颜色，美丽，而且是所有颜色中最完美的一种；很难用语言来表达，也很难对它再进行加工，它的质地无与伦比。"但尽管如此，要将石头转化成颜料，其过程之难，与取血无异。

青金石是一种多种矿物的集合体，其中包括蓝方石（haüyne）、方钠石（sodalite）、方石（nosean）和蓝铜（azurite）。最好的青金石中还含有更多的硫，这种黄色的元素使得这类青金石更偏紫一点，而较差的青金石则含有更多的碳酸钙，使得颜色发灰。为了制作群青，所有这些杂质——包括我十分喜欢的硫化铁小星星——都必须全部清除。要实现清除，颜料制作人必须像一个烤面包师一样，不断耐心地揉合一块大面团，面团里包括磨成细粉后的青金石、树脂、蜡、树胶和蓖麻籽油，揉上三天。为了引导出蓝色，我们的颜色面包师必须将面团放入一碗碱液（草木灰）或是一碗水中，然后用两根棍子继续揉、挤并按压数小时，直到汁液完全变成蓝色。然后他必须将蓝色分离到干净的碗里——静置晾干，成为一种粉末状的颜料——再用新鲜碱液和同样的树脂重新开始。第一次按压出来的颜料是最好的——圣母袍子的颜色必须是初次按压出的颜色。最后一次按压出来的颜色（含有不少硫化铁和钙）被称为"灰"，就不那么漂亮了，价钱也要大打折扣。

巴 米 扬

我仍然渴望前往矿区,我现在已经将它称为"我的矿"了。现在,我想找到为什么那里的青金石供应停止的原因。但我对阿富汗地理的理解太粗浅,对于流动着的前线位置认识得也太粗糙。萨尔桑离公路大约一千公里。更重要的是,他是在战斗的另一方控制的区域内,位于阿富汗的另一角,由说波斯语的圣战者们控制。那一年我无法到达那里,无法找到米开朗基罗等待的颜料——战斗的指挥者们每周都转移阵地,那里非常危险。我打算第二年再试一次。

但在这一方的区域内,我还有另一项颜色任务。最早记录的群青的使用地就与我所在的地方只隔一座山,在巴米扬城内,有两座巨型佛像,佛像的头部都是用青金石画成的,据说上面是有光环的。我们很想去那里看一看。我们很幸运,我们去得很及时:就在我去参观之后的几个月,它们就被炸为灰烬。

第一项困难是到达巴米扬。塔利班那一周不给联合国雇员发通行证,我们的主人因此不能跟我们一起前往。我们决定接受一个法国慈善组织"团结组织"(Solidarité)的邀请。这个组织提供两种帮助——送钱或者按劳支付食品。在通货膨胀的阿富汗,10英镑相当于我这本书这么厚的阿富汗货币。阿富汗货币的最大票面价值大约五分钱,因此出门带钱要带一大包,而且很容易成为车匪路霸抢劫的目标。跳上"团结组织"的车,我们不由地在心中祈祷着,但愿我们坐的这辆车不是送钱的车。

当战争还很遥远,路上也还是柏油路的时候,从巴米扬到首都喀布尔,只需轻松的几个小时路程。但是,经过20年的战争,这段路必须走整整一天,其中要经过两个关卡和大量的废置坦克。路上我们想停下来拍摄坦克，随行的阿富汗人哈哈大笑，其中一位慈善组织成员过去曾经当过士兵，他戏称："如果你要拍摄沿路经过的每一辆破坦克的话，你就永远走不出阿富汗。"正是在这条路上，我经历了进入阿富汗以来最危险的事情。不是来自那些涂着黑色眼影的塔利班士兵，这些士兵其实还真友好，在每一个关卡他们都大方地向我们挥手。当我们开了四个小时车后，第一次看见一座阿富汗人的"方便厕所"，是在一座关卡的顶上简单挖好的一条小沟。于是我们停下来方便，这时，最危险的事发生了。我刚刚蹲下，猛然发现一支尚未爆炸的火箭弹，就在离我不到一米的地方。这条路果真不是一条平安路。

我们一路上看见许多乞丐：男人和男孩子，他们整天都几乎无意识地把路上的石头搬来搬去，等待路过的车辆能够抛几张在风中飘舞的阿富汗币供他们去争抢。在同一条路上，我还看见两名旅行者，他们好像从远古走来。他走路，她骑着驴子，穿着与天空一样蓝的波尔卡（Burke）。波尔卡是一种遮住脸和身体的闷热罩袍，罩袍的面部被挖出几条细长的格子只允许妇女透过这些格子来看世界。波尔卡有蓝色、橄榄色、黑色、金色和白色，蓝色是其中最好看的一种。毫无疑问，这种颜色是这个季节里最时髦的颜色。但是，当这种颜色配上一位戴着面纱骑着驴子的女性时，不能不让人联想起圣母玛利亚和约瑟，他们走了好几英里，就为了将基督平安诞生。

圣母玛利亚并不总是身着蓝袍。在俄罗斯圣像画中，她更常穿着红色的衣服，而7世纪左右的拜占庭画家则将她的衣服画成紫色。有时，她也穿着白色——她必定拥有一只大大的衣柜。但颜色象征含义的问题，或者说颜色象征含义的乐趣，恰恰在于，它不是固定的。红色可以象征出生，紫色象征神秘；蓝色象征天堂的颜色，意味着穿着之人乃天堂圣母；白色象征纯洁，黑色象征悲伤。如果画家愿意，他实际上可以为圣母穿上七色彩虹的颜色，都会有其各自的象征含义，不过迄今为止，我还不知道哪位画家这样做过。相反，画家们却经常绞尽脑汁去想用什么事物点缀可以使圣母的尊贵得以体现，而不是通过恰当的颜色来体现她自身的感情；通常越贵越稀少的颜色，越为画家们所竞相效仿。在15世纪的荷兰，圣母马利亚通常穿着猩红色的衣服，因为那时这是最贵重的布料；早期拜占庭的选择则是紫色，这也是同样的道理，那时紫色是最贵的染料，只有特别有头有脸的大人物才有资格穿紫色的衣服。因此，到了大约13世纪，群青被引进意大利，一举成为市场上最贵的颜色，因此用群青来包裹信仰中最尊贵的人物就非常符合逻辑。

自那之后，群青就成为基督教会的一种保留色。甚至今天天主教神甫仍根据场合来更换他们的教袍：教袍可以是黑色、红色、紫色、绿色或者是白色，但只有在西班牙，只有一年中的那一天——也就是清净受胎节（the Festival of Immaculate Conception）的那一天——他们才穿上蓝色。黑色明显代表死亡；红色是火或是爱或是烈士的血；紫色是忏悔；绿色是永恒的生命；白色象征所有光线的纯洁合体。但自从庇护五世在16世纪时统一了教会的颜色体系之后，蓝色就经常被用作圣母的保留色，不能用于那些追随圣母的凡人。另一方面，在法国和西班牙的某些地区，甚至直到20世纪，生病的孩子的父母都会在圣母马利亚面前立誓，孩子一旦康复，就一定让他从头到脚穿着蓝色以示谢意（也就是法国人所说的"enfant voue au bleu"）。

当我们到达巴米扬城时，我们也在心里默默地表示谢意——向一切可能照看过我们的神灵表示谢意。联合国前一天晚上曾经警告过我们，说这条路并不安全，但我们环顾左右，我们已经知道这一路上冒的风险全都是值得的。这个地方真是太美了。祖父山（the Grandfater Mountain，Koh-I-Babu）下面的山谷里到处都是沙岩，我们能够看见两尊巨大的佛像——分别有55米和35米高——佛像仿佛专为守卫山谷而立，佛像上方的拱形则像极了哨所的形状。当这两尊佛最初建立的时候，大约在1400或1500年之前，这个山谷必定到处都是信徒和画师，中间还混杂着一些从土耳其和中国来的商人。正是在犍陀罗时代末期，巴米扬到处都流淌着世界上最丰富的佛像艺术。几千名僧人住在这里，石窟里到处都是壁画和燃着香烟的神龛。

但当我们在公元2000年到达时，这里仅只留下了满目疮痍的佛像。几个月前，一位指挥官袭击了佛像，称这些东西是异教偶像。他手下的士兵向较小的一尊佛像的脸和腹股沟的地方发射了火箭。那尊大一点的佛像比较幸运一点：当那些士兵刚刚爬到佛像头的上方，悬挂好燃烧弹的牵引带之时，从塔利班坎大哈总部突然传来停止毁佛的命令。但即使是这样，佛像的双眼已经被烧黑了，当这孤单的巨佛用它那已经瞎了的眼睛俯瞰这片它曾受过无数礼拜的山谷时，给人一种强烈的带着恐怖意味的震撼感。

现在这两尊佛不过是光秃秃的灰泥色，但根据当地流传已久的传说，一尊曾涂以蓝色，另一尊是红色。它们过去还有木头的手臂，在落日的余晖中，向朝拜的人挥手：每个傍晚，链条和滑轮的声音一响起，必定使所有市场般的喧闹寂静下来。但在七八世纪，当伊斯兰传播到这里之后，佛像的意义被遗忘了。"我们只知道，曾几何时，从山谷的另一面都能见到大佛的眼睛，因为它们的眼睛闪亮无比。"一位阿富汗慈善工人在那天晚上的晚饭时告诉我们。"那么它们的眼睛是蓝色的吗？"我好奇地问。"我相信应该是绿色的，"他回答说："可能是祖母绿的颜色。"

第二天早晨，我们被允许参观大一点的佛像；另一尊其实只有几百米远，但在另一位指挥官的辖区内。我们爬上了军事瞭望哨，然后又向上爬，穿过陡峭的羊肠小路，这路令人惊异地嵌进橙色的岩石之中。在这路的尽头，我们又穿越了一条低矮的隧道，然后再钻出来时才到达佛像的头顶。这头顶真大啊！足以放上一个餐桌。上面还有人们掐灭的烟头，在佛头的中间——被佛教徒称之为顶轮（crown chakra）的部位——还有一个炸药坑。

这真是一次无与伦比的远足。想想看，多少画家曾经在佛像的背后停留，当时的他们一边在周围的石壁和带保护性的拱形石顶上画下多少精美的画像，一边在60米高的脚手架上求着佛祖保佑：佛祖啊，您可以让这架子晃悠，可千万别让这架子折断啊！壁画如今已经褪色了，有一些在我们见到的时候已经完全脱落了。但是，在美感上深受希腊艺术影响的犍陀罗艺术，却是如此精致，带着纯粹古典的气息。一些佛像在我们上方的石壁上坐着，他们的每一只手都处在不同的静修位置，每一只手都被一只彩虹色的圆轮包裹着。犍陀罗艺术拥有很严格的彩虹序列规定，就在一条条的黄赭、白铅和朱砂之间，正是我不远万里前来寻找的群青色。群青色仍然闪闪发光，恰与那损毁的石壁表面形成对比：看到这样鲜亮的色彩，想到它正是人类历史上已知的第一次使用群青的例子，怎不令人感触良多？埃及人曾把它用作石头，而不是颜料——他们自己的蓝颜料来自于玻璃，通过将玻璃磨成粉末后制成颜料。于是我就坐在巴米扬大佛的头顶上，浮想联翩，会不会就在佛像脚下山谷之内不远的某个地方，在那遥远的14世纪，曾经有个人就坐在那里，手上拿着蓝色的粉末和褐色的胶，一遍遍地做着试验，终于发现——也许是通过加入草木灰——如何将青金石制成颜料的方法。

11个月之后，那些佛像和壁画都被毁掉了。这一次再也不需要钻出来的洞和洞里的炸药了。塔利班直接用火箭对准佛像进行为期两天的轰炸，而且居然还破坏了他们自己制订的不准使用照相机的规定，竟然向外界发出空空如也的拱门照片，这个空空如也的地方，曾经住着两尊石佛，守卫着被遗忘的信仰。在那一周之内，巴米扬大佛遭到了毁灭，但它的国际声誉也同时到达了顶峰，全世界的人们都通过屏幕看见并讨论着这两尊佛像：那些从没听说过巴米扬大佛的人为之震惊了，他们将再也不可能亲眼目睹这两尊佛像了。从所有的方面来看，这都是一场可怕的文化悲剧。但在某一个方面上，它却又不是悲剧。佛教是一种能够理解永恒的信仰。曾经伫立在沙漠中的两尊巨大而无臂的石佛，正是为了向人们昭示梦幻泡影难以永恒的佛家真理。既然如此，那么从石佛自身的漫长历史来看，还有哪个时刻能在其毁灭之时更能向如此多的国家的如此多的信众传递这一真理呢？

一种小鬼蓝

世界上一半的群青必定都会经过巴米扬，从南往北，从北往南，都是这一条路。不过，这里还有一种蓝色，是从波斯运来，横向穿过巴米扬城，运往中国。这种颜料不像群青那样贵重，但也不过是仅次于群青而已。这种颜料来自于波斯的一个矿上——现在位于伊朗——在英语中，它被称为"钴蓝"（cobalt），这个名字很容易让人想起它的另一个名称，"顽皮的丑小鬼"：在德国民间传说中，柯巴德（Kobald）是一个邪恶的精灵的名字，他住在地底下，很讨厌闯入者。这种蓝色本身是一种优质矿产，但它总是会吸附砷杂质，因此，欧洲银矿工人非常讨厌它。如果不小心沾上钴，他们的肺就会受到损害。数百年来，矿工们必须在沾上之前赶紧甩掉它。也正因为如此，矿工们为它取了个绰号，就叫"小鬼"。不仅仅因为钴蓝中含有砷使其成为一种神秘矿物：17世纪时，人们发现钴蓝还能够随着温度改变颜色，于是将它用于制作隐形墨水；一张白纸放在火上烤，上面会奇迹般地出现绿色的字迹，秘密信息就这样传递出来。

自 16 世纪以来，钴蓝就是由磨成粉的蓝色玻璃制成，用作大青（smalt）的主要成分。钴蓝用于绘画已经有很长时间了，但直到 19 世纪，钴蓝中较为纯净的品种才传入欧洲，由一位名叫路易－雅克·泰纳尔（Louis-Jacques Thenard）的科学家设法将其制成颜料。如果米开朗基罗能够生活到今天，他很可能最喜欢这种钴蓝。这种颜料很贵，也偏向于紫色光谱一端。波斯人首先发现，钴蓝作为一种釉彩是多么完美。他们用钴蓝来做清真寺顶部象征天堂的琉璃瓦，而用铜来制成绿松色，象征先知的绿色斗篷，其效果是惊人的。当旅行家罗伯特·拜伦（Robert Byron）在 20 世纪 30 年代来到赫拉特（Herat）城时（如果我们从巴米扬继续往西走，那么最终我们也将能够到达赫拉特），他描绘高哈尔·萨德（Gowhar Shad，帖木尔儿媳。——译注）陵墓上面的蓝色时说，这是"由人类设计的建筑学上最美丽的例证，人类竟可以将神与人的荣光发挥到如此完美。"

中国人十分青睐钴蓝，四百年来，他们都用绿色来交换蓝色——向波斯出口绿色陶瓷，换回"穆罕默德蓝"。在维多利亚与阿尔伯特博物馆里的国家艺术图书馆，我查到了明朝瓷器上的钴蓝质量的差别。最好的蓝是在 15 世纪中叶的宣德年间，而在一百多年后的正德皇帝和嘉靖皇帝的统治下，瓷器匠人已经能够使用一种十分成熟的紫色釉彩了。同时——原谅我在这里用的年代方式——成化年间是"蓝白"瓷（15 世纪晚期），到万历（16 世纪晚期）年间则几乎是"灰白"瓷了，那是由于这两位皇帝下达贸易禁令，禁止同中亚各国往来。[1] 拿着记得满本细节的笔记本，我于是直下中国馆，兴奋地要去检验我刚学到的知识。令我得意的是，我现在能够仅凭上面的颜

---

[1] 最好的蓝产自宣德年间（1426—1435），其次是正德年间（1506—1521）和嘉靖年间（1522—1566），这期间都出产带有厚重的紫蓝色的青白瓷，以密度大而著称。最差的是成化年间（1465—1487）和万历年间（1573—1619）。

色，就能在第一时间远远地分辨出，这只明代的花瓶具体是什么时候淬火的，当伪专家的快乐真是俯拾即是啊！

第二次尝试

第二年我决定去萨尔桑。距米开朗基罗苦苦等待蓝色的那一年已经整整 500 年过去了。500 年后的这个春天，我要为米开朗基罗寻找他本该十分需要的颜料，这本该是个雄心勃勃的好理由，尽管迟了半个千年。不过，时间不等人，现在是我必须去的时候。在 2001 年这一年，能够看到这种蓝色的季节十分短暂。从 4 月份积雪融化，到 6 月份的蓝色采集，中间只有一个多月时间。那之后，战斗又要开始，谁知道前线又会移到什么地方？

到圣诞节之前，阿富汗的政治局势比此前更加危险。因此，到了 2 月，我改变了策略。我跳上了去夏威夷的飞机，先去找"宝石猎人"加里·鲍尔索克斯，他是一位美国经纪人，过去 30 年内经常出入阿富汗。如果说有人可以帮助我的话，那么他应是合适的人选。我们在毛伊岛（Maui）见面，他正在那里主持一个珠宝展览，我俩谈了好几个小时。他是一个很好的朋友，经常大笑，说了不少绝妙的故事，讲他遇见圣战组织领导人以及讲他自己如何从细铁丝网下面钻过去偷越入境。他给出了很好的去阿富汗的建议，比如应钻入阿富汗山区，用波尔卡来伪装自己（前提是找一个可靠的导游，一路上别停下来），他还告诉我如果遇到有人咆哮着用 AK－47 步枪顶着你时该如何去做（答案就是微笑）。于是第二天，我就直截了当地问他，能在他的下一次旅程中把我带进阿富汗吗？他停顿了一下，"很抱歉，"他说："今年将非常艰难；我很想帮你，但我恐怕无能为力。"几天后我飞回香港，感到很不满足：我决定一个人去完成阿富汗之旅。

我的第一个障碍就是签证。我在伊斯兰堡有几个朋友，他们能设法让我搭乘联合国每两周一次去费萨巴德的飞机，费萨巴德是去矿上的最近的城镇。但联合国的内部规定却要求我必须获得一份塔利班签证，万一我们的飞机紧急迫降，上面的人可就需要签证了。我禁不住想，其实如果真的迫降了，没有签证肯定会是我最不会去考虑的问题了。但规定仍然是规定，我按部就班地遵守，去申请了签证。当然，我可以有一个签证，后来，塔利班这个世人认为最不通情理的政府，传回给我的答复，竟然颇有情理。他们唯一的要求，就是我必须出示来自本国政府的证明信。然而英国大使馆给我的答复却是，我们当然不会给你出示证明，"我们根本不承认塔利班是阿富汗的合法政府。"于是我陷进去了，我决定去一趟伊斯兰堡，把这一切理清楚。

令我惊讶的是，我后来进入阿富汗的过程，简单得就像香槟瓶上弹出的软木塞一般，砰的一声，迅速而突然。在伊斯兰堡的第一个早晨，一位为联合国工作并与我晚上住在一起的朋友给我打电话，"他们决定不需要签证带你过去，"她在电话里说。"我已经派了辆车去接你，你能在十分钟之内收拾完毕吗？"当然，还有什么可说的！我立即把她的三件长袖沙丽克米兹外套，外加宽大的袋子一样的裤子，长一点的衬衫和围巾，还有笔记本，登山靴和一本加里写的《阿富汗的宝石》（*Gemstones of Afghanistan*）一书，匆忙塞进包内，然后冲出房间，其余的物品则在我身后的房间里飞得到处都是。两小时之后，我已经乘坐在一架19座的比奇飞机上，向西飞去。

巴基斯坦记者艾哈迈德·拉什德（Ahmed Rashid）在他写的关于阿富汗的畅销书中，记录了一个他从老人那里听来的故事。"当安拉（Allah）创造世界的其余部分之后，他看见不少垃圾还未清理，都是些零零碎碎，配不上任何地方。他把这些边角料都集在一块，将它

第八章 蓝色

们一起扔在地球上。这就是阿富汗。"当我们穿越帕米尔高原时,这个描述似乎很贴切。我们飞越了积雪覆盖的山顶;在我们身下的某个地方必定就是传说中的巴达克沙矿,还有一个只有男人可以居住的村庄。向下凝望这片荒凉的土地,很难相信居然还有人住在这样的地方。

巴达克沙是个四面包围的地区:阿富汗大部分国土都处在黑暗势力的占领下。只有一小部分除外,而这一小部分仍在每年缩减。这使我想起了阿斯泰里克斯(Astérix)漫画书中的小村庄。这里同样有许多难以驯服的斗士,受几个很有势力的人物领导。其中最有势力的一个名叫艾哈迈德·沙·马苏德(Ahmed Shah Massood)。过去20年来,他的所作所为被吹得神乎其神。人们相信他不可能被杀死,不过,在2001年9月,当一颗藏在电视摄像机内的自杀性炸弹当着他的面爆炸时,他却戏剧性地死去了。他的那些金刚不坏的形象大部分都是吹嘘的结果,加上了一点个人魅力以及人们不愿成为塔利班炮灰的绝望恐惧之心。但他的成功是要付出代价的。战争需要付钱:从潘杰希尔谷地运来的祖母绿,以及巴达克沙运来的青金石,都被广泛承认具有货币价值,是支付战争欠款的两大来源。据我所知,青金石矿就在我的脚下,而且正有人在这里热火朝天地忙碌着:政府需要钱。

两个小时之后,地面变得平坦了,进入了一带高原,飞机发出摩擦的声音,抖了一下,停在一条军用金属跑道上。欢迎来到费萨巴德国际机场,这里到处都是历年战争留下的碎片,坦克车和飞机引擎的残片俯拾皆是,边缘都生锈了。这里没有移民手续,甚至没有任何安全警卫。蓄着胡子的男人们干着迎来送往的事儿,他们驾着吉普车,车身上喷着无国界医生组织乐施会和阿富汗救济组织的字样或是插着被烟熏黑的蓝白色联合国的小旗,这些给人以超现实主义的感觉。联合国小旗的蓝白色是 1945 年选定的,因为当时人们相信不干涉原则和中立原则,认为所有的国家享有同一片蓝天。

过去好几个月来,我都与联合国人道主义事务协调办公室的协调员默文·帕特森(Mervyn Patterson)通着电子邮件。他从一开始就给我很多鼓励。"很高兴确信地得知,这地球上居然还有一个跟我一样疯狂的人,"他曾经这样答复我,还告诉我,如果我知道到达那个矿是如此简单,可能会很失望,为此,他感到抱歉。他正在那里等待飞机,一见到我们,他热情地做了自我介绍,然后告诉我说,他要乘坐同一架飞机飞往伊斯兰堡。但他把我介绍给他的同事卡利德·穆斯塔法,卡利德将负责照顾我。我本来准备去雇一辆吉普车和一位翻译,但我很幸运地找到了卡利德。他的叔叔恰好是东阿富汗某个地区的司令官,恰好萨尔桑就位于他管辖的地区,他向我发出了参观许可。

第一天,我走着去了旧市场。一个穿白色波尔卡的人慢慢地向我走过来,我向她行穆斯林的额手礼。突然,她的面纱掀起来,一张二十多岁年轻的面孔出现在我面前。"到家喝茶,"她似乎在命令我。我们一起走,一旦有男人出现,她就赶紧把自己遮起来,然后,正如后来我注意到其他妇女所做的那样,她透过她那格子状的面纱视窗侦察那些男人离去后,又立即掀起面纱。这是一种很具挑逗性的举动:一直等到最后一秒,然后快速掀起,消失。"从孩提时代你就认识所有的邻家女孩,"一位阿富汗男人后来向我解释说:"你知道谁很漂亮,你也能从她们穿的鞋上辨认出来。面纱挡不住男女的调情,"他又加上一句:"没准还更诱导了男女之间的调情。"

当我几个小时之后回到联合国的客房时,有两个男人正躺在软垫上与卡利德一起喝着茶。托尼·戴维斯和鲍勃·尼克尔斯伯格受《时代》杂志的差遣,恰好第二天也要前往青金石矿,以便得到更多马苏德如何犒劳手下人的信息。如果他们意识到,自那一刻开始,他们的战地记者的任务将要包括与厨子交换烧豆配方以及停下来进行压花操作,他们可以会重新考虑是否进行这次旅行。但那都是后来发生的事情。我们同意分担雇车的费用。这辆车终于出现在我们眼前——在第二天早晨的七点——这是一辆磨损得很厉害的苏联吉普。"他们看上去像狗屎,"托尼说:"但这些俄国吉普真他妈结实。"我们将会一路上验证他的话。

我们往南走去,向交通枢纽巴哈拉克(Baharak)城出发,也是朝着山的方向出发。一个阿拉伯游牧部落正赶着他们的羊群。巴达山的"肥尾"羊将它们多余的能量都贮存在臀部——在我们面前有500米的肥羊阵,我们一点儿也看不见路,只看见那些肥油油的羊屁股在眼前慢悠悠地晃。牧羊人半心半意地把羊往左边赶,以便让我们通过,但我们仍然看不见路面,花了近一个小时才穿出这个肥羊阵。我们见过指挥官后被介绍给阿卜杜拉,他是一位曾当过士兵的农夫,现在成了我们的翻译。从巴哈拉克出发,我们沿着科克恰河往南。在经过富裕的吉尔姆(Jurm)城时,我们看见罂粟花与稻谷争夺着有限的农田,脚下的路走着走着变成一段灰色的峡谷。在我的脑海中,我实际上是在向历史回溯,追随着提香那片有争议的天空。我想象着那一抹天空的颜色又跑回到木头的调色板上去,然后又置于花岗岩的臼与杵下,一位阴沉着脸的学徒挥动并打磨它,从西班牙带入叙利亚,然后沿着丝绸之路,很有可能就是沿着眼下的这条路……

"什么声音?"鲍勃忽然从他的前座位置上扭头问我。我从连篇的幻想中醒过来。这真是一个名实不符的悖论,取名"丝绸之路",这条路却实际上是世界上最不平坦的路面。我见过各种崎岖不平的路面,尤以眼前这条为最。我们的苏联吉普已经用它特有的哐当声和卡嗦声抗议了数小时。有一些坡度上,那引擎真是勉为其难,它如果会说话,一定会用充满火药味的俄语大骂。眼看着它无法再爬上去了,可每每我们还是奇迹般地又上来了。我听不出来引擎的声音中有任何区别，于是仍然坐在后座上昏沉沉闭上双眼，重新回味起我的提香。但是，司机变得激动起来，他用达里语（Dari）快速地说着话——这种语言的"车轴"一词与英文相同。"我不喜欢这种声音，"鲍勃好像有种不祥的预感。暮色降临已有一个小时了，我们正穿越到达萨尔桑之前的最后一个主要村庄。我们决定就停在这里，明天再走剩下的40公里山路。路况真是太差，还要花三个小时，而且夜里并不安全。

于是，海德先生，一位在哈兹拉特·赛义德（Hazrat Said）女校工作的和蔼的数学老师，就这样发现，他的家里突然来了五位不速之客，要蹭晚饭。我们在夜里到达，吃掉了他家里最后的几只鸡，本来这些鸡并不是给客人们留的。我们坐着聊着直到深夜，这些蓄着胡须的面孔被防风灯照得半明半暗，男学生们蹲坐在角落里，眼睛闪着好奇的光。是的，他们十分担心这个夏天又会打起仗来。是的，他们还会打仗的。这个矿对于当地经济非常重要。"这是一片狭窄的谷地，"海德先生解释说，如果没有这种蓝色的石头，当地人都会更穷。他们自己不用青金石，这种石头不是当地珠宝的一种。全球各地其实都是一样的：当我们定义最珍贵的东西时，我们倾向于把目光放在舶来的新奇事物上；我们很少选择那些尽管很不寻常，却能由几个骑驴的孩子到周边走一圈就能捡拾回来的东西。

那天晚上，我们拿车轴开玩笑。万一我们掉到沟里去怎么办？私下里，我认为这会很好玩：我已经很失望地得知，过去五年路况之差，已经无法乘着吉普前往。我并没有希望我的这次朝圣像默文说的那样容易。第二天早晨，我们参观女校，这里没有凳子，只有很少的几本书，从那些没上过釉的窗户中，探出一张张快乐的脸庞，热情地向我们说再见。我觉得自己胡思乱想的念头真的变成现实了。吉普车完成了它那勇敢者的使命,在一声爆炸声中结束了战斗。村里的人试着想把它推上小山,但没能成功。"这些饥饿的人已经没了力气。"阿卜杜拉动情地说。

一个小时之后,两位牵驴的人,穿着破衣烂衫和裂开的塑料靴子的一个男人和一个男孩,陪伴我们走出了这座小城。在我的包里,有一份影印件,是旅行家约翰·伍德写的书里的一个章节,他在1851年与我走了同样的路。伍德也在哈兹拉特·赛义德待了一个晚上,并参观了巴达山圣人兼诗人夏·纳苏尔·季斯罗(Shah Nassur Kisrow)的陵墓。伍德对他的诗作最感兴趣的部分只有两行,这两行也恰好是150年后的我最感兴趣的部分:"如果你不想走向毁灭,就别走可兰的窄谷,"诗中所指,就是眼前这片谷地。

起初路还很宽——我们沿着被其他吉普车轧出的车辙走,晒着阳光,喝着从山里流淌出来的水。在伍德的时代,当地的农民们抱怨说,这片土地上长不出小麦,认为是神灵使"他们得不到小麦面包,这样就能够更容易地抑制他们的过度的激情。"神灵明显地在2001年加班加点地工作了——那一年,因为没有雨,这片土地上颗粒无收。一些村庄传来噩耗,多至80个孩子在那个季节死于饥饿。对于他们而言,可兰谷地真是的的确确意味着毁灭。那个地区的山峰形状都很像孩子们的涂鸦,或者也许比涂鸦更简单,似乎只是为了检验笔是否能用,而在纸上随意地画两下而已;锯齿形的峭壁在地平线上向人怒目而视。通常,看见这样的山,我会非常渴望知道山的那边是什么,想象着会猛然发现那个满是杏树和长寿老人的古国桃源。但这一次,我意识到,我想要去的地方,就在山的这一边。几个小时之后,仿佛安拉的旨意一般,我真的找到了我曾经梦想的那个矿。

看着这儿的地理情况,我有些好奇——也许任何人站在一座古老的矿山前都会好奇——究竟是什么人,用什么方法首先发现了这些宝藏的呢？自青铜时代，农民们就开始在这些灰色的石灰岩陡坡上努力维持着简朴的生活——打猎、放牧，担心着冬天的雪灾和夏天的干旱——之后突然之间，他们开始与远在数千公里之外的埃及人交换天蓝色的石头。但究竟他们是如何发现这些岩石之下有青金石的呢？到了中午，热气熏人，在阿卜杜拉的劝说下，我骑上了一头驴，沿着一两条小径快走起来。骑驴要比我想象的舒服得多，我记得我甚至一度在碧蓝的天空下，在迈向天蓝色矿石的旅途中，在驴背上打了个小盹。

天空的颜色

19世纪英国科学家和励志专家约翰·丁达尔（John Tyndall）总是声称，只有行走在山间时，他才能对光线与颜色的本质进行最好的分析。他说，他愿意到阿尔卑斯山度假，因为这儿能使他的思维变得澄澈，在阳光明媚的日子里，这里是个天空碧蓝引人遐想的所在。他还是一位教育家，而且是屈指可数的最好的教育家之一。他曾站在矿业学校的听众们面前，教人们如何使用他们的想象力去理解科学。为了解释天空的颜色，他曾用上大海作例子。

他通常会这样说，想一想海洋，想一想击打陆地的海浪。如果遇到巨大的岩壁，所有的浪都会停止；如果它们遇到一块岩石，那只有小一点的浪被阻止；而如果是一块碎石，那么除了极细小的浪花，大部分都能到达海滩。同样，这也是太阳射来的光线的历程。通过大气层时，最长的光波——红色光——通常不受影响，而最短的光波——蓝色和紫色光——就被碎石一样的空气中的分子，激散开来，给人的眼睛一种蓝色的外感。

丁达尔认为是灰尘中的微粒导致光的散射；而后来的爱因斯坦则

证明甚至氧分子和氢分子都大得足够使蓝光散射,而让其他所有光线通过。但两种理论的效果是同样的。在落日下,当空气受灰尘分子的污染——或者,在海上,受到盐粒的污染——两种都会起到"岩石"而不是"碎石"的作用,会干扰光线的波长,天空就会变成橙色,甚至是红色。当菲律宾的皮纳图博火山(Mount Pinatubo)1991年爆发时,大量的火山灰喷向天空,300人死亡,整个南亚地区的落日都是猩红色的。我当时并不知道这背后的缘由,见到这影像,我不由自主地微笑,觉得这真是太美丽了。

坏了一只鞋

在一个小山峰上,我看见一辆红色吉普:已经坏了。看守这辆车的人告诉我们,这是猛勇国王(King of Munjon)的车。我为他照了一张相,照片上的守卫恭顺地站在车门边,车门上写着一条标语:"除了这辆车,没有车能令我满意。"然后,我们就继续向旅店走去,这是一幢独立的一层楼的旅店,周围没有其他任何建筑。年轻的国王穿着巧克力色的莎丽克米兹,看上去有一种神秘感。五年前他从已故的父亲那里继承了这个头衔,现在很努力地想成为一名对他的伊斯兰信众而言充满领袖魅力的人——信众们都是什叶派穆斯林,而阿富汗则是一片由大量增多的逊尼派塔利班领导的土地。他的车在一两天内就能修好。这段时间,他会留在他姑妈家开的这个遥远的旅店里。墙上一扇小小的窗户开启时发出咕噜噜的响声,山羊肉加米饭好了,端菜的是个女人,她黑黑的手上戴了三只戒指。为我们牵驴的男人开心地拍着他的肚子,他很高兴我们为他和那个男孩要了全份午餐。我们其实只吃得下所点食物的一小部分——他们吃完了自己的那份,又把我们的全部吃完。

离开了客栈，我们有两个发现：一个是我得了阿米巴痢疾，另一个发现则是，在我走路时靴底突然裂开。关于前者，我希望能够忍受住直至走出石头阵；可是，后者比前者对我的折磨似乎更大，因为我正走在一个满是石头的国度。我用一根橡皮筋把那坏了的靴底绑起来，希望它能合在一起——或者至少其他人不会注意到，我希望我能走在队伍的最后，至少还能维持我不掉队的声誉。可不到三分钟，鲍勃就已经注意到了这个细节："你的靴子裂开了。"于是，我用鞋带把它绑了一圈。我实际上依靠鞋带行走，每隔大约一个小时，我就得调整一下鞋带结，因为前面的那个部位已然磨损。约翰·伍德当年也为靴子发过愁，我们现在所走的这个山谷的位置，恰好是他走过的路段。地震之后整条路完全裂开了。他意识到，他必须要把乌兹别克靴子换成厚底皮靴，因为余下的路全部要靠步行走完。对于他而言，这旅程真是"又长又累"。他队伍中的一位阿富汗成员在路上摔倒，"受了重伤以至于不能继续前行"。尤其是傍晚时分天凉起来，当我们翻过悬崖，穿越炸裂的山脊时，这种感觉相当明显：真是"又长又累"。

在黑夜到来之前，我们显然不可能到达矿区了：我的靴子已经破到难以再修补的地步，我们缓慢地行走着。这时，一座孤单的石头小屋，突然充满希望地呈现眼前，这是我们自午餐以来在河的这一面看到的第一座建筑。我们真幸运：这房子归雅克布·汗（Yaqoub Khan）所有，他是政府派来的。他给我们提供了晚餐和睡的地方，还答应第二天带我们去矿上。雅克布有两个妻子；他还刚刚谈妥了娶一位13岁的女孩做他的第三位妻子。事实上，他还提了好几次，他说很感兴趣，想问我是否愿意就待在这个谷地里不走了。即使鲍勃和我听不懂达里语，但当雅克布与托尼谈起我留下来的可能性时，我们都会知道，因为他的眉毛突然挑起来。

第八章 蓝色

早晨，我们只有一个半小时的时间行走。在到达矿区之前，我们转了几个弯，渡过一条雪水融化的河。突然，我开心地停住了脚步。因为，我能看见在遥远的峡谷方向，白色的岩石上闪烁着斑斑点点的漂亮的蓝色。这首先就回答了我最初的一个问题，青铜时代的人是如何发现这矿石的：不言自明；他们只需要寻找这蓝色的石头。过去，这整片峡谷是一片布满蓝石的花园，渴望人们去欣赏。当他们发现了这种石头的价值，成百的人们涌入此地做同样的事情。700年之前，矿工们建起了萨尔桑小镇，当我现在沿着路走向那蓝色时，我在想，这片蓝色多年来究竟改变了多少？这镇子给我一种牛仔小镇的感觉：一条尘土遍地的街道，两边是各种小店铺，其他的地方都是乱七八糟搭建的泥巴房子，与它相连接的是泥巴小路，小路上到处都是马粪。阿富汗妇女不允许到这里来——政府认为家庭会使矿工分心——因此我是近六个月以来第一个参访此地的女性。想到这一点，我很快乐，我想：今后恐怕再不会有此机会让我受到如此多的人如此热切的瞩目了吧！

我们喝着茶，雅克布向我们展示了一些一级青金石的样品。他说，有三种主要颜色。但对我们而言，所有的石头看上去好像都是一个颜色。我们仔细研究它，可越研究越疑惑，还是一样的呀！"最好的观察时间是在日出或日落，"雅克布的这个提示很重要。"当太阳光平射到你的手上：然后你就能区别出各种颜色。"最普通的是"水色"（rang-i-ob），这也是当地人通常形容蓝色的一个词汇。这种石头颜色最深，看上去眼前只有深海，是海的影子；没有沙滩，没有陆地，只有水。第二种是绿色（rang-i-sabz）。我无法看出这种绿色和水色的区别；只是在两周后，我在巴基斯坦看到了打磨过的石头，我才看到了其中的绿色；这石头看上去仿佛一片片明亮的绿莴苣嵌进了蓝色石头的牙缝里。

但三种之中最了不起的一种名叫"红羽毛"(*surpar*)。这名字听上去既美丽，又令人不解，为什么最上等的蓝色居然要用红色来形容？还是一位退休的矿工给出了一个最富有诗意的解释。"这是一种火焰烧到最深层的颜色，"他说："是火焰的核心。"我起初想，我这俗眼凡胎一定辨认不出它的特殊性，但我却发现，我总是被某一种表面粗糙的石块吸引住，而这石块每每证明就是"红羽毛"。它确实有一种很夺目的紫色调，就好像人们端起蓝色玻璃杯冲着阳光时，偶尔会发现的那样。确实也很难区分，因为西方艺术史家对这两类并未作出分类，但我相信"红羽毛"石头必定能够为提香笔下的天空添一抹最了不起的蓝色。

一声爆炸声响突然迸发出来，在山谷中回应。如果是在别的国家，可能大家都会因此退缩不前，但在这里，没有一个人退缩：这不过是矿工们使用了炸药，寻找新的可以挖掘的矿脉。那个下午，我们就会进矿，雅克布·汗答应我们。但首先，还有时间洗个热水澡：或者至少是在一间漆黑的浴室里躺在加热的篮子上。"这是马苏德指挥官参观萨尔桑时洗澡的地方，"阿卜杜拉说。指挥官要用六篮子热水，在里面待上四个小时。当我半个小时后从篮子里出来时，我发现我的靴子根本没法再修了。这个小镇上没有胶，而我靴子的这种坚硬质地又很难用线缝上。它硬得没法缝，却又硬得也没法完全散架，最后阿卜杜拉和雅克布·汗帮我用尼龙绳把这双可恶的靴子紧紧地扎在了我的脚上。

到这里需要结实的鞋——因为这里的路太难走了。我们缓慢地爬着山，我的脚不时踩空，滑下灰色的页岩。一号矿区与小镇离得最近；四号矿区有传统上被认为最好的青金石（尽管像其他所有矿区一样，它现在也停产了），要走两至三个小时以上才能到达。而最后一个矿区：第二十三号，甚至比那更远。到达一号矿区对我而言已经是一项十分消耗体力的跋涉了。"几年前英国广播公司的人来过这里，"阿卜杜拉说，他也曾经做过他们的翻译，"但他们花了好几个小时才到达山顶，比你慢。"他用这话来鼓励我。我的围巾滑到山里去了，而我正气喘吁吁地专注于爬山，竟一点儿也没在意。一个小男孩出现了，在岩石间跳跃前行，好像根本不在乎他背上背着的25公斤重的水。我们喝完水，也给他减轻了负重，他又蹿到前面去了。

之后，我们拐过一个弯，突然之间，我们竟到达了多年以来我梦寐以求的地方。矿的开口有三米高，三米宽，矿口附近危险的高大岩石上坐了好多人，他们等着我们上来，向我们挥手表示欢迎。我们到达那里的时候，一大罐绿茶已经烧好，我们进入了一个大山洞，洞里点满了蜡烛，人们开始围拢过来，有人在洞里铺上毯子，让我们坐在毯子上喝绿茶。洞顶上的黄铁矿石像星星一样闪耀，我很好奇，数千年以来，人们是不是一直都在这样的洞里点火盘膝而坐，倾心交谈？他们说，有三年多没有发现上乘的青金石了。为什么？"因为我们没有合适的设备，"工程师们回答说。我们能理解为什么一两个矿甚或15个矿会同时枯竭。但为什么不是所有23个矿都同样枯竭？我记得一年前在喀布尔的一次谈话，那时有人告诉我一个当地的谣传，说青金石讨厌压制性政权。但如果让眼前的这些人去找原因的话，他们绝不会相信这些谣传。

矿井大约二百五十米长，水平地延入山体，其实只能说大致水平。我们一路走过去，它的样子时而是竖直的，时而是倾斜的。地面突然下陷，这时一位矿工就会大喊危险，然后举起他的矿灯。如今，人们在岩石上钻洞，放入炸药把石头炸开，而过去，矿工则在石头下点火，接着往火上浇冰水——水由结实的男孩子背上来。石头受到极冷或极热温度的冲击，就会裂开，矿工们就可以从中发现青金石。最前端的几百米矿井一百多年前就被熏黑了；之后整个地方都散发出烧荆豆的香味儿。

我们继续走着，我想象着，或许每一次爆炸后进出来的青金石都已然找到它们最终的用武之地。最初的 20 米修建了埃及的陵墓，后来的一些使巴米扬大佛有了迷人的光环。在被熏得发黑的那一部分，有一条小小的岔道，那里面的青金石没准儿去了 12 世纪的亚美尼亚，做成了彩图圣经。再走几步，可能就是提香拿到他想要的天空颜色的那块石头的地方了，也恰是米开朗基罗遗憾地没有获得圣母袍颜色的地方；再远一点儿，则是霍加斯（Hogarth）、鲁本斯（Rubens）和普桑（Poussin）的蓝聚集的地方：整个艺术史都在这条小小的甬道里呈现。

之后，在熏黑的部分过去之后，在新的炸药炸出的洞里，在靠近我自己想找的石头的来源地，是另一个早已固定了去向的青金石矿。其中的一块矿石磨碎后，或许被荷兰赝品画家汉斯·范·米格伦制作假的维梅尔时派上了用场。米格伦没有想到的是，骗子也要受人捉弄。他使用群青时掺上了钴。他把此画卖给了纳粹头子赫尔曼·戈林（Hermann Goering），卖了个大价钱，并且谎称此画是荷兰伟大传统的一部分。战后，他因此被以通敌罪起诉。而这掺了钴的群青色则成为他免去通敌罪及为己辩护的证据——他的律师辩护称，维梅尔不可能使用钴蓝，因为那时钴蓝根本就没被发明出来。但最终，米格伦还是被投入监狱——但只是一个极轻的伪造罪。不出数月，他就死了，此后他一直被认为是一个能够骗过敌人的民族英雄。

当我们回到村子里的时候，一些矿工正在激动地谈论着什么。阿卜杜拉为我们做翻译，"他们在说，今天是萨尔桑十分重要的一天。"他说："以前从来没有女人来过萨尔桑；他们说你是第一个。"我很想采访其中一些人的生活。"我会很低调的，"我对阿卜杜拉说。但最终这却演变成了一场巴达克沙脱口秀：当我们沿着街道行走时，几百个男人跟在我们后面，为我们搬来椅子，开心地听着我的采访。这些人都处在一种焦虑状态中，他们十分思念他们的家庭，但必须待在这里，挣点薪水，因为他们没有别的可以工作的地方。我和一位年长的鼻烟商人交谈。他有六个孩子，在山里靠采桑葚和割草生活。他的所有货品包括10只鼻烟壶，大约每个能卖五分钱。这还不够他自己买吃的，更别说去给家人寄东西了。我问他，他一生中最幸福的时刻是什么？尽管个子很矮，他却不由自主地挺直了腰。他很老练地转向人群，述说起他的故事，甫一开口，观众们立即爆发出开心的大笑。然后，当阿卜杜拉把他的话翻译给我听的时候，他们的眼光全都饶有趣味地看着我。这时阿卜杜拉翻译说：“他说他最幸福的时光，是他第一次结婚的时候。他和他的老婆像马一样结合在一起。”

"为了修你的靴子，我坏了三个锥子，"突然，从我们经过的一家漆黑的店面里，传来一个尖尖的声音。阿卜杜拉和我探头进去，看看声音从哪里传过来。我们看见一个矮小的人蹲在一只箱子上，膝上放着一只巨大的旧式靴子，活像安徒生童话中的人物。这个鞋匠49岁，像当地所有的人那样，他看上去起码要老上20岁。他有八个孩子，他告诉我，却没有一个人想继承他的手艺。"他们都太傲慢了。而修鞋是个卑下的活计。"他挣得不多，但生意还不错。"人们很穷，就会来修鞋。艰苦的岁月里，大家都没钱买新鞋。"这间小屋既是他的卧室又是他的工作室，他没有朋友。当我问他同样的问题时，他说，"是的，我很快乐"。

从萨尔桑开始，科克恰河谷地向南延伸30米，然后进入肥沃的艾斯克齐尔（Eskazer）谷地。从这里去萨尔桑，需要两个小时颠簸的车程，受伤的矿工在这里得到治疗。我参观了诊所，当时它看上去就好像已经废置的样子，但之后一位微笑着的，长得像个圣人一般的人出现在眼前。卡利德医生一年会开具两到三个死亡证明，一个月大约治疗五名伤者。"有时是因为炸药，有时是他们的头撞上了石头。"

他说:"有时就是因为他们落下了山:路实在太陡了。"卡利德博士一个月里遇到 50 例慢性哮喘病症。"他们不戴面罩工作,"他说:"他们的肺部当然会受到损害。"

从艾斯克齐尔开始,一些早期的运青金石的驴车就会转而向东,越过多拉山口进入巴基斯坦。于是,这些石头沿着印度河,从那儿乘着独桅帆船进入埃及。还有另一条路,后来的驴车将青金石先往北运,然后再往西运,长途跋涉进入叙利亚,又通过威尼斯进入各位画家的画板上。踏上这后一条路上,我们开心地摩挲着手中那一小块青金石,向矿区说再见,我们要回家了。我们打算回到来时的路上,但这一次是乘坐一辆正常运作的吉普车。

欧洲艺术世界自 1828 年以来就已经告别了萨尔桑,或者可以说是永别,因为法国人发现了一种新的有机群青颜料。1824 年,法国国家工业促进协会悬赏 6000 法郎,鼓励人们发明价廉物美的人造群青颜料。如今,就连当年 25 岁的米开朗基罗都能支付得起这些颜料的费用,只需 300 法郎,就能买一公斤,不到真正群青价格的十分之一。法国的化学家让·巴普蒂斯特·吉梅(Jean Baptiste Guimet)和来自德国图宾根大学的化学家克里斯蒂安·格梅林(Christian Gmelin)都宣称应获得奖金。他们俩争夺蓝色颜料的发明权争了好些年,但最终吉梅获得了奖金,至今这颜色也被称为"法国群青"。

另一种很有用处的蓝色颜料,是一百多年前由一位柏林的颜料制作人在准备制作红色时偶然发明出来的。大约是 1704 年,有一天,迪斯巴赫先生正用一个长期使用的配方制作胭脂红颜料,他将磨成粉的胭脂虫、明矾和硫化铁混在一起,然后加入一种碱使之沉淀。当他发现碱用完了,就去向老板借一点,但没有意识到拿来的这种碱已经用动物油蒸馏过。突然,令他吃惊的是,他发现他的烧瓶内全都是蓝色而不是红色！秘密就在于这种"动物"原料：混合物中含有血，血中含有铁。迪斯巴赫无意之中发明了亚铁氰化物，后来这种蓝又被称为"普鲁士蓝"，它立即流行起来，作为一种房屋涂料大受欢迎。

140年后，普鲁士蓝又为最早的工业复印过程打下了基础，这种工业复印技术永久性地改变了建筑和设计行业。约翰·赫乔（John Herschel）是一位化学家兼星相学家，还是第一位懂得照相术的英国人。1842年，他意识到，如果将复写纸罩在感光纸上画一个图案，然后用灯照射两张纸，没有被黑线遮住的部分就会在光线下改变它们的化学方程式。它们会敏感地从柠檬酸铁铵转化成柠檬酸亚铁铵。如果再把纸浸在一缸亚铁氰化钾中，亚铁成分就会转化成普鲁士蓝，而铁的成分则会保持中性。蓝色纸上幽灵般的白色线条图案则被称为"蓝图"，这个词的意思后来发生了微妙的转变，可以指代任何对未来的设计，而不论它是否可以复印。

到了19世纪，普鲁士蓝便不再流行，但一些画家仍然喜欢用藤黄混上普鲁士蓝，调成绿色使用，更多的画家则认为，比起其他的蓝色，它太亮了，而且也不太持久。美国宾尼＆史密斯蜡笔公司（Binney & Smith）的一项决定，则标志着普鲁士蓝时代的彻底终结。1958年，该公司将普鲁士蓝蜡笔更名为"午夜蓝"。为什么呢？因为教师们抱怨说，学生并不了解普鲁士的历史。

当我回到伦敦的时候，我又去了国家美术馆。这一次，由于口袋里装着一块世界上最好的蓝色矿石，当我再次站在《埋葬基督》这幅画面前时，我颇有一种洋洋得意的陶醉感。我想象着，那位失去儿子的悲伤圣母，身上穿着的最好的紫罗兰色的"红羽毛"袍子，用的就是我为她带回来的青金石。一对法国夫妇走过来细看这幅画。那位女士看到马利亚·抹大拉的土褐色的袍子和古怪的福音传播者约翰，对她丈夫评论说："真是很糟糕，这竟是米开朗基罗的作品。"他们挪开了脚步，但我默默地表示同意。这不是米开朗基罗的最好的作品；让它就这样不完整地留存，也许是最好的方式。

事实上，很多年来，这幅画就被人们认为不可能是米开朗基罗的作品，每个细节都有无数的问号。最近国家美术馆的专家们形容它为"艺术史上最令人头疼的谜之一，"还添油加醋地说，尽管科学测试已经证明这种奇怪的受难场景确是出自米开朗基罗之手，但"仍有种种疑点"。英国赝品画专家埃里克·赫伯恩也倾向于认为《埋葬基督》是他的"一位文艺复兴时期同行的作品"——是一个也许读过切尼诺的书而且拥有仿画但对色彩尚略欠火候的人所画。"如果真的如此，仿得真是绝妙！"他赞许地评论。

夏特尔蓝

在整个阿富汗的旅行途中，我的脑海中经常记起其他的神圣蓝色：在本书一开始，我就描述过自己八岁时的经历，竟看见蓝光穿透教堂，跳着舞。如今每当我处于蓝光之下，仍会有一种随之而去的冲动。作为一个孩子，我希望蓝色的配方已经遗失，这样我好去找回它，但之后我得知那个"夏特尔大教堂丢失了蓝色玻璃的故事"只是一个神话。现代的玻璃工匠严肃地告诉我，我们并没有丢失这种蓝色的配方，这使我觉得问这个问题真是十分愚蠢。制作优质蓝颜料是一件相对简单的事情，只需在溶解的硅质中调配氧化钴的特定比例。但是有一个更重要的方面，那就是，神话是在事实基础上编撰的。我们并没有丢失哥特蓝的配方，只是这个世界改变了，我们不能再制作它了。

如果在13世纪的欧洲要建一座大教堂，有许多事情要规划。资金很重要；选址，必须选个平坦的能够俯瞰整个中世纪城市的地点，自然也十分重要；要雇用工匠，要选购木材和石材。这可能要花费几十年。一旦墙和房顶建好之后，还要及时找来画家（所有的教堂都要用明亮的颜色来描绘）和釉彩师。大部分情况下，只有釉彩部分得以保留下来。

制作彩色玻璃的人大都十分古怪。他们是流动的手艺人，从一个教堂跑到另一个教堂，哪儿需要他们，他们就去哪儿揽生意。在哥特式教堂建筑的鼎盛时期，他们好像无处不在，其中手艺最好的还可以开个高价。他们紧挨着森林建起了帐篷。森林正好是文明与野蛮交错的边界，被认为是奇异的精灵们居住的地方，也是普通百姓不敢前往的地方。这个选址具有高度的象征意义。从宇宙学的角度来看，真是绝佳，可以在制作玻璃的过程中展示人性升华的魔幻力量。森林还是釉彩师们的主要工作场所。木头又大又多，是主要的原材料——不仅可以点火生炉子，还可以与沙子混合，成为玻璃的一种主要成分。

在12世纪时，一位擅长冶炼金属的修士西奥菲勒斯（Theophilus），这样描绘釉彩师如何使用三种炉子——一个炉子用来加热，另一个用来冷却，第三个用来将褐色玻璃熔解成片。颜色来自于氧化后的金属（锰、铁和其他金属），都能在山毛榉树林或是在用来加热玻璃的陶罐中找到，但最终的颜色很难控制。西奥菲勒斯写道："如果你恰好看见一只罐子里出了茶色，那就把这种玻璃用作人的皮肤，拿出足够的量，然后再把剩下的继续加热两个小时……你会得到一种浅紫色。再加热第三次到六个小时，它就会变成一种十分精美的红紫色。"在他之前，罗马时期的维特鲁威（Vitruvius）曾记述过玻璃工匠如何用苏打水融进铜屑来制造蓝玻璃（和一种由此产生的天蓝色粉末颜料）。

没有人真正知道那些釉彩师究竟是谁——他们基本不在作品上

署名——尽管我们已经知道有一位叫作罗格鲁斯（Rogerus）的人被专门从法国兰斯调到卢森堡为圣休伯特·阿登修道院做釉彩，还有记录称，一个名叫瓦来琉斯的人，在为圣米三尼修道院的彩色玻璃上釉彩时从脚手架上摔下来，却居然被弹起来毫发无损。但大部分情况下，我们只知道，他们被教堂召唤来，虽然有时他们说着一种奇怪的方言，但当他们离开时，新的大教堂便披上了鲜活的色彩外衣。母亲们也许会警告她们的孩子远离这些制造玻璃的帐篷，因为这些工匠身上似乎存着吉卜赛人的特质。但是，如果你是一个中世纪的孩子，如果你乘人不注意，爬向那些工匠们正在将沙淬炼成精品的火炉——在铁制吹管的一头用力地将这些漂亮的玻璃吹制成形——并且在黑暗中偷听他们的谈话，你也许会听到不少另一个世界的精彩故事。他们可能在讨论铅做的框架中那填色赋形的圣人和谚语。但更有可能的是，他们在谈论着他们所见到的有意思的事情以及他们所遇到的形形色色奇怪的人。

今天，我们的玻璃工匠们再也不会在森林的边缘搭帐篷了，他们有特制的十分有效的大桶，可以防止浮灰和小鸟进入。然而，也许正是从前那些小小的不完美，使得温暖的阳光能够从玻璃的这一边穿越到另一边，不均匀地飘散于玻璃内的各个位置。这种效果恰使我在某一天的雨后，在夏特尔大教堂里，感受到了某种神圣。也许，正是这些帐篷与火焰的故事，慢慢地熔融于炉中，与蓝色和红色的焊接剂无缝相接，难以察觉地改变了哥特玻璃，使之从工艺的领域提升到了艺术的殿堂。

圣母的长袍

夏特尔大教堂赋予我的蓝色故事以一个另类的后记，这是一种我从没预想过的后记。在我去阿富汗的旅行中，我发现了圣母面纱颜色的源起之处，我想，我也发现了为什么圣母的衣服通常是蓝色的。但我从来没有想过，我会发现那面纱的真实颜色。在夏特尔，我多少找到了最后一个问题的答案。这个小镇成为朝圣者中心的原因，就在于大约876年，查理曼大帝的孙子秃头查理，赠予夏特尔大教堂一份特殊的礼物，一面据说是圣母马利亚站在十字架前哭泣的时候戴过的面纱。[1]

今天的大教堂是在原址上第五次重建的；之前的那些都已被焚毁或被破坏，劫掠一空，据说，每一次被毁，人们都很现实地表示，圣母一定是想要一座更好的，于是他们就一次次筹钱重修。最后一次大火是在1194年，只有三件物品抢救出来：一套三圣人窗户，一套1150年的绘有圣母和圣子的彩绘玻璃画像，现在被人们称为"彩绘玻璃圣母"（Notre Dame de la Belle Verrière），第三套便是这著名的神圣面纱遗物。[2]

在"彩绘玻璃圣母"这幅画上，圣母的面纱是浅灰色的，颜色之浅使阳光能够照入，凸显了年轻女人的纯洁。但毫无疑问，这本应是一种浅蓝色，因为它罩在一件蓝色的束腰外衣外面。1150年的玻璃工匠们必定有他们"真实"的面纱来作为设计模板，当你看到这珍贵的遗物放在19世纪的金盒子里时，觉得十分有趣。这样一块看上去用极普通材料做成的物件，这件使整个教堂鼎鼎盛名的物件，竟然根本不是蓝色的，主要的颜色是一种灰白色：很像一位悲伤的烈士母亲的褪色衣衫。米开朗基罗见过它吗？或者听说过它

---

[1] 有些记录认为，这"面纱"实际上是圣母马利亚生基督时穿的束腰外衣。
[2] 一项由纺织专家于1927年做的研究证明，它可能织于公元1世纪。它每年被锁上364天，只有在每年的8月15日，在圣母节（Feast of Our Lady），它才被拿出来环镇游行展览。

吗？他会想去追求真实性而不是追求价值吗？米开朗基罗也许也会用铅白来画他那画面一角上神秘的圣母，混上一点儿神秘的黄色。不过，如果他真打算这样做的话，恐怕就不会有我这一整篇蓝色的故事了。

第九章

靛　蓝

果洛说:"我们没了犁,可我们还得种靛蓝。我们干不过洋鬼子(Sahibs)。他们捆住我们,殴打我们,叫我们深陷苦海。"

——米特拉《靛蓝园之镜》1860

事实是,这些颜色的任何一种本身都很邪恶,尽管所有旧的染料本身都很美丽;只有在极度反常的情况下,才会制出丑陋的颜色。

——威廉·莫里斯

20世纪50年代,在我的父亲遇到我的母亲之前,他住在印度。他曾告诉我关于孟买的芒果、马德拉斯(Madras)的香料,还有一只名叫温迪(Wendi)的小狗,找椰子的本领天下无双。但我真正感兴趣的,是他在加尔各答所属的托里贡吉俱乐部。当我还是个小孩子的时候,我就梦想着托里贡吉,不是想着高尔夫球场、马球场,就是殖民地小酒吧。我对那些毫无兴趣,而是想着他说的话,这个俱乐部位于一片靛蓝种植园中。可那时,我对靛蓝的想象有些可笑。我想象着,高大的树一直升到教堂的天穹,修长的紫色树干像穿着和服的可爱的歌舞伎演员,一些穿着日式白长袍、戴着粉头巾的人,正穿过斑驳的沼泽地,将一个水龙头里流出来的富丽堂皇的蓝色染料倒在老旧的锡桶里。

很久以前,或者事实上可能是很久很久很久以前,靛蓝是世界上最重要的染料。它曾经帮助支撑过一个帝国,之后它又帮助摧毁它。古代的埃及人用靛蓝染过的布包裹他们的木乃伊,在中亚,靛蓝是地毯的主要染料之一,靛蓝还在至少三个世纪内,成为欧洲和美洲最有争议的染色原料之一。各个国家的人对靛蓝都很熟悉。因此,我这个生于20世纪70年代的人,居然除了知道靛蓝这个词的发音挺美以外,在童年时期对靛蓝一无所知,这真是有点儿不可思议。许多年以后,当靛蓝成为我的书中主题之一时,我仍然到处去找一种叫做靛蓝的树。

"靛蓝"一词有点像"群青"——它指代颜色的历史来源,而不是指代某种物质。因此,正如群青的英文是意大利语"来自遥远的海外",靛蓝的英文"indigo"则来自于希腊语,意思是"来自于印度"。有时,欧洲人对于将什么物品定义为来自于印度真是十分草率——比如说,"印度"墨水,实际上来源于中国——欧洲人似乎乐于将各种大概来自于东方的东西统统归结于印度。但放在靛蓝身上,这个描述却是恰巧碰对了。因此,我也恰巧选择从印度开始来思考靛蓝,我也算恰巧碰对了,只不过,要找到它,还真费了我一番工夫。

靛蓝在印度河流域的种植大约在五千年前就开始了,印度人称之为"nila",意思是深蓝色。它向东南西北各个方向传播,好的东西都是这样四面扩散的——大英博物馆拥有一块牌子,上面是公元前7

世纪的巴比伦染色配方。据方子上记载，2700 年前靛蓝就已经在美索不达美亚使用了——当欧洲人在 16 世纪早期出现在果阿（Goa），急着搜寻新奇的有价值的物品以从贸易中牟利时，他们发现了印度靛蓝可以作为货品之一，他们还发现了来自于现在的印度尼西亚地区的樟脑和肉豆蔻，以及遍及整个东方的绣花丝织品。靛蓝对欧洲而言，不是什么新东西。自古典时期以来，欧洲就已经少量地进口靛蓝用作药材和颜料。切尼诺曾建议，将黏土加上一小点巴格达靛蓝，就可以制作出用作壁画的仿制群青。但现在的葡萄牙人，后来是英国和荷兰的商人，都要把靛蓝作为一种有价值的染料在市场上推广。他们相信这种新的颜色一定能占领市场。靛蓝不仅仅是他们所知的最好的蓝色，而且它还来自于遥远的东方，有一个异域的名称，在那个时代，这种"神秘东方"的标记可以算作一个大大的卖点，因为它抓住了当时的流行风尚。但在任何人能够将这种来自于印度的彩色种植物成功推向市场之前，商人们首先必须处理几乎由另一种作物的欧洲种植者

装满靛蓝的牛车

们垄断的蓝色颜料的特权问题。有一种叫做菘蓝（woad）的植物，可以制造靛蓝，但比真正名字叫作"靛蓝"的植物所造出的靛蓝量要少得多。

战 士 草

菘蓝（woad，拉丁名为"*isatis tinctoria*"）是一个很好笑的词——英文的发音有点像野草（weed），事实上两个词确实可以追溯到同一个起源。由于这种芥子植物的种子很容易被风吹起来，落到各种各样不同的土壤中，久而久之，任何花园里或者是任何田地里的杂草都很可笑地被冠以菘蓝之名，后来，改了一个元音，就演变成了"野草"。菘蓝喜欢疯长，今天美国的许多州还禁止种植。19世纪时，摩门教染匠们在犹他州种植菘蓝，结果其幼苗繁衍泛滥，不胜困扰。加利福尼亚州和华盛顿州也试图用严厉的法律来禁止种植这种蓝色植物。英国人则倾向于将菘蓝看作一种战争染料，它象征着两千多年前的古英国人在被罗马人征服之前的勇猛精神。孩子们在学校里被告知，波阿地西亚女王（Queen Boadicea）驾着她的战车英勇无畏地抗击侵略者时，就穿着菘蓝色的衣服，大勇士卡拉克塔克斯王（King Caractacus）在每场战斗之前都要用菘蓝涂抹他的身体。

11月的一个下午，我参观了卡拉克塔拉多克（Caer Caradoc），就位于什罗普郡（Shropshire）的切奇斯特雷顿（Church Stretton）附近的小山上。据说，这里就是卡拉克塔克斯最后站立的地方。我在脑海中描摹了这幅场景：公元51年一个冬日的早晨，一队武士站在这个小山冈上，互相用蓝色染料涂抹身体，随后，他们为不列颠人而战，但是，却输掉了不列颠。我走上峭壁，风灌满了整个岩层，也灌满了我的耳朵；风声听起来就像遥远的战争中的呼救声，使人很容易想象，国王辛白林（Cymbeline）的儿子，一位岿然屹立的将军，一位充满领袖魅力的人物，正在战斗之前鼓励他的部队奋勇直前。这是罗马人的第二次入侵。一个世纪以前，在公元前55年，尤里·恺撒（Julius Caesar）带着五个团的兵力前来，一直打到圣奥尔本斯（St.Albans）。在他的《高卢战记》（Commentaries on the Gallic Wars）中，恺撒写到了不列颠人与众不同的习俗。他说，这些人吃着奶和肉，穿着皮制的衣服，10至12个男人分享一个女人。"所有的不列颠人都用玻璃（vitrum）涂抹身体。"他还继续提到一句话："这种玻璃释放出蓝色汁液，在战斗中看上去很凶悍。"历史学家们对这句话苦苦分析，争议颇多。

问题是，恺撒笔下的玻璃（vitrum）不应该指玻璃，而应该是菘蓝的一个别名，或者至少是某种与玻璃极为不同的物质。会不会是古代埃及人使用的蓝色颜料？我们不知道答案，但我们能确定，两千年前英国就已经有菘蓝了。最近，在亨伯赛德郡的德拉贡比（Humberside Dragonby）出土的墓葬中，发现了一些荚果种子。这是罗马人到来之前的不列颠人墓穴，说明他们涂抹身体的名声古已有之。普林尼在《自然史》一书中也声称，英国人用一种名叫"格劳斯顿"（glaustum）的染料把身体涂蓝。[1]他还说，事实上，年轻女人通常把全身都涂成蓝色，然后在宗教仪式中全裸行进，她们的皮肤"很像埃塞俄比亚人"。不过，普林尼说对的次数几乎与他说错的次数一样多，这话亦不知是真是假。但是，这一次，在公元51年，似乎没有任何宗教仪式——不管是赤裸的，还是其他形式的——能够取悦凯尔特人的神灵了。公元43年，罗马人登陆，此后九年，罗马人慢慢移向英

---

[1] 关于英格兰西南部的格拉斯顿伯里（Glastonbury）镇的名字由来，有一种理论称，它是指菘蓝（glaustum）染色中心。

国全境，他们真是不可阻挡的，而卡拉克塔克斯呢，却不过是个游击首领！而且只有少量的军队！

这些半裸的不列颠战士们涂抹全身的方式可能有以下两种，而这两种方法解决了此后好几个世纪的菘蓝和其他靛蓝植物染匠们困惑不解的问题。因为这些植物十分有趣，尽管它们声誉在外，它们却无法轻易制成染料。如果你拿来第一年生长的菘蓝植物的绿色叶子（第二年生的菘蓝就几乎不含靛蓝成分了），碾碎，浸软，发酵后再风干，你就能得到一些蓝色的混合物。我曾经试着用菘蓝的混合物加点酒精来涂抹自己的身体。但是，我才开始爬一座小山，汗水就已经把手臂上的蓝色全都冲掉了。这就证明了这种颜色恐怕不能持久，不能用于战斗。但是，我无法说明为什么我画在脚上的菘蓝斑点竟然持续了好几天，还引来了诸多对我的脚的"擦伤"的关心。

但是，如果卡拉克塔克斯时代的染工们真的很想将菘蓝作为一种固定的染料，他们恐怕必须经历复杂而且十分神秘的化学过程。他们必须用大大的染缸。如今走入石器时代村落，你仍能看到山底下有当年大染缸的痕迹。他们会首先将桶内的氧气抽走——通过发酵或是"分解"氧气——之后留下来的液体就成了黄黄的颜色。靛蓝的魔力在于只有被染色的物品（无论是染在织物上或手臂上）被拿出染缸与空气重新接触之后，蓝颜色才会显现。

第二种方法，是从染缸的顶部舀出蓝绿色浮渣，这些浮渣闻起来就像腐烂的水草，把它们直接糊在灰白色的皮肤上——也许这就是古代不列颠人把自己身上染上半永久性的蓝色的方法。但为什么他们会这样做？仅仅是用来吓唬罗马人？还是这种仪式用的颜色另有其他用途？其中一个很实际也很有见地的理解，认为菘蓝抹在身上，起到了非常有效的收敛剂的作用。全身涂上它进入战斗，就好比抹点沙威隆（Savlon，强生公司生产的一种消毒液。——译注）再走入仙人掌种植园一样。战前事先准备好菘蓝，就好比提前为战后盖了一座原始野战医院。最鲜活的证据，来自于我从加利福尼亚圣巴巴拉（Santa Barbara）一位文身专家那里听来的，关于菘蓝神奇的治愈效果的故事。帕特·菲什（Pat Fish）自 20 世纪 80 年代早期学会使用文身针以来，已经在人类的皮肤文了上千个凯尔特十字。事实上，除了魔鬼，她可以刺出世界上的任何图案。她说："我是不愿去碰那些把撒旦文在皮肤上的人的。"但还有一件事也是她永远不会去做的，那就是在没有菘蓝的场合下刺文身。

"大约五年前，"菲什在电话里对我说。她的一位客户认为，卡拉克塔克斯和其他凯尔特武士都刺过菘蓝文身——他于是决定在自己的身上试一试。菘蓝在加州是违禁物品，因为这是一种容易蔓延的野草。于是他特意从加拿大的家里把菘蓝制成酊剂，再邮寄到加州。"他不敢自己开着车开过国境，害怕被捕。"这一点弥足珍贵，她说，不触犯当地法律是应该的，即使身上刺有大男子气概的文身，天不怕地不怕，但也应当尊重法律。菲什为他在脚踝上刺了一个凯尔特结，用了菘蓝的酊剂做颜料。第一天，它看上去很好，但两天之后，那条腿就开始肿起来。"第四天，事情就更糟糕了。我们一起去找医生，那医生说，噢，帕特，你做了什么呀！"她回忆着当时的情景。那时，她才懂得，菘蓝真是一种完美的愈合剂，它不仅愈合了针刺的伤口，而且让皮肤排斥自身的颜色。"在那个凯尔特结的地方，亮闪闪的粉色皮肤组织在他的脚踝上鼓起来。我从没见过这样一个完美的疤。但是，整个凯尔特结的地方却一点儿蓝色也没有。"

但是，那位客户的理论也并非毫无依据——远在尼日利亚和波斯，从各种植物中提取出的靛蓝都曾用于文身，只是未制成酊剂而已。有些历史学家曾经提出，卡拉克塔克斯很可能不需要从一只发酵的菘蓝大桶里舀出颜料，因为他早已经永久性地刺上了菘蓝文身。20

世纪 80 年代，在靠近曼彻斯特柴郡的林多泥沼中，发现了许多尸体。这个发现引发了极大的轰动——甚至有一位谋杀嫌犯吓得赶紧坦白说他杀了妻子——后来经过科学家鉴定，这些尸体是生活在公元前 300 年左右的人类。考古学家在不止一具尸体的皮肤上发现有金属痕迹，并谨慎地推断，凯尔特人应是全身布满蓝色文身的。不过，由于泥炭本身亦含有微量元素，而尸体找到时业已腐烂，所以，这也仅仅是推测而已。

在欧洲文化中，文身往往意味着超出社会常规范围，不管是表示勇敢、忠诚（亚美尼亚基督徒曾在身上文身以表明他们经历了一次重要的朝拜），还是不忠［伦敦国家美术馆收藏的一幅威廉·霍加斯的带讽刺意味的画《流行婚姻》（Marriage á la Mode）中就画了一个胸前刻了文身的女人：18 世纪的看画人必能一眼看出这是一个罪犯的标志］，或是大男子气概（香港三合会成员身上都画着龙形文身），或者仅仅是追求怪异。他们使用的颜色也各有差别，与各种颜色所释放出的社会讯息有关。塔希提人曾用烧过的椰子壳提炼文身颜料；美洲土著部落曾用蜘蛛网和烧过的蕨类植物的灰作为文身颜料；毛利人（Maoris）曾将毛虫尸体焚烧后的烟灰与鱼油掺兑起来画出他们神圣的文身（mokos）；而欧洲水手用煤烟代替"靛蓝"（黑色涂在灰白的皮肤上，看上去会有蓝色的效果），甚至直接用火药打入人的身体，烧毁人的皮肤，留下永久的疤痕。

更亮的颜色出现在文身师的调色板的时间，与印象主义到来的时间相仿。当画家们排队购买新颜料来画舞者或莲花时，文身师们也在试验以同一种颜色来画美人鱼和玫瑰。香港最早试验新颜料的文身师名叫乔治·伯切特（George Burchett）。伯切特是最早尝试使用温莎和牛顿公司的温莎蓝和温莎绿的人。当伯切特 1953 年去世的时候，他的公司继续卖着从伦敦科恩利森美术商店（L.Cornelissen &

Sons）买来的颜料。这些都是大不列颠文身俱乐部的老板以及英国文身历史博物馆的创始人莱昂内尔·蒂奇纳（Lionel Titchener）告诉我的。我去参观过位于牛津的这座文身博物馆，里面的人工制品堆得到处都是，显得并不整洁。蒂奇纳说，20世纪50年代晚期，英国文身师开始进口美国颜料，所有颜料都要经过实验室检测，确保安全。到20世纪70年代中期，几乎没有文身师再使用画家的颜料了。蒂奇纳告诉我："20世纪70年代早期，罗纳德·斯卡特（Ronald Scutt）出版了《肌肤之深，文身的秘密》一书，他对颜色做了研究，还给我寄来了一份温莎和牛顿公司颜料中能被安全用于文身颜料的列表。"今天，人们使用的颜料与当年的温莎蓝和温莎绿大同小异，"但是今天的颜料全都是经过实验室检测的，以避免有任何有害的杂质"。

蒂奇纳最近成为欧盟顾问——这说明欧盟有意限制欧洲文身使用的颜料。但是，问题是双重的。首先，文身总有些官僚们无法用法律限制住的部分[1]。其次，文身师有责任证明颜色是安全的。"可世界上没有任何药剂师愿意将它写下来：他们十分害怕被起诉。"如果卡拉克塔克斯当年真的全身布满文身，那他使用的可能是用含铜或者也许是含铁的颜料，而这两种颜料恐怕欧盟都不会批准。

菘蓝和中产阶级

16至17世纪，靛蓝商人们很想将他们的新染料介绍到欧洲。可是，欧盟式的保护主义政策给他们带来了很多问题。大量中产的菘蓝

---

[1] 文身在美国是受到限制的。据帕特·菲什说，在洛杉矶郡（L. A. County）有一项法律规定所有文身必须用食品和药品管理局（FDA）批准的墨水刺成。

种植者拥有密集的游说力量，阻止靛蓝的进入。中世纪的德国城市爱尔福特（Erfurt）和它的大学，就是在这种蓝色颜料产业的基础上建立的，吐鲁斯（Toulouse）大部分富丽堂皇的房子也建立在菘蓝产业的利润之上。法国北部的亚眠大教堂（Amiens Cathedral）的外部就画了两位菘蓝商人，带着一大捆菘蓝，这证明了染匠们的富有程度足以资助盖起一座教堂。制作菘蓝过程的第一个部分，是拿一些新鲜的叶子，磨碎成泥，卷成苹果大小的球状，然后在太阳下晒干。法国人称之为菘蓝球（cocagne），甚至今天，法语中的"pays de cocagne"（用最平实的语言来讲，这个词可以翻译为"菘蓝球之国"）仍是"富有之地"的很流行的一种比喻。

"我曾经有人、有马、有武器、有财富。现在我不得已要与他们分开，但这又有什么奇怪的呢？"卡拉克塔克斯在威尔士边界吃了败仗之后数月，他做了一次著名的要求宽恕的演说，演说之中，他这样反问。演说之后，他被判无罪并获得允许以一位流放的名流身份生活在罗马。但 1500 年之后，欧洲的中产商人如果斗胆要对靛蓝商人说类似的话，那么他们的下场可就不会那么好。当然，他们会反击——起初好像他们要取得胜利。1609 年，法国政府对靛蓝而不是菘蓝的使用判了死刑。在德国，染工们必须每年申明自己没有使用"魔鬼的染料"。但是，任何想要禁止靛蓝的人都面临一个棘手的问题，染色一旦成功，就不可能查出用的是菘蓝还是靛蓝。因此，菘蓝的捍卫者们，只能依赖染工们的诚信和荣誉。而这种诚信和荣誉，有时怕还不如街坊邻里间的传言更可靠。

靛蓝本身没有毒，可是，英格兰的菘蓝游说者们却千方百计弄到一份靛蓝有毒的证明。正因为这份证明，靛蓝直到 1660 年之前都被禁止。但是，没有人把这道禁令放在眼里：在英格兰，支持菘蓝的人远少于欧洲大陆，因为英格兰的菘蓝大多依靠进口。并不是因为菘蓝在欧洲大陆生长得不好,但是问题出在晒干过程:英格兰总吹西南风,这风把大西洋的潮湿空气带过来,无法晒干。所以,至少从17世纪30年代起,英国的禁令就被巧妙地规避了。东印度公司的绅士们,总能让手下的蓝色染匠们拥有足够的从印度非法进口的靛蓝。人们发现,要是染羊毛,菘蓝比较合适,还可在菘蓝中加入亚洲靛蓝,使之更持久,更便宜;但是,要染那时已从印度进口的棉布,染工们感觉到,还是必须用靛蓝制成的更牢固的颜色。大部分的欧洲蓝色染缸,实际上用的都是菘蓝与靛蓝提炼后的混合物。

东印度公司的违法商业操作,从某种程度上讲,还应归咎于清教徒的支持,不过,这是一种并非情愿的支持。正是这些严肃的穿着黑白衣裳的清教徒,成天想着如何使他们的黑衣更黑一点,而白衣更白一点。由于菘蓝或靛蓝是黑色染料中很重要的"底色",可以防止苏木黑在阳光下过快褪色,还可以制成靛蓝粉(laundry blue),使泛黄的白色衣裳重新变白,好像焕发新的生命。在印度较为贫穷的地区,你有时能看见绅士们走在街上,他们的白色衣服上好像放射出紫外线的光芒。有一天,一位德里的出租车司机对我解释说:"在印度,白色衣裳必须经常洗,洗好多次,时间长了,衣裳就变得发出蓝色了。"但是,他又补充说,这真是一种十分令人艳羡的蓝色啊,"要比你们在欧洲国家里做的那样,把旧的白色衣裳扔掉要好得多。"

尽管自17世纪中叶以来,靛蓝在欧洲得到有力的推广,但是菘蓝并没有被逐出市场,仍有相当数量的人在使用它。多年来,它仍然经常被用在靛蓝染缸中做底色染料,以帮助靛蓝发酵。最近,就在20世纪30年代,英国的警察制服就是用菘蓝与靛蓝一起染出来的。过去几年,欧盟投资220万英镑,支持过一个项目,这个项目是要构造一幅"农业蓝图",将天然的靛蓝建成一个商用产业,用来做颜料、纺织染料和印刷墨水。这项"植物靛蓝可持续生产计划"(Spindigo，Sustainable Production of Plant-derived Indigo。——译注）的十个合作伙伴，分别来自英国、德国、芬兰、意大利和西班牙。大家都在用菘蓝和其他靛蓝植物做试验，试图克服天然靛蓝的供应和质量都不很稳定的缺陷。虽然到了17世纪后期，菘蓝就已经基本销声匿迹了，而靛蓝则日益大受欢迎。但这项计划说不定便是菘蓝的可见的未来。

东印度和西印度群岛的靛蓝

我曾听父亲说过靛蓝种植园的故事，很多年后，我真的来到了加尔各答。我克制不住要去参观托里贡吉俱乐部（Tollygunge club）。这座带柱廊的白色房子当时正在重新装修，一些裹着邋遢的白色印度腰布的人正在架梯子、摆烛台，要恢复这座房子本身的宏伟壮丽。远处的高尔夫球场上有人大叫一声"躲开"，厨师正在准备午餐，做的是用薄荷汁调味的咖喱肉汤和羊肉。但关于靛蓝——或者说是关于我童年印象中的靛蓝——我没看见一点儿痕迹。也许因为我一直在找树，所以我错过了靛蓝，后来，我才得知，靛蓝实际上长得像灌木。但也很可能它只是从我的视野中消失了，正像17世纪早期，靛蓝从印度主要出口名册中奇怪地消失一样。

这一次奇怪消失的原因并不在于蓝色突然失宠了。正相反，这种蓝色空前地受欢迎。可是，西印度群岛也开始效仿种植靛蓝，而且种得更好，成本更低。尽管欧洲贸易商们聪明得能有办法绕开法律禁令去进口靛蓝，却没能聪明到辨认出靛蓝买卖中的骗人把戏。由于煤烟和灰尘几乎与靛蓝植物的颜色一样，靛蓝植物中间若混上灰尘，很难辨认出来。除非买者十分仔细，否则不会发现他们买的"nil"（梵语靛蓝）其实不值那个价。这倒不一定是靛蓝种植者掺假，有些确实是无意中造成的。但是，到了 17 世纪，印度靛蓝的名声已经大坏，大家都认为它不纯。出于经济原因，整个靛蓝工业都必须重组。事实上，很有意思的是，正是在印度靛蓝供应减少的时候，英语才借了希腊语的"indigo"（来自于印度）来称呼这种染料，而不是梵语中的"nil"。事实上，如果这种染料在 17 世纪被重新命名，它应取个名字叫作"caribeego"（来自于加勒比）。

法国人开始了西印度群岛上的工业，分别在圣多明各岛（Sainte Domingue，即现在的海地）、马提尼克岛（Martinique）和瓜德罗普岛（Guadeloupe）上种植靛蓝。这里的气候近乎完美，但气候并非靛蓝工业在此成功的全部原因。靛蓝的种植依赖于强制劳工，在西印度群岛，就是指奴隶，这中间牵扯出很多悲剧故事。其实，不仅欧洲人种靛蓝，那些从西部非洲的村庄里来到西印度群岛的约鲁巴（Yoruba）奴隶，很可能早已熟知靛蓝的种植方法。在西部非洲，自阿拉伯商人将靛蓝引入后，几千年来就一直使用奴隶种植靛蓝，并用靛蓝来敬拜雷神和闪电神，甚至今天，尼日利亚的约鲁巴人仍然以他们的靛蓝织物而著称。

到 17 世纪 40 年代，法属加勒比的靛蓝已经超过了印度靛蓝。1643 年，东印度公司的总督气急败坏地骂他的竞争对手，说这些法国人的产品"具有欺骗性并且是伪造的"，而实际情况是，法国人的产品质量确实好。但到了 1745 年，英法交战，突然之间，一切都改变了，法国产的蓝色就断销了。英国海军部只能向别处寻找供应商。他们再也没想到，这么一个紧迫的大问题是被一个十几岁的小女孩解决的。这个女孩没有父亲，母亲病重，几年前不顾一切地启动一家小工厂，而这个工厂还面临农业工人人为破坏的问题。但恰是这个小工厂，解决了大问题。

伊丽莎·卢卡斯（Eliza Lucas）是靛蓝故事中一个传奇人物。她生于安提瓜（Antigua），她的父亲是当地英国军队中的一名军官。1738年，在她只有15岁时，她随着她的父母和妹妹波莉前往查尔斯镇居住，她后来在书信中描绘说，这个镇是南卡罗来纳州"最欢乐的"小镇（这个名声后来保留下来：查尔斯镇成为20世纪20年代著名的查尔斯顿舞发明的地方）。本来的计划是继承并经营三个伊丽莎的祖父留下来的种植园，过上远离战场的生活。但到了1739年，乔治·卢卡斯中校被一纸调令调往安提瓜，准备与西班牙人打一场必败的战斗。伊丽莎的母亲一直生病，或者至少有点歇斯底里，但如果乔治·卢卡斯违背命令，那就是叛国罪。他只得把所有的农场交给伊丽莎照管。父女俩分别后经常通信，他们的通信集后来成为美国的宝贵遗产，但此次分别后他们再也没能见上面。八年后乔治当了战俘，死在法国。伊丽莎后来成为美国早期殖民历史上最著名的妇女之一。这部分归功于他的两个儿子——托马斯·平克尼与查尔斯·科茨沃斯·平克尼（Thomas and Charles Cotesworth Pinckney）。但这也部分地归功于靛蓝。

在美国历史教科书中，伊丽莎·卢卡斯·平克尼总是被描绘成一位国母的形象，一位可以为20世纪的女性们借鉴的18世纪榜样。通常她被绘画为正在家中教导奴隶的一位年轻的知识女性。她将家庭责任置于首位，最重要的是，她有冷静无畏的精神，她发扬了美国式坚韧与勇于冒险的美德。大量关于伊丽莎的故事——正如她自己在给朋友的信中所说的那样——写的是她早上五点钟起床，"一直读书到七点，然后在花园里或者田野上散步"。早餐后第一个小时用来演奏音乐，第二个小时"重拾某件我需要经常练习才不会忘记的东西"，这一天的其余时间用于教她的妹妹和两个奴隶女孩读书，这个过程被她称之为"规划"（scheming）。郝思嘉（Scarlett O'Hara）毕竟是小说中的人物，而这个女人则是个真实的历史人物。

她是一位真正能够精巧地掌握自己生活的南方美女。她既斗志昂扬，又热心虔诚，她还有一位爱侣——查尔斯·平克尼律师。查尔斯的祖父曾在 1688 年去牙买加当过私掠船船长。1744 年查尔斯向伊丽莎求婚，那时他的妻子刚刚去世四周。他们俩四个月后成婚，那时新娘也不过才 21 岁。

但这些还是未来之事。伊丽莎与靛蓝的联系，始于 1739 年一只从安提瓜寄来的信封，打开信封，一些黄色种子掉了出来。如果说伊丽莎是一位现实主义者，她的母亲则可说是个怀疑论者，而她的父亲是个不折不扣的幻想家。每次乔治·卢卡斯找一张皱巴巴的纸卷起安提瓜的各种种子塞进信封的时候，他就会满怀希望地做起丰收与赚钱的美梦。有一次，他寄来了苜蓿种子，另一次，他相信建一个生姜种植园能解决卢卡斯一家的生计问题。但最终能让父女两人同时动心的则是靛蓝。"我对靛蓝抱有极大的期望，比其他任何我所尝试的事物的期望都要大。"她这样写道。

然而，到了第二年本该丰收的季节，却一点儿也不成功，真令人着急。有两个原因。第一个是天气："我们把优质的靛蓝种子晾在地面晒干，可还没晒干，就被霜冻毁了，"伊丽莎不无遗憾地写道："我捡出其中最好的，还是种了下去，但只有不到一百枝长出来。"第二个原因则更令人担忧：人为的破坏。1741 年，乔治从安提瓜派了一位名叫尼古拉斯·克伦威尔（Nicholas Cromwell）的人去帮助伊丽莎制作染料——将之发酵、晒干、制饼，然后出口。但是，克伦威尔并不希望看到她成功——毕竟，为什么他要让这个小女孩成功而去威胁到他自己家乡的靛蓝产业呢——他故意毁坏染缸。他"弄得整个制作过程一团糟……他说他十分后悔前来……还往染料里兑了大量的石灰水，就是为了让染料做不成。"伊丽莎多年后在给儿子查尔斯·科茨沃斯的信中回忆道。于是，她就写信告诉她的父亲，克伦威尔是一个"纯粹的破坏者",并且把他辞了。

伊丽莎坚定开比,第三年,她再次尝试。但令她失望的是,这一次长出来的靛蓝作物有的被毛虫吞吃了,有的被太阳晒使它枯萎了。第四年更糟糕,直到 1744 年,伊丽莎成功地获得了南卡罗来纳州第一次靛蓝大丰收。后来,她给农场的其他拥有者送去靛蓝的种子。她认为,如果大家一起来种,那么整个南卡罗来纳州的靛蓝工业就完全可以满足英国染工们的需求。之后,他们就会联合起来应对大批订单。到 1750 年,英国从卡罗来纳人手中订购了 3 万公斤靛蓝,到 1755 年,出口总量达到接近 500 吨。这不是靛蓝第一次在美洲的成功种植。此前也有殖民者试着在卡罗来纳种植,在南方的其他州则有其他靛蓝类作物成功种植的先例。伊丽莎知道这些,但也许她并不知道,其他靛蓝种类,由于是印第安人种植使用,对于天气和病虫害的承受力都比她那进口品种要强得多。

几个世纪以来,尤卡坦半岛(Yucatán peninsula)的玛雅人(Mayans)就将当地产的靛蓝与一种名叫"坡缕石"(palygorskite)的特殊陶泥混合,制作用于壁画鲜艳的绿松色。欧洲人起初不理解,这种颜料是如何做成的,直到 2000 年才搞明白,这是通过将靛蓝分子压入并锁禁于黏土分子结构中制成的。这种颜色特别亮——就像最美丽的波斯清真寺里的铜珐琅瓷那样亮度极高——直到 20 世纪 60 年代,人们都误以为这种玛雅蓝是用金属而不是植物制成的。阿兹特克人甚至比玛雅人走得更远:他们不仅用靛蓝做染料,还用靛蓝做药,他们将靛蓝称作"*iquilite*",并加以崇拜。他们还用靛蓝涂抹献祭者以示尊崇,然后才把献祭者的心取出来。西班牙人征服南美洲后,禁止了这种死亡仪式,但保留了靛蓝这种颜色。

玛 雅 蓝

圣赫罗尼莫（San Jerónimo Tlacochahuaya）的多明我会教堂（Dominican church）是墨西哥中部瓦哈卡山谷（Oaxaca Valley）的宝藏之一。从外表看，它就像一个早期西班牙巴洛克风格形式上的翻版；但进入其中，它的整个内墙上却是一幅由 16 世纪的奔放的绘花和卷叶构成的欢快的丛林。这是伊甸园的赞歌，与同时代的大多数欧洲教堂里那种对自然的较为规范的描述形成鲜明的对比。这些绘画是由当地的画家们设计的。他们用了两种当地的颜料——靛蓝和胭脂红——今天，这些原始的颜料也都还在，即使大部分都从来没有重新绘制过，这些颜色却依旧鲜艳如初。但如果这些颜料在教堂内不会褪色，在教堂外的广阔世界中，它却必定会从人们的记忆中消失。因为在几乎整个 20 世纪，像胭脂红、靛蓝以及其他天然颜料都极少在瓦哈卡谷地以外的地方提及过，甚至从来没有在墨西哥以外的任何地方被使用过。但到了 20 世纪 90 年代，欧洲和美国的风尚突然为之一变，开始追求"天然"颜料。一夜之间，每个人都开始寻找古老的颜色。

我花了一个小时骑着自行车从圣赫罗尼莫教堂到特奥蒂特兰山谷村（village of Teotitlán del Valle）。几乎每一个瓦哈卡谷地里的村庄都有各自的手工艺特长——有的制作黑色陶器，有的似乎就靠诞生场景的金属箔画谋生，而有的专门制作玉蜀黍饼（妇女们会每天早上头顶着装着一百张薄而圆的小饼的篮子走好几里路）。但特奥蒂特兰是个地毯村，村里有 300 位村民，却有至少四倍于人数的地毯。地毯上的图案有毕加索的鸽子、萨波特克（Zapotec）的折纹（zigzags），还有十分可爱的到处是大帽子和驴子的墨西哥乡村演出。

贝尼托·埃尔南德斯的房子是我在转过主路后看到的第一家。这天很热；我很想休息一下，弄点水，然后再骑完通往村里的三公里路程。更重要的是，我看见了房子外面有一面人大的广告牌，上书"天然染料"四个字。我无法拒绝这双重诱惑，于是我停下来，走进去，去听贝尼托的故事。几个面容疲倦的织工正站在木棚下的两台织布机前。我很失望地发现，他们正在制作的只是些廉价地毯，用的是合成染料染成的彩线。但后面的棚子就不一样了。在一个角落里，养一片刺梨仙人掌，胭脂虫正懒洋洋地爬在上面，随时可以用作地毯染色。

贝尼托外出照看他的地了，于是他的两个年幼的儿子，安东尼奥和费南多带我参观了工棚。"pase por aqui"，——这边走——12岁的安东尼奥有礼貌地说，好像一位经过职业训练的导游。我们一起把头凑向那些盖着盖子一半埋在土里的大陶罐。这些罐子很臭。安东尼奥拿根棍子，从罐中臭烘烘的黏液中挑出一片浸湿的羊毛。他说，这种染料来自于一种野生红树科植物，能将羊毛染成咖啡色。他们当时恰好没有靛蓝，但他告诉我，他父亲自己在地里种植靛蓝。靛蓝虽然颜色很蓝，但闻起来的味道与这罐也差不多。我想起去年我曾在印度尼西亚龙目岛（Lombok Island）的一个纺织村里，看见过一只类似的罐子，是一只橙色的陶罐，上面有一只很重的盖子。那只罐子的盖子周围，有一抹淡淡的蔚蓝色，仿佛是这罐子有灵性，在吮吸天空时被人抓住了，唇边还留了点儿违法的印迹。村民们告诉我，他们将靛蓝混上灰，使其碱化。有时，他们还会一年或在更长时间内，将羊毛不断地放入再取出，"以求得最蓝的效果"。

在棚子的一角，有一只很旧的木制碗橱，装满了有趣的罐子、包裹和味道。安东尼奥拿出一只杵子，向我展示他的父亲如何在一块火山石做成的石板上碾压干靛蓝叶子。现在这石板上面到处都是蓝色，但上面还有一层面粉。男孩解释说，这石板本来就是祖母用来做玉蜀黍饼用的。

"用靛蓝可真是很贵，"贝尼托刚从外面回来，手指甲里还沾着他的染料作物地里的泥巴，他这时加入我们的谈话。他解释说，十年前他意识到唯一能够拥有未来的方式是认真发掘过去。"外国人总是要天然颜料，我们却忘了如何制作它们。"于是，他开始发问。他首先问他的 100 岁的老祖父，"但他记得的不多。"其他老人能记得的就更少，于是贝尼托自己去做研究——学习胭脂红如何达到 60 度色度，学习如何用恰帕斯（Chiapas）姜黄根制作黄颜色，学习如何用正确的配方去制作靛蓝，学习如何将羊毛染成各种色度的蓝色，"从绿松色到蓝宝石色"。

贝尼托向我解释他如何制作。他先取来植物，然后晒干，在那块玉蜀黍饼石板传家宝上碾压，再将碾压后的粉末浸在胭脂仙人掌的汁液中发酵——用的正是胭脂虫寄生的同一种仙人掌的汁，尝起来就像天然蔗糖。"我们要做六个月，当我们从罐子里再将其取出时，它成了绿色的黏土，"他说。就像黏土一样，能够在手中捏成各种形状，然后就把它拿到太阳下晒，它就会变得与午夜的天空一样蓝。"他用过尿液吗？"我问。贝尼托摇摇头："老人告诉我要用，但不，我不用。"他停顿了一下："现在也很难去收集尿液了。"我笑着，而他却十分严肃。

他当然被建议过，别去弄尿液：恶臭会吓跑旅游者，如今有许多气味更好的化学试剂可以使用。但不久之前，里面含有氨气的陈尿，仍然是靛蓝制品的标准添加剂，也是一种还原剂。这是将靛蓝从颜料转化为染料的最廉价的"法术"。也许正是由于这个原因，在每一个等级社会中，染工都被列入最低等级之中。

在 18 世纪，整个英国染业的主要尿液都从北边运来。史书对泰恩河畔纽卡斯尔（Newcastle upon Tyne）还是很慷慨的，它称这座城市以出口煤和啤酒而著称。但是，两百年前，该城的居民却在为整个英国撒尿。如今想起来，觉得很了不得，偌大伦敦竟然不能在尿液这种自然资源方面自给自足，而纽卡斯尔必定组织了一套非常有效的体系，使它的居民——可以推测——一边花着钱，一边还有钱赚，而那一桶桶的尿液就用船载着运往全国各地。

在世界的其他地方——包括1世纪的庞贝（考古学家曾在一个染匠铺子外面发现了一只尿桶，供行人捐献尿液）以及20世纪的苏格兰部分地区（珍妮·鲍尔弗-保罗描述过，苏格兰各岛上的家庭主妇过去都在炭火旁长期放置一只尿壶，为了用菘蓝染哈利斯牌斜纹软呢），当地人都自给自足。事实上，如果贝尼托真的一时没了商用还原剂，如果他懂得的话，他其实家里就有绝好的天然资源。颜料缸中最好的碱性成分，其实就是未到青春期的男孩的尿液。

我骑到了村里，发现所有的故事和所有的毯子都让我充满迷惑，无法选择。几乎每个房子的招牌上都大书"anil"字样，每一位织工都标榜自己使用的是天然染料，而其竞争对手用的是假的。实在厌烦了这些招数，我停下来，掉转车头——极为巧合的是，我恰好遇见了能够回答我的问题的人。约翰·福斯（John Forcey）多年来都是瓦哈卡卫理教会的成员，但对我的探寻之旅更重要的是，他刚写完一本书，专门讲一对住在特奥蒂特兰村里的获奖的年轻夫妇的故事。他说，如果我愿意，他能带我去见一见这对织工朋友。我当然愿意。

我很好奇，这对夫妇究竟有多年轻呢？马利亚·路易莎·克鲁兹27岁，菲德尔比她小一岁。当菲德尔忙着织布，在隔壁房间发出遥远的咔嗒咔嗒声，马利亚·路易莎带我们来到展示间，我们坐在半明半暗的房间里，交谈起来。"开头很难，"她告诉我："我们只有十几岁，刚刚结婚。"正统的习俗要求他们必须为父母工作，直到他们能养活自己。"但我们很想独立。"他们拥有手艺——菲德尔五岁起就开始梳毛，12 岁就开始织布——他们当然有自己的梦。但他们不知道到哪里去弄比索。合成染料要花钱，而他们觉得山里既然有那么多的免费颜色，为什么还要去花那份钱？于是，在他们结婚初期，俩人早早起身，在山中搜寻，最终——凭着少量的古老知识和大量的青春热情——他们找到了第一处"织工的颜料盒"。他们在岩苔（muzgo de roca）中找到了橙红色，在炒熟的野生核桃中找到了深褐色，在合欢树的枝条中找到了黑色。但在石榴中——它的果实、外壳和茎皮发酵并炖煮后——他们发现最美丽的天然染料，从深橄榄色、橘黄色到金色，各种各样。

然后，马利亚·路易莎的调子突然变了。"颜色工作十分神秘，"她说，略向前倾以示这将是一个与众不同的故事："如果一位激动或者愤怒的人嗅着鼻子进入我们染羊毛的屋子，那么"——她为突出效果，停顿了一下——"靛蓝是不会 subir 的。"我转向约翰想问明这词是什么意思，但他却不仅停止了翻译，而且还突然躲到展示间的另一边，明显地以极大的兴趣在查验那地毯上钻形花纹的细节。他很不情愿地对我解释起马利亚·路易莎的理论，他说，一位怒汉的能量足以改变屋内的标准化学反应过程，阻碍染料吸附于织物的程度。"起初，我自己都不相信，"她继续说着，一点儿也没被约翰的反应所惊扰："但后来，就在去年，一些日本游客来到我们正在染色的房间。他们吵吵闹闹，照相机咔嚓响，之后，我们使尽办法也没能使染料附着在织物上。"这时，我便有意转向约翰，问他是不是他觉得这理论不可理喻：难道这不是一种暗示，隔壁的房间里有个奇迹般的不可干扰的小宇宙吗？"很显然，我不赞同这个理论，"约翰平静地说："但是，他们是我的朋友，我不愿意去使他们难堪。"

当我数月后在香港大学图书馆写下这段时，有人恰好在旁边桌子上坐下来。他把他的书从一只吱啦作响的塑料袋中拿出来时，发出很大的声响,这时他的手机又开始释放出莫扎特曲子的电声音乐。他与整个城市一起沸腾着;他的噪音和能量打扰了我的专注力。我能理解靛蓝的感受。在《靛蓝》一书,珍妮·鲍尔弗-保罗加入」一段叫作"愤怒的染缸"——这个民间理论,几乎在任何制作靛蓝的地方都出现过。在爪哇,靛蓝染料据说会在夫妻打架时变得很忧郁;在不丹,怀孕的女人不允许接近靛蓝染缸以防止未出生的小孩偷走蓝色。但我最喜欢的故事,则是关于摩洛哥大阿特拉斯山里的女人,她们相信唯一对付不合作的靛蓝染缸的方法,是开始说各种离奇古怪的谎话。染工们于是就以故意在社区内传播"黑色"新闻而著称。也许这些方法确实提高了蓝色的品质,但同时也给予了社区处理恶毒的谣言的极为完美的方式。人们可以对那些负面的故事嗤之以鼻,因为那些故事传出来,不过是因为他又没染出靛蓝色而已嘛。

也许正是因为有那些染缸中住着坏精灵的谣言,或者因为靛蓝色总与天空的颜色相似,或者这正是颜色接触空气即显灵的方式,使得靛蓝总被人们认为是一种神秘的颜色。其中一个神秘故事说的是,它是光谱的一部分——是七种官方颜色之一,但又不完全属于光谱的颜色。靛蓝应当在我这本书里出现吗,应当拥有单独的一个章节吗?我很高兴现在它单独成章,很高兴我当初没有把它硬性挤在前一章内各种蓝色的逸闻趣事之间。但如果你去看彩虹,你很难在从蓝到紫的光谱变化中找到一抹如夜空般的靛蓝色。事实上,有些人急论说,靛蓝根本就不在光谱之中。

艾萨克的靛蓝

在英国大瘟疫时期,靛蓝不请自到,主动加入彩虹派对。这并不是一个巧合:许多事情在 1665 年到 1666 年之间改变了。仅伦敦一个城市就有10万人死亡，所有的大学都关闭了。一位23岁名叫艾萨克·牛顿的学生也是数千名被遣散回家的学生之一。他没有待在剑桥学习，而是留在了林肯郡，花时间理解世界，他是逆流而动，因为在当时，世界是什么这个问题似乎对人们来说越来越不重要了。不仅仅是因为瘟疫使人对世界产生迷惑；对牛顿本人而言，他生在一个清教徒的家庭，可是五年之前，也就是1660年，查理二世的加冕却标志着一个历史上的倒退，一个王权复辟、天主教盛行时代的开始。

那一年，牛顿的房间成为人类知识扩展的核心点。他经常把门关上，躲在门背后，用绝对的物理学规则来试图理解世界。他进一步完善了对重力的理解；他开始形成行星理论；他在当地的市场上买了两个三棱镜，在这两个三棱镜的帮助下，他发现彩虹的所有颜色都存在于白光之中。他不仅开始推进颜色是不同波长的光的理论，他还将颜色列表的数量从五种提升到七种，加上了橙色和靛蓝，并且给七彩虹一个罗伊·G·比文（Roy G.Biv，用英文七彩红橙黄绿蓝靛紫：red, orange, yellow, green, blue, indigo, violet 的首字母放在一起拼成。——译注）的诨名。[1]他选择用七彩，可能因为这是一个很优雅的符合宇宙逻辑的数字。我们记住牛顿是因为他是位科学家，是一个为现代思维开天辟地的人。但事实上，他还是一位魔术

---

[1] 罗伊·G·比文（ROY G. BIV）很可能是美国和英国学校学生用来记住彩虹七色的最普遍的方法。在英国，另一种较为普遍的记住彩虹七色的方式是"约克的理查白白地放弃了战役"（Richard of York Gave Battle in Vain），形容理查王在博斯沃斯菲尔德之战（Battle of Bosworth Field）中输给了都铎王朝（Tudors），约克人的白玫瑰输给了兰开斯特人的红玫瑰（白色输给了红色）。印度小学生则会倒过来记七彩，用的是VIBGYOR，而我最近收集的一个七彩记法很好玩，"雅茅斯的老鼠到威尼斯洗澡"（Rats of Yarmouth Go Bathing in Venice），暗示彩色狂欢中潜在的灰色元素。引自莎拉·巴拉德（Sarah Ballard）的私人通信。

师——用现代的观点看，是位炼金术士，一位最不平凡的基督徒，他对世界的理解既包括世界的神秘性也包括无所不在的规则性。对于牛顿而言，数字6是无足轻重的。但宇宙有七颗行星（冥王星和天王星那时还没被发现，尽管有意思的是，正是用了牛顿改进后的望远镜，最终发现了新的星球，以至于破坏了牛顿关于七的定律）；一个星期有七天，音乐有七个音符，因此如果光谱中没有七种颜色，就会受到诅咒。更有意思的是，中国人相信世界上有五种元素、五种味觉、五个音符和五种颜色（黑、白、红、黄、蓝），可见，这种与数字相对应的理念确实在东西两种文化中产生共鸣，尽管两者选择的数字并不一致。

但为什么要加入靛蓝？除了被抬出瘟疫房的裸尸身上的颜色之外，靛蓝对牛顿还意味着什么？作为一种染料，靛蓝是有争议的——当牛顿还是个孩子的时候，人们就已经谈论很多。几个世纪之前，林肯郡主要的蓝色是菘蓝；之后从印度传来跃动的靛蓝，好像刚从狂欢中归来的酒神。但通常靛蓝都被看作是一种染料而不是一种真正的颜色。如果牛顿想要第七种颜色来组成他的神秘协调的色彩光谱的话，他可以任意选择隔离绿色与蓝色的绿松色[1]，或者他也可以选择在光谱往黑色方向走的过程中，将浅紫与深紫色分成两类。但他却选择靛蓝，而且选择用靛蓝来隔开蓝色与紫色。

我今天认为靛蓝是一种午夜天空的蓝色——是一种海军军服的颜色，或者也许是牛仔裤的颜色，据说牛仔裤最初［在波希米亚移民利瓦伊·斯特劳斯（Levi Strauss）于1850年在加利福尼亚淘金热中发

---

〔1〕 自中世纪以来，英语就根据土耳其（Turkey）这个国家的名字来命名绿松石（Turquoise），——这种石头据说是来自于土耳其，其实很有可能它来自于古代的波斯，即现在的伊朗。

明它之后〕就是用西印度群岛种植的靛蓝在法国染成的。[1]但我们也知道，牛仔裤颜色各异，从石洗灰白色到近乎黑色，而靛蓝可以提供各种不同的效果。在18世纪，英国染工曾将各种靛蓝颜色正式分类（由浅到深），包括：奶蓝、珍珠蓝、灰蓝、平光蓝、中间蓝、天蓝、女王蓝、浅蓝（watchet blue）、束带蓝（garter blue）、马扎里蓝（mazareen blue）、深蓝和海军蓝——法语中有一个词形容菘蓝，是"pastel"，意思是灰白。谁知道当牛顿激动地要将靛蓝放入他的彩虹光谱中时，他面前放着的究竟是哪一种靛蓝？是不是他有一付珍珠蓝颜色的床罩？或者他的桌上恰好放了一位友人的奶蓝色手帕？真没准儿，也许当他做这个决定时，牛顿想到的正是上述这些。

坐在大理石的图书馆里，19世纪的思想者们会热情地争论为什么希腊人的语汇没有蓝色这个词——英国首相威廉·格莱斯顿（William Gladstone）甚至揣测，是因为希腊人对蓝色色盲，所以才没有蓝色一词。这样看来，英国人为现代的彩虹光谱标注两种而不是一种蓝色，也一样顺理成章了。

反叛者的颜色

1660年5月，在伊丽莎的作物开始对美国经济形成影响的116年之后，一个名叫普洛登·韦斯顿（Plowden Weston）的人在南卡罗来纳乔治敦靛蓝大厅向听众们发表演说。这个演说单调冗长，许多人在

---

〔1〕利瓦伊·斯特劳斯想为金矿工人制作世上能够做出的最牢固的工装裤（工人们总是在口袋里装满石块，当然如果他们幸运的话，是装满金块，他们的衣服坏得非常快），因此他从法国的尼姆斯（Nîmes）进口了一种蓝色布料，又叫斜纹粗布（denim）。而称之为"牛仔"则是在好多年以后，是在热那亚海员运布之后的叫法。大约自1900年起，斜纹粗布就用苯胺染料上色了。

下面打瞌睡——我在演说之后的141年在温暖的纽约公立图书馆翻看记录时也禁不住打了一小会儿瞌睡。对我而言，有趣味的部分在于，韦斯顿的听众来自于温约靛蓝协会（Winyaw Indigo Society），可他却指出，现在这个协会已经失去了存在的核心意义。"创建这个协会的人很优秀，他们最初很可能认为，靛蓝的种植是他们借以获取地产的事业，因此留存的时间肯定超过协会存在的时间，"他说。但是，如今这些创建者的孩子或者孙子们坐在观众席中，"竟然没有一个人……能够回忆起靛蓝的种植方式。"

听韦斯顿先生演讲的南卡罗来纳州的听众们不会不同意这个观点。事实上，他的这个观点恐怕还会赢来（一两声）赞许的轻笑。但是，仅仅在两个月之后，在世界的另一端，一些被强迫要求记住靛蓝耕作方法的人却掀起一系列暴乱。在19世纪早期，靛蓝的种植点又神奇地回到印度。英国丢了美利坚，以及大部分的西印度群岛。但英国人对蓝色的需求没有减少。于是，东印度公司的人一定会想，将英国染料业的需求重新引回印度，该是一个多么伟大的主意啊！

在印度教的印度，蓝色总是一种幸运的颜色，是奎师那的颜色，这位神祇穿越全世界跳舞，带来爱与欢乐。印度教于公元4世纪传入爪哇岛。[1]直到13世纪，印度教的地位才让位于伊斯兰教。你要想看出一个皮影戏中谁是高尚的正派，只需看看那皮影的脸是蓝色的还是黑色的。但是，在过去400年的靛蓝历史中，那些被迫参加劳作的人，竟然连一点高尚和一点幸福也体会不到，这真是具有极大的讽刺

---

〔1〕当英国人在17—19世纪之间将其对靛蓝的需求从一个大陆转向另一个大陆之时，荷兰人一直都坚持着他们对爪哇蓝的需求。整个这段时期，爪哇的酋长们都被强制种植靛蓝（还有胡椒和其他香料作物），几乎毫无回报。英国人在1811年和1816年拿破仑战争期间曾经占领爪哇岛，当时的总督莱佛士（Thomas Stamford Raffles）写了一本书，描述他对荷兰残酷的强制劳动体系的恐惧。但如果他看一看他自己的祖国对待靛蓝种植者的态度，他可能同样会大吃一惊。

意味。

1854 年，一位名叫科尔斯沃西·格兰特（Colesworthey Grant）的年轻画家访问了印度。在他赴印之前，他答应他的姐妹们一定会定期写信——五年之后，这些信出版了，里面还有 160 幅雕刻，书名就叫《孟加拉的农村生活》(Rural Life in Bengal)。我在加尔各答的印度国家图书馆读了这本书，这里可以懒散地躺着看书，旋转的扇叶几乎在不停地帮我翻书。今天，他的信成为靛蓝种植园的重要文件，尽管我看着看着，不禁满腹狐疑，这信里成篇累牍的技术数据，没有哪怕是一丁点儿关于殖民地的家长里短，也真难为格兰特的姐妹们能够耐着性子读下去。

格兰特在穆纳斯（Mulnath）待了很长时间（也许对他的邀请人来说，真是太长了），他住在一位名叫詹姆斯·福朗（James Forlong）的种植园主的家中。他告诉他的姐妹们，福朗一般四点起床，然后整个上午驱车 20 英里或者更远，在他的产业里巡查。他会提前告诉他的仆人他第二天将在什么地点用早餐，而令格兰特万分惊讶的是，当他到达那个指定的地点，烤面包和茶热乎乎地准备好了，仆人们"走了一整夜到达那里"。格兰特用极为激动的笔触提及在靛蓝采集和加工季节里工厂内的生动景象。农民们会将靛蓝交来检查，一位"手持一节不多不少正好六英尺长的铁链人，绕着靛蓝捆一下，一圈就算一捆"。这个体系很容易舞弊——如果检查者将链子卡紧一点，捆进去的叶子就多，农民们能得到的就相对地少——因此，这里头必定有不少口角和贿赂。

大约 100 捆被放置于每一只大染缸中——这些特殊的染缸有七米见方一米深——清澈的河水被泵进来。"那液体，是较暗的橙色，但有时也会是很亮的橙色，起初带有可怕的味道，液体流入染缸，"格兰特用一名画家的眼睛观察着。"当它弥漫开来后，橙色变成一种明

科尔斯沃西·格兰特雕刻的工人们拍打靛蓝

亮的未加工的绿色，上面漂着一层美丽的柠檬色的泡沫油。"[1]叶子和枝条然后要清理掉（干了以后可以作粪肥或燃料），这时，真正的人力过程开始了，10个人跳进染缸，液体没过他们的臀部，每个人的手上都拿着大大的扁平的竹船桨。

听起来，这好像是一项卑鄙的工作——但是让格兰特吃惊的是，他最终发现工人们好像很享受的样子。他们是从两百公里外的部落地区招募来的，他们在染缸各处用力地跳跃，用手中的桨击打液体"直到整个染缸都搅成旋涡"，表面覆着许多肥皂泡沫一样的堆积物。在格兰特看来，这场面像极了一场聚会，到处是歌声、玩笑，还

---

[1] 格兰特对靛蓝液体的颜色感到迷惑不解——起初，它是深橙色，然后是浅绿色，然后又是深一点的绿色，"因此我十分迷惑，无法告诉你们它的准确颜色，就像大海，它会在蓝天下变幻各种颜色……浅绿色，经过一系列美丽的变化，逐渐变深，成了普鲁士绿，再从普鲁士绿——当踩踏压捣继续进行时，颜色完美地演绎着（以后就完全柔顺下来）成了一种高纯度的深蓝色，就像暴风雨中的海洋。"

第九章 靛蓝

有集体舞表演,让他想起他和他的姐妹们曾在萨里郡学习过的夸德里尔舞(quadrille)。更有意思的是,当他们进行了大约两个小时的靛蓝体操之后,人们身上就像卡拉克塔克斯的战士们一样,全都染上深深的蓝色——他们一点儿也不在乎,而是用一阵阵狂野大笑来欢庆这种狂野的外表。与其称他们为"蓝色魔鬼",格兰特总结说,还不如称之为"欢乐魔鬼"。[1]

但是,相比之下,其他地方的人在收获和制作靛蓝的季节里却并非如此欢愉——那些人是农民。农民们群起反抗,不仅因为他们必须向计量员和其他种植园工人支付贿赂,主要原因在于他们被要求必须种植靛蓝。问题出在体系上。英国殖民者不允许拥有超过数英亩的土地[2](殖民者必须向各自的政府申请属于个人的土地,可英国人刚刚丢掉美国的大片土地,还没从土地短缺中恢复过来),因此这些殖民者就得去说服孟加拉农民为他们干活儿。但是农民们想要在自己的地里种水稻,而不是靛蓝,因此英国殖民者(他们又被称为"种植园主",尽管根据法律他们不允许进行如此大面积的种植)就倾向于诉诸一些通常能够奏效的手段:殴打和欺凌。

格兰特的主人是19世纪50年代孟加拉的两位开明种植园主之一,他开了一家学校、一家医院,在社区里还是较受欢迎的。其他的人则大多来自中下层阶级,被管理当局所轻视。管理当局的人受过更好的教育,从没想过要把那些强制借钱又没有归还的农民送进监狱或接受鞭刑。可是这些人十分粗暴,其中一位最臭名昭著的种

---

[1] 1855年,孟加拉另一个地区的土著部落为反抗贷款人、地主和靛蓝种植园主进行起义,后世称之为"桑塔尔起义"(Santal Rebellion)。因此在穆纳斯(Mulnath)以外的地区,蓝色的收获显然并不是值得欢庆的场合。

[2] 1795年,法律规定私人业主不得拥有超过50亩(bigahs)地(一亩是1600英尺,一亩地足够种上八大块靛蓝饼,按19世纪50年代的价格可以赚到八个卢比)。那时,一个欧洲人每月大约能赚400卢比。

植园主名叫乔治·米尔斯（George Meares），他定期烧毁那些不肯为他种植靛蓝的农民的房子。1860年，他还设法让当局通过一项法令，在种过靛蓝的土地上不允许再种稻米。一系列事件导致了"蓝色暴动"，最终又促动了对这种不公正的体系的某种限制。暴动始于几周之后。

它始于巴拉萨特村（village of Barasat）——离加尔各答很近的一座种植园。农民开始十分喧闹地示威，四面八方，孟加拉人跟随着他们的领袖——数百人数百人地被抓入监狱，直到监狱也装不下。谣言四起，据说有人要阴谋绑架总督里彭爵士——英文报纸《英国人》（The Englishman）撰文称，"我们正处于危机前夜"。

很久以后，传教士詹姆斯·朗（James Long）回忆说，他与他的梵文教师在1860年4月的一个早晨一起坐下，抬头发现50个人蜂拥在他的窗户外面，挥舞着请愿书。他十分支持靛蓝农民的事业，不久之后，他应约翻译一部由邮政工人米特拉所写的剧本《靛蓝园之镜》。剧中的头号恶棍就是以愚蠢而又狂暴的乔治·米尔斯为原型的。这种人在剧中属于残酷的殖民地暴徒，他们到处强奸、殴打、腐败，以鼓励女人卖淫为乐。他们说话只说半句，不时夹着诅咒。而剧中的农民则无一例外能够流利地表达他们的抗议和对残暴的英国体制下遭遇的不满。一位叫作伍德的英国人，这个英国人差点儿打死一位农民。一位孟加拉人指责伍德，说："由于遭了殴打，我想，他回家后至少要在床上躺上一个月。""先生，你也有你的家庭啊。现在，如果你在晚饭时，突然被投入大牢，这该给你的妻子的心灵带来怎样的创痛啊!?"伍德则以"你这吃母牛的人"或是"操你姐姐"来回答这位农民。看来，要想和解确实已经太迟了。

《靛蓝园之镜》并不是一部温文尔雅的戏剧，但它却是一部富有感染力的戏剧。这剧横扫孟加拉，激发起无限的政治热情，而且——

经过朗的翻译，又恰好赶上巴拉萨特的暴动——它向英国政治体系的最高等级发出了关于靛蓝问题的警告。朗还因为翻译这部反叛性文字而遭牢狱之灾。但靛蓝带来的不公正，并没有因此结束。1917 年圣雄甘地（Mahatma Gandhi）的第一项和平不抵抗运动暴发于比哈尔邦北部，当时甘地前去支持他认为受到不公正待遇的靛蓝农民——但这只是结束不公正体系的漫长过程的开始。

我不知道我在巴拉萨特要寻找什么——它离加尔各答只有半个小时的火车路程。我只想要知识——任何一点——能够提供我了解这个地方历史的线索，或者多少对于 1860 年的靛蓝暴动有些感性的认识。但问题在于，所有的建筑都是 20 世纪的；大部分建于 20 世纪 60 和 70 年代。田地也老早都重新用于种植水稻。"我想找一座老建筑，"我来到政府办公室，对几位在老旧的吊扇下面坐着喝茶的绅士们提出这样的要求时，我那副模样一定让他们觉得特别可笑。他们很友好，把我的要求交给一位名叫萨尼尔的年轻人，他带我去找新闻办公室，然后又到了一家法庭——在那里，大法官（当时正教他那些十多岁的孩子们如何使用电脑）告诉我，说我非常幸运。正好在巴拉萨特有一座老房子保存了下来。于是我跟着萨尼尔穿街走巷，街边满是垃圾和鞋店，然后转过街角。在街角，聚着一些 20 世纪 60 年代的公寓房子，在我眼前呈现出最无与伦比的景象——这座建筑曾经高大辉煌，现在却像一座鬼城废墟。二层还有个大阳台，有高大的廊柱高耸云天。在下午的阳光下，在常春藤的叶缝中间，那柱子呈现出夺目迷人的蓝色。

这座房子是为印度的第一位总督将军沃伦·黑斯廷斯（Warren Hastings）而建，后来在整个 19 世纪被用作英国行政人员的公寓。我一来，一大群人就立即好奇地围拢过来，我走上已经裂开并且很脏的楼前台阶,推开大门。它打开了,里面的空间半明半暗,我们的鞋全都嘎吱嘎吱地踩在碎石地面上。每一件东西都破碎了,而且被当作废物扔得到处都是;野草在正厅的扶手楼梯上生长,没有一级阶梯是完整的。有一个房间闻起来像家酿酒的味道。"酒精?"我问。"不是——脏水,"一个人回答。但后来证明其实是我听错了,其实那人在告诉我说"糖水",是用甘蔗做的,在一个角落里放置着一些甘蔗的沉淀物在发酵,这可比靛蓝的发酵过程要好闻多了。

站在那里,我能想象得出19世纪50年代的一场盛大的舞会——马车接踵而至,一场弦乐四重奏,人们欢笑着,手上端着酒,从阳台上探出身子,张望着客人的到来。客人中会有地区法官和伯勒格布尔(Barrackpore)兵营的军官们;还有棉花大王、黄麻大王及东印度公司职员携家带口,鱼贯而入。他们的太太小姐们穿着精致的丝绸。此时,我想象着大家都为新客人的到来屏住了呼吸:这是一位靛蓝种植人——"不完全算我们的人,"傲慢的殖民地贵妇人可能会悄悄地在扇子后私语。但此后,尽管有这位昂首阔步欺凌弱小的种植园主的光临,舞会照样进行。时代真是不一样了呀,军官的妻子可能会这样叹惋一声,又重新开始跳舞。谁又能想到,舞会之后不久,他们自认为安全的维多利亚式统治就会被彻底推翻。

在那个十年里,每一样东西都开始改变:在1857年一个命中注定的日子里,达姆-达姆(Dum-Dum)兵工厂——我曾经在火车上一瞥而过——有一位贱民(Untouchable)会向一位婆罗门要杯水,印度暴乱的种子就此种下,最终导致大英帝国没落,靛蓝暴动在其衰亡中扮演了推波助澜的角色。对于靛蓝而言,潮流也在改变。用文学的语言来说——河流的走向改变了,周边地区的农业布局也就相应改变了——这也是一个非常形象的比喻。我后来在寻找紫色的旅途中发现,1856年,有个人正在试图找到从沥青中提炼出合成染料的方法，而天然靛蓝的日子屈指可数了。

最后一株靛蓝

加尔各答植物园并不在旅游者经过的大路上，它位于城市南部，河水靠近豪拉（Howrah）的一边。一堵红色砖墙围绕着它那 100 公顷的土地，大门是如此朴素，我的出租车司机一开始竟没有发现。20 世纪 90 年代，还有人建了横路栅栏和一个票房，旁边一些小小的嵌有玻璃的建筑，也许是为了建立一个游客中心，但现在——已经与植物园的本意相得益彰了——里面长满了荒草。这里没有地图，没有指引方向的路标，只有几个守卫微笑着向我挥手，还有一条两边长满红木的道路通往旷野。我后来发现，这里也有园丁，但我没有发现近期有人照料过园内植物的任何迹象。植物都像在自然界的野生植物一样疯狂地生长，非常高大，就像我在沃伦·黑斯廷斯的废墟里看到的野草一样。"办公室在哪里呢？"我问。一位瘦瘦的男人领我在骄阳下走了好几公里，穿过了上了锁的棕榈屋，里面全是疯长的棕榈树，经过一个湖，巨大的王莲（Victoria lilies）像绿色蛋糕罐一般浮在水面上。

我们终于到了一座已经倒塌的 20 世纪 60 年代的建筑旁。"我想去问一问靛蓝，"我热情地对门口的人说。我没有预约，心里正想着他们是否会赶我走。但正相反，他们请我签一下他们的留言簿。我停了笔，不知道会面人该写谁，他们说"桑加帕博士"，于是我就把这个名字写下。我在一间房间里坐下等待，许多标本锁在柜子里，柜子里发出樟脑丸的味道。然后我被带到一间装有空调的办公室，我看见门上写着"副园长"。

孟尼仁卡塔帕·桑加帕博士（Dr.Munirenkatappa Sanjappa）正坐

在他的桌子后面，穿着一件紫色的蜡染衬衫，上面画着银色的叶子。在他的墙上，有一座破败的雕像，是 1793 年到 1813 年间担任植物园第一任园长的威廉·罗克斯伯勒（William Roxburgh）。我曾读过罗克斯伯勒关于靛蓝和胭脂虫的实验那热情洋溢的信，也很高兴看见他的模样——他是一位个子矮小的人，有一张帅气的脸庞，明亮的眼睛，尽管打着厚厚的领带，穿着佐治亚·英格兰外套，可看上去，好像他更乐于穿着园丁的工作服。罗克斯伯勒可以算得上植物园的英雄，桑加帕博士说，他为印度植物史做了很多好事，其中一件就是他在 18 世纪 80 年代雇人为当地植物画了 3000 幅画。

"如果他们还保留了这些画的话，那真是很了不得啊！"我感叹一句。"噢，是的，我们全部保存下来了——总共 35 卷，"他说，然后他就叫一位同事去找档案。那人带来了第八卷——专讲靛蓝的一卷。当我打开卷宗的时候，皮封面自己脱落了，要知道，我手上翻阅的，可是 220 年历史的各种靛蓝（Indigofera）的图画啊！尽管我已经在书上看过靛蓝的照片，但直到这时，我才真正感叹靛蓝这种植物的种类可真是繁多。这里有我早已熟知的老朋友木蓝（Indigofera tinctoria），也是东印度和西印度群岛主要的经济作物，也是我至今还没亲眼见到的靛蓝品种，它的旁边，画着有着动听名字的秋牡丹（Indigofera flaccida），长着松垂的叶子。另一页画着毛木蓝（Indigofera hirsuta），有着细小的蓝色胡须，还有我的新宠，紫花玉兰（purpurescens），闪亮、硕大的紫色花朵，圆圆的叶子像一队队士兵一般列在花茎两旁。两百多年后，颜色并没有消褪，尽管很可惜的是，在热带的潮湿中，纸张已经开始裂开了。

"有些人认为木蓝是最好的染料，"桑加帕博士说："但罗克斯伯勒总是说，天穹靛蓝（coerulia）包含更多的蓝色。本来，它的名字的意思就是天空嘛。"他告诉我靛蓝能够在任何地方生长，从最热的沙漠到最高的山，有上百种品种。他告诉我，大部分都是灌木。尽管没有一种符合我幼年的想象，能够攀到教堂的天顶，但是有一种靛蓝可以长到三米或更高。另一项所有靛蓝品种的共有特征是，除了都有大致的灌木气味之外，它们都有两根细小的蓝色茸毛，在放大镜下面看，像极了正在飞翔的海鸥。

虽然桑加帕博士身为一个国家最重要的植物园的园长，但他拥有如此广博的靛蓝知识，令人惊诧。原来，靛蓝曾是他博士论文的课题，他解释说，尽管他的工作现在需要了解更多其他事物，但他仍然一直为靛蓝而痴迷。"事实上，在印度的 62 种靛蓝品种中，我已经采集了 58 种。"他说，在这 58 种之中，又有六种是被他个人首次发现并命名的，他一般用发现时该品种生长的环境来命名，有一种靛蓝——长瓣靛蓝（*Indigofera sesquipedalis*）——就是因为叶子有半英尺那么长，所以被半开玩笑地这样命名了。桑加帕博士喜爱这些拉丁名字。他还告诉我，在一次赴喜马拉雅山的靛蓝探险中，他和其他三个同伴在一万七千英尺的高度宿营，他们连续 40 天，每天在稀薄的空气中走两万英尺，由此可见，他们誓将完成靛蓝采集的热情与决心。

我有我自己的靛蓝探险，当然相比之下规模小得多，耗费的精力也少得多。桑加帕博士能否告诉我植物园里有靛蓝呢？"这里没有，"他说。"这真令人遗憾。"我们立刻都感叹起来真是太可惜了，也太令人诧异了——又一次，靛蓝的种植完全地从它诞生的土地上消失。"噢，也许这儿有一种：我几个月前看见过，有几株野生的。也许还在那里——除非园丁把它们清除了。"我请他在送给我的植物园地图上标出来，大约是在两公里以外。然后，我再次打开那本 200 年历史的旧图册，又再次记忆了一遍木蓝的叶子和花，以便确认我见到真正的植株时能够认出它。后来桑加帕博士下了决心，他说："你不可能自己找靛蓝，我给你叫辆吉普车。"当我们一起走出房间，我才发现他走路时有点瘸。"你的腿？"我问。"噢，我六个月的时候得过小儿麻痹症。"他回答。我这才意识到他告诉我的这些靛蓝探险该有多难。带着大量采集设备每天早晨沿着喜马拉雅山脊爬3000英尺，这对于任何一位普通人而言，都是十分辉煌的伟业。而对于桑加帕博士而言，他对靛蓝的追求无疑带有英雄史诗的气质。

我们有两位司机和三位警卫，三人手里拿着长板条（lathis）——印度警察的传统棍棒——他们全都跃进车后面。"我真希望那些靛蓝还在那里，"当我们停在一片看似毫无希望找到任何靛蓝的树林边上时，桑加帕博士喃喃说着："这儿，这儿，"我们甚至还没钻出吉普，他突然激动地大喊起来。确实是啊！我的木蓝，正是那些种子的后代——我乐于这样想——正是罗克斯伯勒保存了如此之久的种子的后代。桑加帕博士是对的：我自己是绝不可能找到它的。

我曾经采访过瑞士指挥家查尔斯·迪图瓦（Charles Dutoit），他说，20世纪60年代当他还在做学生时，曾经想方设法弄到一个在纽约为伊戈尔·斯特拉温斯基（Igor Stravinsky）指挥的音乐会翻谱子的机会。哦，那位大作曲家长什么样？我不由得问起。"很矮。"这就是迪图瓦的回答，真让我没想到。他说："我还以为一位有如此音乐造诣的人会在体形上也超于常人，但其实不是。"他似乎在好多年以后提及此事还颇感失望。而这种特别的靛蓝植物呈现在我面前时，也是同样的感觉：很矮。还不到80厘米高，躲在加尔各答植物园那些蓬勃生长的生命之间。[1] 它有细小而精致的圆形叶子，还有甚至更细小的大约只有1—2毫米大的圆圆的粉红色花朵。但最令人伤心的是，它已经被周围的野草裹缠过紧，因此快要窒息而枯萎。当我指出这一点时，三名警卫立刻自动担任园丁的职责。他们走上前去，将

---

[1] 如果得到精心照料，木蓝能够长成两米高的灌木。

周围那些正在扼杀靛蓝的野藤清理掉,以此拯救靛蓝。

这绝不是我儿时梦想中的高大的靛蓝树,它是一种十分脆弱的生命体。我乐于想象,它仍然在那里继续生长,与野草做着勇敢的斗争。靛蓝,尽管细小,却正是孟加拉历史的一份遗产。[1]

---

[1] 自从我访问孟加拉以后,我得知一项在孟加拉种植靛蓝以供应欧美的天然染料需求的计划。Aranya 项目由鲁比·古兹那维(Ruby Ghuznavi)在 20 世纪 90 年代发起。到 2002 年,这个项目已经资助 50 英亩的靛蓝种植——只是孟加拉历史的小小延续,却是南亚次大陆靛蓝事业的未来希望——没有强迫劳力,没有污染,将成为合成染料的替代品。

第十章

紫 色

> 让我告诉你们，她坐的那艘画舫，就像在水上燃烧发光的宝座：舵楼是黄金打造的；帆是紫色的，发出异香，连风都为它害起相思来了。
>
> ——威廉·莎士比亚:《安东尼和克莱奥帕特拉》

现代紫色染料的发明故事早已有口皆碑，成为化学史上的一项传奇：据说是在伦敦的一个春日，一位十几岁的青年整天泡在实验室里，想找到治愈疟疾的廉价药品配方。到了晚上，他有些疲累，开始收拾物品。可就在这时，一不小心，一滴液体滴入实验皿，转瞬之间变了颜色! 而整个世界，也因这小小的一滴，从此改变了颜色。这个故事众人皆知，但比较鲜为人知的是，这项发明引发了一系列事件，有两种长期埋没的古代染料因此得以重新发现，它们是：克莱奥帕特拉性感风帆的颜色以及所罗门神庙的颜色。

1856 年，威廉·亨利·珀金（William

Henry Perkin）只有 18 岁，是皇家化学学院的高材生。他和他的同班同学一直在寻找疟疾药奎宁（quinine）的人造替代品。当时，奎宁的药物成分只在南美洲的一种树皮中发现过。但他的老师注意到，煤油灯燃烧后残存的物质中，某些成分与奎宁十分相似，于是，这位老师就去说服他的学生，能否试着去找找如何在煤焦油中添加氢和氧的方法，说不定能发点财。

珀金爱好化学，他在父母东伦敦住处的顶层建了一个自己的实验室。正如他多年以后在一次去美国的旅行中向新闻记者们解释的那样，那个春日的夜晚，就是在这个实验室里，他在清洗玻璃试管的时候，注意到一些黑色的沉淀物。他当时准备将这些沉淀物倒掉，但稍微犹豫了一下，忽然觉得这东西很有意思。"结果这种沉淀的溶液居然呈现出奇怪而美丽的颜色，"他告诉记者们："其余的你们就都知道了。"

我过去住的地方离珀金长大的地方只有 50 米，靠近伦敦码头区的沙德威尔洼地（Shadwell Basin），记得有一天，我注意到在一座地产的边界上竖起一块具有历史纪念意义的蓝色牌子。上面写着，1856 年 3 月，在这座房子的家庭实验室里，最早的"苯胺染料"诞生了。我回家后，就在字典里查苯胺这个词——正如我后来在对靛蓝的探寻中所记起的那样，这个词来源于"nil"，梵语的靛蓝一词——我的脑海中立刻浮现起一种与那牌子上的颜色一模一样的蓝色。数年之后，我才得知，事实上珀金在偶然的情况下所发明的，不是蓝色，而是紫红色。

但他起初并没有为之命名为紫红色。他起初称他的发明为"提尔紫"（Tyrian Purple）。对珀金而言，这个名字是在他有限的拉丁语词汇中最富传奇色彩的名字。他可能知道，这是一种曾经被古代帝王们穿在身上的颜色，因此，选择这个沾有富贵精英色彩的词，多少有点鼓励买者大把掏钱的意味。只是后来，也许是珀金意识到，作为学术历史中时常引用的名字，实在没必要太过哗众取宠。于是，才用一种美丽的法国花卉的名字来重新命名这种颜色。[1]

不管它最终的名字是什么，珀金都算幸运儿：他恰巧发明了当时最需要的颜色。那一年，维多利亚女王下令由法国工匠爱德华·克赖撒为她的丈夫阿尔伯特的生日打一只橱柜。当时，靓丽的塞夫勒（Sèvres）珐琅瓷重新流行起来，受到这种流行趋势的启发，这只橱柜做得十分喜庆明快，上面有两位身穿可爱的紫色衣裙的金发女士，被绿松石的叶子和粉红色的花朵环绕着。到1858年，伦敦、巴黎和纽约的每一位女士，只要能买得起，都会穿着"紫红色"衣服，珀金和他的父亲及兄弟一起开了一家印染厂，到他21岁生日之际，他就早已是位十分富有的人了。如果没有他的发现，整个染料工业就只能用靛蓝混上茜红，或者使用苔藓来应付市场需求，但这些方法制出的紫色，远没有珀金的紫色富有吸引力。

煤焦油，是来自于古代树木化石中的一种有机成分，经研究发现，它能够制造出上千种颜色。其他的化学家们受到珀金这项发明的启发，开始寻找更多的石油化学颜料和染料。不出十年，所有这些石化颜料和染料就已取代了作为本书主题的各种颜料。不仅如此，正像西蒙·加菲尔德在他的《紫红色》（Mauve）一书中写的那样，珀金的发明还有其他许多医学上和商业上的效应，启发了许多其他学科的科学家们，霍乱和肺结核菌的发现，化学疗法、免疫学以及糖精的发明都与此有关。今天，一些欧洲最大的药物公司——包括巴斯

---

[1] 这个名字来自于法国人对这种颜色的描述，称其像锦葵花的花瓣。很有意思的是，当英国人根据法语锦葵花的英文音译（mallow）称之为"Mauve"（而19世纪这个词的发音有点怪，是morve），法国人却有意将之命名为"珀金紫"。两国的国内市场都明显想要给这种染料贴上点外来奇幻的色彩。

夫（BASF）、汽巴（Ciba）以及拜耳（Bayer）——都开始于小型的染料工业，而且其创业的冲动，全都来自于试图从煤炭中发掘颜色的那股狂热。

不仅如此，十年的"紫红狂热"还重新激发起人们对于早期提尔人的紫色的兴趣，珀金发明四年之后，法国皇帝拿破仑三世派了一支考古探险队，出发去寻找提尔这个地方，寻找提尔富人的遗存古物。几年之后，当一些犹太学者获知珀金的发明后，启动了一项庞大而漫长的工程，开始解读犹太教圣物之谜。

在19世纪50年代，新的紫红色虽然发明出来了，但人们对于古代的提尔紫究竟是哪一种水生动物做成，又是如何制作的，仍然不得而知。受过教育的维多利亚时代的人只知道，它是用地中海东岸的一种水生贝类做成的。旧式的染匠们在1453年君士坦丁堡攻防战时全都跑光了［也可能比1453年更早：最后的关于紫色染料作为一种古代工业的记载，可能出自1165年图德拉的便雅悯（Benjamin of Tudela）的日志，他提及底比斯（Thebes）的犹太社区以制作丝绸外套和紫颜色而出名］，他们没有留下任何关于他们行业的秘密。也没有一个人确切地知道那种紫色是种什么样的颜色。这种罗马帝国的染料会不会与珀金的发明相似，是七彩光谱末端的绚烂之光呢？或者，它会不会是一种更独特、更神秘、专供身后享有神佑之人在公开场合穿着的颜色呢？归根结底，究竟谁是提尔人，他们又在哪里呢？

当我决定自己去寻找紫色时，这最后一个问题其实最容易解答。查一下《泰晤士地图集》，就能找到提尔（Tyre）——或者根据拼法不同，又叫绍尔（Sour），或苏尔（Sur），或提（Tyr）——位于黎巴嫩最南端的港口。这里位于有争议的以色列边界的北面，黎巴嫩首都贝鲁特的南面。但为了回答其他几个问题——关于这种紫色产品的性质,以及它是更红一些,还是更蓝一些,还是两者都不是的问题——我决定前往这种染料的源头去查个究竟,或者至少是找到这种染料的名字的来源地吧。

一场葬礼

我来到贝鲁特,第一目标当然是找到紫色。但我那天早晨的第一欲望,却是找一杯咖啡。在通常情况下,这个目标很简单,要比在战痕累累的市中心找一面满是弹孔的墙更容易,但我的时机选得不对。几天前,叙利亚总统阿萨德(Hafez al-Assad)去世,正赶上为他下葬。真是没有比这更糟的时机了!为了对这位东北邻国的前领袖表示尊敬,整个黎巴嫩都闭门谢客,甚至那些曾经弥漫着阿拉伯咖啡浓香的地方也被关闭了。以前,我每每闻着香味,就像撞见了传说的妖仙一般,会被迷迷糊糊地领着走进去。可现在,小店的业主都一副严肃紧张的表情,忙不迭把我嘘开。有一家店主说,如果在公开场合不表示哀悼,罚金会非常高,不是一般小店主能够承受得起的;如果那一天他们让哪怕只是一位付费的顾客进来,他们也一定会破产。

其中一家咖啡店里,我虽买不到咖啡,但看见电视上正播放着身着礼服表情严肃的男人们护卫着一付棺材的画面,他们沿着大马士革的一条大街行走,大街两旁站满了身着黑衣的送葬人群。这很有意思,如今,黑色,而且在很多国家是只有黑色,才是哀悼的颜色(亚洲部分国家的人在葬礼时穿白色),但是,在20世纪50年代之前,紫色曾是英国葬礼中十分适宜的服装颜色。一位英国报纸专栏作家最近回忆说,当英王乔治六世(George VI)1952年去世的时候,伦敦西区的服装商店赶紧把黑色和紫色的灯笼裤严肃地放在橱窗里,而英国王室直到那时还在他们的着装规则中将紫色列为半哀悼的颜色。

　　黑色和白色似乎象征着极端：要么是整个儿吸收光线，象征你彻底地离开这个世界，要么是整个儿折射光线，象征你回到了一个天堂的光明状态。黑或白，取决于你对涅槃的信仰态度。紫色，则是彩虹光谱中的最后一种颜色，代表着已知王国的边界和未知王国的开端。也许，这就是为什么它也适合葬礼的原因。7世纪的圣人塞维尔的伊西多尔（Isidore of Seville），因为有采集事实的天赋，无意之中成了现代因特网的保护神。他在《词源学》（*Etymologiae*）中认为，"紫色"（purpura）一词源自拉丁语"*puritae lucis*"，意思是"光的纯洁性"。这很可能并不正确，但在文艺复兴之前，这词条的解释却促进了紫色的流行，也许还提供了紫色与灵魂相联系的最佳方式。维多利亚时代的人穿着珀金紫参加葬礼队伍，在此之前的好几百年，紫色在英国都一直是哀悼的颜色：1660年9月16日，塞缪尔·皮普斯（Samuel Pepys）在日记中写道，他去了"白厅（the White Hall）花园，在那里看见国王穿着紫色的衣服，哀悼三天前因染天花去世的兄弟格洛斯特公爵"。

　　人们都到哪里去了？当我漫步在贝鲁特大街上时，连一辆车甚至一个行人都看不见。当我到达滨海路时，发现这里有一个周边都是棕榈树的广场，这里曾是贝鲁特的嬉皮们驾车追逐炫耀之所，如今也是空荡荡的。但我在滨海路下面嶙峋的岩石上找到了一半的答案：这里居然满是沙滩巾和度假的游人。大家闲聊着，享受着海水浴，一派阳光假日风光，似乎这一天与其他假日没什么两样。但还是有件奇怪的事：这里全是男人，没有女人。

　　快到午餐时间了，我终于在五星级索菲特酒店的顶层饭店里找到吃的，早午餐合二为一，享受到了咖啡和酸奶，觉得很惬意。这里是我能找到的唯一对外营业的地方，我坐的餐桌刚好能够俯瞰下方，这时，我刚才的小小疑问才得到解答。我的下方原先想必是个高档的海滨俱乐部，如今，这里的私人游泳池里没有水，但挤满了晒着日光浴的女人，她们挤在一起，享受着从高墙后面射过来的阳光。我想，我这次探索紫色之旅，本来就与死亡有关，与奢华有关，与不为人知的事物有关，与大海有关：而我在黎巴嫩的第一天，便一下子经历了死亡、奢华、秘密和大海，所有这些元素都叫我碰上了。但愿，今后在黎巴嫩停留的日子里，上述所有的紫色元素也能如第一天这般完整而清晰地展示于我面前。

酒店的大堂经理告诉我，如果我认为这一天的贝鲁特万事皆荒的话，那么一些亲叙利亚的穆斯林城市，像提尔和西顿（Sidon），那景象就称得上凋敝了。当他得知我在寻找紫色的时候，他就建议说，往北行驶，到基督教地区，"他们那里不会这样哀悼，你会发现许多腓尼基人的遗体。当然，还有许多咖啡"。

腓尼基人是我正在寻找的人——他们公元前3世纪从阿拉伯半岛来到黎巴嫩，是早期黎巴嫩的居民，是他们建起了这长长的石头海岸。他们也是海上探险家、商人、画家和木匠，他们拥有靠星辰掌握方向的本领，以及烧制彩色玻璃的本领，因而远近闻名。据说，他们也是字母的发明人，如果没有他们，今天的我恐怕就写不成这本书。但是，对我的研究最为重要的是，这些人是历史上最昂贵染料的贸易商，以至于他们这个民族的名称就来源于这种颜色。"Phoenicians"（腓尼基人）一词来源于希腊文的紫色"*phoinis*"。于是我决定，让我先去发现他们因之而命名的颜色吧！于是，我采纳了酒店经理的建议，并且雇了一辆车。

我早先研究黎巴嫩地图时曾感到惊讶，这个国家多么小啊。1975年到1990年的剧烈内战，使得它臭名远扬。至少对我这一代人而言，从20世纪80年代起，被迫不停地观看电视上人质危机的一幕幕重演，一次次恶化。可以说，黎巴嫩的名声之大，远远超过其领土面积。整个黎巴嫩实际上只比福克兰群岛小一点，大约只有威尔士的一半。只需一个多小时，我已经越过贝鲁特——来到字母发明人的城市啦！

紫色民族

朱拜勒城（Jbail，阿拉伯名称），又叫比布鲁斯（Byblos，希腊名称），城里并没有多少近期战争的痕迹，但在俯瞰城市的小山上，有一些难看的水泥别墅。据一位不赞同这些建筑的比布鲁斯人告诉我，这些都是周末逃离战火的贝鲁特人盖的。过去 7000 年左右的时间内为了争夺这片海岸线，各个派系相互混战。如果说，这里并没太多现代战争的迹象的话，那么也正因如此，使得这里成了了解过去 7000 年古代战争的绝佳之地。而这些混战的派系中，有一支便是我要寻找的腓尼基人。

我驶过修复如初的露天市场，直接来到海岬，这时已是夕阳西下。这块狭小的地带到处是比布鲁斯的古人留下的岩石废墟——其中先有新石器时期的定居者，接下来有腓尼基人、希腊人、罗马人、拜占庭人、倭巴亚人（Umayyads）、十字军、法兰克人、马木留克人（Mamelukes）、奥斯曼人、阿拉伯人，还有来到此地的旅游者。我属于最后一类，因此我找了一位向导，她的名字叫海雅米（Hyame），是一位考古学家，我们在古老的墙中间转悠着，直到天黑，她的故事给这个荒芜的碎石与废墟带来生命。

海雅米告诉我，腓尼基人个头很小。如果一个男人身高 1.5 米，又恰好长得比较英俊，那他在 4000 年前的比布鲁斯必定为人人称羡——女人就更矮了。他们的房子既没有门，也没有窗户，是用梯子爬进去的，直接进入屋顶上的门洞口。他们用油灯照亮房子里面，油灯也恰好是腓尼基人的发明。"如果他们老了爬不动梯子怎么办？"我问。"他们活不了多久，所以这个问题无关紧要。"我的向导笑嘻嘻地回答。

当我们站在这个静悄悄的地方，我想象着一幅很有意思的图画。4000年前，我们眼前的这块地方曾经十分喧闹，到处都是人群：矮小的商人们与矮小的顾客们谈着价钱。店铺的深度，刚够一支蜡烛的烛光照射的距离，至今，你仍能看见一些"牙印"状的凹槽嵌在城墙上，这"牙印"便是深度。现在这里到处是野草，可从前这里却到处满铺着奶酪、续随子、绳子和药方，还有特别为船和旅行准备的其他物品。黎巴嫩山就在附近，有人常年干着从山上运冰的营生。一些商人会储备大量的冰块，这冰很有用，能够使甲板上的食物保持新鲜，或者也许还能为汗流浃背的旅客和海员带来爽口的冰柠檬饮料。市场上的冰块在大太阳下融成水滴，滴成一条条深色的水沟。驶离这座城市的船只中，有许多是专门运送纸草卷子的，运得多了，名气大了，连比布鲁斯这座城市都因纸草得了名，连 Bible（圣经）一词也是因纸草而来。

我想象着，在古老的腓尼基市场上，摆满了各种各样的颜色，这一点，海雅米表示赞同。这里有像煤块一样成堆的靛蓝色块，成袋的散发着香气的藏红花染料，从罗得岛运来做成饼状的白铅块，来自于阿富汗的大块青金石，当然，不乏珍贵的紫色染料。几千年来，紫色是海岸贸易中最值钱的货物，它被视为人间的珍品，冥界的至宝。它被用于犹太教神庙（the Tabernacle，庙中放置犹太人在旷野中一直抬着的约柜，约柜用"十层上好的亚麻线纺出的布裹住，有蓝色，有紫色，还有深红色"，见《出埃及记》26：1），它还扮演着世俗贡品的作用。在6世纪，波斯国王冈比西斯曾派一队间谍去埃塞俄比亚，希望他们能带回如何攻打该国的详细计划。他们随行带了许多礼物，有香料，有项链，有棕榈酒，还有一件珍贵的紫色斗篷。据罗马历史学家希罗多德讲，埃塞俄比亚国王不仅对冈比斯的意图心存疑虑，而且对他带来的礼物，特别是那件斗篷上那种非常奇特的颜色不屑一顾。"拿着紫色斗篷的时候，他问这是什么，用什么做的，当（这些外交间谍）原原本本地告诉他紫色的来源以及染色的过程后，他评论说，这些人和他们的斗篷全是罪恶的化身。"

波斯人和犹太人非常喜欢紫色，然而，是罗马人和拜占庭人对紫色的厚爱，才使它赢得了今日的声誉。一代又一代的罗马和拜占庭皇帝，都曾穿着紫色染料染成的衣服，君临天下。因此，我转向内陆，去寻找罗马人的遗迹及他们建造的最雄伟的神庙。

一只蝴蝶翅膀的振动

靠近著名的杉树林，在黎巴嫩山高高的陡坡上，我的车里捎上了两名比利时人。"我们要去取行李。"他们俩说，于是就钻回他们的旅馆，拿回好多小盒子，整体看上去就像一只巨大的蜂巢。我们和盒子一起把小车塞得满满的，两人都快被一堆堆的包裹湮没了。阿兰是一位蝴蝶采集者，他说正在寻找稀有的黎巴嫩山蓝蝴蝶，他的妻子克里斯蒂娜则说，她之所以跟着一起来，是因为她丈夫答应她，这一次会带她住在旅馆而不是帐篷里。阿兰解释说，蝴蝶采集人是些奇特的人，"我们乐于在大自然中宿营，在山溪中淋浴，乐于早起工作，只为了能够亲眼一睹不同于其他品种的新标本。"克里斯蒂娜在一旁插了话，她可不像她的丈夫那样乐观，"我不喜欢跟着去：这一切都很令人厌烦，而且他们喝酒喝得太多。"

当我们沿着蜿蜒的山路驾驶的时候，阿兰聊着他的蓝蝴蝶，我则谈论着我的紫色。他说，蝴蝶对紫色很敏感，能够一下子看到紫色。但是，蝴蝶对光的视觉与人类截然不同，比如说，它们看不见红色，但它们能看见彩虹光谱中其他所有的光，从黄色到紫色，甚至是紫外线，都能看见。我大声地提出我的疑问，人怎么会知道蝴蝶的感光呢？他告诉我，有些花，以及有些蝴蝶，用人的肉眼来看完全是白色的。但当你用紫外线观测仪来重新观赏这些花或蝶翅时，它们实际上覆盖着一层魔鬼般艳丽的纹路，蝴蝶用这些纹路来传达信息。

那一刻，在阿兰说着他的故事的时候，我们恰好经过的路边有一大丛白花，我不由得想，这些花是不是也有一层我看不见的花纹呢？有生以来第一次，我思忖着我们的"可见光"光谱是多么的武断。也许紫外线在这些十分普通的小小花瓣上刻上了花纹，使这花就像一只植物园中的异域孔雀那样炫目迷人，可我们却无法欣赏它。如果我们能够看见更宽广的光波范围，那么这些花很可能就像老虎兰那样鲜艳诱人。但假如我们能够看见的光波范围再窄那么一点点：也许我将永不可能找到梦想中的提尔紫。即使我曾经遇到它，我也不可能发现它。

感情与力量

我们穿越贝卡平原（Bekaa plain）时，从很远的地方就能够见到巨大的巴勒贝克（Baalbek）柱子。在这些柱子的俯视之下，巴勒贝克城显得又小又灰暗。今天的巴勒贝克，是由一系列图画般的废墟组成的城市，然而，曾几何时，这里却是罗马帝国最宏大神庙的所在地，众神统治者朱庇特的神庙。我们经过的时候，我注意到，废墟上有许多建筑工人，因此我就放下了蝴蝶采集人和他的妻子，还有他们大量的网和盒子,前去探个究竟。

每一年,都会有上千人来到巴勒贝克参加一项现代音乐节,邀请斯汀(Sting)、巴黎歌剧院芭蕾舞团和好景俱乐部成员在废墟上表演节目。我现在恰好赶在这音乐节开幕之前几天,组织者们正忙着搭建舞台和座位,工地的嘈杂进一步强化了古代建筑的废墟感与苍凉感。

朱庇特神庙真是一座巨大的废墟啊!它曾经有两个雅典卫城那么大。现在这里只剩下几面墙和许多罗马碎石及一些从遥远的埃及阿斯旺和利比亚的黎波里运来的巨大花岗岩柱子,作为历史的见证。

最大的朱庇特神庙遗址,刚刚被改为大型的歌舞台,我无法近窥。但离此不远的地方,有另一座小一点的神庙,是祭祀巴克斯的庙。巴克斯既是酒神,又是欢宴之神(罗马人的酒神巴克斯,相当于希腊人的狄奥尼索斯),这座庙保存得相对完好,我仍能看见蛋纹和牛角的雕刻,葡萄藤和蜂蜜缠绕的柱子,上面的花纹象征丰收,富有

19世纪的巴勒贝克木版雕刻

情趣。我们的向导加齐·伊加尼（Ghazi Ygani）指着祭司们专用的酒窖说，这儿是当时的"夜总会"，祭司恐怕称得上是当时的酒吧老板了。这个庙被保存下来，真是有点儿讽刺意味。比起雄伟华丽的朱庇特神庙，它的地位微不足道。它的庙基很低，象征着它在众神序列中排位很低。祭司一旦搬出了庙，它的建筑就立即开始倾颓，墙上迅速灰尘遍布，脏土层层堆集。可是，这恰恰增加了对墙的保护，反使这座庙历久弥坚。究竟吹了多少土，埋了多少沙？虽不得而知精确，但令人惊叹的是，在墙的高处，距我们头顶12米的上方，我刚好能看见几个德国游客乱涂乱画的名字。"这些字迹写于1882年，那时的地平面就在那里。"我们一行四人，一边忙着挪进一小块手帕大小的阴影里躲避阳光，一边惊讶地听导游说这番话。在20世纪20年代大量的考古发掘之后，我们能清晰地看出这土曾经有多厚！

酒神巴克斯与太阳神朱庇特的竞争，其实就是性与权力的竞争，想必曾在这里每一块紫色的石头上留下痕迹。而紫色的象征含义被两位神祇拉锯着，争夺着，因而总是显得模棱两可，不置可否。用正式的权力术语来讲，紫色通常是皇室的颜色，或可说是最崇高的神父礼服的颜色。但是，从毫无拘束的狂欢角度来看，如果巴克斯曾经有一种代表性颜色的话，它可能会自我宣称，这种颜色必当是醉酒的唇上那一抹丹宁酸浸润的色彩，是约翰·济慈笔下"紫淀的嘴唇"，或者甚至就是荷马笔下那片极度危险的酒红色大海。

紫色究竟是性的颜色，还是权力的颜色，这个问题终于等来了一个决定时刻，那是在公元前49年的一次重要的晚宴上。当时，尤里·恺撒刚刚赢得一场关键的战役，打败了庞贝，克莱奥帕特拉为这位年事已高的英雄举办了一场盛宴，地点设在一座宫殿里，据说这座宫殿"十分奢华，炫耀得没了止境"。染成紫色的，不仅仅是埃及女王的风帆，她的整个宫殿都用紫色的斑岩石砌边。几个世纪后，拜占庭皇帝们纷纷效仿，建造紫色的宫殿，于是，"生于紫色"（born in purple）一词应运而生，意思便是，生于帝王之家。克莱奥帕特拉会客厅里的长榻上，铺着一层闪亮的套子，其中绝大部分，"都是用提尔紫长时间浸染而来，曾在不止一个染缸里浸泡过"。一百年之后，这已经十分平常：一位对紫色感到厌倦的内部装饰评论家科尔奈利乌斯·奈波斯（Cornelius Nepos）问道，"如今谁家的餐室里不用紫色来敷墙面？"

但对于尤里·恺撒而言，所有的这些东方情调的装饰都是新奇的。他深受感染，倒在女主人的臂弯里。这使他手下的将领们极为厌烦，他们都声称，克莱奥帕特拉"要用娼妓的手段获得罗马"。恺撒却毫无悔意，他回到罗马后，为了纪念他最近这两次征服，特意引入了一种新的时尚服装：一种以海蜗牛染出来的长及脚踝的纯紫色袍子，只有恺撒一人才能享用。

今天，如果有人描述野心勃勃的古罗马官员和军官们如何为无法穿上紫色的袍子或者挂上特别的红蓝色的风帆而悲叹的话，这会令人

一幅诱人的长榻图

听上去很奇怪。但在历史的某个阶段，就在我正踏步于上的巴勒贝克大街，以及在所有罗马和拜占庭王朝的市镇上，如果我是一位穿着提尔紫的普通市民，那我必定会被拉去杀头。而在小镇的其他历史时刻，如果我穿着提尔紫，我会被人艳羡：因为我穿的是紫色，就意味着我是一位头面人物，或者至少是个富豪（提尔紫是如此昂贵，甚至在3世纪有个著名的故事，奥勒良皇帝告诉他的夫人说，我们俩没钱买一套紫色礼服）。

几个世纪以来，关于这种颜色的规则都十分奇特，而且相当令人迷惑。在某些人的统治下，几乎没有人能够穿上这种用软体动物染成的紫色，紫色的代价便是杀头。比如说尼禄，还有5世纪的基督教教皇瓦伦丁尼安（Valentian）、狄奥多西（Theodosius）和阿卡狄乌斯（Arcadius）都十分严厉。有时女人是可以穿紫色的，而男人中只有极特殊的人，比如将军才有资格穿着紫色，比如在3世纪的塞维鲁（Septimus Severus）和奥勒良（Aurelian）时期。在其他人统治时期，比如4世纪的戴克里先（Diocletian），他特别热心，鼓励每个人尽量穿紫色的衣服，人们为此支付的钱全都进了皇室国库。每一位新统治者出现在历史舞台，权贵们必定会重新审视一下自己的衣柜，忖度着下一季该穿什么样的衣服。

拜占庭皇帝们继承了罗马独尊紫色的传统[1]，但这一时期，紫色染工逐渐北移向罗德岛和底比斯。在有幸未遭七八世纪拜占庭基督徒毁坏的几幅著名马赛克拼画中，有一幅保存在意大利拉韦纳（Ravenna）的圣维塔雷教堂（San Vitale church）的画，展示了查士丁

---

[1] 6世纪的查士丁尼（Justinain）强化了对于"专有丝绸"的禁令——学者们认为这种丝绸就是用紫色染出来的——10世纪的君士坦丁十分喜爱紫色，以至于他的诨名就叫"Porphyrogenitus"，意思是他就生于"紫色之中"，也许这意指拜占庭皇帝们出生的房间墙壁的颜色，但毫无疑问的是，紫色代表着无上的特权。

尼皇帝的夫人西奥多拉（Theodora），她被周围的侍从环绕着，戴着大量珠宝，穿的就是一件深紫色而且紫得近乎猩红色的衣服。别看君士坦丁堡的大宗主教（Ecumenical Patriarch）现在只用普通黑色墨水签名，过去他的正式签名可全用紫色来题写的呀！而六七世纪一些写在上等小牛皮纸上的最豪华的书，也全都是用紫色染出来的。维也纳国家图书馆藏有一本这样的书，最精妙的那一页上，画着约瑟（Joseph）的故事，约翰几乎全裸，波提乏（Potipher）妻子一而再，再而三地引诱他。画面上方的文字曾经是银色的，现在已经褪变为黑色，但这幅性感场景的背景，是一种柔软的深红色，仿佛曾用黑莓浸过的一般。[1]

　　紫色并不是历史上唯一一种被严格规定穿着范围的颜色。1197年时，英国国王理查一世制订了一项特别严酷的法则，被称作《衣制法令》（Assize of Cloth），规定低层阶级只能穿灰色衣服；中国清朝（1644—1911）有一种特殊的黄色，只能由皇帝穿着；相比之下（既是一种视觉上的比较，又是一种政治上的比较），1949年毛泽东的革命之后，无论等级高低，所有中国人一律穿蓝布衣裳。我记得见到一位西藏尼姑，她告诉我，她的童年是在西藏度过的。那时除了和尚和尼姑，没人能穿橙色或红色的衣服。但是，尽管有这些例子，毫无疑问，紫色却仍是历史上被规定得最多的颜色。我们今天没有类似的紫色法令了。多亏了珀金在实验室里的片刻好奇心，他创造了一种颜色，也确保了今天的我们能够随心所欲地将衣服染成或鲜艳或朴素的颜色。今天，只有时尚大师们会时不时地发一两声喝令，试图指导我们出门该如何穿着，但我们还未必听从。恐怕今天唯一存在颜色规则

---

〔1〕6世纪的基督教画家用提尔紫来画最珍贵的书。次一点的文字就用便宜一些的染料，有一种青苔用来染书变得十分受欢迎，以至于这种染料就被命名为"folium"，来源于词根"folio"，意思是书的一页。

的地方，是军队或学校，这两处都有严格的组织结构，服饰上的微小差别仍然显示着重要的等级区别。

许多古典时代的评论家都评论过紫色的这种等级现象，普林尼是其中之一，但他不为所动。他写道："紫色是用罗马权杖和斧头劈出来的颜色。它所染上的每一件衣服，都沾上了胜利的金色荣光。出于上述理由，我们应当理解人们对紫色所表现出来的疯狂欲望。但为什么这种颜色会这样昂贵？……这不过是一种带着刺激性气味，色泽很灰暗，而且还带点儿绿光，仿佛是海洋在发怒的一种颜色而已嘛……"

像普林尼一样，我发现自己也很难去赞美这种紫色的光彩；我也并不理解它怎么能够从软体动物中提炼出来。国家葬礼结束了，现在我可以去提尔城了，我将试图去发现这种颜色，看看它究竟是怎样制作的，以及看上去它究竟是什么样子的。

提　　尔

我的导游手册上说，提尔只有两家旅馆。一家很脏，而另一家很贵。但当我绕着城市环行不慎在黑暗中迷失方向的时候，却无意间找到了第三家。这是慕瑞克斯旅馆（Hotel Murex），它的名字取自于两种贝类软体动物染料骨螺（*Murex brandaris*）和根干骨螺（*Murex trunculus*）的拉丁文名字，这两种正是我在寻找的种类。[1]我从来没有想清楚，为什么我会认为这个名字很丑陋。也许因为它听起来让我想起一位厕纸制造商的广告词，"慕瑞克斯厕纸：我们保证不让细菌

---

[1] 第三种是"Thais haemastema"，也能制出很好的紫色染料，但它是在地中海的遥远的西端发现的，可能对于腓尼基人的重要性不大。

367 滋生。"但我不想让我的语源学偏见妨碍我对紫色的探寻,因此我停下了车,入住该旅馆。

这一个晚上恰好是慕瑞克斯旅馆的音乐之夜。一个阿拉伯乐队的演奏震天价响,仿佛整个旅馆都在跳跃,男人和男人跳着舞,女人和女人跳着舞,这个欢快而嘈杂的震天动地的欢聚,一直持续到次日凌晨。旅馆几个星期前刚开业,老板来自一个富有的黎巴嫩望族。我与他们家的儿子聊了会儿天,他大概二十五六岁。他说他住在非洲,做宝石生意,梦想着有一天能与他14岁的女朋友结婚。"当然,要等她准备好的时候。"他的父母为旅馆挑选了名字,因为他们认为这个名字揭示着提尔城富有的过去,在那个辉煌时代里,整个地中海都知道提尔城。

走廊上有一个海洋制品展览,中间放置一个巨大的骨螺壳。它的形状与大小就像堆了三个球的香草味冰淇淋筒,连颜色都是香草色的,但是下面的锥形物更细一点,更蜷曲一点。根据普林尼的说法,骨螺是靠壳上的刺刺入猎物身体来捕食的。它身上的刺想必非常尖利,不过我总是很怀疑这刺并没有传说中的那样尖利。我曾观赏过大量的骨螺收藏,有些骨螺,像玫瑰千手螺(Murex palmarosae),看上去就像狮子鱼一样长相邪恶,其他的骨螺有点像奇怪的精细的骨架。大部分骨螺身上都带点儿潜在的紫色,这种颜色来源于靠近肛门的腺体:普林尼曾十分文雅却又十分错误地将其形容为嘴。但是,最好的紫色来源于生长在泥巴里的染料骨螺,以及能在海底的岩层里找到的根干骨螺。

放在这里展示的就是一只根干骨螺。柜台前面有几位穿着背心、肌肉发达似乎无所事事的人,据说这只骨螺就是被他们中的一位发现的。我问他在哪里发现的,他说他能指给我看。他是在几公里以外找到它的,当时以为是枚贝壳。我们酝酿了一个计划,准备去坐他兄弟的渔船，一起寻找活骨螺。他说，活骨螺很稀少，但也有可能会找到。我脑海中立即浮现起一幅图景：一些松垂的鸟蛤被系在几缕绳子上放到海里，正与普林尼书中描述的一模一样，用鸟蛤"吸引紫色，而骨螺会用伸出的舌头去吃鸟蛤"。但第二天早晨，当我们预订乘船出去时，浪却太大了，以至于无法实现这项探险。

1860年，在珀金紫被发明后的四年，拿破仑三世派了一队考古学家去提尔，试图定位岛上的要塞，并看一看腓尼基人的遗址。主持考古工作的欧内斯特·雷南（Ernest Renan）在看到了古代的遗址后宣称："人们可以称提尔是座废墟之城，或者说是一座废墟上建起的城市。"今天，这里有更多的废墟，最近的战争留下许多毁坏的布满弹孔的建筑。旧的废墟恰与新的废墟比邻而居，给人以一种奇怪的印象，仿佛历史被压缩了：两千年的战争与和平就在这同一种断壁残垣中混在一块。

当我走在围海造出的现代化的街道上，走向繁忙而腥味十足的腓尼基港口时，我觉得很难想象，当法国考古学家们到达提尔城的景象。它当时那么荒凉，甚至20年后，一位来此参观的英国旅行者还写道："街道大部分都伤痕累累……在大的巨大的经过打磨的大理石和花斑岩石柱下面，许多无窗、简陋的泥巴小屋伫立在成堆的垃圾中。"他还总结说，以西结（Ezekiel）在大约公元前6世纪时的预言"我会使你变成荒芜的岩石；你将成为一个到处都是蛛网的所在；你将永远无法重建"（见《以西结书》26：4）显然变成了事实。不过，上天还是带些怜悯的，当我参观这个地方时，看见大量的水泥材料，显然正在大兴土木，进行重建。

当雷南到达时，他宣布他的任务不可能完成。此城的咒语说明，它曾被攻击和包围过无数次；考古掳掠者已经拿走他们能拿走的希腊—罗马大理石庙中的一切，而且破坏了主要的神庙，在挖了五个

第十章 紫色　　403

壕沟却什么都没发现之后，这个考古小队似乎将注定一无所获。然后，突然之间，他们的幸运降临了，他们发现了大约公元前500年的一只石棺，还发现了一个拜占庭教堂，教堂里的马赛克地砖奇迹般地保存了下来。但令雷南失望的是，他没能发现他所真正寻找的那个年代的遗址，罗马的提尔城似乎注定要再沉睡一段时间，直等到20世纪初期，整个罗马提尔城才在南面发掘出来，罗马时期的提尔城包括一条象征胜利的拱形门廊（毫无疑问是为一场重要的仪式而修建，仪式上重要的官员想必都身着紫色），一片满是雕刻墓葬的墓地，以及一个绝对曾上演史诗般战车竞赛的竞技场。但对我的研究至关重要的，是他们发现的一些骨螺染缸。后者可能看上去一点儿也不起眼，但它们才是使这座城名扬四海的东西。事实上，它们很可能正是其他所有物品的钱财来源。

第二天，海浪还是很大，仍然很危险不能出海捕螺，于是，在我到达提尔的第二天，我决心去废墟一探。许多旅游者去考古地址，并不是为了一睹古代的紫色染缸，因此，我要看的区域，并未对游人开放。遗址的警卫不断地赶我走，他们很奇怪，这人为什么不想在巨大的门廊下漫步，也不像其他人一样仔细欣赏宏伟的墓石柱子呢？我只得试图借助一些诡计，来获得一个时机。这些诡计主要是假装好像沉浸在梦幻中一样看着大海，然后在两名警卫看着别的地方的时候，一下子冲过倒塌的大理石柱子。

我终于看见了染缸! 令人震惊的是它们的位置。它们位于旧城的极端边缘的地带，在海风能把臭味吹走的那面。正如我在对靛蓝和茜红以及其他许多有机染料的探寻中所了解的那样，提尔紫等种种颜色的美丽，在于其最终的效果，而不在其制作过程。紫色的制作实在是一种很臭的行当：这种染料有着昂贵的价格和崇高的含义，但在它的制作过程中，用的却是大量的尿与石灰。它在染缸里逐渐发臭（尽管我过了好几个月才了解到它有多么的臭），所以不难理解，从紫色贸易中获益良多的提尔城的上流社会，却十分坚决地要把这项主要工业的工厂放在城市后院边缘的下风带。

我眼前的骨螺染缸，大约有一张六人餐桌那么大，深得足够一个人站在里面没过腰，如果换成是个头矮小的腓尼基人的话，则很可能站在那儿没过胸。我想，如果换成是我，除非是经历一顿虐奴般的鞭打或是期待一笔丰厚的赏金，我说什么也不会去做这种活计的。缸边有一圈白色石头，沿着边缘碎裂开来，看上去像古代的水泥。在这些染缸后面较远的地方，我看见高大而崭新的纪念柱，那是考古学家为庆祝城市的伟大历史而重新竖立起来的。而骨螺大池这里，却处处是倒塌的柱子。即使它们曾被精心地保护过，但此时此地予我一种感觉，它们与周围的野草合为一体，与城市的"优雅"部分完全隔离。这些染缸，即使在现代，也一样地被人们遗忘。

当19和20世纪的人们开始试图重试提尔紫的染色过程时，他们首先查找普林尼。毕竟，普林尼曾在公元1世纪探访过这座城市，因此很可能亲眼目睹并把它记录于书中。他写道，要切开骨螺的静脉，将它浸泡在水中，每100升水还要加一公斤盐，然后再加热三天，九天之后，就可以把羊毛放在里面浸泡染色了。唯一的问题是，这个方法不灵。染色的过程是个秘密，而且十分复杂，普林尼和其他人都没能拿到准确的细节。简单地说，问题在于，根本无须切开静脉，加热三天，静置九天，只要骨螺的壳一破裂，里面无色的液体一接触空气，它就会立刻自动变成紫色，但是，真正的问题在于，这种紫色不溶于水。尽管这种紫色很出名，但就像靛蓝一样（紫色与靛蓝在化学成分上很相似），用软体动物做成的这种紫色是一种颜色而不是一种染料。因此，我很想知道，到底古代人是如何将它附着在衣服上的呢?

而我更想立即知道的是，无论如何，怎样将活的骨螺粘到我的钓鱼线上,从头到尾实验一下整个过程呢?我在提尔停留的最后一天,在旅馆的接待台前,我再次遇见了我的那位渔夫朋友。"我们今天能乘船出去吗?"我问。他用手机给他的兄弟打电话,听起来好像在谈判。"不行,"他最终说:"浪仍然太大。我兄弟不想冒险出海。"

于是我就自己跑到海边。我并不是因为愿望不能满足,而赌气来到海边。这确实是一片较为特殊的海岸,这里正是首次发现紫色技术秘密的地方。今天的提尔海湾完美无瑕,白沙碧海蓝天,周边点缀着小屋和酒吧。它还是个历史景点。根据当地的传说,腓尼基人崇拜的大力神墨尔卡特(Melkart)〔也就是赫拉克勒斯(Heracules)或者是罗马人的赫克勒斯(Hercules)〕有一天一个人带着一条狗在这里漫步。我想象:这位半人半神的大英雄穿着他那狮皮衣跨步站立,随手向白色的沙滩上扔出一根棍子,叫他的神犬叼回来。然后,我又想象着:这只狗不一会儿跑回来,摇着尾巴,牙缝里滴出紫色的水,它的主人看到这种特殊的颜色觉得十分诧异,小心地取出它嘴里的一片染料骨螺。这个传说所带来的重大发现,不仅在短期内解决了腓尼基人的财务危机,而且,根据每件袍子需要约一万只骨螺的尸体染成的定律,从长远看,这项发现将好几种海洋生物推向了濒临绝种的边缘。

这个故事的其他版本加了一点儿女性的爱恋在里头。有一位名叫泰鲁斯(Tyrus)的仙女,她看到了神犬的唾液,无比艳羡,便要求她的男友制出同样颜色的衣裳。于是啊,我们的赫拉克勒斯便成了一位爱情劳工。他俯首听命,还顺便发明了一种染出紫色丝绸的方法。似乎为了更加生动地展示我想象中的这个故事,一群年轻的提尔女孩恰好穿着短小多彩的泳衣,她们冲进海里,互相嬉笑打闹,往身上泼着水。无独有偶,几米外也有一些年轻女孩在游泳,她们也在嬉笑着,泼着水,但全身却裹得严严实实的,头巾和长袖衬衣都浸满了咸水。这两组人形成了海滩上两种有趣而并列的生活方式。当地流传着一个故事，说在 20 世纪 80 年代，美国军队的一个营迅速冲上海滩，想要拯救黎巴嫩于水深火热之中。可是，当美国人穿着全套战斗工具从水里走出来的时候，海滩上唯一见证他们这一危险冲锋的人群，却是几位穿着比基尼正在晒着日光浴的黎巴嫩妙龄女郎。当时美国军人和黎巴嫩女郎，不知谁的惊讶会更多一点呢？

我环顾周围完美的沙子以及几乎完全安静的水面，觉得很难相信，海里会真的风浪太大无法捕鱼。但一位卖苏打水的小贩告诉我，那可没准儿，地中海的气候就是这样，"看上去很好，但你得小心。"我下午就要离开了，尽管我必须小心翼翼，可是，小心到与我的骨螺失之交臂，不免令人遗憾。

一种褪色的染料

在回贝鲁特的路上，我在腓尼基人的西顿港做短暂停留。西顿位于提尔以北，只有半个小时的车程。虽然紫色被称为提尔紫，但它其实也很有可能曾经被命名为西顿紫或是罗得紫。事实上，在中世纪的某个时候，英国人还曾想将之命名为布里斯托紫色！因为 17 世纪旅行家们在布里斯托的海滩上发现了能够制造紫色的那种软体动物，而且学者也证实，在古老的法国、英国和爱尔兰图文典籍中，都曾提及这种动物[1]。我在西顿的城市街道图上，注意到一个有趣的标志性建筑，名字居然就叫"骨螺山"，据说有大量的软体动物堆积在这

---

[1] 在 1685 年，自然学家威廉·科尔（William Cole）在布里斯托海峡的海滩上发现了制造紫色的贝类，而且认定，如果这种染料放在阳光下，它会改变颜色。"第一缕光照过来，绿色变成深绿色；几分钟后，这颜色又转成灰暗的海绿色；再之后，也就是再过几分钟，它变成了紫红色；之后，在阳光下一到两个小时（假设阳光一直照射），它就会变成一种深紫红；两个小时之后，它就不再变色了。"

里。骨螺正是我四处搜寻却一直没有找到的那种软体动物,我不由得要去探访一番。我私下里希望,能够找到一两片破碎的壳带回去,纳入我的颜色纪念品收藏。那时是下午,我在城里的单行道系统绕来绕去,结果我重复地绕了三次:沿着学校、高层公寓楼、破旧的电影院以及上锁的穆斯林公墓,不知所往。于是,我在公墓前停下来,透过栅栏门的门缝往里看。

令我失望的是,我没有看见任何古旧的贝类堆成的土堆,也没有看见什么长满衰草的罗马时代的小山痕迹。然而,在绕第四圈的时候,我终于意识到发生了什么事!整个陡峭的山,包括路、建筑和人类的墓碑,都是人造的,这里本身就是一个巨大的墓地,是为了罗马和拜占庭皇帝们的尊贵生活而做出牺牲的几百万,不,应该说是上千万小小生物的墓地。难怪没有什么留下来供我发现的了,都被滥捕滥杀成这样了!

回到贝鲁特,我在国家博物馆闭馆前几分钟走了进去。不久前,这座博物馆曾是城中划分基督教和穆斯林地区的中心点。大部分年轻的黎巴嫩人知道这座博物馆,只是因为它的所在地恰好是炮击开始的地方。1998 年之前,这里的人们从来没有看见过馆里的珍宝,因为那时候,宝贝全都被匆忙地封入了水泥中,以免为战争所毁。

就在这所博物馆里,有一只小小展柜,仿佛要被那具有 3300 年历史,刻着世界上最早字母书的阿希雷姆国王(Ahiram)巨大石棺压垮,仿佛要被阿拉伯和腓尼基珠宝的耀人光彩所湮没。但正是这只展柜是我意欲寻找的东西。它的标签上清清楚楚地写着"提尔紫",可当我看见它时,我几乎惊呆了!因为它根本不是紫色的:这是一种很可爱的海棠色。我突然很想笑。我脑海中浮现出一幅画面:罗马将军们在相当雄伟的凯旋门下挥动着他们的手臂——那得胜凯旋的人从头到脚裹住的却是海棠色。

难道这种颜色，这种染在一团由黎巴嫩工业家约瑟夫·杜梅（Joseph Doumet）出品的未经纺织的羊毛上面的颜色，真的就是那种历史和传说中的颜色吗？难道这正是我在搜寻的颜色吗？真是难以想象啊！普林尼提到过好几种骨螺色，他引用另一位历史学家的说法，称"一磅紫色需要花100个迪纳里厄斯（denarii），那是我年轻时的时尚，后来又被塔仁坦红（Tarentine red）所代替。然后是提尔染料，那可得要1000个迪纳里厄斯才能买到"。普林尼评论说，后者"像凝结的血块一样的颜色，因为反光而显得暗，又因为透光而显得亮。当时最受欢迎"。他还说，这就是为什么荷马用紫色一词来形容血。可是，国家博物馆里的这团粉红色羊毛（是用锡作为媒染剂使得颜色附上的），既不是血块的颜色，也不是任何能够哪怕与紫色有点儿接近的颜色。我认为它很好看，但无论如何不能把这种颜色作为我探索的终点。

约翰·盖奇在他的书《颜色和文化》(Color and Culture)中发现，罗马人和拜占庭人崇拜紫色的理由"很难去界定"，但他确实给出了一个很有意思的理论。希腊语紫色似乎含有双重含义，指代运动和变化。也许这是因为在紫色染制的过程中，发生了多次颜色变化的缘故。但毫无疑问，变化正是光泽闪耀的前提条件，也正是奢华时尚的前提条件。这种理论是由普林尼对"血块"颜色的描述引发而来的。正如我发现的，许多我一直寻觅着的世界上最贵重的颜色莫不如此，尤以澳大利亚那神圣的赭色为最，当然还有世界上最好的红色、黑丝绒色，以及黄金这样的贵重金属色，全都要有闪光的外表。黄金最重要的吸引力，即在于它黄澄澄、金灿灿的外表。这种折射外界光线的能力，多多少少使得一种颜色或是一种物质得以从世俗状态提升至神圣状态。人们似乎相信，通过折射宇宙中的一些纯净光，这种颜色就因此而获得了折射某种神圣成分的能力。或者至少，是获得完全权威的能力。

第二天我飞回家，心里却觉得十分失望。黎巴嫩号称紫色"故乡"，可是，除了博物馆里支离破碎的几项实验性证据之外，我在几乎整个黎巴嫩都没有真正找到紫色。诚如我在西顿城所见，在这个古典与现代交织的国度里，似乎所有的骨螺都已埋进了历史，埋入了土壤。而在大地的表面，却不可能去发现一点点蛛丝马迹。不过，几天之后，我的失望情绪转而一振。我得知，另一种贝类紫色，很可能要与地中海版本的骨螺紫一样古老，但它奇迹般地一直延续到20世纪末，而且，如果我很幸运的话，这种紫色的制造方式很可能一直延续到今天。得知此讯，真禁不住想振臂欢呼！

米斯特克人的紫色

1748年，西班牙乔治·胡安（Jorge Juan）和安东尼·德·乌罗阿（Antonio de Ulloa）兄弟赴中美洲旅行之后发表文章，描绘哥斯达黎加尼科亚的染匠们如何从贝类生物中提炼紫色。有两种方法。第一种方法是"用一把小刀"压住这可怜的小动物，"从它的头直至后部末端挤压，然后丢掉其身子"。第二种方法是让这小动物活着。"他们不会完全提取紫色，而是挤压它，使它自己吐出这种染料。然后他们将它放回采集时的石头上，它就会自己恢复生命，隔一小段时间后，还能再吐出一些紫色，但不如头一次那么多。"但是，兄弟俩也说，如果渔民过于急迫地挤压，连续三到四次挤压这些小动物吐出紫色，"那么，挤出的量肯定会非常小，而且它们就会因精疲力尽而死亡"。

这些哥斯达黎加染匠的祖先是著名的魁波（Queipo）采珠人。直到大约17世纪，他们仍划船到一些秘密的地点，然后将一块很重的石头抱在胸前，潜到25米或更深的水里去找珍珠，他们能在水里闭气至少三分钟。1522年,西班牙国王征服哥斯达黎加后,派出特使加吉尔·冈萨雷斯·德·达维拉(Gil Gonzales de Davila)参观了整个地区,他发现这里的珍珠和紫色,从此这里便以拥有两项奢华之物而著称。他带回一份紫色染料样本给国王,国王不仅给它取了个威武宏大的名字——新世界皇家紫色(New World Royal Purple),而且也许是因为想起了纪念古罗马的皇帝们,还下令这种颜色只供他本人专用。

1915年,考古学家齐利亚·纳托尔(Zelia Nuttall)忙于研究一系列米斯特克人绘制的古代连环画的时候,对墨西哥海边城市特万特佩克(Tehuantepec)做了一次访问。她立即被当地市场上一些富有女性所穿的紫色裙子所吸引。尽管她不是一位纺织专家,但她把所见紫色记录下来,写了一篇文章。大多数妇女都穿着手织的"土耳其红"裙,上面有黑色或白色的窄小条纹,但吸引她眼神的紫色裙子,是用两倍宽的棉布做成的,"用细密的橙色或黄色线连缀而成",她不无骄傲地认为,这种裙子展示了对色彩搭配十分精到的理解。这种裙子价值10美元:是其他裙子的四至五倍。

这种裙子特别吸引她,是因为她正在研究的一系列史前哥伦比亚人画在鹿皮上的画,而这种裙子使人联想起这些绘画。这些绘画全部用二维方式绘制,其中含有史前人类和他们的神的密码信息。英国画家约翰·康斯特布尔(John Constable)曾经很鄙夷这画,不过,对这些古画痴迷的人们大可不必动怒,因为就在1833年康斯特布尔在伦敦艺术协会所作的同一篇演讲中,他也同时宣称,巴约挂毯(the Bayeux tapestry)与这些绘画一样,一钱不值。

那时,这些绘画是由英国贵族哈里沃斯的朱什(Lord Zouche of Harynworth)发现的,但人们现在把它们叫作纳托尔古画(Nuttall Codex)。纳托尔注意到,裙子上的紫色与她在几幅400年前画的古画上一种很漂亮的紫色颜料一模一样。那几幅画上"至少13位贵族

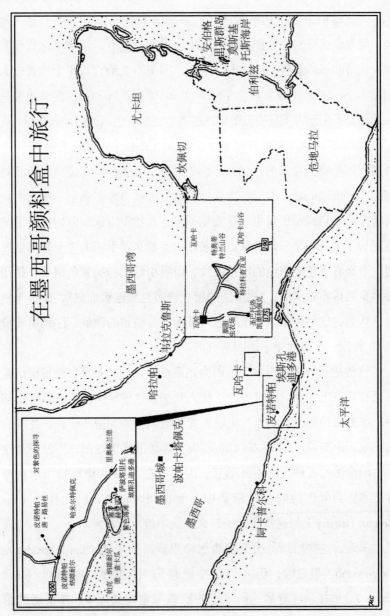

妇女穿着同样的紫色裙子，其中五个还穿着同样颜色的披肩和上衣"。而更令人惊异的是，有几幅古画中，竟总共出现18位身上都涂成紫色的人："其中有一个人，可以肯定是一位囚犯，因此才被画成紫色。另一个全紫的人则正在向一位征服者献上一只幼小的豹猫，这很有意思，因为豹猫毛皮通常被太平洋沿岸部落作为贡品上呈到阿兹特克首都。"而另一个全紫的人则是高等祭司，他正在快速地旋转几支火棒，举行着一项神圣的仪式。他的头上还戴着一顶窄小的紫红色帽子。

特万特佩克的一位织工给纳托尔看了一只篮子，里面满是缠在一起染好的棉线，是刚刚从另一个海岸边很远的城镇用骡子驮来的。"［那位织工］提起其中一捆重重的棉线，把线套在她棕色的左手手腕上，讲述她在孩提时代如何看见阿梅鲁拉（Huamelula）的渔夫们从海蜗牛（caracol）中获取染料的故事。"即使在纳托尔旅行的时代，海蜗牛都已经十分稀少了，渔夫们必须划很远才能找到，甚至要远到阿卡普尔科（Acapulco）才能找到，才能完成订单。纳托尔写道，"尽管特万特佩克主妇们仍然认为，这种颜色是一种社会责任和地位的象征，就像我们的祖母偏爱黑色丝绸服装一样。但是，对紫色裙子的订单却逐年递减，年轻一代的女性更喜欢便宜的进口欧洲布料。去年，整个特万特佩克只有不到20件紫色衣服织出来，很可能不久以后，这一产业就会彻底灭绝。"

她的预测结论似乎不够成熟，因为至今这种紫色裙子仍然存在。当然，这一点，纳托尔本人也会感到高兴。在大英图书馆，我找到了一篇简短的学术专论，描述10年前一位墨西哥人的一次成功的染料探险。因此，我就带着这份专论的影印件，与一位朋友一起出发来到墨西哥的太平洋岸边，一路上暗中祈祷，尽管我迟来了十年，但愿仍能找到哭出紫色眼泪的海蜗牛。

我们飞到埃斯孔迪多港（Puerto Escondido），开始这项艰难旅程。我们到达之际，守卫墨西哥城的波波卡塔佩克（Popocatepetl）火山正吞吐着愤怒的红色火焰。火山喷发带来许多副作用，不知是哪家放着的一箱子散发臭气的鱼，被巨大的气浪掀翻在我的包上。我一边仔细地清洗我的包，一边很认真地在想，我此行是冲着一种海洋生物来的，说不定这正是一种很好的预兆，海洋生物都开始主动找上我了，看来我的探寻会有个好结果。

埃斯孔迪多港的意思是"隐蔽的港口"，不过，过去20年里，每个季节在这个地方冲浪和晒太阳的人都是成群结队、络绎不绝，我看这港口早就一点儿也不隐蔽了。大批旅游者的出现，催动了成群的小商小贩，这里的人大多全家出动卖T恤，看上去，似乎不太可能在这里寻找到任何古老的传统。清晨，有几只夜里出海打鱼归来的船，把打来的鱼放在沙滩上叫卖，可是来买的大部分都是用旅游美元付现的外来游客。很少的几个当地人也只是模糊地听说过紫色而已。有一位西班牙语教师阿尔方索（Alfonso）每天早晨都敲着怀子坐在卡门（Carmen）咖啡店前，在旅游者中寻找新主顾。他听说过海蜗牛被称为"玛格丽特鸡尾酒"（margaritas）。与我同行的朋友是一位专写美食文章的作家，每天晚上，她都会带着指南针，确定一个最适合于迎着日落畅饮鸡尾酒的地点。她一听到"鸡尾酒"，立刻喜形于色。但我可不太相信，总不至于拿海蜗牛撒盐下酒吧！阿尔方索祝我们好运（mucha suerte），希望我们能够完成探索，他还加上一句，运气是不可少的呀。后来，在旅游办公室工作的吉娜也强调我们需要好运气，她说："几乎没有人再做那种染色了。"但她告诉我们，可以去找两位当地人胡安和卢普，他们是"埃斯孔迪多港最早的冲浪人：还活着，而且还是那么嬉皮"。她告诉我，只要看见他们牵着的黑色拉布拉多猎狗，还有他们明显用墨西哥天然海染料染成的红蓝相间的头发，你就一定能认出他们。我笑着想，他们真像是新世界的赫拉克利斯，遛着狗沿着海岸走，想要发现紫色。可惜，我们在镇上停留的两天时间里，一直没能看见他们俩。吉娜说，他们可能睡觉去了。

我们不再等了。我们虽然没能在海岸边寻找到染料的来源，但我们还可以深入内陆去寻找染匠。所以，在第三天，我们雇了一辆白色大众甲壳虫往内陆走。在古代还没有汽车的时候，一队队的男人每年会从遥远的山村出发，徒步 150 公里去安吉尔港（Puerto Angel）。在他们的背包里，有本村和邻村的妇女们交托给他们的漂白好的棉线。男人们会停在海边，把他们的吊床在棕榈树上一扔，每晚就伴着潮声过夜，直到快到春季，天气的原因使得浪大滔天，无法继续寻找海蜗牛为止。每隔几年，都会有一两位染匠死去，都是被骇人的巨浪吞噬的，但其中的大部分人，仍能带着棉线返家。那些棉线，已经永久性地染成紫色，散发着海蜗牛尸肉的恶臭。

我们到达的第一个镇子是哈米尔特佩克（Jamiltepec），距埃斯孔迪多港大约六十公里。根据我随身携带的那篇文章的说法，这里就是墨西哥最后一位紫色染匠圣地亚哥·德·拉·克鲁斯（Santiago de la Cruz）经营的小小美术商店的所在地。但当我们询问路人时，却没有一位店主或是一位出租车司机曾经听闻过圣地亚哥这个人。更让人失望的是，竟没人听说过这镇上曾有过任何一家手工艺商店。我们只好先到哈米尔特佩克市场广场旁的一座街边小餐馆（taquería）吃午饭。吃这顿饭的时候，我们心里可真是担心，走了大半个世界，可别一无所获啊！小镇不大，只一会儿工夫，我们寻找紫色商店的消息已经传遍了整个市场广场，好多女人围堵过来，看我们吃饭，其中一个人说，她知道一个人，没准这人认得圣地亚哥。她叫来一位老人，他听了我们的话，点点头，带我们穿过货摊，来到一家很小很小的铺面。这店可真小啊，大约只有我在比布鲁斯废墟里看到的腓尼基人商店那么小。有一个女人坐在那里,身边放着许多带有紫红色流苏的披肩,她就是圣地亚哥的妹妹奥菲莉亚(Ofelia),看上去有希望啊!我们都为之一振。她告诉我们,圣地亚哥现在还在家里,他下午迟一点时候会来商店。

既然要等到下午,我们就先去了临近的皮诺特帕·纳雄耐尔(Pinotepa Nacional),这是个市场镇,大约有三十五万墨西哥米斯特克人住在这里。镇里有个很大的带篷的市场。在市场上,我看到了我正寻找的那种衣服,当地人叫波萨华阿科斯(posahuancos),同样的紫色、红色和蓝色条纹的裙子,想必正是 85 年前深深地吸引住纳托尔的那种裙子。穿这种裙子的主要是老年妇女。直到不久前,米斯特克妇女还是赤裸上身的,但现在,她们以艳丽、带花的围裙裹住身体。我问一位上了年纪的卖洋葱的妇女,能否为她的紫色裙子照张相,她摇摇头,但随即,我们都听见我们身后的屠宰店里传来几声不满。两位正在忙碌的年轻妇女笑着逗她:"得了,得了,别让人扫兴啊!"她们好像是在用米斯特克语劝说她。于是,这位老年妇女耸耸肩,笑着面对镜头,照完之后,她的年轻朋友为她欢呼。

下午晚些时候,我们回到哈米尔特佩克。圣地亚哥正坐在他的椅子里,绣着一件白衬衫。他得知我们从香港出发,一路来就为寻找他时,看上去非常高兴。他自豪地说:"你们很幸运。我是一位老人了,我可能随时死去。要是我死了,你们怎么去发现海蜗牛呢?"他说这话时,我看了看,觉得他非常年轻,也就 51 岁左右吧。不过,他过去八年一直受糖尿病折磨。"一天只能吃一块玉蜀黍饼。"他抱怨着,对他无法享受美食而不住地摇头。16 年前,圣地亚哥第一次跟着一位老染工一起出海采集并染色,从此开始对当地传统染法产生了兴趣。从那之后,他一有时间就去。当地人都认为他有点古怪,但他不去理会。他同意第二天带我们去海边,但他警告我们,说这时要找个渔船可不容易。"很危险:我们必须与其他人同去。一个人负责寻找,一个人负责观察。为了找海蜗牛经常死人。"

天刚蒙蒙亮,我们与圣地亚哥碰面一起去了海滩。车子行驶中,他告诉我们,海蜗牛有三种颜色,正好与墨西哥国旗上的三种颜色对应,可惜国旗中间的图案是只鹰而不是海蜗牛。他说:"第一种是白色,然后它就变成绿色,最后才变成紫色或是红色,我们称之为莫拉多(morado,一种浆果)。"因为一开始它是白色的,所以整个过程被称为挤奶。他告诉我们,1983 年,一个名叫紫皇(Purpura Imperial)的日本公司得到墨西哥政府特许合同,在此采集和服所用的紫色。但他们杀死许多海蜗牛,而不像米斯特克人那样保存海蜗牛的生命,最终,在环保主义者数年的游说之下,政府取消了合同,重新赋予米斯特克人在瓦哈卡用紫色染色的特权。

日本人钟爱紫色由来已久:传统上,紫色是竞赛中胜利者的颜色,是神道祭司们用来包裹庙里最珍贵物品的颜色,是最高等级的相扑裁判所穿的服饰和流苏的颜色。他们称之为紫色(murasaki,听起来这发音真与"慕瑞克斯"有惊人的相似之处),这个词借用 18 世纪日本伟大的文学作品《源氏物语》(The Tale of Genji)作者紫夫人(Lady Murasaki,或者 Lady Purple)的名字。日本也有用来染色的紫贝,叫作皱红螺(Rapana bezoar),但这种螺很稀少,因而日本的大部分紫色,都是用一种名叫紫草(murasaki-so)的琉璃苣类植物制成的,英语中称这种植物为紫草(gromwell)。所以,日本人愿意为墨西哥的海蜗牛付一大笔钱,就一点儿也不足为奇了。只是,这个公司没有考虑过由此引发的外交问题,而且很明显也没考虑过环境代价。

我们过了一个警察的检查站,然后向右转,往萨波塔里托(Zapotalito)的方向走。那里大部分居民,是当年在墨西哥太平洋沿岸的免费社区里住过的逃跑奴隶的后代。这是一个肮脏的渔村,猪和鸡在村民的房子里四处游荡。圣地亚哥在一座房子前停下来,几分钟后,他从房子里面出来,说我们运气太好。"这里从来都没有闲着的渔船,"他说,一边摇着他的脑袋:"可今天恰巧我们有大大的福气。我的朋友正在刷着他的汽艇,所以他今天早上不能跟我们出去捕鱼。他的儿子会在早饭后带我们出去。"过去五年里,圣地亚哥曾经陪着外国人做了五次紫色探险。他记得有一对夫妇,因为丈夫有研究任务,所以两人就跟着他走。他们看了一眼当地的一家小餐馆,就走了出来,两个人的鼻子一起皱起来,声称他们不可能在这里吃饭,因为他的妻子胃有毛病。"你们的胃也有毛病吗?"他问我们。我们向他保证没有,后来有一整天,我们都靠生鱼肉维生,连早餐也不例外。

一旦潮头对了,我们便立即与四个男孩碰面,他们要带我们下海。他们的光脚上还沾着绿色的丙烯涂料,正是船身涂漆的颜色。我们的船快速穿越珊瑚丛,经过了塞罗·赫莫索(Cerro Hermoso)小渔村,这个村子的意思是"美丽小山",然后,我们进入了辽阔的海洋。几个男孩子喊,抓紧了。这时浪并不大,所以我只是轻轻地抓住座椅。"不,一定要抓紧。"不一会儿,我们在海浪中上下颠簸,等待,然后是更大的颠簸,我突然间理解了他的话。一个大浪在我们的后面升起,舵手费边将马达开到最大,我们成功地在浪尖上冲了过去,船在一片被遗弃的有白色沙子的海滩上剧烈地震动,惊扰了一群正在争食大海龟的秃鹫。

我们的目力所及,全是海岸绵延的礁石,我们沿着礁石走去,开始寻找,可是,我一点儿也不知道我们要找什么。这时,圣地亚哥第一个找到了海蜗牛:它大概有一只火柴盒玩具车那么大,与那些长长的黎巴嫩骨螺不同,它是圆的,颜色是深灰色的。他捡起来,在海蜗牛身上吹一下。"看,"他说,当我们都聚拢成一圈时,这只海蜗牛开始哭泣,好像因为被搬离了它的礁石而无比愤怒一般。那眼泪很快就变成了奶白色,圣地亚哥拿起他肩上挎着的一团松散的白线,小心翼翼地用白线去摩擦那奶白色。紫色是一种颜料,但不是一种染料,摩擦是一种很简单的克服这个问题并使之着色的方法:严格地讲,圣地亚哥并不是在染线,他是把颜料直接画在线上。

正如他所说的,奶白色在线上发出荧光灰绿的颜色,不出几分钟,又变黄,然后变成紫色,像一块紫色的淤伤。这种染料是一种天然的光敏感性化合物,紫色在阳光下发生化学反应,如果没有阳光,它就会成为绿色。我觉得这很有意思,如果这种天然化学物质早些找到合适的上色方法的话,说不定它能成为世界上第一张照片的原料。说不定阿兹特克就能用上这种天然有机染料制出疯狂的幻梦般色彩,用古代照相术记录仪式,还能拍下一千多年的幼儿照片,供千年后的我们鉴赏。这一刻,我拍下了圣地亚哥快乐地手持它的小蜗牛的照片,我想象着,这张照片用紫色显影水冲印,阴影部分用的是灰绿色的点。

从我们身边城堡般的礁石上向外看,我们能看见一个人拿着根通气管,在我们下面很远的海里,潜到水里面去,好长好长时间都不上来。我深为折服,为他计算一下时间:他每次平均下潜 90 秒还多。我倾向于将他想象成一位珍珠采集人,干着祖先留下的行当。不过费边不像我那么浪漫,他说这人只是在抓龙虾。如果这人向上看,能够透过他那满是雾气的面罩,看到上面的我们几个人的话,想必也是一番有趣的风景:四个男孩,一个男人和两个金发碧眼的女人在陡峭的礁石上参差站立,一会儿爬上去用一只小小的贝壳来碰一团白线;一会儿再移向别处。偶尔,一个浪打来,能浸透我们,我们把脸上的水抹掉,看上去一个个好像刚刚哭过一样。

我们沿着礁石散开,享受着胜利的喜悦,因为我们发现了一种特别难得的海蜗牛种类,叫做紫贝壳(Purpura pansa),我们拖扯这只小动物，吹它的眼睛，直到它在太阳的沐浴下不情愿地流出了眼泪，然后我们就快乐地欣赏着那颜色在线上变幻。我真想带一只回去，只要一只，可以拿回家里做我的收藏。"这里有一只，"圣地亚哥说，随手捉住一只。"你可以把它放回去，或者带走它。"我说，那么放回去，我心底里的想法其实很贪婪，这只还不够大，我要带一只最大的回去。可没想到，圣地亚哥却赞许地说，"这就对了：让它在这里一天一天地活下去。"他还补充说："海蜗牛很神圣：我们相信杀死它是会带来厄运的。"我想，我这一天已经享受到了如此多的好运，我可不想去扼杀掉这些运气。于是我离开时没有带走任何一只。

我的肩膀上已经没有白线了，我于是把一只海蜗牛放在我的白色尼龙表带上。表带立刻就变得色泽斑驳，然后成为明亮的紫色，散发出浓浓的大蒜味。看来下个月，我得改变我三十年来戴着表睡觉的习惯了，晚上要是不摘下这只表，我的梦里恐怕全都是大海的模样。甚至六个月之后的今天，我写下这一段经历时，似乎仍能闻出那股蒜味。专家说，即使布料放上100年或是更长的时间，只要它是海蜗牛或是骨螺染出来的，一下子就能判断出来。方法是轻轻地用手指摩擦布料，然后闻一下手指上的味道。我觉得这真是十分有趣，古罗马的皇帝身上飘荡的不是醉人的茉莉花香或是藏红花香，却是四处飘荡的一片大蒜味儿和鱼腥味儿。也许在罗马有太多其他的味道了，以至于"骨螺之味"反而受人尊敬。也许，这正是权力的味道，也未可知。

我发现一个洞穴，这里的礁石都被染成了紫红色，特别漂亮，这必定是海蜗牛上百万年在此累积而成。突然之间，我听见一声清脆的外壳碎裂的声音，我四处寻找。原来是15岁的里科（Rico）对寻找海蜗牛感到无聊，正把用过的海蜗牛往石头上扔。圣地亚哥批评了那个孩子。他说，只有日本人才杀死海蜗牛，这可不是墨西哥人的做法，"你看，这些人从香港走了那么远的路来看我们的紫色，我们自己不是更应珍惜它嘛!"

我们把线团绕在船上。这幅图景真好看：丁香般的线倚在绿色的船卜，一队业余染工组合得胜凯旋，得意洋洋地站在线旁，炫耀着沾满紫色的手。不过，我这时已经意识到，这种紫色绝非普林尼笔下描绘的那种紫，那种近乎黑色而且在合适的光线下似乎能够成为另一种颜色，而我还甚至没有一句话提及的颜色。我手上的紫可以是木槿紫（mauve）、丁香紫、薰衣草紫，或者你可以找一种花来匹配。但这绝不是牛血的颜色。是哪里出错了吗？难道我们在染色过程中忽略了某个重要环节吗？似乎不太可能，我刚才所见证的染色过程真是人类能够设计出来的最简单易行的过程了。18世纪的乌罗阿兄弟（Ulloas）记录了棉布染色后，随着时间变化每个小时在重量和颜色上的区别。他认为这个发现很有趣，却正与地中海染工们的经验不谋而合。我想，也许要再等等，说不定到下午晚些时候，真能变成牛血一样的颜色吧。

回到哈米尔特佩克，圣地亚哥邀请我们去他家。这座房子只有一间屋，泥做的地面，有两张吊床，他和他的姐姐一人一张，中间用帘子隔开。唯一的家具是一张木头椅子和一只用脚踩踏的缝纫机，他就用这台缝纫机为游客们制作工艺品。我答应给他寄照片，以及一本出版后的书。他曾经带领过的其他人都曾经做过同样的许诺，但从来没有给他寄过任何东西。"而对他们而言，那是另一个世界，不是吗？"他说的话既有点调侃，又很有哲理。

第二天，我们参观了皮诺特帕（Pinotepa Don Luis）小山村。当我们在泥泞的路上行了40公里之后，到达了这座城，感觉好像在时间隧道上往后退了一步：这里唯一的现代事物，似乎就是步入城中的我们两个人。村里的广场好像是被白色淹过的，到处都是穿着白衣的男人和紫衣的女人，所有的人都在走来走去，互相交谈或买卖货品。

我们找了个停车位，立即拿着相机走回来。可是，就在这五分钟之内，真是好像变魔术一般，所有的人都消失了。整个广场空荡荡的，只有一个人不声不响地将铁制的椅子刷成白色，我真奇怪，我不太可能自己臆想出先前那幅场景吧!

　　秘密在20分钟后得到解答，我们在后街发现了一家很有意思的餐馆。有许多粗大的木制高凳和高桌，放在贯穿整条街的大帐篷下。在其中一边，女人们用木头点火，煮着大锅咖啡和甜得发腻的肥牛排。哈哈，至少我在这里看到了牛血的颜色! 在另一边的一个花园里，十几位妇女正忙着用传统方法制作玉蜀黍饼，她们也用木头点火，放一只古色古香的金属盘。我们也被邀请坐下，一起尝试做一张饼。当他们看见我们做的玉蜀黍饼全是小洞时，每一个人都哈哈大笑。有几位十分擅长招呼客人的女人，喊我们过去坐下，在我们面前放了好几碗肥牛排和咖啡。我们想要付钱，她们坚决地拒绝了。

　　我们坐下来，看见在这片大帐篷的另一边，一位身穿洁净白衣服的老人，正从一桶下水中拉出灰色的像破布一样的牛内脏，将它们延展开。他是村里的领袖，一句西班牙语都不说，只说米斯特克语。我们觉得恍若隔世，仿佛向前滑行了一个世纪，又仿佛进入了某个电影画面。对一个诚心诚意去寻找紫色裙子的探索者而言，这真是天堂的画面：几乎所有40岁以上的妇女都穿紫色，尽管有些裙子看上去好像是用苯胺染料染出来的。大部分妇女都穿着围兜，但有一位七十多岁的老妇人，在远处照看着大锅，她仍是按照传统的着装方式赤裸上身的。我问邻桌一位看上去非常友善的男子："难道村里总是这样热闹吗?""哦，不，"他一边说，一边露出极其开心的笑容："这是我的婚礼啊!"

　　待我们从一阵惊喜中回过神来，他还把我们介绍给他朋友的母亲埃尔薇拉·莱雅（Elivra Leyva），他说，莱雅也许可以告诉我们关于她的裙子上各种条纹的内在含义。曾经有人告诉我，那些蓝色、红色和紫色的式样在编织中有所区别，取决于它是由哪个村子的人编织的。可她却大笑着告诉我："不是这样的，条纹并不重要，我们只是挑自己喜欢的样式。"她有五条波萨华阿科斯（posahuancos），她交替地穿这五条裙子，但其中一条"最好的"要留在重要场合穿。她记得她的母亲将纱线交给流动染匠，染匠就会去海边，几个月才回来，回来时带上已经"画好的"线。"这样的裙子现在已经不多了，你看到的大部分这些裙子都是合成染料染成的。"这真令人感到羞愧，她说，因为那些老的波萨华阿科斯越洗颜色越亮。

埃尔薇拉从不穿其他衣服，当我问她是否会对这种颜色感到厌倦时，她大笑起来。"穿它的人们，就是要永远穿它。"她说。她坐在一位全身黑衣打扮的女人身边，那人据说是她的亲家。她们两人同岁，曾经去同一所学校，但现在一个只穿西班牙服装，另一个只穿米斯特克服装。"这在皮诺特帕很常见，"埃尔薇拉解释说："有些人愿意穿紫色，而有些人从不穿。西班牙人就从不穿紫色衣服。"

其中一个从不穿紫色衣服的人就是她自己的女儿，她还只有二十出头，但自出生以来就没穿过一条紫色裙子，在她小的时候也不穿。"她不想穿，"埃尔薇拉解释说。那么埃尔薇拉会因为感到文化传统可能在她这一代断绝而深以为耻吗？她又大笑起来："哦，才不会呢！我的女儿是独立的人，她应该去做自己想做的事。"然后她又加一句："我一点儿也不悲伤。生活就是这样的嘛：事物总在变化。"

特克里特的秘密

有时你从家出发，走了很长的路去寻找一样东西，但当你找到时，却发现它其实离你自己的家并不是很远。这就是我在寻找"提尔紫"时所发现的真谛。我本以为会在提尔城找到它,但我只找到了空空的染缸和一座由海洋动物的壳堆成的陡峭小山,甚至连我看到的一小团染过的羊毛也全然不是紫色。于是我又想,我会在墨西哥找到紫色,但尽管我观赏了那透明的眼泪并被它在阳光下的戏法所吸引,但我知道罗马人使用的绝对不是这种方法。

在英国,我遇见一位染匠名叫约翰·艾德蒙兹。我联系上他,是因为我听说他曾经为做奇尔顿露天博物馆的一个项目,用包括菘蓝在内的两百种不同的染料配方做试验。最终,他在我对靛蓝的探寻中给予了帮助。但我真正感兴趣的是他最近做的一种与众不同的蓝色实验,这是一种海贝色,曾用于制作犹太教四角披肩(Jewish tsitsit shawl)上的神圣流苏。这种颜色的故事是一个历经多次遗失又重新发现的故事。

缘何会有这次实验呢?根据《摩西五书》,也就是基督教徒们称之为《旧约》的最早的五本书,上帝叫摩西告知以色列人,"在他们的袍子边缘缀上流苏,然后在每一个角上的流苏上绣一道蓝线。"犹太法典《塔木德经》更甚,规定必须是某种特定来源的蓝色。书中对于究竟是何种来源语焉不详,但十分强调这种来源是一种特殊的海中带壳生物。

流苏和披肩的目的是为了提醒犹太人,他们担有神圣的使命。12世纪圣人迈蒙尼德(Maimonides)曾提出,这种蓝色"与海水的颜色很接近,与天空的颜色亦然,因而离上帝神圣的宝座不远。"另一个来自于现代评论者的解释则认为,披肩上的白色代表着有逻辑性,蓝色代表着神秘性,只有两者结合才能全面地提醒我们宇宙的奇迹。无论它的象征意义是什么,所有这些颜色密码的探索在7世纪穆斯林征服的时候都丢失了。似乎这些神圣的流苏是由专业犹太染匠染制的,非犹太人似乎不会得到信任,因为怕他们偷偷地使用靛蓝以次充好。

可是，那些专业犹太染匠却没有一个人想起来，要为子孙后代记录下这种颜色的配方。

大约有1300年的时间，犹太人披肩上的蓝色都消失了，或者即使他们用了蓝色，也不是传统中的那一种。但此后珀金的煤焦颜料的发现，激起人们对长期失传颜料的记忆。受到新染料的启发，波兰一位名叫莱纳（Leiner）的拉比决定对旧颜料做一些探索性研究。[1]莱纳的理论认为，《塔木德经》中提及的披肩上特殊蓝色的来源"希拉佐"（hillazon），其实是一种乌贼，19世纪80年代，当化学家们确认，他这种理论确实可行，因为从乌贼的墨汁中确实能够提取出很好的蓝色，只是必须在提取物中加入一点含铁的添加剂。他听闻此讯十分高兴并广加宣传，几个月之内，上千的犹太人都开始穿戴这种神圣的蓝色。

但莱纳的配方有一个问题，直到1913年才被人们发现。伦敦大学学生艾撒克·赫尔佐格（Isaac Herzog）就拿这个题目来做研究生论文。他可不是普通的学生，他后来成为以色列国第一位首席拉比（Chief Rabbi），他的儿子查姆·赫尔佐格（Chaim）后来成为以色列国总统。当时，他对紫色的问题十分感兴趣，当他将莱纳的染料送往实验室化验后，他十分震惊地发现，这种染料甚至都不是有机的。实验结果告诉他，这种染料实质是一种品质优良的普鲁士蓝。乌贼的墨汁在整个染色过程中一点儿也不重要；这种颜色的形成更多地依赖铁元素。[2]

好多年来，犹太学者都在用其他各物种做实验。他们面临的问题

---

[1] 其中的一个问题是，希伯来语颜色——特克里特（tekhelet）——包含有蓝色和紫色两重意思；因为它是天空的比喻色，意味着犹太人相信它含有的蓝色成分多于紫色。
[2] 多年之后，当拉德曾（Radzyn）被纳粹摧毁之后，赫尔佐格是唯一拥有这个配方的人。虽然令人难以置信，但正是同一个赫尔佐格既质疑又保存了莱纳配方。

是，无论他们怎样将贝壳中的颜料投入染缸，通常制出来的都是紫色。尽管希伯来语特克里特（tekhelet）既指代紫，也指代蓝，但他们全都坚信，历史上的这种颜色必定更加偏蓝一点。1908年，科学家保罗·弗里德伦德（Paul Friedlaender）发现，皇室所用的紫色在化学成分上与靛蓝的成分非常接近。无怪乎早期的犹太人会很难将二者区分开。

之后，到了20世纪90年代，化学家奥托·埃尔斯纳（Otto Elsner，又译艾鄂图）注意到一些奇怪的事情。他发现，在洒满阳光的日子里，染色的结果会是蓝色，但在多云的天气里，就是紫色。这似乎为犹太人一直在寻找的谜找到了答案。埃尔斯纳认为，通过进行光化学反应，确有可能从紫色中提取出蓝色。他的发现还有一种神学上的庄严含义，就像世界在光中诞生一样，一些神圣的颜色必然是在光中诞生的。但埃尔斯纳在他的实验中使用了现代化学原料，他和他的同事们仍然面临着一个更难解决的难题：那么古代人又是如何将颜色转化成染料的呢？碱溶剂能够很好地帮助转化，效果也不错；但碱也会腐蚀羊毛，这是十分糟糕的。在有效的制作过程中必定还有一项步骤缺失。啊哈，谁又能猜到，这个重大的难题，后来将会被一位非犹太人用小小的果酱罐和腌过的鸟蛤轻松地解决了呢？

以色列研究者了解到约翰·艾德蒙兹的菘蓝实验后找到了他，想让他在紫色研究上做点突破。艾德蒙兹回答说，乐于一试。几个星期后，从邮局寄来一只包裹，包里装着一只小瓶子，装着从根干骨螺（Murex trunculus）中提取的颜色，还有一些羊毛。这真是个大好机会，艾德蒙兹感到十分兴奋，他终于可以检验他的理论了。如果说提尔紫中含有靛蓝的话，那么很可能，正像菘蓝和靛蓝一样，提尔紫也需要在染缸除氧后才能成为染料。要说除氧，难道还有比一大桶烂螺肉（可以让细菌腐烂并且耗尽氧气）更简便的方法吗？以色列研究者们没有给艾德蒙兹寄螺肉，"于是我就走到超市，买了点腌过的鸟蛤——这大同小异——回到家后，我把上面的醋洗掉"。

他将颜料和螺放在双重蒸锅里加热，将酸碱度保持在 9。然后他将溶液连续 10 天保持 50 摄氏度，这些天里，液体就从紫色转成绿色（艾德蒙兹的夫人则表示，她实在是不喜欢做这染色生意，那味儿真是太难闻了）。第一次，他将一块布放进液体中，布很快就变成紫色。但后来，他发现，如果这种绿色的液体曝于日光下，任何布投进去都会变成绿色，再后来，他又发现，只要是置于空气中，这块布就会自然地转成蓝色。他想，他应当已经找到了从紫色染缸中提取犹太神圣蓝色的配方。那个缺失的元素，除了太阳光以外，应当是一种生物还原剂，也就是在腐烂的骨螺尸体中产生的细菌。但是，在今天，只要不是追求纯粹复古的人士，都会选用硫代替硫酸钠，也就是人们所知道的染色用的还原剂。它的作用是相同的，而臭味却小很多。

上述这些实验发生于 1996 年。以色列申卡工程与设计学院（Shenkar College of Engineering and Design）化学技术系主任兹维·科兰（Zvi Koren）教授和他的同事当时也对犹太服装上的染色方法得出了相似的结论。2001 年 11 月，阿姆斯特丹举行的考古学染料会议上，科兰教授展示了一张幻灯片，上面是人们在以色列的海岸岩石上采集骨螺的图片。他指着片子上几位露着兴奋表情的科学家说："这就是我们。"他又指着岩石上小小的、灰灰的一团东西说："这些就是蜗牛。"最后，他又指着坐在岩石上享受阳光的一位大胡子男人说："而这是一位拉比，他监督我们，保证我们不会把骨螺肉拿来吃。因为这骨螺绝对不符合犹太教洁净食物的标准。"

听起来好像是一个完美的笑话。不过，科兰的研究却是完全基于事实的。有一个很奇怪的现象，特克里特一词在犹太传统中还隐含着游走于规矩边缘的意思。这倒不难理解，流苏确实是在衣角上，所以又象征性地指代犹太人所能允许做的律法边缘。提尔紫,或者说在这种情况下应称为提尔蓝,其实是一种最不洁净的颜色,因为贝类对于犹太人而言,是与猪肉一样肮脏的诅咒,因此,真的很有意思啊,最神圣的犹太服装,却由"肮脏的"贝类制成![1]

在同一场会议中,约翰·艾德蒙兹和艺术家英奇·伯斯肯－卡诺德(Inge Boesken-Kanold)展示了一只紫色和蓝色染料的染缸。他们的展示是在建筑的另一部分,我需要走下三层楼,沿着大街走上20米,穿入另一扇门,然后再走上三层楼,才能到达他们的展区。但我根本不需要指引方向,我一上大街就能闻到染缸里发出的那股味儿。甚至从那一刻起,我发现自己不由自主地屏气;一直到我爬上楼,找到房间,那股味道还是令人难以忍受。在这里,我真正理解,为什么提尔城要把染工们放逐到一个偏远的角落了。但是,当艾德蒙兹和伯斯肯－卡诺德将他们那一小块样品布挑出来晾干时,我立刻又能理解,为什么提尔城的贵族们宁愿忍受嗅觉上的折磨而仍要穿着它的原因。在我面前的染缸里,正在上演着小小的奇迹,那里头不仅是一种明艳的紫色,而且它的色泽绝不亚于任何珀金创造出的色彩,再过一会儿,就是这同一块布上,又魔幻般地变出天空一样的蓝色。这个充满臭味的小屋中制造出来的,正是传说中的提尔紫啊!它是权力、贪婪和奢华的象征,正是我跑遍全球追寻的颜色。在它的旁边,则是它的蓝色双生兄弟,两者的所有成分都一致,只不过加入了一点点光线,这一特殊颜色本身,便世世代代提醒着犹太人,千万不要忘记宇宙中的神秘一面。

1856年,珀金对现代染料工业做出了伟大的贡献,多年以后,

---

[1] 一个相似的悖论可以在古代犹太圣典中看到。如果羊皮书是上等小牛皮纸,那么它必定应是以洁净方式杀死的动物的皮——先放血再死亡。但对于用来写字的墨水是否必须以洁净方式获得,似乎却没有什么规定。

这一发明引发一系列再发现，使人们重新了解如何制作世界上最古老也最受人尊崇的两种颜色。回顾我这一盒历史的颜料，竟已装入如此多的故事。这足以证明，古老的秘密并没有全部丢失。它们只不过是在沉睡，在等待着某个时间、某个人去唤醒而已。

后记

彩虹的末端

一只核桃有多少层颜色？一只健康的肝脏应当是什么颜色？你怎样向世界另一端的买家描述完美的有机草莓？你最希望你的车刷成什么样的颜色？你的头发呢？你订婚戒指上的蓝宝石呢？你怎样形容馅饼的颜色？撰写和研究本书的过程中，无论是解释昆虫血的微弱反光，还是描述珍贵的中国绿瓷的天然光泽，或者是一杯藏红花茶的红宝石般的光彩，都让我深刻感到，要描述一种颜色，真是十分艰难！于是，我决定去会见一位毕生以此为业的人，这个人一辈子的工作，就是要找到向世界另一端的人精准地描述颜色的方式。我决定用这种方式来结束本书。

劳伦斯·赫伯特有时被人称为"颜色之王"，"或者叫做颜色魔术师"。他自我介绍时这样说。在距新泽西收费公路不远的一小块工业绿地上，有一座潘通颜色宫殿（Pantone color palace），我在那里见到了他。1956年，赫伯特在一间小小的近乎凋敝的印刷公司（一间制作彩色图表的公司）找到一份临时工。六年后，他买下这间公司，从此开始了他一生的使命。"我的梦想是，人们能在阿卡普尔科（Acapulco）的家中，给加利福尼亚的颜料供应商打电话，说我想买浅玫红的颜料，或者其他任何一种颜色，而送上门的，就应确切无疑是你想要的那种。"

自然界中的赭色，要取决于开采的地点，"靛蓝"染料也根据浸染的时间、碱性甚至是当天的日照程度，可能产生数十种不同的色泽。制作颜色，就传统而言这是一个并不精确而且常被赋予象征含义的行业。如今，潘通已经成长为全球最大的颜色分类公司，颜色成了精确的代名词。赫伯特和他的同事们一开始将世界上的颜色划分成包括黑和白在内的15种基本色，然后又划分出1000种色度。他后来甚至发明了更精妙的系统，想出了许多能引人遐想的名称，比如木紫、苔音、硫泉和雌兔，等等。潘通将基本"色类"印在小扇子一样的书上卖，如果你已经有一套并且你的联系人也有一套，那么你们俩就能够确切地知道你们正在谈论的是哪一种颜色。起初，潘通只为印商服务，但是最终，这个系统得以扩展，而且在其他用途中广泛应用。

潘通色卡曾用于翻新威尼斯圣马可广场的马赛克地砖，还给英国米字旗和日本太阳旗在内的各种国旗颜色定过官方标准色，曾用于测量宝石的颜色，有时还可据此测出宝石的质量。但是，公司最令人骄傲的发明，却与艺术、纹章或是珠宝全都扯不上关系，而是与医药有关。"我们已经发明了能够在移植前根据颜色鉴别脂肪肝程度的色卡，"赫伯特告诉我。在这套卡片的帮助下，移植后的排斥率大大减少了，许多生命得以挽救。"过去的色度更多地依赖于艺术而不是科学。现在，我们完全可以做到精确"。

而他做过的最古怪的颜色对比工作，来自于一个金鱼养殖者委员会，他们要测算出闪闪发光的日本优质锦鲤鱼身上的不同颜色。他回忆说，"大约二十条鱼用小袋运过来，我把它们放在缸中，到处移动，直到最终能够把它们放在能够测量色度的环境中。"你怎么能够测出鱼身上的 20 种颜色呢？我笑着问他，想起了加拿大因纽特人（Inuit）关于如何区分不同颜色的雪的著名故事[1]（这个故事的真伪性有些可疑，但它抓住了众人的想象力，因此这故事本身也成了一种现象），或者关于蒙古有三百多个形容马的颜色词汇的故事。"我们可不会再弄好多新名词出来，"他说："下一轮，我们要减少一些颜色。"

我感到有一点像约翰·济慈（John Keats），对于牛顿大胆地破坏彩虹的颜色感到吃惊。"但色彩的名字就是历史，"我说。因为我想起了木乃伊棕色和群青色以及席勒绿和特纳黄以及如此众多的颜色名字，只要说出这些名字，就让人想起了整个欺骗、冒险和实验的历史，"但我们是在与科学和测量打交道，"他耐心地解释道："如今是个数字世界，电脑不需要名字只需要数字。人们谈论'谷仓红'，却可能一生都不可能真正见到一座斯堪的纳维亚式谷仓。又比如，像'唇膏红'这样的名字又代表什么呢？"

确实，如今我们能拥有我们自己的房子，自己的车，自己的衣服，可以选择任何一种颜色，不需要任何大自然的暗示，不需要任何时尚界的指引。因此，他的话其实一点儿也不奇怪，我们仿佛不需要

---

[1] 这个关于爱斯摩基人拥有大量雪的颜色词汇的故事开始流传于 1911 年，那时社会人类学家弗朗兹·博厄斯（Franz Boas）提出爱斯基摩人的"雪"有四个词根。这个故事到 1940 年又被重新流传，它刊登在一本麻省理工学院（MIT）的杂志上，被后来好几代语言学家所引用："我们英语中用同一个词指代飘落的雪花、地上的雪、凝成冰的雪、泥泞的雪、暴风雪、飞雪——不论是什么场景都适合。对于一个爱斯基摩人而言，这个无所不包的词几乎是难以想象的；他会说，落雪、泥雪或者其他，等等，这都是些在感官上和实际上截然不同甚至相互冲突的事物；他会使用不同的词指代上述这些和其他各种各样的雪。"

或者甚至是不愿意被人提醒，颜色甚至还有自己的历史。我能理解赫伯特所说的话，他需要适应新的需求，那是来自于电脑和因特网市场的需求。然而，我有一种十分庆幸的感觉，至少，我在整个颜色探索快要结束的时候才遇到赫伯特，在我整个身心还能很好地欣赏世上的诗意，还能赞叹所有的非精确性之时，在我悲叹颜色开始失去自身的语言含义之前，哈哈，我已经做完了整个颜料旅行！

距我完成这本书还有两天的时间，一位纽约的朋友兴奋地给我打电话："美国有线新闻网登出了一条字幕消息，有人发现了宇宙的颜色。"啊？那是什么颜色？"我不确定，我错过了这条新闻。"在他打电话的时候，那条字幕恰巧溜走了。不一会儿，他突然又说："又来了。"我赶紧抓起笔，记录下这条消息：约翰·霍普金斯大学已经发现了宇宙中所有光线的颜色。而这种颜色是浅绿松色（pale turquoise）。[1]我对这种颜色的含义一无所知，但这条消息说明，我的旅程远未结束。有一整个世界——不，是一整个宇宙——的颜色故事仍然等待着人们去发现。

---

[1] 这项发现于2002年1月宣布。三个月之后，约翰·霍普金斯大学做了另一项有点尴尬的更正声明，声称"宇宙的颜色"实际上并非绿松色，而是米色（beige），是电脑病毒导致错误的发生。共同参与研究的天文学副教授卡尔·格莱兹布鲁克（Karl Glazebrook）表示，"这是我们的错误，我们没有以足够严肃的态度对待颜色科学。"他又加上一句，这个发现实际上只是一项大型调查的一个有趣的注脚。但"最初的报道被反复引用，弄得面目全非"。它涉及一个数学问题，假设你能把宇宙装进一个盒子，并且一次就能看到所有的光，这项研究计算出来的光的总和，被正式命名为"III E Gamma"，看上去就像灰色的墙漆。但是，格莱兹布鲁克最喜欢称之为"宇宙奶咖"（cosmic latte）。

鸣谢

当我开始我的颜料之旅——第一次在颜料盒中翻找探索的那一刻——我曾天真地以为，通过对颜色的追本溯源，我将能发掘出多少美好纯洁的浪漫故事啊！现在回想起来，那时真是幼稚，以为伊甸园里一片浪漫。其实，正因为有蛇的存在，伊甸园才名符其实；颜料盒里当然也少不了腥膻腐臭。无论是历史上的颜料，还是化学实验室中的颜料，都与大量的腐臭、毒素、战争和政治相纠缠，其中的罪恶能让美第奇家族大开眼界。那些致人死命的壁纸，那些仅仅因为用错染料而遭杀身之祸的事情，那些残害掘矿人肺部的美丽蓝宝石的故事，无时无刻不装点着我的行程。不过，在发掘这些故事的同时，我也遇到了许多出乎我意料的优秀和有教益的人们。限于篇幅，我在此只能感谢他们中的一些。

在《赭色》一章中，我要感谢：澳大利亚驻香港总领事馆，感谢他们于1999年颁予我艺术奖学金；感谢所有在贝西克（Beswick）工作的人，包括带我钓鱼的艾伦·邦顿（Alan Bunton）；感谢波普尔（Popple）一家在我无家可归的那个夜晚照料我；"动物轨迹"（Animal Tracks）中的肖恩·阿诺德（Sean Arnold），还有尼娜·博韦（Nina Bove）、马尔科姆·贾加马拉（Malcolm Jagamarra）、罗克·李（Roqué Lee）、卡卡杜国家公园水牛农场的戴维（Dave）和帕齐（Patsy）、艾伦·马雷特（Allan Marett）、肯·梅斯文（Ken Methven）、赫蒂·珀金斯（Hettie Perkins）、西蒙·特纳（Simon Turner）。还要向杰弗里（Geoffrey）和多恩·巴登（Dorn Bardon）致以特别的感谢，他们慷慨地与我分享他们的资讯和他们的友情。

在《黑色》和《白色》两个章节中，我要感谢：艾丹·哈特（Aidan Hart）、安·科特（Ann Coate）、敦煌项目的苏珊·怀特菲尔德（Susan Whitfield）、巴厘岛桑尼瓦提女性艺术馆，感谢迈克尔·斯卡尔卡（Michael Skalka）与我愉快地讨论伦勃朗的色彩及其他事务；感谢诺曼·韦斯（Norman Weiss）、法罗和鲍尔公司所有帮助过我的人、拉尔夫·博伊德尔（Ralph Boydell）、菲尔·哈兰（Phil Harland），以及其他所有在斯波德（Spode）帮助过我的人。

在《红色》的旅行中，我要特别感谢："智利色彩"（Colores de Chile）；泰特艺术馆的乔伊斯·汤森（Joyce Townsend），他帮我解答了许多颜料史上的问题；迪诺·马奥尼（Dino Mahoney）、西蒙·吴（Simon Wu）和巴里·洛（Barry Lowe）与我乘坐圣地亚哥同一辆地铁旅行。

在《橙色》一章中，我要感谢：彼得·贝尔瑞和查尔斯·贝尔瑞（Peter and Charles Beare）、里卡多·伯尔贡奇（Ricardo Bergonzi）、哈罗德·波默（Harald Boehmer）；杜尔维奇美术馆（Dulwich Gallery）的伊恩·迪贾汀（Ian Dejardin）和艾米·迪金森（Emy Dickson）；迈克尔·努恩（Michael Noone）、桑德拉·瓦格斯塔夫（Sandra Wagstaff）、马克西姆·凡格洛夫（Maxim Vengerov）、联合国教科文组织的玛丽·卡希尔（Mary Cahill）和加米尼·阿贝塞卡拉（Gamini Abeysekera）。

在《黄色》一章中，我感谢：安娜·阿里曼丹妮（Ana Alimardani）、方苏（Fong So）和杨慧敏（Yeung Wai-Man）、英国温莎与牛顿颜料公司的伊恩·加勒特（Ian Garret）、伊卜拉希姆·穆克塔里（Ebrahim Mukhtari）；感谢汤姆·普伦蒂斯和艾玛·普伦蒂斯（Tom and Emma Prentice）在萨弗伦沃尔登（Saffron Walden）的帮助；感谢穆罕默德·雷萨（Mohammed Reza）、布赖恩·利萨斯（Brian Lisus）；艾伦·泽塔（Ellen Szita）的名字虽在书中只是一闪，但我们通过电子邮件一直相互激励，我俩的友谊历久弥新；感谢托尔巴（Torbat）的马苏德（Mahsoud）和纳扎宁（Nazanin）以及他们的全家；感谢沙里阿提（Shariati）全家，包括沙里阿提夫人，她举办的藏红花节令我永远铭记。

在《绿色》一章中，我要感谢以下各位的帮助：克里斯·库克尼（Chris Cooksey）、牛津大学新学院的卡罗琳·多尔顿（Caroline Dalton）、伦敦亚非学院的迈克尔·罗杰斯（Michael Rogers）、唐·鲁尼（Dawn Rooney）、罗斯玛丽·斯科特（Rosemary Scott）以及彼得·赵（Peter Zhao）在解读法门寺青瓷秘密的过程中所作的协助翻译。

在我为筹备《蓝色》一章首赴阿富汗的旅程中，我要感谢雅克塔·海斯（Jacquetta Hayes），她邀请我穿越开伯尔山口（Khyber Pass）；感谢埃里克·唐奈利（Eric Donelli）和戴维·吉利欧（Davide Giglio）的热情协助；感谢阿卜杜尔·萨博尔·乌尔法特（Abdul Saboor Ulfat）和他的家庭，还有巴米扬（Bamiyan）的法国慈善组织的卢克（Luc）和其他所有人的帮助，还有他们在绿松石湖畔的野餐；在我第二次赴阿富汗的旅程中，我要感谢加里·鲍尔索克斯（Gary Bowersox）、利蒂希娅·罗塞诺（Letizia Rossano）、阿提夫·里兹维（Atif Rizvi）；感谢联合国人道事务协调办公室的安东尼奥·多尼尼（Antonio Donini）允许我搭乘去费萨巴德（Faizabad）的飞机；默文·帕特森（Mervyn Paterson）和卡利德·穆斯塔法（Khalid Mustafawi）则在我到达后负责照顾我，鲍勃·尼克尔斯伯格（Bob Nickelsberg）、托尼·戴维斯（Tony Davis）、阿卜杜拉（Abdullah Buharistani）、雅克布·汗（Yaqoub Khan）和萨尔桑（Sar-e-sang）以及其他地方的所有人，他们甚至在自己一无所有的时候还与我分享一切。也要感谢路易丝·戈维尔（Louise Govier）和她在伦敦国家美术馆的同事们。

在《靛蓝》一章中，我要感谢：珍妮·鲍尔弗-保罗（Jenny Balfour-Paul）和她的丈夫格伦凯恩（Glencairn），他们耐心地为我核查再核查；感谢贾科莫·基亚里（Giacomo Chiari）、戴比·克拉姆（Debbie Crum）；感谢约翰·埃德蒙兹（John Edmonds）向我提供有关靛蓝和紫色的建议；感谢帕特·菲什（Pat Fish）、加尔各答植物园的孟尼仁卡塔帕·桑加帕（Munirenkatappa Sanjappa）、约翰·斯托克（John Stoker）、莱昂内尔·蒂奇纳（Lionel Titchener）。

在《紫色》一章中，我要感谢：圣地亚哥·德·拉·克鲁兹（Santiago de la Cruz）、兹维·科兰（Zvi Koren），以及尼尔·尼尔森（Nell Nelson），他们确保我在墨西哥探寻紫色的过程中找到足够的玛格丽特鸡尾酒和足够的蜗牛。

除此以外，我要感谢：吉纳维芙·福克斯（Genevieve Fox）和理查德·麦克卢尔（Richard McClure），他们热情襄助，使我得以完成无数次去伦敦的研究之旅；唐纳德·弗朗西斯（Donald Francis）、瓦莱里娅·加勒特（Valerie Garrett）在本书还停留在幻想之时，及时地指导我撰写写作计划；埃里克·希拉里（Eric Hilaire）慷慨地提供他的图片研究；在毛伊岛（Maui）的一个下午，詹姆斯·霍奇（James Hodge）、唐·贾斯科（Don Jusko）与我专门讨论颜料；特德·卡察格里斯（Ted Katsargiris）向柬埔寨各地的人们求教关于神秘的黄色树脂的故事；查尔斯·安德森（Charles Anderson）唤醒我对图书馆的热爱；尼古拉斯·安德森（Nicholas Anderson），他拥有位于大罗素街上英格兰最有情调的艺术商店科内利森（Cornelissen）；感谢多米尼克·拉姆（Dominic Lam）、香港大学的彼得·卢卡斯（Peter Lucas）、史蒂夫·麦卡提（Steve McCarty）；感谢埃利森·纳德尔（Alison Nadel），还有我的旅行代理温（Wing），他们总是不厌其烦地回答我的问题，诸如"去德黑兰最便宜的路线是什么？我能从曼彻斯特走吗？"玛莎·欧罗安（Martha Olo-an）长期在我的旅行期间照料我的家及家里的宠物，耗去了她本应在菲律宾与自己家人共处的时间；希拉里·戈达德（Hilary Goddard）、艾琳·尼古拉斯（Irene Nicholls）如此耐心地倾听我的样稿；帕特里克·沃尔夫（Patrick Wolff）、潘托内（Pantone）的艾伦·平托（Ellen Pinto）和劳伦斯·赫伯特（Lawrence Herbert）以及马丁·科林斯（Martin Collins）迅速地为我解决了一场地图危机；西蒙·特里温（Simon Trewin）和莎拉·巴拉德（Sarah Ballard）帮助我将创意变为书约；赛普特出版社（Sceptre）的海伦·加农·加诺-威廉姆斯（Helen Garnon Garno-Williams）的协助使这本书更富有文采；巴兰坦（Ballantine）的丹·斯梅塔克（Dan Smetanka）自我写书伊始就热情相助，感谢他为我们的布赖恩特公园聚会提供的香槟；温莎与牛顿颜料公司的艾玛·皮尔斯（Emma Pearce）、琼·乔伊斯（Joan Joyce）和莎拉·米勒（Sarah Miller）协助提供图片；感谢香港大学图书馆、纽约公立图书馆、加尔各答印度国立图书馆、国会图书馆、邮政档案、蒙弗农山庄图书馆的所有馆员们。还要大力感谢位于伦敦那条件优越的大英图书馆，那儿成了我的第二个家。最后，我要感谢马丁·帕尔默（Martin Palmer），如果没有他，这本书可能会匆匆写就，但写书的整个过程绝对不会像现在这样充满乐趣。